Thomas Koebner
Grenzgänge zwischen Literatur und Film

Thomas Koebner, geb. in Berlin 1941; Studium der Germanistik, Kunstgeschichte und Philosophie in München, seit 1959 zehn Jahre lang Musikkritiker, seit 1966 Lehrbeauftragter für Germanistik und Theaterwissenschaft in München und Köln, seit 1973 Professuren in Wuppertal und Marburg, 1989–1992 Direktor der Deutschen Film- und Fernsehakademie Berlin, seit 1993 Professor für Filmwissenschaft an der Universität Mainz, 2007 emeritiert. Jüngere Publikationen: Monographien über *Roman Polanski* (2013) und *Edgar Reitz* (2015).

Thomas Koebner

Grenzgänge zwischen Literatur und Film

Die Deutsche Bibliothek – CIP-Einheitsaufnahme

Die Deutsche Bibliothek verzeichnet diese Publikation in der deutschen Nationalbibliografie; detaillierte bibliografische Daten sind im Internet unter http://dnd.ddb.de abrufbar.

Schüren Verlag GmbH
Universitätsstr. 55 · D-35037 Marburg
www.schueren-verlag.de
© Schüren Verlag 2015
Alle Rechte vorbehalten
Gestaltung: Nadine Schrey
Umschlaggestaltung: Wolfgang Diemer, Köln,
unter Verwendung eines Stills aus
Himmel über der Wüste (GB/I 1990, R.: Bernardo Bertolucci)
Druck: druckhaus köthen, Köthen
Printed in Germany
ISBN 978-3-89472-917-2

Inhalt

Inhalt

Filmische Stile

Vorwort

Aufforderung zu Grenzgängen

Zeitgenosse zu sein ist keine Auszeichnung, gesteht man doch damit ein, eingebunden zu sein in die Denkungsart der eigenen Generation und – nicht zu vergessen – des besonderen sozialen Orts, der jeweils nur beschränkte Erfahrungshorizonte eröffnet. «Außerdem», heißt es bei Jacob Burckhardt, «können wir uns von den Absichten unserer eigenen Zeit und Persönlichkeit nie ganz losmachen, und dies ist vielleicht der schlimmere Feind der Erkenntnis.»[1]

In einer Friedensära (jedenfalls in Mitteleuropa seit 1945) beinahe ungestört seinen Weg gehen zu dürfen – das ist ein Privileg, eine unfassbare Gunst, die meinesgleichen (bisher) gewährt worden ist. Man findet als Deutscher nicht selten Anlass, über seine ‹späte Geburt› erleichtert zu sein. Scheinen doch den vorangegangenen Generationen mit zwei Weltkriegen und so vielen Opfern, dem Nazi-Regime und so vielen Verletzungen der Menschenrechte mancherlei Prüfungen auferlegt worden zu sein, von denen man nicht weiß, wie man sie selbst ertragen, überlebt, vielleicht gar bestanden hätte oder «sich waffnend gegen eine See von Plagen»[2] zum Widerstand fähig genug gewesen wäre. Wir wissen zwar meist mehr als unsere Vorgänger (wenn's denn zutrifft), aber wir wissen es nicht unbedingt besser. Wir sind daran gewöhnt worden, beim Blick zurück auf Literatur und Film des 20. Jahrhunderts, auf den kulturellen Wandel in der ‹Moderne›, Behutsamkeit und Selbstzweifel walten zu lassen – auch wenn sich vorläufige Schlüsse nicht vermeiden lassen. Es gilt auch hier Jacob Burckhardts Handlungsanweisung für alle, die sich dem Ungeheuren, dem Ungeheuer (auch der jüngeren) Vergangenheit zuwenden: «Was erst Jubel und Jammer war, muss zu Erkenntnis werden, wie eigentlich auch im Leben des Einzelnen.»[3] Der Rausch sollte von der Raison eingeholt werden (so wäre zu wünschen), Furor und Schmerz welcher Art auch immer müssten sich einmal abklären und das Mitschwimmen im «Strom der Notwendigkeiten»[4] durch Nachdenken unterbrochen werden, um zumindest innere Freiheit wieder zu gewinnen.

---

1   Aus den *Weltgeschichtlichen Betrachtungen*, Kap. 1. 1905 posthum ediert. Basel 1956, S. 7.
2   Aus Hamlets Monolog «Sein oder Nichtsein». Shakespeare, *Hamlet*, III. Akt, 3. Szene.
3   *Weltgeschichtliche Betrachtungen*, S. 6f.
4   Ebd., S. 7.

Die Arbeit (und Entdeckungslust) des Betrachters von Artefakten, den künstlerischen Zeugnissen mehr oder weniger scharf umrissener Epochen, besteht – grob vereinfacht – vornehmlich in zweierlei: erstens in der Erschließung der Spuren, die die Reaktionen auf Natur und Geschichte, die Schicksale in den ‹Werken› hinterlassen haben, also in einer Art Grabung, die die Abbilder und Sinnbilder eines Weltverständnisses an den Tag bringen will, das vielleicht nicht so verschieden vom eigenen Denken und Fühlen ist. Zweitens gilt es, die Regeln wahrzunehmen, nach denen die Konstruktionen der interessierenden Weltausschnitte, auch die Darstellung des fast nicht Darstellbaren zustande kommen: etwa der extremen Gefühle, der verwischten Träume, der in Glanz aufleuchtenden Visionen, selbst des Kriegsschreckens. Denn der künstlerische Prozess verwandelt bloße Anschauung und zerstreute Erlebnisse in Modelle und Metaphern, überführt sie in eine literarische oder filmische *Parallelwelt*, die versteckt oder offen sichtbar einer eigenen Logik gehorcht.

Zur Beobachtung wiederkehrender Ausdrucksmuster und der Abweichungen von ihnen, zur vergewissernden Beschreibung der Oberflächen und zur tiefer greifenden Frage nach dem womöglich vielfachen Sinn fordern literarische und filmische Werke in ihrer spezifischen Weise heraus. Doch jeder Betrachter solcher geformter Stroffe muss sich darüber im Klaren sein, dass gefestigtere Urteile erst möglich sind, wenn man das *Umfeld* abgetastet hat: die Tradition eines Genres, die Wanderschaft eines Motivs, das Verhältnis zwischen Formensprache und Erwartungen des imaginierten wie realen Publikums, ferner die Strukturen der zeitgleichen Mentalitäten (wenn man sie denn zu erspüren oder gar zu erhellen imstande war). Bei all den analytischen Mühen weiß sich der Interpret auf die Position des *Zeugen am Rande* geworfen: eine Abseitsstellung, die immerhin Besinnung einfordert, mehr noch: die Entschleierung mancher verborgener oder maskierter Impulse, die die Kunst widerspiegelt.

Natürlich hat die hier vorgelegte Sammlung später Studien mit dem eigenen Leben zu tun, etwa mit der Weigerung, die Schranken zwischen akademischen Disziplinen für unüberwindbar zu halten, zumal die Schranken zwischen Literatur und Film. Man mag sich Literatur und Film mit den sozialen Systemen, in denen sie ihren Platz finden, als zwei gesonderte Kulturen vorstellen, aber wie dicht sind diese untereinander verzweigt! Es ist nicht abzustreiten, dass bestimmte Phantasien, etwa der Topos der seligen Insel oder die unheimliche Geistererscheinung, Denkfiguren wie der Schlafwandler oder der hässliche Außenseiter, Eindrücke einer übermächtigen wilden Natur, da wie dort Gestalt finden. Und liegt es so ferne, beim Gespräch über Filmbilder, über Kameraperspektiven, Licht- und Schattenverteilung oder die Konstellation zwischen Figur und Grund, sich nicht auch an Beispiele aus der bildenden Kunst zu erinnern? Diese Grenzgänge zwischen den Künsten sind eigentlich unvermeidlich – und

sie sind oft *Gänge ins Offene*, von denen man nicht selten mit nur halb ferti-
gen Ergebnissen zurückkehrt. So darf sich der Betrachter als ‹Spezialist› und
zugleich als ‹Go-between›, als ‹Mittler› sehen, selbst wenn antiquierte Einwände solche Überschreitungen der ‹Fachbarrieren› nur dem Essayisten erlauben wollen – dann sei es so.

Als sollte ein ganzes Leben, das mit vergleichenden Studien zugebracht worden ist, in dieser Textauswahl zusammengerafft werden, beginnt das Buch mit
einer Erinnerung an den Epochentypus des Schlafwandelns – der heute wieder
in Verkehr gebrachte Begriff entstammt ursprünglich dem zeitdiagnostischen
Roman des österreichischen Schriftstellers Hermann Broch[5] – und endet mit
einer Reflexion über einen Film Ingmar Bergmans. Denn dieser Regisseur vor
allen anderen hat uns (die Nachkriegsgeneration) zum Grübeln provoziert, mit
Leinwand-Produktionen, die die ‹baufälligen› Existenzen ihres Personals in
bohrender Beharrlichkeit (selten in komödiantischer Spielart) zerlegen.

Annette Schüren danke ich für die Chance, diese Aufsätze zusammen zu
binden – in der Hoffnung, dass sich manches wechselseitig erhellt. Nadine
Schrey hat die Mühe der abschließenden Textkorrektur auf sich genommen.
Auch ihr gilt mein Dank.

München, im November 2014
Thomas Koebner

---

5   Hermann Broch: *Die Schlafwandler*. Romantrilogie. Zürich 1930/1932.

Motive und Genres

Schlafwandeln

Ein «Essentialsymbol» in der Geschichte
des deutschen Stummfilms

Die Schlafwandler sind wirklich ‹von Sinnen›, wissen nicht mehr, wer sie zuvor waren: Lil Dagover, wie aus einem Andachtsbild herabgestiegen, ein unantastbarer Engel (Das Cabinet des Dr. Caligari, D 1920, Regie: Robert Wiene)

1932 lag im züricher Rhein-Verlag der dreiteilige Roman *Die Schlafwandler* von Hermann Broch vor. Bis heute darf das Buch den Rang eines literarisch und zeit-diagnostisch bedeutsamen Werks einnehmen. Wie Robert Musil in seinem opus magnum *Der Mann ohne Eigenschaften* hat auch Broch einen Titel gewählt, der vielfach bezeichnend ist, eine Metapher, die eindeutige, präzise Bedeutung nicht auf Anhieb erschließt – aber nach der Poetik des Aristoteles haben Metaphern, also Übertragungen von einem Vorstellungsbereich in einen anderen, und Rätsel ohnehin miteinander zu tun. Als «Essentialsymbol» bezeichnet Broch in seinem Essay *Hofmannsthal und seine Zeit*, einer scharfsinnigen Epochen-Charakteris-tik, ein Super-Zeichen, «das in einem einzigen Bild, in einem einzigen Geschehen das Schicksal einer Gesamtheit (...) zusammen fasst»[1]. Broch selbst wird etwas unsicher, wenn er Beispiele für solche Essentialsymbole angeben soll. Er nennt etwa den Raub der Helena – als Essentialsymbol für den trojanischen Krieg, wie er sich in Homers *Ilias* spiegelt –, die Jagd nach dem weißen Wal – in Hermann Melvilles *Moby Dick* (der weiße Wal als Symbol für das Unerforschliche und das Unbeherrschbare der Welt?) – oder den Krieg als zentrale Auseinandersetzung in Leo Tolstois Roman *Krieg und Frieden*. Nun sind diese drei Phänomene, die grundlegende Konstellationen einer Ära beschreiben sollen, zunächst einmal Ereignisse, Handlungen: Helena wird geraubt, der weiße Wal wird gejagt, im Krieg gibt es ein Gegeneinander der Parteien. Broch ergänzt seine Definition des Essentialsymbols dadurch, dass er in jedem der drei genannten Fälle etwas «Unabänderliches» am Werk sieht. Weil Helena geraubt worden sei, hätte sich mit zwingender Logik der Trojanische Krieg ergeben müssen; weil es den weißen Wal gibt, hätte der vom Ungeheuer verletzte Kapitän Ahab sein ganzes Sinnen und Trachten auf Rache abgestellt, darauf, dieses Feindes habhaft zu werden; und der Krieg zwischen Russen und Franzosen sei vermutlich notwendig gewesen, um Russland Selbstvertrauen als Nation zu verleihen.

Alle drei thesenartig ausgeführten Schlussfolgerungen aus Brochs kurzgefassten Hinweisen erscheinen mir fragwürdig. Der Raub der schönsten Frau einer bestimmten Weltzone muss keinen Krieg zur Folge haben – zumal wenn man bedenkt, dass diese Fabel ohnehin ein Vorwand war, um die lästige politische und ökonomische Konkurrenz Trojas auszuschalten: Die Vergeltung für Helenas Verrat dient als mythologische Verkleidung eines schäbigen Machtkampfs. Solch desillusionierende Demontagen des schönen Scheins riskiert Broch nicht – vielleicht, weil ihm nicht wohl ist bei der Auswahl der Beispiele, die er für seine Kategorie «Essentialsymbol» ausgesucht hat. Zudem ist nicht zu leugnen, dass die Begriffe «Die Schlafwandler» oder «Der Mann ohne Eigenschaften» eben nicht energisch Tätige in einem weltgeschichtlichen oder ins Metaphysische («Moby Dick») überhöhten Konflikt meinen, sondern außerordentliche psychische ‹Zustände›: «Der Mann ohne Eigenschaften» präsentiert offensichtlich eine reduzierte Persönlichkeit, dasselbe gilt für «Schlafwandler». Beide Begriffe zielen auf Existenzweisen, die von den Autoren, Robert Musil und Hermann Broch, als zeittypisch verstanden werden – wobei die von ihnen gemeinte Periode vermutlich dieselbe ist, nämlich die Epoche zwischen 1870 und 1930, in der die Modernisierung in Europa rapide um sich griff (Technik und Industrie überflügeln den Agrarsektor, die rasch anwachsenden Großstädte und ihre Massengesellschaft erzwingen eine Form gesellschaftlichen Nebeneinanders, die von der dörflichen Gemeinschaft weit abrückt usw.).

---

1 Hermann Broch: *Dichten und Erkennen. Essays.* Bd. 1, hg. v. Hannah Arendt. Zürich 1955, S. 63.

In einer der suggestivsten Kapitel des Romans – Eschs, des kleinen aufbegehrenden Mannes Reise zum Industriellen und Schöngeist von Bertrand
nach Badenweiler, einer Art Traumgeschichte – setzt Broch mehrfach dazu an,
den Begriff des Schlafwandelns zu erläutern: Dabei ergibt sich, dass der Autor
mehrere Assoziationen, durchaus bemerkenswerte Anspielungen und Ver-
weise bündelt, also unter dem Stichwort des Schlafwandelns ein recht amor-
phes Symbol-Wesen begreift, aus Komponenten gebildet, die sich bei strenger
Betrachtung in immer neuer Kombination verknüpfen. Ein etwas längerer Pas-
sus aus dem Roman (Zweiter Teil «1903 Esch oder die Anarchie») soll diesen
Eindruck belegen, zugleich auch das Suggestive dieser Beschwörungsformel
vom Schlafwandeln:

> Er (Esch und seinesgleichen) steht am Beginn des Schlafwandelns. Noch folgt
> er der Straße, welche von den Ingenieuren bereitet worden ist, aber er geht
> nurmehr am Rand, so dass man fürchten muss, er werde hinabstürzen. (...). Er
> streckt die Arme seitwärts und nach vorne gleich dem traurigen Seiltänzer,
> der hoch über der guten Erde von besserem Halt weiß. Erstarrt und bezwun-
> gen schwebt die gefangene Seele, und der Schlafende gleitet nach aufwärts,
> wo die Fittiche der Liebenden seinen Atem berühren wie die Flaumfeder, die
> man dem Toten auf die Lippe legt, und er wünscht, dass man ihn, als wäre er
> ein Kind, nach seinem Namen frage, damit er in den Armen der Frau, erat-
> mend die Heimat, traumlos versinke. Noch ist er nicht sehr überhöht, doch
> schon steht er auf einer kleinen erstmaligen Staffel der Sehnsucht, denn er
> weiß es nicht mehr, wie er heißt.[2]

Schlafwandeln wird also dem Seiltanzen über dem Abgrund gleich gestellt –
dieser Vergleich liegt nahe, wenn man an die Schlafwandler denkt, die sich in
Gefahr begeben, ohne es zu merken, auf Balkonbrüstungen oder Dachrinnen
entlang schreiten. Weiter scheint der Schlafwandler zu wünschen, in «traumlo-
sen» Schlaf versetzt zu werden. Die aufwärtsgleitende Bewegung als Ekstase-
Gestus beschwört nicht nur die Glücks-Euphorie der Liebenden, auch die Annäherung an den Tod, drittens die Ikonographie der Himmelfahrt. Hinzu kommt
die Phantasie, das der Schlafwandler in den Armen einer Frau, die Heimat erat-
mend, traumlos versinken könne: wohl als Kulmination von Entrückung und
Entzückung zugleich gemeint. Dann fällt noch der Ausdruck Sehnsucht, denn
auf dem endlosen Staffellauf zu einem erahnten Ziel sei die erste «Staffel der
Sehnsucht» erreicht – und das äußere sich darin, dass der betreffende Schlafwandler, Seiltänzer, Schläfer, Träumer, *nicht mehr* weiß, wie er heißt, also im

---

2 Hermann Broch: *Die Schlafwandler*. Zürich o. J., S. 319.

Grunde genommen ein Pendant zu einem Kind bildet, das *noch nicht* weiß, wie es heißt. Im Zustand der Namenlosigkeit angekommen – das könnte bedeuten, dass der Schlafwandler seine spezifische Identität verliert und nur noch den rudimentären Menschen an sich darstellt, den Stellvertreter für alle, die ein gemeinsames Schicksal durchleben: den kollektiven Kern eines durch Zeitumstände geprägten Menschengeschlechts. Keine dieser Deutungen kann – wenn man das Gesamtwerk *Die Schlafwandler* durchmustert, strikt abgelehnt werden. An allen Anspielungen hängen unterschiedliche Ketten von Sinn-Stiftungen, die nicht gleich (wenn überhaupt) in logischen Einklang zu bringen sind Resümee: Der medizinisch zu erläuternde und begründbare Vorgang des Schlafwandelns wird in symbolischer Interpretation zu einem Magneten, an dem sich etliche Ideen anklammern, so dass man eher dazu geneigt sein könnte, statt von einem «Essentialsymbol» von einem *symbolischen Feld* zu sprechen, das einer nur zum Teil geordneten, also zum Teil ungeordneten Traube, einem Cluster von auffällig und unauffällig offenbarten ‹tieferen› Bedeutungen gleicht.

Eine Sinnkomponente dieses vielgliedrigen Ensembles von Verweisen soll noch genauer in Augenschein genommen werden: nämlich die *Verlustanzeige,* die das multifunktionale Symbolwesen des Schlafwandelns enthält. Offensichtlich beschreibt das Schlafwandeln als ‹Symbol› den Verlust eines souverän kontrollierenden Bewusstseins, das für gesellschaftlich angepasstes Funktionieren unerlässlich ist. Der Schlafwandler löst sich also aus dem Reiz-Reaktions-Spiel normaler Kommunikation, er isoliert sich, er ist vielleicht nicht mehr für Zurufe zugänglich, die ihn in diesen Alltag zurückholen wollen. Der Verlust des Bewusstseins kann einhergehen mit der Vorherrschaft unbewusster, verdrängter, dem Tageslicht vorenthaltener Wünsche, Sehnsüchte, Begierden. Für ein Menschenbild, das Personen als sich selbst regierende Individuen oder auf gesellschaftliche Aufträge reagierende Subjekte ausformen will, ist dieses ‹unerkläriche› Abdriften einer Person ins Innere, in eine Region, die dem kalkulierenden Verstand unzugänglich bleibt, eine äußerste Provokation.

Noch einmal: die Bewegungsform des Schwebens sei dem Schlafwandeln eigen. Die balancierend zur Seite gestreckten Arme (wie Vogelschwingen), der tastende Schritt (wie der von Blinden) deuten darauf hin, dass diese gleichsam wie an Fäden gezogene Person der Imagination des Fliegens, des Entrücktwerdens, zumindest der Illusion verminderter Realitätshaftung erliegt – eben nur unfertig umgesetzt, da dem Schlafwandler vermutlich nicht gegenwärtig ist, dass er die Schwerkraft nicht überwinden kann, nur in der Einbildung. Doch die, wenn sie stark genug ist, zieht eine bestimmte Theatralik im Auftreten nach sich zieht, die Kompromissform zwischen dem innerlich Vorgestellten und dem immer noch schwer zu tragenden Erdenrest. Die Verwandtschaft des wie automatisch,

zögernd und doch unaufhaltsam vorangeschobenen Körpers zu dem des hypnotisierten Menschen liegt auf der Hand. Dennoch ist zwischen Schlafwandeln und
Hypnose wenigstens in einem Punkt zu unterscheiden: In der Hypnose vollzieht
das Subjekt, das dem Hypnotiseur unterworfene Wesen, bestimmte Befehle oder
Aufforderungen des Hypnotiseurs. Der Hypnotisierte scheint deshalb nicht so
frei zu sein und der eigenen Dynamik anheim gegeben wie der Schlafwandler.

Skizzenhaft sei an das «Zeitgeist»-Phänomen der Hypnose erinnert: Jörg
Schweinitz hat in einem kenntnisreichen Aufsatz auf die Bedeutung der Hypnose für die Filmgeschichte aufmerksam gemacht.[3] Hypnose, stellt Schweinitz
fest, sei zwischen 1880 und den 20er-Jahren des folgenden Jahrhunderts
regelrecht ein kultureller Mythos gewesen. Dem Kino selbst ist hypnotische
Kraft zugeschrieben worden. Bei den klinischen Experimenten mit Hypnose,
die zuerst in Paris vorgenommen worden wurden (der junge Sigmund Freud
war von diesen Vorführungen sehr beeindruckt), soll bereits lebhaft debattiert
worden sein, ob der Hypnotiseur dem Opfer seiner Suggestionskraft ein Verbrechen auftragen könne, das der Hypnotisierte gewissermaßen wider Willen
ausübt. Schweinitz verweist völlig zu recht auf den enormen Wiederhall des
letzten Romans von Georges DuMaurier: *Trilby* (1894), in dem der als dämonisch bezeichnete ungarische Künstler und Hypnotiseur Svengali eine junge
Frau mit schöner Stimme, aber musikalischer Minderbegabung so hypnotisieren kann, dass sie zu einem erfolgreich trillernden Weltstar wird. Als Svengali
der Eifersucht eines früheren Künstlerkollegen zum Opfer fällt, verliert sich
sofort die Fähigkeit des Mädchens Trilby, die Menschen durch ihren Gesang
zu entzücken: Die schöne Kunst der hohen Töne sei also nur möglich gewesen
als Resultat intensiver Beeinflussung durch einen Führer oder Verführer. Die
Nachwirkung dieses Romans vor allem in der amerikanischen Filmgeschichte
wird von Schweinitz angedeutet, wobei natürlich ergänzende literarische Quellen hinzu kommen, etwa Somerset Maughams Roman *The Magician* (1908) –
wobei Maugham, um Schweinitz zu ergänzen, in seinen späteren Werken eine
besondere Form der beinahe hypnotischen Abhängigkeit, nämlich sexuelle
Hörigkeit, in den Mittelpunkt seiner Erzählungen rückt.

Einige Überlegungen sollen über die von Schweinitz erwähnten Quellen hinaus führen: Hypnose als durch Gedankenkraft geleistete Überwältigung des
schwachen Willens anderer Menschen, durchaus in zerstörerischer Absicht, ist
zweifellos ein Phantasieprodukt, aus Angst geboren und nicht Ergebnis über-
prüfbarer Experimente. Sie hat bereits die deutsche Romantik im Übergang

---

3   Jörg Schweinitz: Der hypnotisierende Blick. In: *Bildtheorie und Film*. Hg. v. Thomas Koebner, Tho-
    mas Meder und Fabienne Liptay. München 2006, S. 422–438.

vom 18. zum 19. Jahrhundert beschäftigt und vielfach Eingang gefunden in die Erzählungen E.T.A. Hoffmanns, etwa exemplarisch in der Erzählung *Der Magnetiseur* (1813). Die generell als Unholde dargestellten Hypnotiseure üben ihren verderblichen Einfluss auf unschuldige Wesen auch aus der Ferne aus: eine Kombination von Telepathie und Hypnose, die den romantischen Zeitgenossen als «magnetischer Rapport» bekannt ist. Für Hoffmann dient die Beschwörung des magnetischen Reports als eine Art Warn-Argumentation gegen den Hochmut einer nur auf Vernunft vertrauenden Aufklärung. Entscheidend ist, dass ein Mensch durch den fernwirkenden Willen eines anderen seine Selbstkontrolle, das Bewusstsein dessen, wer er ist und was er tut, einbüßen kann und in einen für andere unbegreiflichen, pathologischen Zustand des Entrücktseins und der Verrücktheit hineingleitet. Wenn sich etwa der vom bösen Coppelius «hypnotisierte» Student Nathanael (in *Der Sandmann*, 1816) in eine junge Frau verliebt, ist es für die Umwelt fast unerklärlich, wieso der junge Mann nicht alsbald merkt, dass die angebetete Schöne eine Puppe ist (Olympia).

Die dem Subjekt aufgezwungene Verkehrung des eigenen Willens: diese heimliche, unheimliche Fremdsteuerung durch andere, die als Magier oder dämonische Personen nur scheinbar der Gesellschaft zugehören, könnte auch als poetische Verschlüsselung der Erfahrung gelesen werden, dass das vorgeblich souveräne Bewusstsein von Trieben und Impulsen aus dem Unbewussten immer wieder in die Enge getrieben und unmerklich oder merklich entmachtet wird. Psychoanalytische Interpretation der Hypnose oder des magnetischen Rapports scheidet die soziale Dimension weitgehend aus, diese soziale Dimension ist indes im Streit über die Manipulations-Chancen der Hypnose und bei der Angst vor ihren Folgen sehr ausgeprägt. Geht es doch um nichts anderes als um Befehle, die den Menschen einer überlegenen, kaum zu identifizierenden, manchmal sogar unbekannten Instanz untertan sein lassen, die an diktatorisches Regiment gemahnt. Man könnte mit Fug und Recht einwenden, dass eben diese Konstruktion eines öffentlich unsichtbar bleibenden Regiments, einer geheimen Gesellschaft, eines Terrorclubs, einer Tyrannenherrschaft, die nicht nur äußerlich dem Menschen Schaden zufügt, sondern auch in ihn ‹eingreift›, nichts anderes sei, als die Vergegenständlichung des gefürchteten Unbewussten in einem politischen Schreckbild. Ob sich nun diese unüberwindliche ‹Macht› als Projektion des Unbewussten in die Außenwelt oder als unbeherrschbare Triebnatur des Menschen enthüllt, in beiden denkbaren, zum Teil deckungsgleichen Auffassungen tritt die *Unzurechnungsfähigkeit* des Opfers zutage.

Die Spekulation des ausgehenden 19. Jahrhunderts, ob ein hypnotisierter Mensch auch einen Mord vollbringen könne, zwingt der rechtlichen Abwägung des Falls eine neue Perspektive auf. Nicht mehr die Tat ist das Entscheidende (jemand bringt einen anderen um), sondern die Motivation des Täters: all das, was ihn dazu gebracht hat. Das können Umstände sein oder – gesetzt der Fall, man bleibt beim Beispiel Hypnose – jemand, der dem Mörder die Tat durch suggestive Technik eingeflüstert hat, so dass der Täter keinen Widerstand gegen dieses Kommando habe aufwenden können.

Und wirklich hat die strafrechtliche Diskussion ungefähr gleichzeitig mit dem Aufkommen der Fiktion vom magnetischen Rapport, der den Willen anderer Menschen durch fremden Einfluss außer Kraft zu setzen fähig sei, nämlich im Übergang vom 18. zum 19. Jahrhundert, eine tiefgreifende Veränderung erfahren: Das psychologische Verständnis des Verbrechers beurteilt ihn nicht nur als Geschädigten eines Milieus oder einer kummervollen Lebensgeschichte, sondern unter Umständen auch als «Subjekt», als Unterworfenen, der in einer Art Befehlsnotstand sich bösem Einfluss *von außen, von oben oder von unten* nicht widersetzen konnte.[4] Damit wird die dem Menschen unterstellte *moralische Willensfreiheit*, die Fähigkeit, sich in jedem Fall im Vollbesitz seiner geistigen Kräfte entscheiden zu können für das Gute oder notfalls für das Böse, stark eingeschränkt, wenn nicht sogar völlig aufgehoben. Wo ist noch Platz für Willensfreiheit, wenn der Mensch aus lauter fremd- oder triebbestimmten Impulsen besteht, nur das denkt, was ihm vorgedacht wird, sich völlig anpasst, damit er sich nicht unterscheide vom Kollektiv, nur so handelt, wie alle es von ihm erwarten, nicht, wie er selber es für richtig hält?

Die Krise des Ideals der Willensfreiheit und die real existierende, jedenfalls immer wieder nachweisliche Unzurechnungsfähigkeit von Tätern (sei es das genetische Programm, das sie nicht zur Eigenständigkeit reifen lässt, sei es ein bestimmter Umwelteinfluss, der ihnen selbständiges Denken verwehrt, sei es die Dominanz unbewusster Triebe, die sich als Willensentscheidungen maskieren, so dass die Person etwas zu wollen vorgibt, was ihr eigentlich unbewusste Begierde diktiert), diese Defizite der Vernunft gehören seit dem Widerspruch der Romantiker gegen selbstherrliche und hochmütige Aufklärungsattitüden zu den zentralen Befunden einer skeptischen Existenzprüfung. In Hegels *Phänomenologie des Geistes* ist im Kapitel «Das unglückliche Bewusstsein» vom in sich gespaltenen Bewusstsein die Rede, einem Bewusstsein, das auch der eigenen Nichtigkeit gewahr wird – man sollte fortsetzen: angesichts seiner weithin bestehenden Unzurechnungsfähigkeit.

In der frühen Filmgeschichte kommt es zu einer eigentümlichen Verschmelzung zwischen dem Befehlskonzept der Hypnose und dem Entrücktseins-Konzept

---

4 Zur Veränderung des Strafrechts in der betreffenden Epoche siehe: Michael Niehaus / Hans-Walter Schmidt-Hannisa (Hg.): *Unzurechnungsfähigkeiten. Diskursivierungen unfreier Bewußtseinszustände seit dem 18. Jahrhundert*. Frankfurt a. M. u. a. 1998.

des Schlafwandelns: Zwei Absenz-Befindlichkeiten weisen als gemeinsamen Nenner den «Dämmerzustand» (Hermann Broch) der menschlichen Psyche auf, zudem den gleitenden Übergang zwischen Neurose und Psychose – in dem Sinne, dass in der Neurose durchaus noch eine Art Realitätsprüfung möglich ist, während der Psychotiker in seiner geschlossenen Welt nichts davon weiß, dass er der Realität der anderen in keiner Weise gerecht wird.[5] Die einen wie die anderen handeln «gewissermaßen befehlsüberschwemmt» (Hermann Broch),[6] als Instrumente für ‹fremde› Absichten. Die Betroffenen sind Opfer und Täter in einem, nur als Täter bedingt schuldfähig.

Der solcherart als hypnotisiert verdächtige Schlafwandler ist eine für das zivilisierte Gemeinwesen gefährliche Potenz – noch mehr der Anstifter selbst. Siegfried Kracauer, der sich in seiner rückblickenden Studie zum Kino der Weimarer Zeit (*From Caligari to Hitler*, 1947) so angelegentlich mit den Tyrannenfiguren auseinander setzt, wendet den von den Tyrannen mobilisierten somnambulen Handlangern weniger Interesse zu. Dabei hätte ihn gerade diese Personengruppe besonders beschäftigen sollen, im Rückblick auf die Wahnsysteme des Dritten Reichs, da hier die Psychologie des ‹unterworfenen› Menschen zur Anschauung kommt – des Typus, der nicht zuletzt durch seine Abhängigkeit und Botmäßigkeit den Nazi-Terror ermöglichte. Etliche Interpreten des Massen-Irrsinns in der Naziherrschaft haben – schon im Exil – auf die eigentümlich hypnotische Wirkung des Redners Hitler aufmerksam gemacht, auch auf den Aspekt, dass die Beeindruckten eben kein ausgeprägtes Ich-Ideal dieser geistig-seelischen Vergewaltigung und Abrichtung entgegenzustemmen vermochten.[7]

Zwischensumme: Der von einer fremden Macht besessene Mensch, der das Böse tut, wenngleich nicht nach eigener Entscheidung, sondern als willfähriger *Knecht* eines auch im Innern des Menschen schaltenden und waltenden *Herrn*, ist keine Sinnfigur ausschließlich der Jahre 1880 bis 1930 – zumal er gerade in den Diktaturen des 20. Jahrhunderts zum extrem «außengeleiteten» Sozialpartikel (David Riesman) wurde, mit dessen Hilfe und Duldung sich ein Terrorstaat einrichten und aufrecht erhalten ließ (nicht zuletzt George Orwell in *1984* weiß, dass erst der um das widerstandsfähige Ich beraubte Mensch komplett ins willfährige Kollektiv eingereiht werden kann). Die aus Angst entstandene Konstruktion der von einem fremden Willen besetzten, unzurechnungsfähigen Person, der Automaten- oder Apparat-Mensch, wandert gleichsam durch das ganze 19. Jahrhundert. Die Filmgeschichte bedient sich einer Denk- oder Sinnfigur, die

---

5 Erich Kahler: *Die Philosophie von Hermann Broch.* Tübingen 1962, S. 60f.
6 Hermann Broch: *Dichten und Erkennen.* l.c., S. 165.
7 Zum Massenwahn während Hitlers Reden siehe als zeitgenössisches kritisches Zeugnis den Roman *Ich – der Augenzeuge* von Ernst Weiss.

als *Horrorfantasie des entmündigten Menschen* im kulturellen Gedächtnis längst vorhanden ist – deren historische Aktualität jedoch, so glaube ich, weder den Autoren, noch Regisseuren, noch Schauspielern in derselben Weise ins Auge sprang wie uns, den Überlebenden oder Nachgeborenen einer Schreckensgeschichte, die durch das Trancehandeln viel zu vieler erst möglich wurde, denen das Wachwerden, gleichsam die Erweckung zu einem neuen Bewusstsein erst zu spät oder gar nicht widerfuhr. Cesare in Robert Wienes Das Cabinet des Dr. Caligari (1920) ist ein Beispiel dafür, wie die Vision des somnambulen Mörders zurück geholt wurde ins romantische Schema und in psychiatrische Spekulation: Dass ausgerechnet der Chef der Irrenanstalt als Schaubudenunterhalter einen Schlafwandler aussendet, damit der ihm unliebsame Personen ermordet, führt als spätexpressionistisches Spektakel weit ab von der Vermutung, hier könne es eine Parallele zu einem realen politischen Handeln geben: nämlich dem Handeln unter dem Einfluss dumpfer Vergeltungsgelüste und aufhetzender Propaganda gegen einen verteufelten Erzfeind – wie es in den Augusttagen des Jahres 1914 vor dem Ausbruch des Ersten Weltkriegs in Deutschland und in Frankreich der Fall gewesen ist, so dass Vertreter der jungen Generation, Schriftsteller und Künstler, allen Ernstes glaubten, der Krieg würde die korrupte Welt säubern und einen neuen Menschen erstehen lassen. Die von Patriotismus besoffene Meute der Augusttage 1914 ist eine aus lauter Cesares multiplizierte Masse. Ihr Dr. Caligari sitzt außen und innen an ihrem sozialen Körper: außen in Gestalt einer seinerzeit verbreiteten vordemokratischen Ideologie von ‹männlichem› Nationalstolz, der sich weder Versöhnung noch Kompromiss, sondern nur blutigen Waffengang und Sieg vorstellen kann, innen in Form einer durch das «Unbehagen in der Kultur» (Sigmund Freud) akkumulierten Wut, die keinen anderen Anlass und Auslass zu finden scheint als in der Vorstellung eines Krieges, in dem eine Bedrohung vernichtet werden kann, die sich im Gegenüber zu verkörpern scheint (in der stillen Hoffnung, dass mit und in dieser Bestie auch der innere Feind sein Ende finde).

Eine naheliegende politische Interpretation des Caligari-Films findet sich unter den zeitgenössischen Reaktionen nicht, allenfalls ein Anklang davon, dass hier mehr gemeint sei als die Wiederkehr eines biedermeierlich gebrochenen Horror-Szenariums, eine vage Empfindung für den zeitgenössischen Erfahrungsgehalt dieser Konfliktkonstellation im Film. Selbst die später eingeschobene Interpretation des einen Drehbuchautors, Hans Janowitz, eine Deutung, die Siegfried Kracauer übernommen hat, in Caligari spiegelten sich die Tyrannen dieser Welt, vergisst, den Blick auf Cesare zu werfen, der den meisten Zuschauern eher als Abbild ihrer eigenen Unmündigkeit gelten mag, einer Unmündigkeit, von der behauptet wird, dass sie nicht selbstverschuldet sei – im Widerspruch zu dem berühmten Diktum Immanuel Kants, der Aufklärung als «Ausgang des Menschen aus der selbst verschuldeten Unmündigkeit» proklamiert.

Auch der Anstaltsarzt in Fritz Langs zweitem Mabuse-Film, DAS TESTAMENT DES DR. MABUSE (1933) gleicht Cesare. Bei der Lektüre des Nachlasses des wahnsinnigen Mabuse wird der bis dahin wohl rechtschaffene Mann von dessen Geist ergriffen, dank Doppelbelichtung von dem Phantom-Körper des Mabuse regelrecht durchdrungen und damit zum unzurechnungsfähigen Organ der anarchistischen Zerstörungspläne des genialen Unheils-Strategen. Selbst der Kindermörder (Peter Lorre) in Fritz Langs M (1931) könnte sich in diese Figurenreihe einordnen, wenn er vor dem Tribunal der Mörder, Diebe und anderen Missetäter, vor dem ‹Gericht der Unterwelt› verzweifelt hinausschreit, dass ihn etwas verfolge, was ihn dazu bringe, junge Mädchen anzusprechen und später umzubringen, dass es ein Muss sei, dem zu widerstehen er nicht imstande sei. Er verteidigt sich, indem er sich auf seine Unzurechnungsfähigkeit beruft. Ein Opfer. Wobei psychiatrische Ursachenanalyse in seinem und ähnlichen Fällen natürlich in großer Verlegenheit ist, denn solch mörderischen Trieb nur durch zerrüttete Familienverhältnisse oder die Ungunst einer desolaten Kindheit zu erklären, reicht wohl nicht hin.

Die beweiskräftige Vorführung der traurigen Tatsache, dass man nicht Herr des eigenen Willens sei, findet sich bei zahlreichen anderen Figuren des deutschen Stummfilms wieder. Die Erkenntnis der amputierten Selbstbestimmung zählt übrigens zu den prominentesten Entschuldigungsmustern von Delinquenten, die in von Staat oder Militär verübte Verbrechen verwickelt worden sind: In Umkehrung der unhaltbaren Kollektivschuld-These hat sich nach 1945 gerade in Deutschland eine ebenso leichtfertig zum Selbstschutz vorgetragene Kollektivunschuld-These durchgesetzt («nicht ich, Hitler war schuld»). Allerdings braucht man die Verbreitung beider Thesen nicht auf das deutsche Territorium zu beschränken. Nur ist der Kasus hier besonders ausgeprägt und daher lehrreich gewesen.

Erst als Cesare sein weibliches Opfer zu lieben oder zu begehren beginnt, bricht der Bann, den Caligai über ihn verhängt hat: der Knecht wacht auf, entflieht mit dem Mädchen, anstatt es, wie der Befehl wohl lautete, mit einem Dolch zu erstechen.

Liebe scheint ein Gegenmittel gegen den von außen implantierten Tötungsauftrag zu sein. Der Caligari-Film erweist sich auch darin als aufschlussreich und lebenskundig, dass der Widerstand gegen die Hypnose dem «Somnambulen» nicht gleich zu einem stabilen Ich verhilft. Cesare schwindet entkräftet dahin und gibt seinen oder auch den fremden Geist auf, er stirbt. So erwirbt dieses Mordwerkzeug am Ende noch das Bedauern des Publikums, nicht ungerechtfertigt.

Anders liegt der Fall, wenn eine Person erkennt, dass sie symbolisch gespalten ist in ein wildes Wesen, das begierig und sogar grausam zu sein beansprucht, und ein Wesen, das auf strenger Disziplin und ‹Selbst-Dressur› beruht. *Dr. Jekyll und Mr. Hyde*, die Erzählung von Robert Louis Stevenson, setzt diesen Ur-Konflikt raffiniert um: Dr. Jekyll sieht (nicht unbedingt aus freien Stücken) ein, dass die Unterdrückung durch die Normen der Gesellschaft ihm Leiden verschafft. Er akzeptiert immer unwilliger Einbußen in seinem Drang nach Glück und Wohlbehagen, er will nicht länger den puritanischen Askese-Vorschriften seiner Schicht beflissen gehorchen – daher versucht er in seinem Labor, aus seinem Innern den begehrenden, den sinnlichen Menschen zu befreien. Mr. Hyde, sobald er auf die Welt gekommen ist, genießt seine Freiheit, seine Unabhängigkeit von den sozialen Umklammerungen, die einen Gentleman dazu zwingen, sich wie ein Gentleman zu verhalten. Diese radikale Deutung trifft jedenfalls auf die filmische Version der Erzählung zu, die Rouben Mamoulian 1932 konzipiert hat.

Wenn sich deutsche Filmhistoriker auf Max Macks Verfilmung eines Theaterstücks von Paul Lindau, *Der Andere* (1913), berufen, fällt regelmäßig der Hinweis auf das Modell Dr. Jekyll und Mr. Hyde. Die entscheidenden Unterschiede zwischen dem Modell Dr. Jekyll und Mr. Hyde und der Konstellation im *Anderen* wird dabei unterschlagen: Die Hauptfigur, der Rechtsanwalt, leidet nicht unter den Fesseln einer sittlich eingezwängten Lebensform, im Gegenteil: wenn er auch die Einschränkungen vielleicht als bitter empfindet, überdeckt er dies durch besonders forciertes Status-Bewusstsein. Als er hört, dass Menschen (angeblich nach Hippolyte Taine) aufgrund äußerer Einwirkungen bisweilen und zeitweise zu kontrastiven Charakteren ‹umkippen› könnten, lacht er unbändig und weist diese Idee geradezu übertrieben von sich. Schon seine affekthafte Abwehr unterstreicht, dass er glaubt, völlig einig mit sich zu sein und nur der, als der er vor der Öffentlichkeit erscheint: ein rational denkender, von keiner dunklen Leidenschaft vom rechten Weg abzulenkender Mann, der sich als moralische Stütze einer von ihm völlig akzeptierten Gesellschaft versteht. Wenn da überhaupt ein Leidensdruck ist, hat der Protagonist ihn verdrängt – wenngleich der Lärm, den er macht, darauf schließen ließe, dass diese Verdrängung nicht völlig gelungen ist, er nur nicht wahrhaben will, was in ihm selber als unberechenbare Flamme züngelt. Durch einen Sturz vom Pferd kommt es – wie zu erwarten – zu einer abrupten Nachtverwandlung des Anwalts. Er verkehrt nach Sonnenuntergang, im Anzug seines Sekretärs, in dunklen Spelunken, freundet sich mit Gelichter an und führt Diebe in die eigene Villa, die sie gemeinsam berauben wollen. Die Polizei kommt, alles hat dieser Großbürger seinem Dienstmädchen zu verdanken, das ihn zu ihrer Verwunderung in der Spelunke erkannt hat (ohne dass er sie, das Mädchen aus der Unterschicht, für die Rettung mit seiner Liebe beschenkt). Langsam wird dem Helden klar, dass er ein Doppelleben geführt hat, ihm selbst unbewusst hat sich seine sonst strikt geleugnete kriminelle Natur verselbständigt. Vielleicht war der heftige Verfolger des Unrechts deswegen so heftig, weil er in sich selbst die Verlockung zum Unrecht verspürte, eine Verlockung, die er durch besonders scharfe Verurteilung erwischter Rechtsbrecher niederkämpfte. Die Kritik der Filmerzählung an allzu anmaßender Autorität und an Amtspersonen, die diese Autorität als unanfechtbares Privileg behaupten, reicht erstaunlich tief: Es wird nicht weniger unterstellt, als dass die Repräsentanten der korrekt handelnden Gesellschaft in sich und für sich selbst die Antriebe verbergen, die bei den gewalttätigen Selbsthelfern die Oberhand gewinnen, die das Eigentum der anderen nicht schonen. Der hochmütige Richter und der gemeine Übeltäter wohnen in engster Nachbarschaft, Seite an Seite, vielleicht in derselben Seele – und es kommt auf die Umstände darauf an, welche der zwei Charaktere sich nun durchsetzt. Anders als im Fall von «Dr. Jekyll und Mr. Hyde» ist die Argumentation in Lindaus und Max Macks Film DER ANDERE politischer und gesellschaftskritischer, bis zur Grenze des Generalverdachts, dass zwischen den Oberen und den Unteren viel Gemeinsamkeit besteht.

Anders motiviert findet sich ein ähnliches Bild in Georg Wilhelm Pabsts Film GEHEIMNISSE EINER SEELE (1926), der ursprünglich dazu gedacht war, die Psychoanalyse zu propagieren. Dort entdeckt ein würdiger Villenbesitzer, ein unbestechlicher Naturwissenschaftler, dass er sich plötzlich gegen Mordgelüste wehren muss, die ihn dazu zwingen wollen, blankschimmernde Messer in den Leib seiner geliebten, aber seit einiger Zeit nicht mehr berührten Gattin hinein zu treiben. Diese gefährliche Symptomatik wird im Film als Eifersuchtswahn entschlüsselt. Die Eifersucht rühre aus Kindheitstagen her und gelte dem Vetter, einem smarten Weltreisenden, dem der Protagonist unterstellt, dieser attraktive Abenteurer genieße die Liebe seiner Frau. In der Generationslogik des Films stimmt gar nichts: der Ehemann ist ca. zwanzig Jahre älter als seine Frau, es ist unmöglich, dass sie eine gemeinsame Kindheit erlebt haben, daher kann auch der Eifersuchtswahn nicht aus der Kindheit stammen. Auffällig und erinnernswert ist die Rollengestaltung, die Werner Krauss einem sonst wahrscheinlich erdfesten Rationalisten gewährt, der spürbar aus dem Gleis geworfen ist: Die Anzeichen seiner Verstörung, die nicht mehr bewusst kontrolliert werden, mehren sich im ganzen Film: Indizien einer inneren Unruhe und Unsicherheit.[8] Vielleicht – ich deutete das an – sind noch ganz andere Kräfte am Werk, um diese Irritationen in einem unbescholtenen Mann in den besten Jahren her-

---

8 Vgl. Thomas Koebner: Der Umriss-Spieler. Werner Krauss in Stummfilm-Rollen. In: Ders.: *Lehrjahre im Kino. Schriften zum Film*. St. Augustin, 2. Aufl. 2000, S. 151–181.

vorzurufen, die eigentümliche Mordlust, die sich in gewalttätigen Visionen austobt, in Träumen, in denen der Mann auf seine Frau einsticht – und zwar von unten nach oben, als wäre das Messer doch ein phallisches Instrument. Man könnte an Versagensängste denken – bisher fehlt der Nachwuchs in dieser Ehe –, die womöglich auch in der Kindheit ihren Ursprung haben, wenngleich nicht in der Ursachenverkettung, die der Film vorgibt.

Werner Krauss konkretisiert in wenigen Ausdruckselementen, Indizien der gehemmten unterirdischen Wallungen, die Phänomenologie des zutiefst Verstörten, die der des Hypnotisierten und Schlafwandlers ähnlich ist: Der Blick, der ins Weite geht und keine Gegenstände um sich herum mehr fixiert, der merkwürdig schwebende, unsicher tastende Gang, als sei man in eine unbekannte Umwelt versetzt, zugleich auf schwankendem Boden. Die manchmal skurrilen, scheinbar funktionslosen Körperbewegungen gelten wohl als Kennzeichen für die Absenz der Person, das Abwesendsein, das Hinaus-gefallen-Sein aus der Gegenwart.

Wenn man die Hypnotisierten, die Schlafwandler, die Verstörten, die verhängnisvolle Zwangshandlungen ausführen oder dazu im Stande sind, auf einen Nenner bringen möchte, wäre es vielleicht der schizophrene Typus, der sich in verschiedenen Spielarten in diesen Personen wiederfindet: die gespaltene Person (damit wären auch Dr. Jekyll und Mr. Hyde in diesen Katalog mit einbezogen). Der Annahme, es handle sich um dieses Phänomen, entspricht ein tiefsitzendes Misstrauen gegenüber der sozial geprägten Form des Menschen, die ihn als unscheinbares oder zumindest berechenbares Mitglied der Gesellschaft qualifiziert. Beinahe ist man versucht, von einem Fassaden-Ich zu sprechen, das hinter sich, im Dunkeln, eine andere Person verbirgt, die konträre Ziele verfolgt, die ein Geheimnis birgt. Wenn Ellen in Friedrich Wilhelm Murnaus NOSFERATU (1922) plötzlich zu schlafwandeln beginnt und an ihren fernen Geliebten denkt, glaubt man zunächst, sie habe nur ihren Ehemann (den sie beim Nachnamen nennt) im Sinn. Zugleich aber, diese Lesart ist durchaus schlüssig, scheint die Sehnsucht des Nosferatu sie erreicht zu haben und in ein Dilemma zu stürzen, dessen sie sich nie bewusst wird. Äußerlich benimmt sie sich als treue Gattin und Erlöserin der Gemeinde von der Pest, innerlich ist sie bereits dem bösen Feind, dem Dracula anheim gegeben. Oft bemerkt: Ellen sitzt am Meeresrand, neben einem Matrosenfriedhof, und erwartet ihren Geliebten – obwohl sie doch wissen muss, dass der brave Hutter per Pferd über Land kommt. Übers Wasser aber nähert sich Nosferatu. Auch die Szenen, die der «Liebesnacht» zwischen Ellen und Nosferatu voraus gehen, erinnern an die Vorbereitung eines Stelldicheins zwischen Personen, die ihre Vereinigung vor der Welt geheim halten wollen.[9] Bei Durchsicht aller Filme Murnaus fällt auf, dass viele Figuren schlafwandelnd, wie ferngesteuert, eingepflanzten ‹verbotenen› Zielsetzungen folgen: Nosferatu in seinem Blutdurst ebenso wie der Ehemann in SUNRISE (1927), der auf Geheiß der Einflüsterungen, die die gewissenlose Stadtfrau wie Gift in sein Ohr träufelt, seine eigene ahnungslose Frau umbringen will – bis er förmlich aus diesem auferlegten Alptraum erwacht.

Bei den Hypnotisierten ist die Diskrepanz zwischen der Außenperson und der Innenperson (um beliebige Begriffe zu finden, die diese Differenz verdeutlichen) nicht so auffällig, sie sind erkennbar in der Gewalt einer fremden Macht, die sie Untaten zu vollbringen heißt, für die sie selber nie die Verantwortung übernehmen möchten. Bei den Schlafwandlern wird der Unterschied zwischen Außenperson und Innenperson viel deutlicher hervorgehoben, um die Verwirrtheit der Außenperson sichtbar zu machen und das Fassaden-Ich gewissermaßen durchsichtig werden zu lassen für Willenskräfte, die im Dunklen dahinter den vertrauten Charakter zersetzen oder auflösen. Alle Varianten zusammen genommen, lässt sich tatsächlich – mit Hermann Broch – von einem «Essentialsymbol» der Epoche sprechen, das sich speziell in der deutschen Filmgeschichte oft plakathaft durchsetzt. Die Reihe der Beispiele könnte über etliche Seiten hinweg verlängert werden. Es handelt sich um die *labile Bauform des bürgerlichen Subjekts* – eine Anfälligkeit für ‹Krisen› von langer Dauer – und die berechtigte Furcht davor, welche anarchischen, also gesetzlosen, und archaischen Kräfte sich hinter der dünnen Tünche der Angepasstheit an Gruppen-Traditionen, an staatlich und polizeilich geordnete Verhältnisse verbergen.

Die hier angestellten Überlegungen galten auch dem Nachweis, dass es sich bei Symbolen für eine Epoche selten um *ein* Sinnbild handelt, sondern um eine Mehrheit sich zum Teil überdeckender Sinnbilder, deren Anblick gleichsam einen flirrenden und sich ständig verschiebenden Umriss bietet. Zahlreiche Varianten von Unzurechnungsfähigkeit finden sich in deutschen Filmen der Epoche zwischen 1905 und 1930. Ihre politische Bedeutung ist für die Zeitgenossen oft nicht unmittelbar einsichtig, allenfalls fühlbar gewesen (man lese etwa Kurt Tucholskys Kritik des Caligari-Films). Diesem Ahnen und Vermuten korrespondiert das Sinnbild-Kompendium mit verschwimmenden Grenzen als Vorwegnahme geschärfter Erkenntnis.

---

9 Vgl. Thomas Koebner: Murnau – der romantische Preuße. Wieder abgedruckt in: Ders.: *Verwandlungen. Schriften zum Film*. Vierte Folge. Remscheid, 2. Aufl. 2006, S. 224–284.

Wie die Neuen den Tod gebildet

Filmische Allegorien der Boten aus dem Jenseits

Der Tod frönt einer (allzu menschlichen) Leidenschaft, er spielt Schach: Bengt Ekerot und Max von Sydow als Ritter (DAS SIEBENTE SIEGEL, S 1957, Regie: Ingmar Bergman)

Eine der Episoden in Akira Kurosawas Film TRÄUME (1990) zeigt Bergsteiger im Schneesturm. Der Anführer droht wie die anderen vor Erschöpfung einzuschlafen und in der Kälte zu sterben. Ein Wesen, zunächst nur in Fragmenten sichtbar, meist außerhalb des Bildrahmens anzunehmen und schon dadurch eigentümlich gespenstisch, nähert sich ihm mit verführerischer Überredungskraft, suggeriert, der Schnee sei warm, und deckt ihn mit einer glitzernden Decke zu. Doch der Bergführer widersteht der süßen Verlockung sich aufzugeben und kämpft ums Erwachen. Da weicht der Dämon von ihm zornig zurück und entflieht in die Höhe: eine Frauengestalt vielleicht, extrem lange schwarze Haare und ein weißes flatterndes Gewand, die beide vom Sturm hin- und hergepeitscht werden. Die innere Bedrohung, die darin besteht, sich in die Agonie fallen zu lassen, wird nach Außen projiziert. Der Mann ist seinem Tod entronnen: einer nach

26

meinem Verständnis weiblichen Allegorie des Todes, gebildet nach japanisch traditioneller Bildlichkeit, die für die Erscheinung des Metaphysischen geeignet zu sein scheint. Weniger vom individuellen als vom kollektiven Sterben erzählen die meisten Episoden des Films: Die Toten des Krieges kehren wieder in dem Kapitel *Der Tunnel* in unversehrter menschlicher Gestalt. Im Kapitel über den Atomtod, der über Japan wütet, verschwinden in Panik versetzte Menschen einfach schreiend oder stumm aus dem Bild. Die letzte Episode überbietet sich in der Schilderung einer utopisch heilen Welt – wie zum Ausgleich der Alpträume, die vorher zu sehen gewesen sind. Da wird sogar die Totenprozession um des verehrten Gestorbenen willen zum merkwürdig choreographierten Freudentanz, an dem alle gemeinsinnig teilnehmen, mit Blumen geschmückt: eine ‹schöne Leich› im Sommerlicht, ein sinnbildliches Ritual der Seligkeit nach dem «endgültig vergangenen Schrecken» (Hans Blumenberg).[1]

Weniges ist so unvorstellbar wie der eigene Tod, nichts übertrifft an Pathos das Erlöschen des Lebens, weil es im Gemenge der Zufälle und Relativitäten eine absolute Grenze darstellt, ausgestattet mit der hohen Autorität des Unabwendbaren und Unvermeidlichen. Dem Sterben – im Frieden, im Krieg – zuzuschauen, ist für die Überlebenden kaum erträglich, aber notfalls mit medizinischer Pedanterie protokollierbar, zumal es ein System charakteristischer Symptome aufweist. Das Jenseits, alle Heilsideen in Ehren, denen der verletzte Mensch anhängt, ist das ebenfalls absolut Unbegreifliche. Es reicht nicht, vom gegebenen Hier auf ein kontrapunktisches Dort zu schließen, in dem alles einen Gegensatz zum irdischen Dasein darstellt. Hoffnung und Spekulation malen Notlösungen ins Blaue, Vorstellungen vom gerechten oder gnädigen Straferlass ‹drüben› oder dem Paradies der Gratifikationen. In der Position nicht überbietbarer Ratlosigkeit entwickeln sich stets hilflose und unfertige Abwehrreflexe. Die Strenge und Unerbittlichkeit des Todes fordert zu verzweifelten und zu verzweifelt komischen Übersprung-Reaktionen heraus. Im zweiten Fall geht es primär darum, den Furchtsamen die Angst auszutreiben, besser: zu übertönen mit schrillen und schrägen Einfällen, den unverrückbaren Ernst des Sterbens mit spielerischer Faxenmacherei zu überblenden.

Lessings Abhandlung *Wie die Alten den Tod gebildet* (1769) wird ungeachtet der kunsthistorischen oder archäologischen Zielsetzung von dem Impuls angetrieben, dem Tod seinen Schrecken zu nehmen – «und in sofern Sterben nichts als der Schritt zum Totsein ist, kann auch das Sterben nichts Schreckliches haben».[2] Gegen die schauerliche Allegorie des Knochenmanns stellt Les-

1 Hans Blumenberg. *Löwen*. Frankfurt a. M. 2010, S. 97.
2 Gotthold Ephraim Lessing. «*Wie die Alten den Tod gebildet*». *Gesammelte Werke*. 2 Bde. Hg. v. Wolfgang Stammler. Bd. 2. München 1959, S. 999.

sing die antike Personifikation des Todes, des Schlafes Bruder: den Genius mit gesenkter Fackel. Dass bei solcher Vorstellung Euphemismus mit im Spiel ist, eine Art von Schönreden des traurigen Falls, will Lessing selbst nicht bestreiten. Jedenfalls dekretiert er eine neue Anschauungsform vom ‹natürlichen› Tod[3], die die verbreitete Volksüberlieferung vom furchteinflößenden Schnitter mit der Sense ablösen soll: ein Paradigmenwechsel der Allegorien, der auf eine zugrundeliegende Umdeutung der Lebensprozesse schließen lässt, sozusagen auf eine profanierende Entzauberung, die dem Sterben das radikal Destruktive abspricht oder austreibt – obwohl es doch, wie Lessing einräumt, bitter sein kann, wenn der Tod «frühzeitig, gewaltsam, schmählich oder ungelegen»[4] eintrifft. Wenn auf antiken Skulpturen (zwischen römischer und griechischer Periode unterscheidet Lessing kaum) Gerippe auftauchen, seien die abgeschiedenen Bösen, *larvae*, gemeint. Es mag fragwürdig sein, ob diese Zuordnung stichhaltig ist, sie tritt in Lessings Gedankenkette erst so spät ein, dass auch darin Abwehr einer vermaledeiten Personifikation zu verspüren ist.[5]

Schiller äußert sich noch drastischer in seinem Urteil über die Gedankenkonstruktion des zum Skelett zerfallenen Leichnams als Bildzeichen eines in jeder Hinsicht schaurigen Todes. In seinem Gedicht *Die Götter Griechenlands* (1788, hier wird die zweite Fassung aus den *Gedichten*, 1800, zitiert) heißt es fast 20 Jahre nach Lessings Studie, durchaus konform mit dessen Theorie, doch im Bewusstsein, dass eine ‹sanfte› Ansicht des Todes der Vergangenheit angehört oder Wunschbild bleiben muss:

> Finstrer Ernst und trauriges Entsagen
> War aus eurem heitern Dienst verbannt;
> […]
> Damals trat kein grässliches Gerippe
> Vor das Bett des Sterbenden. Ein Kuss
> Nahm das letzte Leben von der Lippe,
> Seine Fackel senkt' der Genius.

Dennoch drängt sich der Verdacht auf, dass beim Wettstreit der poetischen Projektionen die leidensbetonte und christlich tolerierte Spielart des Sensenmanns den Vorrang behielt, weil sie die Dimension des Schmerzes und hilflosen Erleidens berücksichtigt, den Tod als schonungslosen Gewaltakt gegen das Leben

---

3   Ebd., S. 999ff.
4   Ebd.
5   Claudia Klodt korrigiert auf sehr überzeugende Weise Lessings Deutungen. Claudia Klodt: «Ein trauriges Bild». Zum Motto von Lessings Abhandlung ‹Wie die Alten den Tod gebildet› und zu einem weiteren Statiuszitat im ‹Laokoon›. In: *Antike und Abendland* 48 (2002), S. 133–154.

erfährt – wie Blumen unterschiedlichen Ranges der Sense des Bauern nicht nur zur Erntezeit zum Opfer fallen:

> Es ist ein Schnitter, der heißt Tod,
> hat G'walt vom großen Gott;
> heut wetzt er das Messer,
> es geht schon viel besser,
> bald wird er drein schneiden,
> wir müssens nur leiden.
> Hüt Dich, schöns Blümelein![6]

Im (hier nicht zitierten) Abschluss des Schnitterliedes erfolgt ein Affektwechsel von der Klage zur freudigen Erwartung, glaubt doch das «abgeschnittene Blümelein», in den «himmlischen Garten» versetzt zu werden: Fast könnte man von der Vision einer Rettung in letzter Sekunde sprechen. Fünf Strophen lang wird einem Angst gemacht, und dann erfolgt die abrupte Wendung zum Seligkeits-Versprechen.

Die aufklärerische Anstrengung, den Tod nach angeblich antikem Vorbild zu entskandalisieren, hat in der europäischen Romantik – so scheint es – wenig Echo gefunden, vielmehr die agrarische und erdnahe Vorstellung vom Sensenmann Tod mit ihrem Bedeutungsspektrum zwischen dem Sterben als natürlichem Prozess und als einschüchterndem, entsetzlichem Phänomen. Man denke an etliche Vertonungen in Moll und das Ende der Lebenszeit beschwörende Zitate des Schnitterliedes – bis hin zu Alfred Döblins Großstadt-Roman *Berlin Alexanderplatz* (1928). Es ist also kein Wunder, dass das Bild vom Schnitter, vom düsteren Boten aus dem Jenseits, in der europäischen Stummfilmära mit ihren zahlreichen Rückgriffen auf schauerromantische Motive vorherrschte. Da Schauspieler diese Rolle übernehmen, lässt sich der Anblick eines Totenschädels gar nicht oder nur annähernd durch eine Maske bewerkstelligen. Die für die Inszenierung notwendige Vermenschlichung des Todes muss wieder ausgeglichen werden durch Elemente, die das Ungeheure, Ungeheuerliche vor Augen führen: also nicht vergessen lassen, dass sich eine paradoxe Figur ins Spiel mischt, die kategorial einem Gespenst, der Wiederkehr eines Verstorbenen, entspricht. Der Umgang mit Gespenstern will dramaturgisch bedacht sein, spätestens seit Shakespeares *Hamlet*, dem der ermordete Vater als Morgengeist aus dem Jenseits ins Gewissen redet, dass er Rache am Mörder, am Onkel, zu nehmen habe. Dass Gespenster oder Geister die Wahrheit reden, wenn sie säumige Söhne zur Vergeltungstat aufrufen, wird offenbar nicht bezweifelt – bemer-

---

6   «Schnitterlied», zit. nach *Volksliederbuch*. Hg. v. Heinz Rölleke. Augsburg 1995, S. 122.

kenswert, dass sie nicht vom Jenseits, sondern vom gerade verlassenen Diesseits sprechen: Rückkehrer mit Auftrag, irdische Ohren und Täter zu finden, die jedoch auf mögliche Fragen, was einen ‹drüben› erwarte, kaum Auskunft geben. Auch das Interesse der frühen filmischen Todesfiguren ist auf die Welt der Lebenden gerichtet. Sie werden von Betroffenen und Zeugen als ‹Erscheinungen› wahrgenommen, denen man auf Treu und Glauben vertrauen darf, als beinahe charismatische Figuren. Sie behaupten im Übrigen, vom Großen und Ganzen nichts mitteilen zu können. Vielleicht müssen sie den Verlust höheren Wissens in Kauf nehmen, sobald sie die Grenze, die Tote von Lebenden trennt, wieder rückwärts überschreiten, zum Teil wieder zu ignoranten Menschen werden, wenn sie sich auf Menschen einlassen.

In Victor Sjöströms schwedischem Film DER FUHRMANN DES TODES (1921)[7] geht die Vision einer sichtbaren Todesfigur mit moralischer Prüfung – wie hast Du Dein Leben gelebt? – und der Androhung von Strafen einher. Der Tod als Inkarnation des schlechten Gewissens, der Tod als Allegorie bringt die verdrängten Schuldgefühle an den Tag und handelt als Agent der Selbsterforschung. Um seine übersinnliche Präsenz zu gestalten, greift Sjöström auf Techniken der *Laterna Magica* zurück: die Doppelprojektion, im Film die Doppelbelichtung desselben Filmstreifens. So kann die Figur des Todes im grauen Mantel mit weißen Strichen, das Haupt von einer weiten Kappe verhüllt, ein Verborgener, die bei seiner Tätigkeit unnötige Sense als Statussymbol in der Hand, durch alle Wände dringen – in die Halle des Reichen, der sich umgebracht hat, wie in die brausenden Wellen der stürmischen See, von deren Grund er einen toten Fischer auflesen muss, hinter sich immer den vom Klepper gezogenen einachsigen Wagen. Von dessen Kutschbock steigt die Figur langsam hinab, als würde die wiederholte Sammelarbeit ihr doch Mühe bereiten. In der Tat entpuppt sich die Todesfigur später als alter bärtiger Mann, vom Angesicht identisch mit dem einer einst lebendigen Rollenfigur.

Sjöström hat eine moralische Geschichte im Sinn: Ein haltloser Säufer, David Holm (der Regisseur Sjöström selbst spielt diesen fehler- und lasterhaften Charakter), ist zu bekehren, der sich gegen Menschen grob vergangen hat, vor allem Frauen, die es gut mit ihm meinen. Er, einst ein tüchtiger Tischler und glücklicher Familienvater, der mit Frau und Kindern ein Picknick an einem idyllischen Flussufer einnimmt, ist durch die Trunksucht entmenschlicht worden. Er verschuldet (im weitesten Sinne) das Unglück seines jungen Bruders, der durch das Vorbild des Älteren an den Alkohol gerät und benebelt zum Mörder wird, das Unglück einer Heilsarmee-Schwester, die sich für ihn aufopfert und tödlich

---

7   KÖRKARLEN / DER FUHRMANN DES TODES (Regie: Victor Sjöström; Darsteller: Victor Sjöström, Hilda Borgström, Tore Svennberg. Svensk Filmindustri 1921, DVD).

erkrankt, das Unheil seiner Familie schließlich: Die Ehefrau will sich und ihre beiden Kinder in höchster Not vergiften. Es erfordert eine *Last Second Rescue* und das Gelöbnis des David Holm, keinen Tropfen mehr anzurühren, um die Frau vom letzten verzweifelten Schritt abzuhalten und alles zum Guten zu wenden. Die melodramatische Fabel von der fast nicht mehr erhofften Umkehr des in Bosheit verfallenen Trinkers könnte von David Wark Griffith stammen (dem Film liegt indes eine Erzählung von Selma Lagerlöf zugrunde: *Körkarlen*, 1912), nicht so die Mentorenrolle des leibhaftigen Todes.

Drei Trinker auf Grabsteinen, es schlägt gleich Mitternacht, ein neues Jahr beginnt: Wer jetzt stirbt, muss für ein Jahr Fuhrmann des Todes werden (so lautet angeblich der Volksaberglaube). David Holm, der Lästerer, wird von den Kumpanen im Streit, so scheint es, erschlagen – der Fuhrmann des Todes, für die Lebenden der Tod selbst, obwohl er nur ein Knecht eines größeren Herren sein soll, holt ihn ab. Davids Geist löst sich vom Körper, der auf einer Grabplatte liegen bleibt, verlässt den Kerker des Leibes und folgt dem Fuhrmann, einem alten Bekannten namens George (Tore Svennberg), auf eine Reise, die ihn in langen Rückblenden mit den Untaten in seiner Vergangenheit konfrontiert, der höhnisch verächtlichen Abfertigung der Heilsarmee-Schwester, die ihn liebt, und der eigenen Familie. Neben dem Fuhrmann des Todes erlebt er zitternd (beide sind unsichtbar für Lebende), wie seine von ihm verlassene Frau Gift im Wasserkessel verrührt, um sich und die Kinder aus dieser elenden Welt zu befördern. Der Fuhrmann als Exponent einer höheren Macht, doch nur ihr ausführendes Organ, kann nicht eingreifen, er muss zusehen. Doch er verrät David Holm eine Lebensweisheit: Es ist ein Glück, wenn es Menschen vergönnt sei, «die Seele reifen zu lassen vor der Ernte» (Zwischentitel). Da erwacht David Holm auf dem Grabstein, die Todeserfahrung war offenbar ‹nur› eine Art pädagogischer Belehrungs- und Bekehrungstraum, der den Sünder zum Reuigen verwandelt. Holm eilt taumelnd nach Hause und verhindert rechtzeitig das Schlimmste, er erhält eine zweite Chance, ein besseres Leben zu führen. Für die schwärmerische Heilsarmee-Schwester – so müssen wir fürchten – kommt indes jede Hilfe zu spät.

Sjöströms FUHRMANN steht in einem ungeklärten Verhältnis zu den höheren Mächten. Er ist alt, so lässt sich aus dem langsamen Rhythmus seiner Erscheinung erschließen, anscheinend erschöpft. Er geht einer ungeliebten Pflicht nach und will gerne durch einen Nachfolger von ihr erlöst sein. Ist sein Amt zugleich Strafe? Restlos geklärt wird die Vielsinnigkeit der Allegorie nicht, vermutlich weil der Fuhrmann als analytisches Vehikel wirkt, vergleichbar der Erinnerungen auslösenden Madeleine im Tee in Marcel Prousts Roman *Auf der Suche nach der verlorenen Zeit* (1. Teil: *Combray*): ein Seelengeleiter, der David Holm nicht nach Drüben, sondern in die Vergangenheit transportiert. Immerhin übt sein geisterhafter Auftritt einen erheblichen Schauereffekt aus, der Holm und

dem Publikum verdeutlicht, dass es um Wesentliches geht: Ein fast schon ver-
wirktes Leben, dessen Alkoholeskapaden das Böse im Helden freisetzen und
ihn die Liebe verraten und verwerfen lassen, wird gerade noch vor der völligen
Verderbnis bewahrt.

Man möchte eine vergleichbare Disposition zwischen dem FUHRMANN DES
TODES von Sjöström und der Allegorie des müden Todes im gleichnamigen Film
von Fritz Lang annehmen, einem Film, der ebenfalls 1921 zur Uraufführung
kam.[8] Die historischen Voraussetzungen der jeweiligen Todesallegorie unterscheiden sich jedoch: Schweden hatte nicht am Ersten Weltkrieg teilgenommen.
Die ungeheuren Verluste gerade der jungen männlichen Generation im vier-
jährigen gegenseitigen Abschlachten wurden zumal in der ‹Verlierer-Nation›
Deutschland durch keine überzeugenden nachträglichen Sinnstiftungen legi-
timiert. Dass alte reaktionäre Dogmen in der richtungslosen Gesellschaft viel
Beifall fanden, in Kampfstellung gegen die neue Republik, gehört zur üblichen
Psychologie der Niederlage. Die Depression der deutschen Bevölkerung wurde
noch durch die zahllosen (auch weiblichen) Toten in Folge der in Kontinental-
europa wütenden Spanischen Grippe 1919 vertieft. Die übergroße ‹Ernte› der
vorzeitig Hingerafften konnte sehr wohl die Idee eines Leichenberge aufsam-
melnden und daher ermüdeten Todes befördern. Fritz Lang als Autor und Thea
von Harbou als Co-Autorin bezeichneten ihren Film als «deutsches Volkslied in
sechs Versen»[9] und versetzten die Handlung des erzählten Rahmens ins Biedermeier und der drei Episoden in verschiedene phantastische und exotische Ambi-
entes (Orient, Venedig in der Renaissancezeit, sagenhaftes China). Die scheinbar
heile Welt der spitzen Giebel und Butzenscheiben, engen Gassen und lauschigen
Brunnen, die vom Honoratioren-Bürgertum regierte Kleinstadt des 19. Jahrhunderts ist als Schauplatz in deutschen Stummfilmen üblich – umso schockierender
fällt der Einbruch des Geheimnisvoll-Numinosen aus, selbst Scharlatans-Magie.
Filme wie DAS CABINET DES DR. CALIGARI (1920) oder NOSFERATU (1922) bezeugen neben dem MÜDEN TOD diese Rückwendung in eine deutsche Friedenszeit.
Dabei wird nicht nur ein Fluchtort gesucht, der vor dem Anbruch der Moderne
liegt, auch Satire lässt sich relativ schnellfertig über das spießbürgerliche Kräh-
winkel ausgießen. Sogar im MÜDEN TOD wird nicht mit Spott gespart über die
Karikaturen einer Stammtisch-Runde, des Bürgermeisters, des Pastors, des Leh-
rers, des hagestolzen Apothekers. Der völlig humorlose Neuling im Sprengel,
der Tod, hebt sich von den leicht ulkigen Biedermännern ab: ein düsterer Mann,
auf dessen Wanderstab oben ein kleines Totengeripppe montiert ist, der sich aus

---

8 DER MÜDE TOD (Regie: Fritz Lang; Darsteller: Lil Dagover Walter Janssen, Bernhard Goetzke. Decla
   Bioscop 1921, DVD).
9 DER MÜDE TOD (wie Anm. 8), Eingangstitel.

einer glitzernden Staubwolke wunderbar und unheimlich zugleich erhebt, hervortritt, übrigens mit einer zeitgenössischen Physiognomie (Bernhard Goetzke) versehen, mit eingefallenen Wangen, tiefliegenden Augen, den harten Zügen eines den *Stahlgewittern* (Ernst Jünger) im Feld entkommenen Soldaten: ein Nachkriegs-Gesicht. Der Fremde kauft ein großes Areal neben dem Gottesacker und errichtet eine monumentale, urzeitlich anmutende Mauer, die keine Tore aufweist, deren obere Begrenzung auch im Filmkader nie sichtbar wird.

Der Konflikt, in einigen Varianten durchgespielt, findet erst einmal Platz in altdeutscher Szenerie: Der Tod reißt ein Liebespaar auseinander, dem er in der Postkutsche begegnet, er nimmt den jungen Mann mit sich (Walter Janssen), ausgerechnet im Wirtshaus. Die junge Frau (Lil Dagover, schon Hauptdarstellerin in DAS CABINET DES DR. CALIGARI) macht sich verzweifelt auf die Suche. In der Apotheke hält sie bereits ein Fläschchen mit tödlicher Tinktur in der Hand, bereit zu trinken – als eine lang andauernde Vision, die den ganzen Mittelteil der erzählten Geschichte ausmacht, sie räumlich versetzt: zunächst vor die riesige Mauer. Dort sieht sie einen schier endlosen Zug der Toten mit ihren durchscheinenden Körpern auf sich zukommen – wieder ermöglicht die erprobte Doppelbelichtung den Auftritt der Geister, die Technik der Zeit, um im Film die Präsenz und Absenz des Metaphysischen zu illustrieren. Es handelt sich, nach dem Personal des Zuges zu schließen, um einen orthodoxen Totentanz, der alle Altersstufen und Gesellschaftsklassen vereint: Könige, Kirchenfürsten ebenso wie Bettler, junge Menschen und Invaliden, Soldaten in der Uniform des frühen 19. Jahrhunderts und schließlich auch den entrissenen Geliebten. Alle durchdringen die Mauer. Selbst vor der klagenden Liebenden, die immerhin noch lebt, öffnet sich das gewaltige Bauwerk, sie eilt eine endlos nach oben führende Treppe hinauf, schmal eingefügt in ein hohes Tor mit gotischem Abschluss, und begegnet dem Tod. Ein für die Schwelle zwischen den Sphären bezeichnender Wind bewegt ihre Kleider. In einer Art mittelalterlichem Kirchenraum dagegen herrscht Stille und Ruhe: zahllose Kerzen brennen, Lebenslichter, evidente Symbole seit der griechischen Antike für die so leicht auslöschbaren Existenzen. Der Tod erzählt der Besucherin von parallelen Fällen am Beispiel von drei Kerzen, deren Flammen am Ende ersticken. Es ist nicht die Schuld des Todes, es liegt nicht in seiner Macht, das Dasein der Menschen nach Belieben zu verkürzen oder zu verlängern. Wir sollen allmählich seinen Ausdruck resignierter Bitterkeit verstehen, da er seine Arbeit beinahe wider Willen ausführt und es leid ist, so viel Jammer zu betrachten und zudem den Hass der Menschen auf sich zu ziehen.

In allen Epochen, in allen Landstrichen – so soll demonstriert werden – ist der unveränderliche Tod zuhause. In der orientalischen Episode begräbt er als Gärtner den unglücklichen Liebhaber der Kalifenschwester, in der venezianischen Episode trägt er die Maske eines Mohren, der mit dem Dolch den

Liebhaber ermordet – und sich nach vollbrachter Tat zur altbekannten, hageren Gestalt zurück verwandelt. In der chinesischen Episode – einer Burleske mit Abrakadabra-Kunststücken – ist der Tod von vornherein als kaiserlicher Bogenschütze drohend gegenwärtig, dessen Pfeil den Liebhaber, selbst als der zum Tiger verzaubert ist, am Ende ins Herz trifft.

Rückkehr zur Rahmenhandlung: Der Tod in seinem Gehäuse stellt schließlich eine Bedingung. Er würde der bittenden jungen Frau den Mann zurückgeben, wenn sie ihm stattdessen ein anderes Leben brächte. In der kleinen Stadt erlebt sie, dass selbst der verschrobene Apotheker-Greis, erbärmliche Bettler und sieche Alte auch nicht auf nur eine Stunde ihres Daseins verzichten wollen! Mit Leidenschaft verharren die Gefragten auf ihrem Platz im ‹Jammertal›, offenbar fürchten sie – wie einst Hamlet bei der Frage nach Sein oder Nichtsein – das Ungewisse, das, was sie jenseits der Grenze empfängt, und nehmen das vorhandene Elend, das sie kennen, dafür leichthin in Kauf, wenn es denn um die Entscheidung geht, hier zu bleiben, oder sogleich den Weg ‹nach drüben› einzuschlagen. Beim Brand eines Wohnhauses springt die junge Frau ins Feuer und birgt ein schreiendes Kleinkind. Die Versuchung währt nicht lange, sie rettet das Kind und liefert sich selbst dem Tod aus. Vereint mit ihrem Geliebten, der sich als Geistwesen aus der toten materiellen Hülle löst – wie in FUHRMANN DES TODES David Holm vorübergehend seinen Körper verlässt –, steigen die beiden nun, nach menschlichem, also vielleicht irrendem Ermessen, auf ewig verbunden, mit dem Tod, dem Führer, dem Seelengeleiter ‹ins Licht empor›. Eine rührende Apotheose, die im Bedeutungskreis leicht verständlicher, vielleicht sogar einfältiger allegorischer Bildlichkeit verharrt.

Der Film zielt auf pathetischen Ernst: In der Betonung aufrührerischer Trauer um den jäh entrissenen Freund bei der hinterbliebenen jungen Frau, in der Demonstration fragilen Lebens und unaufhaltsamen Sterbens. Er erlaubt indes *comic relief* durch possenhafte und possierliche Akzente aus dem Repertoire der Bürgersatire oder der pittoresken Fernost-Drollerie, zumal in einigen Rahmen- und chinesischen Szenen. Dennoch dominiert die Struktur des Unausweichlichen: der Tod ereilt seine Opfer, gleich welche Anstrengungen die Frau in allen Teilgeschichten unternimmt, dieses Schicksal abzuwenden. Sie wird bisweilen selbst zum Instrument der ‹höheren› Gegen-Intrige, die ihre auf Hilfe bedachten Winkelzüge außer Kraft setzt. Die Devise der jungen Frau, Liebe sei stärker als der Tod, erweist sich als Irrtum. Der müde Tod wird der müde Tod bleiben. Es gibt für ihn keine Entlastung, gelegentlich sentimentale Zwischenspiele, wenn es gilt, ein Paar in ‹ewiger› Liebe zusammen zu führen.

Langs Film verleiht der allegorischen Figur des Todesboten Eigenschaften eines beinahe tragischen Charakters – wenn er ein Leben nach dem anderen rauben muss, und die Tränen der noch Überlebenden in einen Ozean zusammenfließen; weil sich kein Ende dieser Tätigkeit denken lässt, die in den drei Episoden auffällig genug als Mord gezeigt wird, angestiftet durch Machthaber, die sich auf ihr tyrannisches Recht berufen, jüngere Nebenbuhler, Konkurrenten, Eindringlinge zu ‹liquidieren›. Die ‹Gewalt› des Todes scheint die eines wehrlosen Lakaien zu sein. Wer sie ihm jedoch anvertraut, bleibt unbekannt: Dieser ‹große› Gott, der das Glück der Liebenden bei jeder Wiederholung des Schemas beharrlich zu zerstören gedenkt, handelt wie ein eifersüchtiger und erbarmungsloser Despot.[10] Soviel besitzergreifende Leidenschaft bei den Mächtigen, die es an verzeihender Großmut fehlen lassen, legt den Verdacht nahe, dass es analog auch dem Weltenrichter – im Denkhorizont dieses Films – an tiefer gegründeter und unbezweifelter Legitimität gebricht. Die Logik des Films behilft sich mit der Formel vom Ausgleich des vorenthaltenen Glücks hier durch ein alle Sehnsüchte erfüllendes Jenseits: ein demütig erbauliches, nur durch religiöse Weissagung abgesichertes Versprechen der ‹Belohnung nach dem Tod›.

Wer den Tod an die Wand malt, hält sich offenbar bei einer niederen Charge in der Befehlshierarchie auf. Als hätte Fritz Lang Franz Kafkas Parabel vom Türhüter gelesen, der als der vorgeblich geringste Diener des Gesetzes einen Bittsteller einschüchtert und davon abhält, das Tor des Gesetzes zu durchschreiten (*Vor dem Gesetz*). Lügt der Todesbote am Ende, wenn er sich so bescheiden als nur ausführendes Organ vorstellt? Oder spiegelt sich unsere Ignoranz, unser *Ignorabimus* (wir werden es nicht wissen) in der allegorischen Vision vom unkundigen ‹Amtswalter› oder ‹Gerichtsdiener› Tod als menschlichem Ebenbild wider? In Langs Film versperren riesige Mauern die Sicht in die Tiefe (mit Ausnahme der chinesischen Handlung). Treppen führen ins Nirgendwo, jedenfalls nicht ins Freie. Die verfolgten Geliebten können dem tödlichen Urteil nicht entrinnen. Im Spiel mit der Allegorie waltet Determinismus ohne Prinzip Hoffnung, kein Ausweg, nirgends, stattdessen ohnmächtige Abhängigkeit der Einzelnen von einem unbekannten Plan. Und tief sitzende Skepsis, ob es einen gerechten oder gewährenden Gott überhaupt geben könne, der einen auf Erden unbestraft nach Höherem als der bloßen Existenzsicherung streben lasse.

Der Umstand, dass es eine noch junge Frau ist, die ihren verschiedenen Mann zurück haben will, dass der Geliebte ebenfalls im blühenden Alter der Welt verloren geht, spiegelt die Kriegserfahrung 1914 bis 1918, das entsetzliche Opfer der gefallenen Söhne und Gatten, die Qual der vergeblich Wartenden, der vereinsamten Mütter und Ehefrauen, und die Anfälligkeit der den Krieg Überlebenden für den tödlichen Infekt der Spanischen Grippe. Also gehört der Film

---

10 «Der Agent des Schicksals (der Tod) betreibt das Geschäft der Tyrannei», heißt es bei Siegfried Kracauer, «[...] so sinnlos, dass es scheint, als habe ein skrupelloser Tyrann die Fäden gezogen.» Siegfried Kracauer: *Von Caligari bis Hitler*. (Engl. 1947). Frankfurt a. M. 1984, S. 98.

vom müden Tod und seinen manifesten Beweisen, dass der Tod stärker als jede Liebe sei, zum verstörenden Nachkriegserlebnis, anders als das lehrstückhafte Schuld-Drama vom FUHRMANN DES TODES?

Die im Titel angesprochene Form eines Volksliedes, dazu noch in Versen, wird durch den Film nicht eingelöst, es sei denn, man halte die eigentümliche Stil-Mischung aus traditioneller Allegorie und burlesken Intermezzi für ‹volkstümlich›: Respekt vor der hieratisch würdigen Offenbarung einer ins Physische eingreifenden metaphysischen Instanz und Revolte gegen das ‹Unausweichliche› eines Lebenszeit verkürzenden Ungeheuers durch ablenkende komische Nebenhandlungen. Noch wird dem Tod Ergebenheit erwiesen, bald – in der Zeit des Tonfilms – taucht die Variante auf, dass man dem *Tod in Menschengestalt* weniger Gehorsam zeigen muss. Ein theologisch wenig raffiniert argumentierendes Volksstück, dafür gesättigt von beinahe sprichwörtlicher bayerischer Aufsässigkeit und von Trotzgeist, trägt zu dieser Entzauberung des sonst einschüchternden Jenseitsboten bei: *Der Brandner Kaspar schaut ins Paradies* (1934, Schauspiel von Joseph Maria Lutz, nach der Vorlage von Franz von Kobell).

Der nach dem Stück gedrehte und 1949 uraufgeführte Film DIE SELTSAME GESCHICHTE DES BRANDNER KASPAR von Josef von Baky[11] findet seinen Platz in der Reihe der hier diskutierten Produktionen dank der Figur des Todes: Aus dem müden Tod ist eine vorwiegend ‹lustige Person› geworden, der dennoch unheimliche Ruhe eigen ist. Der Brandner Kaspar ist siebzig Jahre alt, verwitwet und ein ‹Kerl›, ein vorzüglicher Schütze. Allein in seiner Hütte, erhält er Besuch: Der – wie sollte es anders sein – schwarz gekleidete Tod will ihn holen. Doch der Kaspar will nicht folgen, er traktiert den Tod mit Schnaps, haut ihn beim Kartenspiel übers Ohr und erhandelt sich weitere zwanzig Jahre (so alt sei nämlich auch sein Vater geworden). In der himmlischen Rechnungsstelle – einem Barocksaal mit halbnackten kleinen Engelchen und einem fast greisen Petrus – entdeckt man den Fehler. Der wegen seiner Eigenmächtigkeit gemaßregelte und bekümmerte Tod sucht den Kaspar erneut auf und lädt ihn zu einer Probefahrt ins Jenseits ein, das oberhalb dunkler Wolken angenommen wird. Dort begegnet der Kaspar wohlvertrauter, sonnenüberglänzter Almen-Landschaft, die Berge im Hintergrund, vor allem aber seiner toten Frau, die ihm – jung und unversehrt – lachend entgegenläuft. Da verlangt es ihn nicht mehr zurück.

Baky bevorzugt Nachtaufnahmen und modelliert mit Hilfe des Kameramanns Hans Schneeberger in Kaspars Haus, etwa bei der ersten Erscheinung des Todes, ein an den Expressionismus erinnerndes effektvolles Helldunkel. Als unvergesslich prägt sich jedoch die Figur des Todes ein: Der Wiener Schauspie-

---

11 DIE SELTSAME GESCHICHTE DES BRANDNER KASPAR (Regie: Josef von Baky; Darsteller: Carl Wery, Paul Hörbiger, Ursula Lingen, Gustav Waldau. Schorcht 1949, Film).

ler Paul Hörbiger, mit Schlapphut und Feder, die ihn später, als er betrunken ist, im Gesicht kitzelt, steht plötzlich im Zimmer. Mit schwankender Stimmstärke, fast flüsternd, melodisch, nicht fordernd-aggressiv, beinahe gemütlich stellt er sich als der «Boandlkramer» (Knochensammler) vor. Als ihm Kaspar Schnaps anbietet, setzt der Tod sich («Bin so frei»): ein Mann höflicher Umgangsform. Dem Alkohol kann er nicht widerstehen, die erstaunt aufgerissenen Augen, sein Hicksen nach den ersten Schlucken, auch die Leichtfertigkeit, mit der er sich beim Kartenspiel hintergehen lässt, kennzeichnen den Todesboten und Transporteur zum Jenseits (mehr ist der Tod hier nicht) als naiv und arglos: man soll sich über ihn, der nicht mehr ehrwürdig und feierlich wirkt, im Lachen erheben können. Doch der Film steuert ein wenig der völligen Depotenzierung des «Boandlkramers» entgegen, zum Beispiel bei dessen furiosem Abgang. Der trunkene Tod, fröhlich, fast kindlich ein Liedchen mit zu hohen Tönen anstimmend, wirft beim Aufstehen seinen schweren Stuhl um, mit dem er förmlich durch den Raum kugelt, um dann, endlich stehend, hin und hergerissen zu werden nach einer Pirouette. Schließlich springt er ins Freie, wo er sich in Luft auflöst. Beim zweiten Besuch fällt die Tonart des Todes dringlicher und ruhiger aus: er muss dem Kaspar die Probefahrt ins Paradies schmackhaft machen. Als der Tod Kaspar auf seinen Wagen bittet, muss sich der neugierige Passagier an den Sarg klammern, da es sogleich durch Nacht zum Licht aufwärts geht: eine hübsche Trickaufnahme vor Märchenkulissen.

Die Entdämonisierung und Verwandlung dieser Allegorie des Jenseitsboten zur wankelmütigen, in gewisser Hinsicht bestechlichen halbheiligen Spottfigur, vor der zumindest Kaspar wenig Furcht empfindet, steht einem Spiel gut an, das Wirklichkeit als Widerstand überspringt, zumal die Trümmerwelt der Nachkriegszeit ignoriert und jegliches Zeichen von (bewusster) Zeitgenossenschaft vermeidet: Die Handlung findet in einer folkloristischen Idylle statt, die Klischees machen offenbar das Volkstümliche aus, kein Wunder, dass auch der Himmel ein Propaganda-Bayern präsentiert, wenngleich ein wenig Ironie in die Darstellung einfließt.

Ingmar Bergmans Mittelalter-Legende DAS SIEBENTE SIEGEL (1957)[12] scheint gleichfalls an eine konventionalisierte Vorstellung der Todesallegorie anzuknüpfen: Der schwarze verhüllte Mann mit weiß geschminktem Gesicht will am Meeresstrand einen hochgewachsenen Ritter (Max von Sydow) abholen, der nicht die geringsten Gebrechen aufzuweisen scheint, ist er doch mit seinem Knappen (Gunnar Björnstrand) aus einem zehn Jahre währenden Kampfgetümmel im Heiligen Land, Palästina, heil am Körper, doch nicht an der Seele zurück

---

12 DET SJUNDE INSEGLET / DAS SIEBENTE SIEGEL (Regie: Ingmar Bergman; Darsteller: Max von Sydow, Gunnar Björnstrand, Bengt Ekerot, Bibi Andersson. Svensk Filmindustri 1957, DVD).

gekehrt. Dieser das Bild mit seinem schwarzen Mantel schon verhüllende (und womöglich auslöschende) Bote lässt sich indes leicht zu einem Schachspiel bewegen, das des Ritters ‹Gerichtstag› für die Dauer des Spiels aufschieben soll. Da sitzen sie nun im gleißenden Morgenlicht am Schachbrett gegenüber: Ritter und Tod – nur der Teufel fehlt.

Der Tod gebärdet sich bei seinem ersten Auftritt als joviale Person, zur Selbstironie im Stande, schon dass er sich auf den Handel einlässt, für die Dauer der Partie Verschonung zu versprechen, lässt auf eine relative Entscheidungsfreiheit schließen und enthüllt nebenbei seine Spiellust. Er ist kein unterwürfiger Agent des Jenseits, obwohl er später beteuert, nichts von Gott zu wissen, obwohl er doch mit Vorliebe als Mönch auftritt. Wofür steht die Person des Todes? Es herrscht Pest im Lande, der viele zum Opfer fallen, offensichtlich ohne dass ihre Schuld oder Unschuld dabei von Bedeutung wäre. Der Anblick der Toten, zum Beispiel einer sitzenden Leiche am Wegesrand, ist entsetzlich: die leeren Augenhöhlen, der fast eingefallene Schädel. Auch das Sterben geht im SIEBTEN SIEGEL meist qualvoll vor sich, unter Schreien weichen die von der Seuche Befallenen von dieser Welt. Nur die Hauptfiguren werden von Blessuren und Pestmalen, von Schmerzen verschont. Fast könnte man sagen, ihre allegorische Substanz bewahrt sie davor, am Ende ‹realistisch› der Plage zum Opfer zu fallen. Das Spiel von der Gottsuche zu Pestzeiten büßt seinen Charakter ‹als ob› nicht ein. Wenigstens der Tod erscheint als Gewissheit, mitten unter den Lebenden hält er sich auf, als gelte es, den alten Spruch zu illustrieren: *media vita in morte sumus* (mitten im Leben sind wir vom Tod umgeben). In der arkadischen Abendszene, in der der Ritter Milch trinkt, die eine junge Schauspielerin ihm reicht, erlebt er, der Unruhige, der Suchende, die Ruhe des einfachen und erfüllten Lebens – jedenfalls bricht dieses Bekenntnis aus ihm heraus. Doch nicht weit entfernt von diesem Schauplatz wartet der Tod am Schachbrett auf ihn: diesmal auch als Personifikation der ablaufenden Zeit. Gott firmiert hingegen als Erfinder geheimnisvoller Wege, auf denen die Menschen voran irren und hier ins Elend taumeln – er bleibt eine unbekannte Größe.

Bergman sieht den Tod als ‹gemischten Charakter›, nicht als lustige Person, sondern als unheimlichen, unberechenbaren Reisebegleiter, der immer dann auftaucht, wenn man es nicht vermutet, als sei er auch eine Verkörperung der Erkenntnis, dass wir wohl sterben müssen, aber nicht wissen, wann und wo. Dieser Tod kann sogar arglistig handeln, so etwa, wenn er verkleidet und verhüllt dem Ritter die Beichte abnimmt und nebenbei nach der Spieltaktik fragt, die ihm treuherzig verraten wird. Er lässt auch dunkle Andeutungen fallen, die einem Schauer über den Rücken jagen können: Die Reisegruppe durchquert bei Mondschein einen Wald, ein Kind ist dabei (dem jedoch nichts geschieht). Schließlich figuriert der Tod im selben Gewand als sarkastisch spottender Holzfäller, der den Baum (Lebensbaum) absägt, auf den sich ein Schauspieler in der Nacht zu retten gemeint hat: ein fast burleskes Tötungsritual, das Bergman pfiffig-ironisch dadurch betont, dass er wie in einem Tierfilm ein Eichhörnchen auf den übrig gebliebenen Stock des Baumes springen lässt: Gleichnis für eine unerschütterliche Natur? Da der Tod dem Ritter immer wieder am Schachbrett gegenüber und allerorten begegnet, gewinnt man den Eindruck, als handle es sich um einen Zauberer, der nicht seinesgleichen habe, die Personifikation eines persönlichen Todes, der nur dafür bestimmt sei, den Ritter, allenfalls noch seine Entourage, ins Jenseits zu rufen.

Am Ende klopft er an die Tür des dickgemauerten Schlosses, in das sich der Ritter und die Seinen zurück gezogen haben, als unbekannter Gast im Morgengrauen – nicht mehr als ganze Figur konturiert, sondern nur als Schatten im Schatten. In einer feierlichen Begrüßungszeremonie geben sich ihm die erwählten Todgeweihten anheim. Nur der zynische, realitätsnahe Knappe Jöns empört sich und schweigt dann unter Protest. Sie alle sehen in die Kamera, als sei deren Blick identisch mit dem des Todes, hier eines *Deus ex machina*. Der Ritter, der Gottsucher, ringt und fleht immer noch darum, abseits, in beinahe absurder Beharrlichkeit, dass sich ihm der Höchste einmal zeige – und als gehe ihn die Figur, die den Reigen der Gestorbenen ins Jenseits anführt (in einem der Schlussbilder) gar nichts an. Paradoxe Todes-Verachtung: Der Film lässt keinen Zweifel daran, dass weitere Erleuchtung ‹vor dem Tod› nicht zu erwarten sei.

Vierzig Jahre später, in DABEI: EIN CLOWN (1997)[13], entwirft Bergman die Todes-Allegorie gespenstischer und grotesker zugleich, als geschminkte Larve. Dem Ingenieur Âkerblom, einem frühen Film-Pionier, der ein sonderbar lakonisches *Biographical Picture* über den romantischen Komponisten Franz Schubert produziert hat, begegnet in einer ärztlich bewachten Anstalt beim Mondlicht ein ‹weißer Clown›, der Rigmor heißt (im Drehbuch entbehrt er noch eines Namens)[14]: weiß das Gesicht, mit schwarz geränderten Augen und einem unheimlich schwarzen Mund. Woher kommt diese Figur? Die Clownsmaske verbirgt die wahre Physiognomie – aber hat der Tod ein wahres ‹Antlitz›?

Ist Bergmans Versteckspiel nicht auch Zugeständnis, dass wir dem Endgültigen nur begegnen können, wenn es uns schonungsvoll in halb vertrauter Gestalt gegenüber tritt? Abgesehen davon, dass die weiße Schminke an Totenblässe erinnert – das war schon bei der Todesfigur im *Siebenten Siegel* der Fall. Man kann sich – so lässt sich Bergmans stillschweigend mitgedachter Mythos womöglich auf einen Begriff bringen – den Todesboten in einem Zwischenreich

---

13 LARMAR OCH GÖR SIG TILL / DABEI: EIN CLOWN (Regie: Ingmar Bergman; Darsteller: Börje Ahlstedt, Marie Richardson, Erland Josephson. Sveriges Television 1997, DVD).

14 *Ingmar Bergman. Im Bleistift-Ton. Ein Werk-Porträt in einem Band.* Hg. v. Renate Bleibtreu. Frankfurt/Main 2002. S. 691.

‹zuhause› denken. Da er zwischen Hier und Dort ohne Aufhebens pendelt, vereint er in seinem Aussehen die Merkmale der Lebenden und der Toten. Die Parallele zwischen manchen unheimlich scheinenden Gauklern und ‹Todesengeln›
mag Bergman recht gewesen sein, haftet doch zumal den Clowns, den Narren
etwas Beklemmend-Mysteriöses an: Man kann sie als Kipp-Figuren betrachten,
denn hinter äußerlicher Bonhomie versteckt sich vielleicht bösartige Menschenverachtung. Der Clown Rigmor spricht eine entstellte Kunstsprache und wird
von einer nicht mehr ganz jungen, schmalen, hochgewachsenen Schauspielerin
dargestellt. Man möchte den untersetzten, kleinen Narren Âkerblom fast für den
Dummen August halten, der dem Weißen Clown stets unterlegenen Kindsty-
pus. In einer unvermuteten Wendung ins Obszöne entblößt Rigmor ihre Brüste
und lässt sich vom Ingenieur von hinten vögeln: Diese ungeheuerliche Szene
gibt ihren tieferen Sinn nicht leicht preis, wobei zu fragen wäre, ob es sich hier
überhaupt um einen gleichnishaften Vorgang handelt, der ‹übersetzbar› sei.
Eine Möglichkeit der Deutung: Der aggressive Vorstoß des Mannes, ein Beherr-
schungsversuch, Gewalt über den Tod zu erringen, misslingt, da der ‹dämonische› Clown die Regeln vorgibt, Âkerblom beim Akt abkanzelt, fast lächerlich
macht und anscheinend nur die eigene Lust im Sinne hat. Der Clown bleibt
weiterhin im Hintergrund, momenthaft zeigt er sich und verschwindet wieder,
während er durch die Kulissen in der Vorführung schleicht: ein Warnzeichen,
ein Menetekel, der lauernde Tod. Im Film dreht es sich, wie erwähnt, um das
romantische Genie Schubert. Der Komponist, soll erzählt werden, eile auf den
Tod zu, wie auch das Mädchen, das ihn pflegt und liebt. Der Tod als Figur macht
offenbar keinen Unterschied zwischen Âkerblom und dessen Rolle als Schubert.
Am Schluss, in der Nacht nach der Vorstellung, glaubt der Held, der ohnehin
halb verrückt scheint, sie, die Gespenster, «Gestalten im Zwielicht»,[15] seien
schon da. Im Drehbuch endet die Fabel vermutlich mit dem Tod des einsamen
Helden. Im Film legt sich seine Geliebte schützend auf seinen Körper, als hielte
die Wärme einer lebendigen Frau die Kälte des weiblichen Todes ab.

Der Tod als Exponent eines zutiefst beunruhigenden Mysteriums mischt sich
bei Bergman in den Narrenreigen auf Erden und legt dazu ein Kostüm an, damit
er die Figur des offenen oder heimlichen Verfolgers spielen kann: als Schach spie-
lender Mönch, als Gaukler und Gespenst. Bergmans Todesfiguren sind in ihrer
Maske gleich erkennbar, sie erschrecken und beunruhigen diejenigen, in deren
Dasein sie plötzlich einbrechen. Daran hat sich im Oeuvre des Regisseurs zwischen dem SIEBENTEN SIEGEL und DABEI: EIN CLOWN nicht viel geändert, nur dass
Bergman seinen Zuschauern im Spätwerk jegliche heitere Entlastung verbietet –
und sich der Weiße Clown vor den Augen der männlichen Hauptfigur als ver-

---

15 *Ingmar Bergman. Im Bleistift-Ton* (wie Anm. 14), S. 743.

wirrende, anziehend-abstoßende Frau entpuppt. Es kann sein, dass sich Bergman durch noch eine andere, schmalere und entschieden weniger volkstümliche Tradition der Todesallegorie beeinflussen ließ, deren Ursprung in der Filmgeschichte, soweit ich sehe, in Jean Cocteaus Nachkriegsfilm ORPHÉE (1949)[16] zu finden ist.

In der französischen Sprache ist der Tod weiblich, das mag es Cocteau erleichtert haben, eine Madame la Mort in seine moderne Version der antiken Erzählung von Orpheus und Eurydike einzufügen. Man kann die Liebe des Orpheus zu Madame la Mort als Sinnbild für die Todessehnsucht eines Dichters erklären, wie aber soll die Liebe von Madame la Mort zum Dichter Orpheus abgeleitet werden? Bevorzugt der Tod die Poeten, die jung sterben müssen, weil die Götter sie lieben? Bei solcher Verdolmetschung der Figuren und ihres Handelns endet man schnell bei spekulativem Unsinn. Die besondere künstlerische Leistung Cocteaus besteht für mich darin, dass er das allegorische Arrangement konkreten Verhältnissen anpasst. Cocteau erfindet als Personifikation des Todes eine ‹reale› *dramatis persona*. Das Zwischenreich der Toten bleibt keine *terra incognita*, durch einen Spiegel dringt man in eine düstere Ruinenstadt ein. Bereits der junge Cocteau erprobt das Bild des Eintauchens in den Spiegel in seinem surrealistischen Kurzfilm DAS BLUT EINES DICHTERS (1930).[17] Vielleicht hat er diese Idee, den Weg in eine andere Welt durch den Spiegel zu suchen, bei Lewis Carroll (*Through the Looking Glass and What Alice Found There*, 1872) oder gar Paulus ausgeliehen (1. Korinther, Kap. 13, Vers 12: «Wir sehen jetzt durch einen Spiegel in einem dunklen Wort. Dann aber von Angesicht zu Angesicht»). Überdies deutet das Spiegelmotiv die Inkompetenz der diesseits Verharrenden an, dem verborgenen Gott näher zu kommen – man sieht nur sich selbst, wenn man unentwegt auf diese mögliche Öffnung ‹nach Drüben› starrt.

Jenseits des Spiegels: Auf einem *locus terribilis*, einer Szenerie, die an die im Zweiten Weltkrieg zerbombten Städte gemahnt, fordert eine weitgehend im Abstrakten verharrende Herrschaft unbedingte Unterwerfung unter ihre Befehle, Verstöße gegen Kommandos und Regeln werden gemeldet: eine merkwürdige Diktatur, die an die Anto-Utopie von George Orwell, *1984* (1948), denken lässt. Eine Art Gerichtshof setzt sich aus alten zivilen Männern zusammen, die in kahlen Durchgangsräumen milde Urteile sprechen. In Gegenwart dieser Totenrichter kann man sogar bequem sitzen und rauchen, wie Madame la Mort, die sich drüben als keineswegs hochrangige, vielmehr unwissende Funktionärin entpuppt. Mit Tränen in den Augen, offenen Haaren und von einem weiten schwarzen Gewand umhüllt, nimmt sie, wie eine Tragödin auf der Opernbühne,

---

16 ORPHÉE (Regie: Jean Cocteau; Darsteller: Jean Marais, François Périer, Maria Casarès, Marie Déa. Dis Cina 1950, DVD).

17 LE SANG D'UN POÈTE / DAS BLUT EINES DICHTERS (Regie: Jean Cocteau; Darsteller: Enrique Rivero. Criterion 1930, DVD).

einen scheinbar ewig gültigen Liebesabschied von Orpheus, bevor sie, wahrscheinlich wegen Ungehorsam aus Leidenschaft, von Polizisten in schwarzer Montur abgeholt wird: ein Abgang, bei dem riesige pathetische Schatten an der Wand zu sehen sind. Aber wohin werden sie geführt? Von ‹dort› meldet sich nicht einmal ein «großer Bruder» (Orwell, *1984*) zu Wort.

Es gibt mehrere Agenten des Todes in Cocteaus Film: Madame la Mort, die von den jungen Dichtern im *Café des Poètes* die Prinzessin genannt wird, Heurtebise, ihr sanfter Begleiter, der sich symmetrisch zu seiner Herrin in Eurydike verliebt und das (unbekannte) Schicksal der *Princesse* teilen muss, die zwei Motorradfahrer, die auf den Straßen die Opfer überfahren, die dann zunächst – wie zum Beispiel ein junger *poète maudit* – im Rolls Royce der Prinzessin gebettet werden: Der Todesengel präsentiert sich einerseits im Luxus der *Upper Class*, andererseits zeigt die Jenseitswelt die Charakteristik unaufgeräumter Ruinen. Der junge Poet erwacht in der anderen Sphäre und muss zunächst als dienstbarer Lakai der Madame zur Hand sein. Sie alle sind gleichsam Angestellte einer Todesverwaltung. Das Geheimnis der Transzendenz gewinnt nur die bizarre Gestalt von Bürokratien unübersehbaren Ausmaßes und von Kommandostrukturen, die wohl keinen Widerspruch dulden – wie man sie in der literarischen Phantasie Franz Kafkas oder George Orwells vorfindet. Und doch handelt Cocteaus Fabel von Ungehorsam, Widersetzlichkeit und ‹unvorstellbaren› Risiken. Die Agenten scheinen Eigenschaften aus dem alten Leben in die neue Existenz mit herüber genommen zu haben. Madame ist ungeduldig, befehlend, eigenwillig, zornig – besonders, wenn sie aus eigenem Antrieb handelt, Verbotenes ins Werk setzt, etwa Eurydike ins Jenseits befördert, eine lästige Nebenbuhlerin, um Orpheus für sich allein zu haben. Maria Casarès spielt eine spanisch-strenge Herrin, schmale Taille, einmal trägt sie Schulterstücke, als sei sie ein Offizier. Wenn sie nachts aber vor das Bett des begehrten Orpheus tritt, verhüllt sie sich mit einem grauen Mantel, wie eine *Tanagra*-Figur. Umspringende Perspektiven, raffinierte Lichtregie, Wechsel der aufgehellten Partien, ein Gesicht im Focus eines Scheinwerfers, dann wieder im Dunkeln – all diese ästhetischen Maßnahmen verstärken die flackernde Unruhe beim Auftritt der Todesboten. Ein seit alters praktizierter Kino- und Varietétrick erlaubt es Madame oder Heurtebise zudem, in dieser Welt plötzlich aufzutauchen oder zu verschwinden: Ihre Präsenz entpuppt sich als unzuverlässig.

Orpheus oder Orphée (Jean Marais) dringt dreimal in die Jenseitswelt ein, beim letzten Mal kommt es zu der melodramatischen Trennung vom Objekt seiner Begierde, Madame la Mort. Wenn er im Hier, nach dem Rück-Transfer, wieder die Augen öffnet, hat er alles, auch alle Liebes-Schwüre, vergessen, die er vor kurzem einer anderen Frau geleistet hat – die Zeit ist Drüben aufgehoben, der Uhrzeiger steht still. Im Licht eines neuen Tages freut sich Orpheus gemeinsam mit Eurydike auf die Geburt ihres Kindes, auf ihr bürgerliches, menschliches Glück. Die Attacke der Totenwelt ist vorerst abgewehrt.

Cocteau ist darauf versessen, die mythologische Überlieferung der Fahrt zum Hades und die Rückkehr ins Zeitgenössische, bisweilen sogar Absurd-Komische zu wenden: Die toten Richter haben Eurydike die Rückkehr gestattet, mit der unerfüllbaren Auflage, dass sie und Orpheus einander nicht in die Augen sehen. Natürlich misslingt es, dieses Blickverbot im Alltag, in einer beschränkten Wohnung, selbst für kürzere Zeit zu befolgen. Die Verhaltensempfehlungen aus dem Totenreich führen zu kuriosen Ausweichmanövern, sie sind im Diesseits nicht umsetzbar. Cocteau zersetzt die erotische Bindung zwischen Orpheus und Eurydike durch typischen Ehestreit, Eurydike wird von Orphée vorübergehend ignoriert, insbesondere, wenn er im Autoradio Zeilen experimenteller Unsinnslyrik aufschreibt, als seien es tiefsinnige Botschaften – an dieser Tätigkeit fasziniert festhält und nicht ‹ins Haus› zurück will. Cocteau hebt demgegenüber die innige Neigung der *Princesse*, Madame la Mort, zum Dichter hervor, die erwidert wird. Der allegorische Sinn dieser Konfiguration: Der Dichter begehrt offenbar aus Prinzip das ‹ganz Andere›. Die anthropomorphe Oberfläche, eine Leidenschaftsaffäre, reduziert den Mythos, auch das Grauen des Todes, vertieft indes das psychologische Drama, wie es sich zwischen Menschen abspielt. Statt Ovid eher Strindberg: ein Mann zwischen zwei Magnetpolen, zwischen zwei Frauen. Cocteaus‹ synthetische Modernisierung› seines ORPHÉE verschiebt die Allegorie der Todeswelt einerseits spottlustig kalkuliert ins Alltagspraktische – man dringt mit Gummihandschuhen in die Spiegel ein – und weitet wiederum an anderer Stelle diese Todeswelt ins Surreal-Phantastische aus – die Jenseitswanderer ergreift ein starker Wind und treibt sie wie trockenes Laub an den Wänden der Unterweltstadt entlang: Abbau und Aufbau einer ‹großen Dimension› in raschem Wechsel.[18]

ORFEU NEGRO (1959)[19] von Marcel Camus hält sich, ungeachtet der Milieuwahl: die Favelas und Straßen von Rio de Janeiro zur Zeit des Karneval, enger an die antike Überlieferung als Cocteau. Die Liebenden sind arme Farbige, die nicht wissen, dass sie in einem ‹mythischen› Erzählmuster stecken. Die Suche nach der verlorenen Eurydike führt den Straßenbahnschaffner Orpheus in eine Klinik, in ein kafkaeskes Amt für Vermisste, zu einem *Macumba*-Ritual und schließlich ins Leichenschauhaus. Nachdem er die Tote auf seinen Armen nach Hause getragen hat, trifft ihn dort der Stein, den eine abgewiesene Geliebte

---

18 Zu beiden Orpheus-Filmen ausführlicher: Thomas Koebner: «Der Mythos von Orpheus und Eurydike im Film.» In: *Wie in einem Spiegel. Schriften zum Film. Dritte Folge.* Hg. v. Thomas Koebner. Sankt Augustin 2003, S. 105–124.

19 ORFEU NEGRO (Regie: Marcel Camus; Darsteller: Breno Mello, Marpessa Dawn, Ademar Da Silva. Criterion 1959, DVD).

wirft, einer rasenden Mänade gleich, und so stürzt er zu Tode. Auch dieser Film stellt wie ORPHÉE die erotische Spannung zwischen den Lebenden und den Todesboten heraus. Eifersucht der transzendentalen Mächte: Der personifizierte Tod, ein hochgewachsener, maskierter Mann, der sein Gesicht nicht offen zeigt, begegnet insbesondere Eurydike leibhaftig und als konkurrierender Liebhaber, er fängt das flüchtende Mädchen zärtlich auf, streicht ihm sanft über die Haare, verfolgt sie und spielt mit ihr wie ein Gaukler. Auffällig ist die Eleganz seiner Bewegungen: kraftvoll und graziös, sprungbereit (im Kostüm steckt der mehrfache Weltmeister im Dreisprung, Ademar Da Silva): Der Tänzer Tod begehrt die junge Schöne, anscheinend gibt es außer seinem Verlangen keinen anderen Grund, weshalb sie von dieser Erde und ihrem Geliebten scheiden soll. Wie in einem bitteren Märchen werden zwei ausgesucht schöne Menschen ohne weitere Begründung vorzeitig abgerufen.

Der Besuch von Orpheus in dem Amt für Vermisste kommt bereits einer Art Jenseitsfahrt gleich: das Labyrinth der Flure, die unermesslichen Papierhaufen, die herumfliegen und wieder zusammengefegt werden, das völlige Chaos, das jede scheinbare Ordnung der Anträge abgelöst hat, all dies versinnbildlicht, dass es nach menschlichen Ermessen nur Zufall und Irrtum geben kann – ein höherer Sinn sich jedenfalls dem Verständnis des noch dem Leben verhafteten Orpheus (und des Publikums) entzieht. Auch in diesem Film wird die Antwort auf die Frage, welcher Logik wohl der Gang der Dinge folge, radikal verweigert: eine Tragödie der wahrhaft Schuldlosen.

Woody Allens Film LOVE AND DEATH (1975)[20] über den erfundenen russischen Intellektuellen Boris Gruschenko (Allen spielt ihn selbst), der in der Zeit des napoleonischen Angriffs auf Russland lebte und starb, ist im Zusammenhang meiner Recherche vor allem deshalb erwähnenswert, weil hier hochpathetische Situationen, die Todesgefahr und Todesnähe verheißen, mit ironisch harmlosen, unpassend nüchternen Repliken oder ins Absurde ausgreifenden Dialogen konfrontiert und dadurch abgewertet werden: zum Beispiel im kurios zelebrierten Duell, bei dem der verschonte Gegner, zuvor ein arroganter Aristokrat, schreit, er werde nun ein besserer Mensch werden; oder wenn sich der ganz unmilitärische Boris auf dem umkämpften Schlachtfeld in den Lauf einer Kanone flüchtet, um wie einst der Lügenbaron Münchhausen in ein feindliches Offizierszelt geschossen zu werden. Während Boris hier die Unverletzbarkeit eines Slapstick-Helden beweist, kann er nach dem misslungenen Mordversuch an Napoleons Doppelgänger einer Exekution am Ende nicht entgehen. Zwar erscheint ihm in der Nacht noch ein Engel als riesige Silhouette an der Ker-

---

20 LOVE AND DEATH / DIE LETZTE NACHT DES BORIS GRUSCHENKO (Regie: Woody Allen; Darsteller: Woody Allen, Diane Keaton. United Artists 1975, DVD).

kerwand, der ihm Rettung in letzter Sekunde voraussagt – aber der Engel lügt. So tanzt Boris schließlich hinter dem Tod mit der Sense her, der in ein weißes Gewand gehüllt ist. Die lustige Person, der Clown, ist hier der Komödiant selbst, während der Tod in nur wenigen Einstellungen als unwirsche, verdrossene Nicht-Person auftritt, die sich als Seelengeleiter des Hanswursts belästigt zu fühlen scheint. Das demonstrative Zittern des Boris, des kleinen Mannes, vor dem möglichen Sterben schlägt um in ein ebenso betontes ehrfurchtsloses Ablenkungsgeplänkel. Die Fallhöhe zwischen tragischem Ernst und untertreibender leichtfertiger Reaktion könnte nicht größer sein. Schon die Projektion der allegorischen Figur als ungeduldig voranstrebender weißer Larve knüpft zwar an die Bildtradition an, verschiebt sie aber ins Skurril-Komische. Wie soll man vor einem Jenseits Angst haben, das solche Boten sendet? Noch dazu Visionen, die trügerische Hoffnung aufs Überleben wecken? Woody Allens Film präzisiert in anderer Weise als ORFEU NEGRO die Auffassung, dass ‹da Oben› oder ‹da Drüben› kein wohlüberlegtes Regiment am Werk sei.

Die Alternative zur demonstrativen Todesallegorie: Der Tod mischt sich als Mensch unter die Lebenden, ohne markante Anzeichen von Andersartigkeit vorzuweisen, eine Rolle im Ensemble, die keine besonderen Requisiten braucht, am allerwenigsten die unnütze und altmodische Sense. Der Tatbestand der Personifikation bleibt dann erhalten, der der Allegorie ist beinahe verschwunden. Denn auch die anderen Figuren haben es schwer, die Besonderheit der so irdisch erscheinenden Person zu erkennen und anzuerkennen. Cocteau ist in dieser Richtung bereits vorangegangen: Die Agenten der Todesverwaltung, die Prinzessin, Heurtebise, die Motorradfahrer, der tote Dichter, die toten Richter werden von Schauspielern in leicht identifizierbarer Kostümierung dargestellt, vor allem die Hauptfiguren sollen auch tiefere Empfindungen ausdrücken wie Liebe, Zorn und Trauer, andererseits weisen sie einige zusätzliche Eigenschaften auf, die Zeit und Raum verhafteten Erdbewohnern eindeutig abgehen: Sie bewegen sich im Diesseits wie im fiktiven Jenseits hinter den Spiegeln gleich selbstverständlich, zumal der Tod entbehrt für sie des Schreckens, haben sie ihn doch selbst erlebt und überwunden.

Martin Brests amerikanische Produktion MEET JOE BLACK (1998)[21], eine Art Remake von Mitchell Leisens DEATH TAKES A HOLIDAY (1934)[22], gemeindet den Tod ‹phänomenologisch› ein. Ein älterer Mann, ein äußerst erfolgreicher, aber von Herzattacken gequälter Schlossbewohner (Anthony Hopkins) erhält den Besuch eines viel jüngeren Menschen, der sich als sein Tod enttarnt. Der

---

21 MEET JOE BLACK (Regie: Martin Brest; Darsteller: Brad Pitt, Anthony Hopkins, Claire Forlani. Universal 1998, DVD).
22 DEATH TAKES A HOLIDAY (Regie: Mitchell Leisen; Darsteller: Fredric March, Evelyn Venable. Paramount 1934, DVD).

Jenseits-Bote könnte vom Alter her sein Sohn sein. Bereits diese Differenz an Lebensjahren verstößt gegen die herkömmliche Regel, dass diese allegorische Figur älter als die von ihm Heimgesuchten, wenigstens gleich alt sein müsse. Die körperliche Masse hat sich der Tod entliehen, von einem äußerst anziehenden jungen Mann (Brad Pitt), der zuvor bei einem Verkehrsunfall – so ist vorläufig zu vermuten – sein Leben verloren hat. In diesen jungen Mann hat sich kurz zuvor die Tochter des Todgeweihten verliebt, die jetzt einigermaßen überrascht ist, dass sich ‹Joe Black› nicht mehr an ihr zärtliches Gespräch erinnern will. Aber: Joe Black verliebt sich ‹erneut› in die Tochter, hilft als *Deus ex machina*, eine Intrige gegen den Vater abzuwehren, bevor er ihn mit sich nimmt, seine eigene Hülle wieder zurückschickend, dieses Mal besetzt mit der Seele des eingangs angeblich überfahrenen jungen Menschen. Eines ist nicht zu bestreiten: Ein jüngerer Mann hätte nie das Vertrauen des erfolgreichen reichen Mannes in so kurzer Zeit errungen, hätte er sich nicht als dessen persönlicher Seelenbegleiter glaubwürdig zu erkennen gegeben. Schauspielerisch setzt man auf einfältige Effekte: Dieser Bote ist viel sehr Bürger dieser Welt, als dass man ihm die Aura des Jenseitigen zuerkennen wollte, da kann Brad Pitt mit glitzernden Augen noch so unverwandt und starr durch Menschen hindurchschauen. Ein Märchen also, das selbst das Ableben der Hauptfigur in eine Art Happy End verwandelt. Ein zweiter Umstand, dass sich der Tod nämlich bis zu einem späteren Zeitpunkt zu warten bereit erklärt – wie im BRANDNER KASPAR, wie im SIEBENTEN SIEGEL –, erlaubt herablassende Belustigung: Für den Tod, dessen Erdenlaufbahn wir jetzt verfolgen, sind die Verhältnisse des Lebens angeblich fremd, etwa der Geschmack an süßen Sachen und an Sex. Er muss sich in der Gestalt eines Erwachsenen schnell in soziale Praktiken einüben, wobei es scheint, als verfüge der Tod einerseits über das Weltwissen eines frühpubertären Menschen, andererseits über die Souveränität eines völlig angstfreien Subjekts.

Das Experiment, den ‹Tod als Mitmenschen› ins Spiel einzufädeln, gelingt eindrucksvoll in Robert Altmans Film A PRAIRIE HOME COMPANION (2006)[23], einem ironisch-wehmütigen Abgesang auf ein ‹volksnahes› Unterhaltungs-Genre. Während der angeblich letzten Radio-Show vor Publikum im Fitzgerald Theater, Saint-Paul in Minnesota, mischt sich eine im Drehbuch[24] irreführend als «Dangerous Woman» bezeichnete Frau ins Ensemble der Sänger und Techniker auf der Bühne. Später ist von ihr als «Crazy Lady» die Rede. Diese Beschreibung einer paradoxen Figur passt besser. Die Dame (Virgina Madsen) ist ein Todesengel, die sich mit dem Namen Asphodel vorstellt, in Anspielung

---

23 A PRAIRIE HOME COMPANION (Regie: Robert Altman; Darsteller: Garrison Keillor, Kevin Kline, Meryl Streep, Virginia Madsen. Picturehouse Entertainment 2006, DVD).

24 Garrison Keillor: *A Prairie Home Companion. The Screenplay of the Major Motion Picture.* New York 2006.

auf die Asphodelen, Blumen, die nach altgriechischer Überlieferung auf den Wiesen der Unterwelt wachsen sollen. Sie begegnet vielen Personen leibhaftig, wird indes gerade für den nicht sichtbar, den sie vom Leben erlöst und mit sich nimmt. Zu Grunde liegt die Idee, dass diese Jenseits-Botin bei ihrem Erscheinen ungefähr dieselbe Gestalt annimmt, die sie vor ihrem Tod ihr Eigen nannte. Der Sicherheitschef des Theaters, Guy Noir (Kevin Kline), beschreibt sie überaus schwärmerisch – wie einer der sich erinnernden Helden im *Film noir* der 40er-Jahre als *voice over* die Epiphanie der Femme fatale feiert: Bei ihrem ersten von insgesamt zehn Auftritten unterbietet Asphodel freilich dieses Glamourschema: im schlichten weißen Regenmantel, die blonden Haare über der hohen glatten Stirn nach hinten gekämmt, mit ganz ruhigem, unveränderlich schönem Gesicht und Augen, die das Gegenüber nur selten fixieren, schreitet sie allein eine Rampe mit Stufen herab, vermutlich einen Wandelgang neben dem Zuschauerraum, um im Folgenden in den Räumen und Kulissen leise umherzugehen. Noir hat sie offenbar schon einmal getroffen und ihr den Weg zur «Presbyterian Church» gewiesen, er ist unempfänglich für die Ausstrahlung des Höheren, vielmehr erotisch an dem Besuch interessiert, der solche Anmutung allerdings zurück weist. Der weinenden «Lunch Lady», die beklagt, dass es die letzte Vorstellung sei, versichert sie, verwundert über diesen Gefühlsausbruch, beruhigend und gelassen: «Every sparrow is remembered.» Neben einem alten Country-Sänger, der sie nicht wahrnimmt, harrt sie ruhig aus. Die Zuschauer ahnen, dass dieser Mann ihr binnen kurzem folgen wird. Doch bevor es soweit ist, muss Asphodel ausgerechnet dem ungläubigen Mr. Noir ihre Identität skizzenhaft und ironischerweise in alten gebräuchlichen Formeln enthüllen. Sie bringe Gnade in die Welt und vollbringe den Willen des Herrn: «This is a revelation.»

Im sechsten Auftritt – einem Höhepunkt ihrer Selbstoffenbarung – kommt es zu einer gelassenen Konversation zwischen ihr, die leger, mit baumelnden Beinen, auf einem Tisch sitzt, und dem Apfel kauenden Moderator der Sendung (Garrison Keillor, auch Autor des Drehbuchs). Sie habe die Sendung früher oft gehört, gesteht sie. Als sie Keillor im Radio einen Witz erzählen hörte, sei sie mit dem Auto – auf der Fahrt zu ihrem Liebhaber – aus der Bahn geraten und umgekommen. Nun, als Wiedergängerin aus dem ‹Drüben›, möchte sie den Witz erklärt bekommen. Sie hört aufmerksam zu, kann aber nicht lachen. Weil sie ein Todesengel geworden ist? Schließlich verabschiedet sie Keillor, der zurück auf die Bühne muss, denn seinetwegen sei sie nicht gekommen: «Take your time.» Aber dem alten Sänger ist keine Zeit mehr gewährt. Er stirbt in der Garderobe, hinter seinem Sessel steht Asphodel und versucht, die Lunch Lady zu trösten, die den Sänger geliebt hat. «The death of an old man is not a tragedy.» Nicht genug damit, Asphodel scheint sich sogar aus Solidarität mit der Radio-Show dazu aufgerufen zu sehen – oder handelt es sich wirklich um einen Auftrag von oben? –, den kaltsinnigen Vertreter der Industriegruppe zur Rechenschaft zu ziehen, die das Gebäude in einen Parkplatz verwandeln will, den «Axeman», der das Leben dieser Radiosendung gleichsam ausknipst. Sie warnt ihn und empfiehlt ihm eine Abkürzung auf dem Weg zum Flughafen zu nehmen: «So be careful driving tonight.» Als die schwarze Limousine des Axeman losfährt, sitzt sie undeutlich lächelnd neben ihm auf dem Rücksitz, er weiß augenscheinlich nicht um ihre Gegenwart: Kennzeichen der Todgeweihten. Wenig später verbrennt sein Auto mit den Insassen bei einem (erzählten, nicht vorgeführten) Unfall. Indes, die anarchistische Rachetat, die einen einzelnen Exponenten des Systems trifft, hat den Abriss des Theaters nicht verhindern können.

Jahre später sitzen einige Gestrandete des zerschlagenen Unternehmens in einem Diner zusammen und planen noch einmal eine Tour. Als sie über ein Begräbnis makabre Scherze machen, tritt Asphodel lächelnd ein, ihr zehnter Auftritt: Alle verstummen betroffen, die Männer zeigen auf sich und wehren gleichzeitig ab. Der Todesengel tritt näher, bis sein weißer Mantel das Bild füllt. Wer wird von Asphodel abgeholt? Oder setzt sie sich nur friedlich zur Runde, der sie sichtbar und damit nach der Logik ihrer Auftritte ‹unschädlich› erschienen ist? Wie um dunkle Gedanken zu verscheuchen, blendet der Film zurück zur Abschiedsvorstellung. Während schon die Namen des Abspanns über das Bild laufen, singen alle an der Rampe hingerissen und beseligt einen Gospel-Hymnus, der die denkbar heiterste Jenseitserwartung ausdrückt:

> There's a land that is fairer than day
> And by faith we can see it afar
> For the Father waits over the way
> To prepare us a dwelling place there.

Und dessen Refrain alle mitjauchzen lässt:

> In the sweet
> Bye and bye
> We shall meet on that beautiful shore.

Insofern fügen sich Asphodels Erscheinen im *Diner* und das Schlusslied der Show mit seiner Perspektive auf das Paradies thematisch zusammen, als wäre eine Höllenfahrt für Schausteller und Artisten undenkbar. Dem Film fehlt jeglicher predigerhafte Impuls: Obwohl der alte Sänger stirbt, setzt der Moderator Keillor die Show fort. Obwohl der Axeman umkommt, wird der Abbruch des Theaters nicht aufgehalten. Der Tod (der anderen) unterbricht den Fluss des

Der Tod als gütiger Heiliger: Lil Dagover und Bernhard Goetzke (DER MÜDE TOD, D 1921, Regie: Fritz Lang)

Lebens nur für kurze Zeit, er wird zum beiläufigen Ereignis verkürzt, das ohne viel Aufhebens eintrifft, unausweichlich, indes unpathetisch, des Bedrohlichen und Ungeheuerlichen entkleidet – dank der Verkörperung durch eine ansehnliche, noch junge Frau, keine faszinierende Femme fatale, eher eine natürliche Schönheit, die im Konversationston gar nicht verheimlichen will, wer sie ist.

Dem Film PRAIRIE HOME COMPANION eignet eine eigentümlich gelassene Alters-Toleranz. Da gesellen sich die Muttersentimentalität von Country-Liedern zur obszönen Grobheit von Cowboy-Witzen, weitschweifig wehmütige Erinnerungen einzelner zu parodistisch pointierter Radiowerbung, das bunte Treiben zum erstaunlich sanften Tod. Noch einmal: *media vita in morte sumus.* Angesichts des hier entfalteten Panoramas oder Kompendiums so vieler Figuren in all ihrer Eigenart drängen sich Vergleiche mit dem *theatrum mundi* als Tollhaus oder, besser noch: dem ‹Narrenschiff› auf. Diese metaphorische Kategorie entspräche auch der satirischen Triebkraft vieler Filme Altmans.[25] Dieser,

---

25 Vgl Thomas Koebner: «Von Verrückten und Tollhäusern». In: *Robert Altman. Abschied vom Mythos Amerika.* Hg. v. Thomas Klein / Thomas Koebner. Mainz 2006, S. 10–62.

sein letzter Film, übt vorwiegend scherzende Satire, vermeidet ingrimmigen Spott und Schärfe aus überlegener Position. So kommt auch die Kennzeichnung der Jenseitsbotin ohne einschüchternde oder Furcht erregende Signale (ohne Sense, ohne Schminke) aus, die oft lächelnde ‹nahe Fremde› soll selbst einst eine irrende und sündige Sterbliche gewesen sein. Wer ihr begegnet, mag auf den Gedanken kommen, der letzte Schritt über die Schwelle könnte auch Frieden bringen und müsse nicht in eine Zone des Heulens und Zähneklapperns entführen. Solch tröstliche Aussicht bietet die Abschiedsvorstellung Altmans: Sie will mit Heiterkeit davon überzeugen, vor dem endgültigen Abgang keine übertriebene Angst zu haben. Weiter lässt sich der Euphemismus nicht treiben, die Milderung der Sinnbilder von der individuellen Endzeit-Katastrophe zum Sanften, gar Zärtlichen, die schon Lessing bei der Veranschaulichung des Todes so dringlich wünschte!

Schlachtinszenierung

Zur Filmgeschichte einer Standardsituation

Der Angreifer in Todesangst (ALL QUIET ON THE WESTERN FRONT, USA 1930, Regie: Lewis Milestone)

«Er war ein Held, und das heißt, er war bereit,
ein eigenes Leben für das Vergnügen zu opfern,
das Leben von tausenden anderer Menschen zu vernichten [...].»
William Hazlitt (1817) über Shakespeares *Henry V*

Bei keiner von Menschen geschaffenen Prozedur fällt der Schritt von der zeremoniös geordneten Spielanlage zum katastrophalen Chaos so knapp und furchtbar aus wie bei einer Schlacht – als gelte es, die verheerendste Apokalypse gleich auf Erden stattfinden zu lassen. Keine theologisch ausgedachte Höllenvision reicht an das Szenario heran, dass als entscheidender Kraftakt im Konflikt konkurrierender Mächte gilt. Das frühe Schulerlebnis der 1950er-Jahre, selbst in der Nachkriegszeit, ließ Geschichte, beginnt sie einmal, in einer Folge von

Schlachten sichtbar werden. «333 vor Issos Keilerei» – das kollektive Gymnasialbewusstsein kennt die fröhliche Untertreibung des Grauenhaften, eine Verdrängung, die von einer Geschichtsauffassung geteilt wird, nach der es am Ende auf den Kampf ankommt, der Sieger und Besiegte unterscheiden lässt. In der Tat, der strengste Pazifismus, der den Ausgleich der Interessen regeln will, muss vor der Eroberungs- und Zerstörungswut derer klein beigeben, die sich mit Gewalt über die Rechte anderer hinweg setzen. Hitler war durch Gebete nicht unterzukriegen, sondern nur durch Gegengewalt. Solange sich Herrschaftsansprüche durch den Aufmarsch waffenstarrender Soldaten kundgeben, die der Angriffslust zur Verfügung stehen, liegt die Gefahr nahe, dass man die Soldaten auch ausschickt, jeder zivilen Ordnung widersprechende Handlungen zu vollbringen. Eine Voraussetzung für solches Handeln ist die Erfindung eines grausamen Schreckbilds vom Feind, in den all das projiziert wird, was man von sich selbst als negative Triebe abschieben will – der sich vielleicht tatsächlich als menschenverachtendes Monstrum gebärdet. Selbst die Lösungen brachialer Art zwingen zur Erkenntnis, dass die bessere Sache, die friedliche Absicht, das sanfte Prinzip der Versöhnung sich selten mit roher Kraft vereinigt haben.

Siegimaginationen entspringen oft realer Unterlegenheit, die Rache- und Vergeltungswünsche der Verlierer können gefährliche Munition bilden und illusionäre Überlegenheitsphantasien züchten. Man denke an die verstörten Deutschen nach dem Ersten Weltkrieg, die anscheinend einen Hitler brauchten, um den durch die Niederlage 1918 beschädigten alten Stolz zu restaurieren. Siegimaginationen entspringen ebenso oft auch dem Glauben, dass jetzt nicht mehr viel fehle, um sich endgültig und für immer durchzusetzen, als gebe es eine letzte Schlacht, die dem Sieger für immer Sicherheit verschaffe.

Wie erlebt der einzelne die Schlacht, der griechische Gefolgsmann des Agamemnon in der staubigen Hitze vor Troja, der römische Legionär im morastigen Teutoburger Wald, der christliche Knappe in den Wüsten auf dem Weg nach Jerusalem, der Söldner eines Renaissanceheeres, der gedungene Infanterist unter dem Befehl Friedrichs II. von Preußen, der einfache Soldat in französischer oder deutscher Uniform vor Verdun im Ersten Weltkrieg, der im Eis erstarrte Wehrmachtsgefreite vor Stalingrad, der in die Uniform gezwungene Iraker vor dem Ansturm der amerikanischen Panzer im ersten Golfkrieg? Die Angst muss in der Schlacht ihren Mut zersetzt und ihren Blick getrübt haben, Schweiß und Tränen sind vielleicht hinzugekommen. Das eingeübte Schlagen, Stechen und Schießen hat ein Ende, wenn sie selbst so schwer getroffen werden, dass Menschenmassen, Pferde, Wagen die Niedergeworfenen überrollen. Dann findet die fatale und durch Propaganda verstärkte Zuversicht in die eigene Bewährung, ‹von Jugend auf zum streitbaren Mann erzogen›, in die eigene Unversehrbarkeit oder Siegeschance ein Ende. Die aufbauenden, furchtübertönenden Parolen und Predigten, Phrasen, Geschrei und Galgenhumor, die die eigene Gruppe vor dem Kampf zusammenschweißen, die vorausleuchtenden Ideale: patriotisches Glühen, blinder Hass auf den jeweiligen Feind, übersteigerte Selbstwert-Beteuerung, selbst der Gedanke an einen ‹gerechten Krieg›, Teil eines Kreuzzugs gegen das Böse zu sein, halten schwer Stand gegen den Schmerz der Wunde, das Verdunkeln des Bewusstseins, den Anblick des verstümmelten eigenen Körpers und die Erwartung des unausweichlichen Endes.

Kann das so genannte Schlachtenglück, ohnehin wankelmütig und unberechenbarer als jede zivile Fortuna, zwischen den Reinen im Herzen und den Unreinen, zwischen den Gerechten und Ungerechten, den Weisen und den Dummen, selbst den Tapferen und den Feigen unterscheiden? Welch rhetorische Frage angesichts einer Situation, in der die meisten ziemlich schutzlos schwirrenden Pfeilen, Kugeln oder Granaten, der fern hin tötenden Bomben oder Raketensprengköpfen aus den Fabriken moderner Kriegstechnik ausgesetzt sind – oder dem allseitigen Gemetzel der miteinander ringenden Kader. Welche Hoffnung auf ein Dasein danach dürfen die ersten Reihen von Soldaten haben, die gegen das gegnerische Feuer vorrücken? – Sie marschieren stumm in der Gewissheit, in der Statistik der Gefallenen als ‹Kanonenfutter› abgerechnet zu werden. In Stanley Kubricks BARRY LYNDON (1975) kommt es zu einer solch lakonisch inszenierten Schlachtszene. In schöner Sommerlandschaft, die für bäuerliche und bürgerliche Pastoralen geeignet ist, bewegen sich die Rotröcke, unter ihnen der Held, aufrecht und im Gleichschritt auf die Front der Gegner zu – sie rennen förmlich in die Gewehrsalven hinein, die sie in kürzester Zeit dezimieren. Links und rechts fallen die Kameraden zuhauf. Selten ist in der Filmgeschichte die Idiotie und mörderische Geringschätzung der eigenen Leute bei einer in Europa lange Zeit weit verbreiteten Schlachtordnung anschaulicher vor Augen geführt worden als in dieser Sequenz.

Wer bei der offenen Feldschlacht oder Stellungskämpfen weit hinten platziert ist und rechtzeitig den Schauplatz räumen kann, darf als bevorzugt gelten. Wie sich für den einfachen Mann im modernen Heer mindestens zwei Positionen extrem geringer und maximaler Bedrohung unterscheiden lassen, Etappe und Front, so sticht seit alters die Perspektive des relativ sicheren Feldherrenhügels ab von der Perspektive der vordersten Kampflinie. Nicht viele ranghohe Anführer gingen oder ritten ihren Leuten voraus, auch Kommandierende besiegter Truppen überleben mehrheitlich, seit es nötig ist, große Massen in den Schlachten zu lenken (‹Schlachtenlenker›). Vielleicht gab es sogar ein die Kriegsparteien einigendes Tabu, das den folgenschweren Totschlag am ‹Häuptling› der Gegenseite aufschob oder nur ranggleichen Personen vorbehielt? Ein verbreiteter Topos will uns davon überzeugen, dass mit dem Tod des Anführers einerseits die Schlacht zu Ende sei, als löse sich mit dem Tod der dominanten

Figur der Pakt mit den bis dahin Getreuen auf, oder es bestehe ein magischer Zusammenhang zwischen der Kraft von Herr und Knecht. Womöglich hört die Schlacht auf, aber nicht das Schlachten der Flüchtigen und Wehrlosen, des zivilen Trosses einer Armee, die den Kürzeren gezogen hat. «Wehe den Besiegten.»

Es ist zu zweifeln, ob sich die literarische Schlachtbeschreibung seit je, seit Homers *Ilias* (ca. 750 v.Chr.), der Treue zur Wirklichkeit verpflichtet gesehen hat. Allzu sehr ist der Erzähler heroischer Taten an der Ausmalung und Überhöhung von Heldenleben und Heldentod interessiert. Auch das mittelalterliche Epos (man blättere einmal in der Mitte des 13. Jahrhunderts entstandenen *Kudrun*) lässt ausgewählte Recken so reindreschen, dass ganze Haufen von Leichen um sie herum anwachsen und Zeugnis für ihre übermenschliche Kämpfernatur ablegen. Die Dichter heldenhafter und heldenmütiger Akte wollen keine Erzähler des realen Schreckens sein – selbst die Bildhauer, die auf dem Pergamon-Fries die Opfer von Titanen-Schlachten modellieren, scheinen dem kunsteigenen Zwang zur Abstraktion und Stilisierung unterworfen zu sein (es sei denn, ein Betrachter wie Peter Weiss im ersten Teil seines 3-teiligen Romans *Ästhetik des Widerstands*, 1975, kann Schrecken und Jammer in die erstarrten Skulpturen hineinprojizieren). Indes, da fließt kein Blut aus den getöteten Leibern. Erst die Maler der Renaissance wagten, den Sterbenden ins Auge zu sehen (viele bleiben noch abgewandt vom Betrachter, man denke an die Schlachtszenen an der Milvischen Brücke – Konstantin siegt im Zeichen des Kreuzes – aus den vatikanischen Stanzen, entworfen vom milden Raffael). Und der Gedanke, dass im Tod die Gefolgschaft einerlei ist, weil er die einen wie die anderen empfängt, durchsticht allmählich auch die propagandistische Planung von Veduten, die den Gegner selbst noch als Geschlagenen und Erschlagenen verachten wollen. Während in Albrecht Altdorfers Konzept die *Alexanderschlacht* (1592) – filmästhetisch gesprochen – soweit entfernt stattfindet, dass der Betrachter das Getümmel der Pferde, Uniformen, flatternden Fahnen, wippenden Helmbüsche und das feingezeichnete Stakkato der Lanzen nur als gloriose Supertotale unter einem Himmel mit dramatisch kreisenden Wolken sieht, eine imposante Schrifttafel mitten im oberen Teil plakatiert zudem die Botschaft, – rückt Francesco Goya in seinem Radierungen-Zyklus *Desastres de la guerra* (*Die Schrecken des Krieges*, 1810–1820) nahe an die Gräuelfolgen des Krieges heran: die Missachtung des Lebens, selbst hilfloser Frauen und Männer, die zufällig im Wege waren.

Von ähnlich radikaler Empathie, Einfühlung bestimmt: die Schützengraben-Bilder des Otto Dix mit vergasten Soldaten und Leibern, die sich flimmernd in Materie auflösen. Goya nimmt die Position unerschrockener Zeugenschaft ein, Dix richtet den Blick auf die Destruktivität der Kampfhandlungen selbst. Zwischen Altdorfer und Dix, die hier zur Illustration moralischer und ästhetischer Eckpunkte benutzt werden, entfaltet sich das Panorama der literarischen, bildkünstlerischen und vermutlich auch filmischen Schlachtschilderung: zwischen äußerster *Distanzierung* aus der Sicht eines ungerührten Chronisten, der das Ereignis zum strategischen Spielzug oder zur Anekdote im unendlichen Fluss der Geschichte verringert, und äußerster *Annäherung*, die die Verengung des Horizonts um den sich schlagenden und duckenden, in den Tod vorausrennenden, keuchenden Menschen in seiner Not und besinnungslosen Wut rekonstruiert.

Die Darstellung einer Schlacht auf der Leinwand folgt gewissen Regeln, die erlauben, hier von einer durch Stereotype geprägten *Standardsituation* im filmischen Erzählen zu sprechen. Standardsituationen, wiederkehrende Baumuster, um ein anderes Bild zu bemühen: spezifische Grundrisse, unterliegen ebenso wie Motive unterschiedlichen kulturellen Prägungen und historischem Bedeutungswandel. Der anschließende Katalog von Beispielen soll nicht als Sammelsurium verstanden werden, sondern als Reihe, die die verschiedenen Ausdrucks-Potenzen der Standardsituation verdeutlicht.

Obwohl David W. Griffith in seinem Epos über den amerikanischen Bürgerkrieg BIRTH OF A NATION (DIE GEBURT EINER NATION, 1915) oft unzweideutig Partei für den Süden nimmt, wählt er bei der Schilderung einer Schlacht doch eine neutrale Perspektive: den Topshot von größter Höhe – in gleicher Weise ungefährdet wie der Blick vom Feldherrnhügel hinter einer Armee. Links und rechts ziehen sich nach hinten die Barrikaden der Konföderierten und Unionstruppen. Immerhin, die Männer des Südens sind aktiver und stürmen, wenngleich vergeblich, auf die feindlichen Bastionen los. Bei den Gefechten fallen Menschen auf allen Seiten, zu viele – man gewinnt die bittere Einsicht, dass sich eine ganze Generation junger Männer hier gegenseitig vernichtet. Die Rauchwolken der Geschütze treiben als künstlicher Nebel über dem Schlachtfeld: ein atmosphärisches Element, das in vielen späteren Schlachtschilderungen aufgegriffen wird. Der Abstand zwischen den ‹Feinden› ist so gering, dass die Rechten sehen können, wie ein Offizier der Linken einem verwundeten gegnerischen Soldaten Wasser reicht, dankbarer Jubel bei den Unionisten. Spätestens jetzt wird klar, dass eigentlich Nachbarn im Kriege miteinander liegen, die Anführer der Konföderierten indes über großmütige Humanität und mehr Courage verfügen. Ein (sinnlos) mutiger Leutnant der linken Partei ergreift die Fahne und stürmt auf die rechte Schlachtlinie zu, um die Stange der Fahne in ein Kanonenrohr zu stopfen – natürlich bringt dieser Ausfall keinen Vorteil, fordert nur das Opfer dessen, der diese verwegene Attacke riskiert hat.

Solche Bravourstücke fehlen in Lewis Milestones amerikanischer Filmversion (1930) des Erfolgsromans *Im Westen nichts Neues* von Erich Maria Remarque.

Jeder Angriff aus den Schützengräben des Ersten Weltkriegs hinaus, über Stacheldraht-Verhaue, bricht im gegnerischen Feuer zusammen. Bei dichten Einschlägen der Artillerie auf eine granatenzerwühlte Erde – diese leibzerfetzenden, kraterauswerfenden Explosionen sind so inszeniert, das sie selbst auf Kriegsteilnehmer authentisch wirkten – lassen es zum bloßen Zufall werden, wer getroffen wird, wer nicht, gleich ob es ein tapferer oder weniger engagierter Soldat sei. Ernst Jünger fand später für diese Verkürzung des einzelnen Verdienstes auf nichts, diese Gleichmacherei im Bombardement des technischen Krieges den zynischen, doch zutreffenden Satz: «Man fällt nicht mehr, man fällt aus.»[1] In der strikt eingenommenen Sicht einfacher, überwiegend junger Menschen in Uniform verfälscht kein patriotischer Impuls auf Dauer die Erfahrung absurder Ausgesetztheit: gleichsam auf ‹verlorenem Posten› im Detonationslärm eines sinnberaubenden Terrors. Milestones Film nimmt die wichtigste Erkenntnis vorweg, die die Standardsituation Schlachtinszenierung präsentieren kann: die maßlos entwürdigende Destruktion des Individuums, des Menschen in seiner Besonderheit, durch militärischen Drill und die Amputation der Schicksale in der Schlacht – ohne Ansehen der Person.

Dennoch kann diese Erkenntnis, zugehörig zur Erlebnisperspektive der nichtprivilegierten Soldaten, durch politischen Auftrag wieder an den Rand gedrängt werden, etwa in Sergej Eisensteins patriotischer ‹Ballade› ALEXANDER NEWSKY (1935). Von Beginn an wird der ‹Feind› nach Kräften entmenschlicht. Die deutschen Ordensritter werfen ohne zu zucken Kinder ins Feuer. Um die grausamen Eindringlinge zudem als komische Ungeheuer zu kennzeichnen, tragen sie überdies Helme in Eimerform – wenn man darauf klopft, ergibt es einen hohlen Ton. Der päpstliche Gesandte, der sie als ideologischer Kommissar begleitet, erinnert an ein schrumpfkörperliches Schreckgespenst, in der Gestalt nicht weit ab von F.W. Murnaus Vampir Nosferatu. Sie sind heimtückisch und zumal auf Pferden, mit flatternden Umhängen und langen Lanzen versehen, also von theatralisch mächtigem Umriss, scheinbar im Vorteil. Fürst Alexander Newsky (Nicolai Tscherkassow) begegnet in der Vorgeschichte als einfacher Fischer und später erst als genialischer Stratege und Vaterlandsverteidiger. Er muss eine Laienschar von braven Bauern gegen eine kampferprobte Totschlägertruppe führen: Sein Charisma als Führer soll eine Moral einflössen, die die geringe Routine seiner Gefolgsleute im Umgang mit Waffen wett zu machen hat. In ähnlicher Lage muss Spartacus in Kubricks Film die aufständischen Sklaven zu ihrem Kampf gegen das römische Heer motivieren, Brave Heart (William Wallace) die schottischen Landsleute gegen die siegverwöhnte englische Armee: in

---

1 Aus: Ernst Jünger: Der Arbeiter [1932]. In: Ders.: Essays II, Sgt. o.J., S. 118.

diesen Schlachten stehen sich gleichsam von ihrer Sendung überzeugte Amateure und abgebrühte Professionelle des Kriegshandwerks gegenüber. Newsky lehrt also die zunächst furchtsamen Bauern, mit Hakenlanzen die Ritter vom Pferd zu holen und eifrig auf die nunmehr schwer beweglichen Herabgestürzten einzudreschen. So treffen alle Reiterattacken der Feinde auf erbitterten Widerstand. Die folkloristisch burleske Komponente: zwei handfeste Kerle zeichnen sich vor allem aus – eine junge Frau soll der Lohn des Einsatzes beider Rivalen sein. Sie überleben, der eine schwer verletzt – die Liebe je einer Frau wird jedem zu Teil. Alexander leitet das Geschehen zunächst von einer Anhöhe, dann mischt er sich in das Getümmel und überwältigt im Zweikampf den Anführer, den «Magister», den Chef der Feinde. Wenn am Schluss die restlichen Deutschritter mit ihren Pferden durch die allzu dünne Eisdecke des Peipus-Sees einbrechen (oft von oben fotografiert), erinnert das Ereignis an alttestamentarische Strafmaßnahmen, an grausam unbarmherzige Gottesurteile – so muss die dem Herrn ungefällige Rotte Korah in den sich öffnenden Schlund der Erde gestürzt sein. Alexander Newsky führt nicht nur die komplette Vernichtung des alten bösen Satans in Menschengestalt drastisch vor Augen, der Triumph des ‹gerechten Verteidigungskrieges› muss vollkommen sein und seine Darstellung darf offenbar nicht in der Andeutung stecken bleiben. So verhehlt diese Schlachtschilderung auch nicht «Blut, Schweiß und Tränen» (Winston Churchill) des vaterländischen Befreiungskrieges: ein von schrägem Lichteinfall düster beleuchtetes Schlachtfeld nach Einbruch der Nacht mit tausenden verwundeter und toter Leiber.

Eisenstein legt bereits die oft wiederholte Periodik der filmischen Schlachtinszenierung fest, deren Ausdruckscharakter ich durch musikalische Begriffe unterstreiche, als handle es sich um die Sätze einer Sinfonie: (I) *Andante, langsame Vorbereitung*: Der herausragende Anführer schwört die Kämpfer ein, zumal die, die nicht von vornherein zum Sieg disponiert scheinen. (II) *Vor dem Sturm, accelerando bis molto agitato*: die Schlacht selbst, bei der die Sympathieträger, die ein höheres Recht auf ihrer Seite zu haben scheinen, oft (nicht immer) Aufständische, Revoltierende, bei wechselndem Schlachtenglück mehrmals in Bedrängnis geraten – Massenbewegung, Tempo, mitgerissene Kamera. (III) *Ritardando, verlangsamende Intermezzi*: Einzelnen Personen, ihrem Treiben, ihren Sichtweisen gilt erhöhte Aufmerksamkeit, dem Chef, aber auch kleinen, manchmal sogar komischen Chargen. Neben dem Hauptstrang der oft rasanten und Einzelschicksale nur streifenden Kampfschilderung bilden sich Episoden, in denen kleinere Streitereien oder Handgemenge, auch Ruhemomente Platz finden. (IV) *Furioso*: Der Ausgang der Schlacht muss Sieger und Besiegte unterscheiden lassen, Jubel oder Jammer evozieren: der kollektive Tod, die kollektive Flucht. (V) *Lamentoso*: Beim Anblick des Schlachtfeldes mit Erschlagenen und

Sterbenden setzt sich der Affekt der bitteren Klage durch, die sich zur tragischen Weltklage und umgreifenden Existenzverwünschung ausweiten kann.

In SPARTACUS (1960) schickt Stanley Kubrick das Heer der Freiheit beanspruchenden Sklaven, darunter alte Männer und Frauen, viele schlecht oder mit einfachsten Waffen ausgerüstet, doch verzweifelt entschlossen, weil sie um ihre Menschenwürde kämpfen, gegen die disziplinierte Legionärsmacht des Crassus: Das Sklavenheer unterliegt, soweit folgt der Film der historischen Überlieferung eines bedeutsamen Aufstands der Unterdrückten. Der Peipus-See und dessen Ränder als Schauplatz gewähren Eisensteins ALEXANDER NEWSKY die Option, die Schlacht auf offener weiter Fläche zu arrangieren, ohne im Hin und Her der Kampfbewegung präzise Ortsangaben machen zu müssen. Kubrick wählt eine abgeweidete Graslandschaft, von einem Hügel aus hält Spartacus (Kirk Douglas) eine befeuernde Anrede an die Seinen, von dort aus beobachten alle sorgenvoll die Sonnenreflexe auf den Schildern der Gegner, von dort aus ergießt sich das Sklavenheer mit Gebrüll in die Tiefe auf ihre Verfolger, die ersten Kohorten weichen, doch zuvor schon verkündet ein Himmel voller zerklüfteter Wolken – ein natürliches Bildzeichen für die drohende Wendung – über heranrückenden römischen Truppen die Übermacht des staatlichen Militärapparats. Die in der Fiktion üblichen Phasen der Schlacht, beginnend bei der Formierung der einander gegenüber stehenden Massen, werden beinahe formelhaft durchdekliniert – selbst bei Kubrick. Auch alle weiteren Bilder entsprechen einem oft repetierten Muster: Pferde stürzen, ein Kampf Mann gegen Mann auf gleicher Augenhöhe und mit dem Kurzschwert entflammt. Spartacus ficht vehement, schlägt einem Legionär den Arm ab (nur kurz zu sehen), im Vordergrund wischen, vor dem Objektiv der Kamera, Körper vorbei, um den Standort des Betrachters – reduziert auf ein registrierendes Auge – mitten im Getümmel zu lokalisieren: Die Kamera ist gleichsam eingebettet in die Kampfhandlung. Doch nach dem heftigen ‹Nahkampf› transportiert ein Schnitt in die beängstigend ruhige Lamentoso-Phase, zwei Pferde laufen nacheinander auf eine Hügelmulde zu, von der aus aufgenommen wird: ihre ehemaligen Reiter, so ist die Erscheinung zu deuten, liegen vermutlich erschlagen auf dem Boden: die reiterlosen Pferde als Signal für eine Niederlage kehren in späteren Schlachtinszenierungen immer wieder. Crassus und ein Offizier, offensichtlich die Sieger, denn sie gehen ohne Begleitung, überqueren das verwüstete Schlachtfeld. In einem lang hingestreckten Graben häufen sich dicht beieinander die Leichen, auch von Greisen und Frauen, vom Staub des Gefechts bedeckt, besonders schockierend: mit starren, offenen Augen (niemand war da, um sie ihnen zuzudrücken). Dieser verstörende Anblick eines Massengrabes weckt Assoziationen an die Berge der Toten, die sich in den Vernichtungslager der Nazis fanden. Es könnte sich außerdem der Gedanke aufdrängen, es werde ein

‹schauriges Andachtsbild›, ein Tableau von Märtyrern des menschlichen Frei-
heitswillens vor Augen gestellt. Über das Schlachtfeld hallt Babygeschrei (der
Sohn des Spartacus): Urklage und Verheißung neuen Lebens zugleich und der
Parole: «Der Kampf geht weiter». Die überlebenden Männer weigern sich, ihren
Anführer Spartacus zu verraten. Selbst in der Niederlage bleibt die Solidarität
bestehen. So werden sie alle an Kreuz genagelt: Vordeutung auf eine dem christlichen Publikum vertraute *Passion*, vielleicht sogar eine kühne Gleichordnung
beider Leidensgeschichten, der des Spartacus und der des Sozialrebellen Jesus
Christus. Kubrick besetzt die Schlachtinszenierung politisch (wenngleich nicht
patriotisch und plakathaft wie einst Eisenstein seinen ALEXANDER NEWSKY):
Spartacus offenbart als moralisches Zentrum die Anklage gegen die Aufteilung
der Welt in Herren und Knechte und fordert unantastbare Menschenwürde als
höchsten Wert ein (ähnlich wie die bittere Kritik am ‹Kriegsspiel› der Mächtigen in seinem früher produzierten Film PATHS OF GLORY, 1957).

LAWRENCE OF ARABIA (1962) hat in der Schlacht zwischen Araber- und Türken-
armee (im zweiten Teil) vor allem zum Ziel, den strahlenden Helden Lawrence
von Arabien, der bis dahin mit einer geradezu messianischen Aura umgeben ist,
zu *entzaubern*. Drei handlungsauslösende Ereignisse begründen – rechtfertigen
noch nicht – das Massaker an einer halbverdursteten Truppe der in dieser Situation als imperialistische Macht angegriffenen türkischen Besatzung. (a) Die
Türken selbst haben zuvor die Einwohner eines arabischen Dorfes ermordet
(sogar geschändet?) und den Ort geplündert – ein kriegsverbrecherischer Akt.
Die Kamera fängt in wenigen Bildern die trostlose Stätte der gerade verübten
Gewalttaten ein. (b) Lawrence war (Tage?) zuvor der Folter türkischer Soldaten
ausgesetzt gewesen, einer Misshandlung, deren Charakter nur angedeutet wird,
die ihn mit seiner Schwäche (auch seiner homoerotischen Identität?) konfron-
tiert. (c) Ein junger Araber, dessen Familie im erwähnten Dorf umgekommen
ist, stürmt voraus, der Staubfahne nach, die die türkischen Soldaten aus dem
Wüstensand aufwirbeln: ein aus verständlicher Vergeltungswut geborener
Angriff. Er kollabiert unter den Schüssen der türkischen Nachhut. Militärtech-
nisch soll es unnötig sein, dieser Horde nachzusetzen – doch Lawrence (Peter
O'Toole) schüttelt ein Selbstzerwürfnis, das sich in seinem bebenden Körper, in
Zuckungen seines Gesichts äußert. Endlich entlädt es sich in einer irrationalen
Wut, in seinem Schrei zum Angriff und der Aufforderung, keine Gefangenen
zu machen. Selbst ein Freund, der Scheich, er ist ein Warner, lässt sich für eine
kurze Weile wie von einer Massenhysterie anstecken und mitreißen. Aus dem
erbarmungslosen Hauen und Stechen taucht Lawrence in einer halbnahen Einstellung wieder auf: Wie ein Wahnsinniger erschießt er selbst Männer, die sich
ergeben. Dann: an seiner Hand hängt ein blutiger Krummdolch, als alles vorbei

scheint, der nackte blutige Arm ragt aus dem befleckten, zuvor schneeweißen Burnus obszön heraus.

Es gibt mehrere Lesarten dieser vieldeutigen Pose: Das beschmutze Gewand ist ein leicht deutbares Sinnbild für verlorene Unschuld; der Krummdolch bezeichnet die völlige Assimilation des Europäers Lawrence an die arabische Mentalität – sein Sonderstatus geht dadurch verloren; der nackte, blutverschmierte Unterarm erscheint wie ein phallisches Werkzeug der Vergewaltigung. Diente Lawrence die Abschlachtung des Feindes als Ritual, das seine, ihm selbst verdächtig gewordene Männlichkeit bestätigt? Die Schlacht hat offenbar nicht nur als Ausbruch maßloser Rache gedient nach dem Gesetz, dass Mord nur durch Mord ausgeglichen werden könne, sondern auch unklare Sexualimpulse in rabiaten Tötungsfuror umgeleitet. Der Eindruck ist kaum von der Hand zu weisen, dass archaisches Verständnis die Schlacht seit je auch als Initiations-Passage, als ‹Feuertaufe› begreift, aus der – wenn der Kombattant es überlebt – der ‹gehärtete› Mann hervorgeht.

WOJNA I MIR (KRIEG UND FRIEDEN, 1967): die sowjetische Monumentalproduktion unter der Regie von Sergej Bondartschuk hatte augenscheinlich den Ehrgeiz, hinter die ‹Üppigkeit› der Schlachtbeschreibung aus Leo Tolstois Roman *Krieg und Frieden* (1868) nicht zurück zu fallen und die am Ende wohl unentschiedene Schlacht von Borodino zwischen dem Angreifer Napoleon und seiner zusammengestückelten Invasionsarmee und den russischen Verteidigern unter Marschall Kutusow in einem grandiosen filmischen Historienbild, einem kinematografischen Schlachtgemälde ohne Vorbild einzufangen, das an Zahl der Einstellungen, an aufwändigen Geschehnissen und an Länge alle anderen Varianten der Standardsituation in der früheren Filmgeschichte übertrifft. So hält sich der Film nur vorübergehend an zwei Leitfiguren: Andrej Bolkonski, der durch eine Granate schwer verletzt wird, und Pierre Besuchow, der in schneeweißem Anzug und passendem Zylinder durch die Schlachtenreihen wie ein Besucher und ein Fremdkörper irrt, behilflich sein will, heil aus allem heraus kommt, nur mit geschwärzter und zerrissener Kleidung: Die Veränderung seines Äußeren markiert (ähnlich wie in LAWRENCE OF ARABIA) die Erfahrungsreise, die auch in Pierres Innerem Spuren hinterlässt.

Bondartschuk inszeniert absichtsvoll das große Durcheinander, das *Chaos* der Schlacht – selbst die russischen Feldherren verlieren den Überblick. Da schieben sich Infanteristen ins Bild, dort stürmt die Kavallerie in breiter Front voran, auch das Gedränge bunter Uniformen erschwert dem Unkundigen prompte Orientierung: Staub und Dreck und Pulverdampf wälzen sich über alle, nehmen die Sicht, von überall her fallen Schüsse, werfen Soldaten um, Artilleriegeschosse lassen Erde umherspritzen. Wie immer bei Schlachtinszenierungen, ein scharf gesehenes Detail: Einem Artilleristen wird ein Bein abgerissen. Ob ein abgeschlagener Arm bei Kubricks SPARTACUS oder ein Bein bei Bondartschuk oder wieder ein Arm in Kurosawas RAN (1985): Die grauenhafte Abtrennung von Gliedern demonstriert real und gleichnishaft die wie zufällig und im unvorhersehbaren Augenblick zustoßende *Zertrümmerung des Körpers* in der Schlacht. Wiederholt verliert die Kamera die bekannten Helden aus den Augen, um sich zu verselbständigen, wieder wie ein untreffbares, registrierendes Auge. Dann schwebt sie gleichsam über zerbombte Bastionen hinweg, über Gräben voller Leichen und Pferdekadavern, beobachtet, wie Kanonen Hänge hinabrutschen, folgt Soldaten, die in ein Haus eindringen. Kaum scheint sie dem Bann des Schlachtens, der Menschen gegen Menschen treibt, entrinnen zu können. Zwei Mal gelingt ihr die Flucht in die stille Gegenwelt der anscheinend ewigen Natur: (a) als Andrej von der Granate getroffen wird, rutschen Ausschnitte aus Landschafts-Szenerien in das Kaleidoskop des ‹Terrortoriums›: Birken und Gras im Wind – Erinnerungen an eine friedliche und leise Welt jenseits des Kampfplatzes. (b) Zum Schluss erhebt sich die Kamera in eindrucksvollem Steigflug über riesige Rauchwolken, die von dieser ‹Wallstatt› aufsteigen, hinweg in ‹höhere Regionen›. Über den Wolken ist Ruhe, als wähle die Inszenierung den Standpunkt *sub specie aeternitatis*, auch in zeitlicher Dimension, mag sein, abgehoben vom längst verhallten Lärm eines verbissenen Kampfes, in einer unberührbaren sanften Sphäre, aus der kein scharfer Blick mehr auf das entfesselte mörderische Menschenwerk da unten möglich ist.

Diese Gegensatz-Bildung in der Schlacht-Inszenierung aus *Krieg und Frieden* gleicht sich der seit der Antike vertrauten Polarität von Heroik und Idyllik an: die Antithetik kämpferischer Ideale in einer patriarchalischen Wertordnung, die den Krieg zum ‹Vater aller Dinge›, zum ‹Motor der Geschichte› erklärt, und einer oft mit Natur-Euphorie verbundenen Friedensethik, ursprünglich einer Hirten-Gesellschaft zugesprochen, die auf historische Taten verzichtet und den zu fürchtenden Vorwurf der Weltflucht mit dem Argument abwährt, es sei weiser, sich an den Händeln der ‹Könige› nicht zu beteiligen. Ich will nicht behaupten, dieses Entweder-Oder sei die dezidierte Botschaft der Schlachtinszenierung Bondartschuks, doch zeichnet sich die Kontrapunktik alternativer Vorstellungen als Schattenmuster im Hintergrund ab. Eine Parallele zu aktuellen politischen Konflikten der Zeit (Napoleon könnte für den Westen stehen, Kutusow für Russland) ist zu ahnen. Dass (wie bei Tolstoi) die Anteilnahme an der russischen Sache größer ist, sollte nicht weiter verwunderlich sein bei einer sowjetischen Produktion und bei einem historischen Exempel, dessen Positionen sich mit leichten Korrekturen auf die Gegenwart übertragen lassen. Doch die Auffassung der Schlacht als eines tödlichen Chaos, das allseitiges Entsetzen hervorruft und *kaum Anlass für die Proklamation von Phrasen* bietet, ist stärker ausgebildet als die in diesem Fall begreifliche Parteilichkeit für die Menschen, die sich gegen einen martialischen Eroberer und unersättlichen ‹Kriegsherrn› zur Wehr setzen.

In WATERLOO (1970) knüpfte Bondartschuk an seine ‹abschreckende› Schlacht-Konzeption von KRIEG UND FRIEDEN an. Wenn der englische Feldherr Wellington, der 1813 mit den Preußen gemeinsam den wiedererstarkten Napoleon endgültig bei Waterloo besiegt, am Ende der Kämpfe wie eine allegorische Todesfigur vor dem dunklen Abendhimmel durch die schier endlosen Gassen der aufgebahrten Toten reitet (wie einst Crassus zu Fuß in SPARTACUS), ist ein sinnfülliger Ausspruch zu hören (von dem ich nicht weiß, ob er tatsächlich vom historischen Wellington stammt): «Das Schlimmste ist, außer einer verlorenen Schlacht, eine Schlacht gewonnen zu haben. » Einmal tritt ein englischer Soldat aus der Reihe heraus und schreit: «Warum töten wir uns? Wir sind uns noch nie begegnet.» Diese Sätze klingen gegen Schluss wie ein raunendes Echo nach – der sie gesprochen hat, liegt indessen hingestreckt neben unzähligen Toten. Mit Ausnahme dieser Obertöne eines begreiflichen Zweifels an jeglicher Legitimität einer Schlacht: angesichts des unverzeihlichen und nie zu rechtfertigenden ‹Blutzolls›, mit Ausnahme auch der in KRIEG UND FRIEDEN auffälligen Fluchten in die Naturbilder als einer Kontrastkategorie, symbolisch für ein anderes Leben, arbeitet Bondartschuk im wesentlichen mit den selben Mitteln, um die Schlacht als Chaos zu präsentieren – wobei die Indizien nicht zu übersehen sind, die auf die chronikalisch getreue Rekonstruktion des Geschehens verweisen: Zum Beispiel, dass Napoleon zu siegen droht, bevor die Preußen unter Blücher auftauchen. Weshalb Bondartschuk ein zweites Mal eine Schlacht inszeniert, die den Mythos des unbesiegten Franzosen-Kaisers demontiert, mag produktionstypischen Zufällen oder einem tiefer verankerten Interesse des Regisseurs zuzuschreiben sein, der den Typus des selbstherrlich ländererbeutenden Eroberers im Moment des Scheiterns zeigt und die Kosten – die Toten – seiner Gewaltpolitik eindringlicher betrachtet als den genialischen Strategen selbst.

Heldenverehrung propagandistischer Art lässt dieser Film WATERLOO nicht zu. Er zeigt auch Generäle als sterblich, wenn ihr Pferd im Schlamm stecken bleibt – und bestätigt zugleich das Tabu, das die Anführer als Kaste der Unberührbaren zum Teil wenigstens beschützt, wenn die Figur Wellington etwa sarkastisch bemerkt, dass Kommandeure anderes zu tun hätten, als sich gegenseitig zu erschießen. Man könnte Bondartschuk vorwerfen, dass ihm – vielleicht im Widerspruch zu solch kritischen Aufhellungen des dumpfen Massakers – viel am Umgang mit Massen und Effekten liegt: an schier endlosen Ketten in Linie angreifender Reiter, Aufmärschen tausender von Komparsen, an immensen sichtverhindernden Rauchwolken über weiten Flächen, an Legionen unter dem Kugelhagel krepierender Soldaten, an virtuosen und sogar extravaganten Kamera-Perspektiven. Der Topshot von relativ weit oben gewährt den Schein-Überblick über brodelnde Gefechte. Oder die Kamera steht mitten im turbulenten Konflikt, so dass wie bei SPARTACUS etliche Körper am Objektiv vorbeiwischen, Slowmotion schafft Stille und nimmt mit dem Anblick der langsam und unweigerlich aufeinander zustürzenden Soldaten die Klage der hilflosen Betrachter, nicht eingreifen zu können, das Lamentoso der Schlussphase vorweg.

Ende der 1960er-Jahre dient der Vietnam-Konflikt im öffentlichen Bewusstsein Amerikas und Europas als Exempel eines Krieges, der von der westlichen Leitmacht, den USA, aus fragwürdigen Gründen geführt wird. Die Autorität der Regierenden und Kommandierenden gerät in eine schwere Krise, korrespondierend zum allgemeinen Misstrauen gegenüber herkömmlichen Machtansprüchen und Machtstrukturen. Die Gegenkultur (Counter culture) der jungen Generation in den 1960er-Jahren beruht auf dem vehementen Bruch mit überlieferten Normen, auf der Revolte gegen sinnenfeindliche Disziplin und triebunterdrückende Leistungsgesellschaft und auf der Neuentdeckung der Körper (und ihrer Sexualität). Das sind einige Stichworte, nur zur Erinnerung zusammen gefügt, um den Horizont zu beleuchten, in dem auch die Schlachtinszenierung neue Aspekte erschließt. Zwei dieser Aspekte will ich hervorheben, die einen neuen, geradezu ‹fundamentalistischen› Pazifismus markieren: (a) den Verdacht, dass die Welt ohne ausreichende Vernunft regiert werde, dass auch die alte Militärlogik vor der Realität versagen müsse; (b) die Erfahrung, dass der Leib verletzlich ist, da er eben mehr aus weichem Fleisch als aus harten Knochen besteht.

In THE CHARGE OF THE LIGHT BRIGADE (ANGRIFF DER LEICHTEN BRIGADE, 1968) betont der Regisseur Tony Richardson den erstgenannten Aspekt. Das aus dem Krimkrieg des 19. Jahrhunderts bezeugte leichtfertig zugelassene Massaker an einer ganzen englischen Kavalleriebrigade hat obrigkeitskritische Phantasie mehrmals beschäftigt. Als Beispiel einer irrsinnigen militärischen Aktion wurde der Fall auch für das Kino bearbeitet. Richardson hat an Vietnam gedacht – Zeitgenossen durften das unterstellen –, wenn er zeigt, wie aus Hochmut, Ehrgeiz und Dilettantismus Befehle erteilt werden, die Abhängige gegen die gegnerische (türkische) Artillerie und damit in den Tod treiben. Granaten schlagen in die vorangaloppierende Truppe ein und dezimieren sie in Kürze. Auf dem Feldherrnhügel greift unter den unfähigen Gentlemen, die Generäle sein wollen, fassungsloses Unverständnis um sich, von der Masse der Gefallenen künden zum Teil ungesattelte herrenlose Pferde (wie in SPARTACUS), die durch das wüstenhafte Tal des Massakers zurück traben. Andere Pferde bedecken tot die Erde. Die letzte Einstellung der Schlachtsequenz gilt solch einem Kadaver.

THE WILD BUNCH (SIE KANNTEN KEIN GESETZ, 1968) von Sam Peckinpah bezeichnet in gewisser Hinsicht eine Wende in der Geschichte des Western-Genres. Das typische Shooting-Out zwischen den Guten und Bösen, Protagonisten und Antagonisten, hat als individuelles Duell, auch wenn es um Leben und Tod geht, wenig ähnlich mit dem kollektiven Ansturm von Truppen in einer Schlacht. Daran ändert auch die künstliche Dehnung dieser Standardsituation in den Italowestern nichts (man denke an die lange, fast opernhafte Sequenz des letzten Schießduells zwischen Harmonica und Frank in Sergio Leones C'ERA UNA VOLTA IL WEST (SPIEL MIR DAS LIED VOM TOD, 1968)) – eher entsteht durch diese Überspannung eine Szene, die ihren künstlichen Spielcharakter offenbart. Die ästhetisierende Formalisierung eines Akts, in dem ein Mensch einen anderen umbringt, nimmt Peckinpah wieder zurück und erneuert das Schockierende als Schlusslösung im Western: Erstens durch die Ausweitung des Duells zwischen der Gruppe der Helden und Bataillonen von (mexikanischen) Soldaten, zweitens durch die Vergegenwärtigung des Ausblutens und Sterbens vielfach verwundeter Körper. Gegen Ende von THE WILD BUNCH müssen sich die höchst ambivalenten Hauptfiguren gegen eine Übermacht zur Wehr setzen, auch mit Hilfe eines Maschinengewehrs. Mittels Slowmotion und raffinierter Tricktechnik lässt der Film in Zeitlupe das Blut aus den Getroffenen heraus spritzen: weniger ein Grand-Guignol- oder Splattereffekt als eine Versinnlichung dessen, wie Kugeln den Leib förmlich durchlöchern und zerreißen, wie erbärmlich wenig den Menschen gegen die übermäßige Zerstörungskraft der mechanisierten Waffentechnik schützen kann. Peckinpah treibt diesem Schauspiel die Simulation des Piff-Paff, des Ballerspiels aus – in einer Epoche, in der eine Film-Reportage um die Welt geht, in der ein südvietnamesischer General einen mutmaßlichen Vietkong auf offener Straße erschießt, erscheint es als verlegenes Ausweichmanöver, als feige Abkehr von der Realität, als Verleugnung der ‹Wahrheit›, eine *abstrakte Inszenierung der Gewalt* zu befürworten. (Dass die abgehobene ‹Entwirklichung› des Tötens und der Verlust der Leibwahrnehmung im Egoshooter-Bildschirmspiel wieder zurück kehrt, ist beängstigend – für alle, die der Sinn für die Außenwelt auch im Bereich der Fiktion nicht verlässt.) Überdies gewährt Peckinpah seinen letzten Helden nicht einmal das Ende durch einen überlegenen oder würdigen Gegner. Eine Art Kindersoldat knallt sie ab. Solch ein niedriges Geschick, das nicht einmal Rücksicht auf das Ansehen der Person nimmt, kann einem vorzugsweise in einer Schlacht widerfahren.

Einschränkung: Ich will nicht behaupten, dass das *Schrecklich-Erhabene* der Schlacht, das den einzelnen in seiner Nichtigkeit so bloßstellt, dass diese Wahrnehmung nicht gleich mit läuternder Reflexion umkreist und verdolmetscht werden kann, dass diese Reaktion des *stumm bleibenden Entsetzens* beim sensitiven Publikum nur durch Annäherung an dokumentierte Kriegs-Erfahrung erreicht wird. Es gibt zumindest zwei Wege zu suggestiver Präsenz dessen, das sich ziviler Phantasie entziehen will. Der Vergleich mag aufschlussreich sein: Wie die Hand vom brennenden Feuer zurückzuckt, so die Vorstellungskraft vor den Bildern des Ungeheuerlichen. Man könnte von Schutzmechanismen einer Art Rezeptions-Biologie sprechen, Schutzmechanismen, die auch bei der Schlachtinszenierung durchbrochen werden (müssen), wenn man sich nicht mit flüchtigen Andeutungen, also Abstraktionen, zufrieden geben will: (a) die eingreifende Methode der *Verfremdung und Entfremdung*, (b) die realitätsnahe und / oder detailgetreue *Rekonstruktion*.

Denkwürdige Methoden der Verfremdung und Entfremdung finden sich selten in der neueren Filmgeschichte, immerhin bei zwei außerordentlichen Produktionen: RAN (1985) von Akira Kurosawa und THE THIN RED LINE (DER SCHMALE GRAT, 1998) von Terrence Malick. Als Beispiele für die epische Rekonstruktion will ich kurz noch BRAVE HEART (1994) von Mel Gibson sowie GLADIATOR (2000) und KINGDOM OF HEAVEN (KÖNIGREICH DER HIMMEL, 2005) von Ridley Scott aufgreifen, schließlich als Fall, der eine jüngere historische Schlacht gleichsam punktgenau nachformt – im Genre des Kriegsfilms – SAVING PRIVAT RYAN (DER SOLDAT JAMES RYAN, 1998) von Steven Spielberg.

RAN ist eine filmische Abwandlung von Shakespeares *King Lear* (1605). Was der Bühne verwehrt bleibt, breitet der Film aus: den Aufmarsch der Armeen in je eigenen Farben und die wüste Schändung des Menschen in Schlachten. Tiefe Verstörung löst die Attacke auf die Burg aus, in der Hidetora (Tatsuya Nakadai), der King Lear ähnliche Fürst, mit seinem Gefolge Zuflucht gefunden hat. Sein ältester Sohn bricht ein und belagert den Turm, in dem sich sein Vater aufhält – doch er, der Abtrünnige, wird aus dem Hinterhalt selbst erschossen, der zweite Sohn übernimmt das Regiment in jedem Sinne und steigert den Angriff. Die Verteidiger fallen zuhauf, Hidetoras Frauen erstechen sich gegenseitig in liebender Umarmung und fallen tot um, Pfeile und Schüsse umsausen das Greisenhaupt des alten Königs, der irren Blicks ein Schwert sucht, um Harakiri zu begehen, aber keines findet. Schließlich tritt er barfuß auf die lange Treppe, die aus dem Turm in den Hof hinab führt – ein Rest von unantastbarer Maiestas umhüllt ihn, so dass die Soldaten Platz machen und ihn aus der Burg ins Freie gehen lassen: als Wahnsinnigen, der auf sturmumtoster Heide Gräser und Blumen ausreißt und an sich rafft.

Kurosawa trennt die Komponenten der filmischen Mitteilung. Er illustriert in einzelnen Einstellungen die ‹Vernichtungen› des Krieges: aufgespießte Körper, blutüberströmte Leiber, die über Schanzen hängen, Haufen fast nackter Leichen, einen Mann, der seinen abgeschlagenen Arm vor sich hält, einen anderen, dem ein Pfeil im Auge steckt, einen Dritten, der von den Hufen der Pferde zertrampelt

Die angreifenden Lanzenreiter, eine Bildchiffre der ungehemmten Kriegsfurie (RAN, J/F 1985, Regie: Akira Kurosawa)

wird. Kurosawa unterbricht diese Abfolge an ‹Stilleben› durch Zwischenschnitte auf dunkel dräuende Wolken am Himmel und grundiert – das ist der eigentliche Akt der Dekomposition der natürlichen Wahrnehmung – diese Ansicht mit einer tragisch elegischen Orchestermusik, eben einem sinfonischen Lamentoso. Keine Geräusche, keine Atmos infiltrieren diese melodramatisch eingreifende Synthese von stummem Bild und Klagegestus der kommentierenden Musik, eine Art Engführung der aufrüttelnden Botschaften, die an das reflektiert Mahnende und Erschütternde eines Bachschen Passions-Chorals grenzt.

Mit dem hinterhältigen Schuss auf den untreuen Sohn ändert sich schlagartig das Ton-Design. Die Musik bricht ab, Gewehrsalven und Geschrei werden hörbar: die Geräuschkulisse der Schlacht. Doch auch hier steigert Kurosawa den Eindruck ins Surreale: Wenn Pfeile und Kugeln am Kopf des Hidetora vorbei fliegen und ihn verschonen, wirkt dies zugleich wie ein gespenstisches Gitter von Einschlägen, die den Mann förmlich umnetzen und dem Wahn anheim geben. Kurosawa scheut nicht die Farbe des Blutes, das sich überall, zumal über die Körper, ergießt. Die dem Schauplatz übergeblendete und ausufernde ‹Architektur› der roten Farbe verleiht – schon als Phänomen, nicht einmal als Symbol – dem Geschehen tragische Dimension. Die koloristische Symbolisierung des ausfließenden oder ausgeflossenen Lebens ist umso auffälliger, als Kurosawa in seinen früheren Samurai-Filmen (zum Beispiel in DIE SIEBEN SAMURAI, 1953) tödliche Kämpfe nur choreografierte, aber den Realismus nicht so weit trieb, klaffende Wunden und austretendes Blut zu zeigen. Jetzt schießt er gleichfalls über die Regeln des Realismus hinaus, als könnten die Gräuel der Schlachten nur durch verfremdende, entfremdende Darbietungsweise künstlerisch wiedergegeben werden: als entziehe sich dieses Menschenwerk, das kollektive Gemetzel, bei der Abbildung jeder konventionellen Vergrößerung oder Verkleinerung.

Kurosawa forciert in RAN wiederum das Arrangement der Reiterschlacht ins Ornamentale, wenn er die Reiter in Wellen wiederholt gegen die im Wald verborgenen Schützen vorpreschen und die getroffenen Angreifer beinahe stereotyp aus dem Sattel kippen lässt: Die Wiederholung des visuellen Vorgangs erinnert an ein Muster in Serie. Im Vergleich zur Schlacht um die Burg kann diese repetierte, beinahe malerische Impression als kältere Inszenierung gelten, beinahe den Standards der traditionellen japanischen Farblithografie nachempfunden. Es sind vorwiegend anonyme Figuren, die in dieses Gefecht verwickelt sind: eine Nebenhandlung, die die Hybris, die Selbstüberschätzung eines der Usurpator-Söhne demonstrieren soll.

Das Ergreifende an der Inszenierung der Schlacht um die Burg rührt nicht nur von der neuen und konkordanten Synthese der Komponenten Bild und Musik her, sondern auch von der Beobachtung einer beinahe völlig verwüsteten Wertordnung: Es handelt sich um eine Welt, in der ständige Kriege – und der Eroberer Hidetora selbst war daran schuld, er erntet, was er gesät hat – beinahe alle Loyalitäts-Verhältnisse, die Grundlagen des Friedens also, aufgelöst haben. Söhne werden zu Verrätern am eigenen Vater, die von Sohn zu Sohn wechselnde Frau Kaide, die große Intrigantin, führt hinter der Maske der Zuneigung Rache gegen die ganze Familie im Schilde, der eine wahre fürsorgliche Sohn sieht sich zu Unrecht der Untreue verdächtigt und muss Hilfe außerhalb der Grenzen suchen, treu ergeben ihrem jeweiligen Herrn sind nur wenige Vasallen, ein Narr, ein finsterer General (ein japanischer Hagen von Tronje). Die Soldaten am Ende sind willige Bauern im Schachspiel, leichte Opfer von enthemmter Besitzgier, schließlich bleiben nur auf Beute scharfe Nachbarfürsten übrig. *Ran* heißt übersetzt *Chaos*. Der Sturm auf die Festung offenbart dieses Chaos umfassender, bestürzender als die entsprechenden Sequenzen in den Filmen von Bondartschuk: Alle Verträge, Vereinbarungen auf Treu und Glauben scheinen ungültig geworden zu sein, die meisten Anhänger retten sich in den Tod, Hidetora bleibt nichts anderes übrig, als in diesem blutigen ‹Sturm› *wahnsinnig* zu werden – wie einst King Lear – an der Stelle aller, ob sie nun selber schuldig oder unschuldig sind, die Ähnliches erfahren, den «*Zerfall der Werte*», für den die Schlacht zum Ausdruck wird.

Terrence Malicks THE THIN RED LINE erzählt, nach dem Drehbuch von James Jones, in dem ersten dichteren Teil von der Erstürmung einer japanischen Kampfstellung und eines Lagers auf dem Hügel einer Pazifikinsel, auf dem Eiland Guadalcanal 1943, also im Zweiten Weltkrieg. Ein intellektueller amerikanischer Captain weigert sich, gegen den Befehl eines raubeinigen und ehrgeizigen Oberst, seine Leute bei einem Angriff auf offener Flanke den Schüssen der Gegner preiszugeben. Allmählich schieben sich die amerikanischen Soldaten unter starken Verlusten die Anhöhe hinauf, erobern die gegnerische Batterie, werfen Handgranaten in die Unterstände und nehmen zitternde japanische Soldaten fest: eine erfolgreiche Aktion, nicht ganz der Größendimension einer Schlacht entsprechend, doch der Periodik der Standardsituation Schlachtinszenierung gemäß entwickelt. Die Verfremdung in Malicks Film: Er beschränkt sich nicht, wie im herkömmlichen Kriegsfilm, auf die äußere Handlung. Erstens durchstößt er die Oberfläche durch Einschübe, die einen anderen als den aktuellen Zeitraum eröffnen: sowohl durch eine philosophierende Kommentarstimme, die mit ihren bedächtigen Reflexionen einen der energetischen Kampfhandlung völlig konträren Gestus aufweist; als auch durch Erinnerungsbilder aus der Vergangenheit eines der Soldaten: von einem Sommer der Liebe zu einer Frau, Vorhänge, die im Sonnenlicht in das Zimmer hinein wehen, in dem sie sich auf dem Bett gegenseitig erkennen. (Später wird sie ihn in einem Brief bitten, sie frei zu lassen, sie habe sich in einen anderen verliebt: in der Literatur vielfach beschriebene Angstvorstellung der Soldaten, zuhause vergessen und abgeschoben zu werden).

Zweitens erschöpft sich die Kamera nicht darin, nur das Hintereinander der militärischen Einsätze zu bezeugen – vielmehr ruht sie förmlich auf dem hoch stehenden, wehenden Gras, in dem sich die Soldaten bergen, auf dem Wechsel von Sonne und Wolken. Naturbilder, die ewige Ruhe zu versinnbildlichen scheinen, werden von Explosionen abgelöst und Schüssen, als bräche der von Menschen produzierte todbringende Schlachtenlärm in eine still geordnete Friedens-Landschaft ein und verletze sie. Doch gelingt dies wohl nur für kurze Zeit, denn im Film mehren sich die Szenen, die pointieren, dass diese Welt (es gehören die Eingeborenen hinzu) die Eindringlinge ablehnt, sogar abstößt. Ein ähnliches Gegeneinander von heiler Natur und unheiler Geschichte – die Kriegshandlung – findet sich schon in Bondartschuks Schlachtinszenierung bei KRIEG UND FRIEDEN. Malicks Entdeckung einer a- und überhistorischen Zone, im Grunde unberührbar durch Streit und Totschlag, bringt ihn auch dazu – in überraschender Übereinstimmung mit der Tradition mancher Kriegsfilme –, seine Helden, aufdringliche Störenfriede, zu entindividualisieren. Unter dem Helm verlieren sie einen Teil ihrer spezifischen Persönlichkeit. Deutlicher als sein Vorgänger Bondartschuk will Malick Natur zur überlegenen sanften Macht erklären, die am Ende die Toten in Sand und Dschungel verschluckt. Das ist ein betont anti-heroisches Verständnis des Weltlaufs, das auf der Erfahrung beruht, dass bisher fast jede Schlacht keine Spuren hinterlassen habe, die nicht allmählich zugewachsen seien. Aber gilt diese Regenerationsfähigkeit der Natur auch für die Zukunft? Und gilt das Gedächtnis des Menschen, das den mörderischen

Exzess der Schlacht als Unvergessliches bewahrt, so viel weniger als der Ver-
drängungsprozess der grünen Welt? Die Malicks Film zugrunde liegende These
vom ‹längeren Atem› der Natur und des Friedens entbehrt nicht eines gewissen
Wunschdenkens.

An den epischen Rekonstruktionen von Schlachten in jüngeren und jüngsten
amerikanischen Produktionen fällt eine zunehmende Steigerung der Grausam-
keit ins Orgiastische auf, gleich ob es sich um fiktive oder überlieferte Waffen-
gänge aus früheren Zeiten handelt oder um solche des zwanzigsten Jahrhunderts. Ridley Scott versetzt den Schlachtort in GLADIATOR auf eine Lichtung
vor einen dunklen Wald, es ist ein blau-grauer Morgen, aus dem Dickicht dringen in Felle gehüllte Germanen wie eine blutgierige und gesichtslose Urzeit-
Horde brüllend hervor, während die Römer in logischer Ordnung verfahren,
zunächst mit Feuerbällen und brennenden Pfeilen die Bäume in Brand schießen, dann streng geschlossene Gruppen von Fußtruppen mit großen Schilden
voran rücken lassen, um schließlich unter Führung des offenbar souveränen
(erfundenen) Feldherren Maximus (Russell Crowe) mit der Reiterei durch den
Wald von hinten auf die Halbmenschen einzuschlagen. Maximus, der schon
vor der Schlacht dadurch auffiel, dass er nicht wie ein Leiter und Planer auf
dem Feldherrnhügel hohe Herren um sich schart, sondern wie ein Volksheld
(vielleicht dem Vorbild von Kubricks Spartacus oder dem des schottischen Frei-
heitskämpfers William Wallace in BRAVE HEART folgend) zu seinen Leuten halb
vertraulich, halb scherzhaft beruhigend spricht, während er die Reihen abreitet.
Er mischt sich auch in das Geschehen ein. Wie Spartacus verliert er im Kampf
sein Pferd, einmal sogar sein Schwert, und muss vom Boden aus nach allen
Seiten fechten, in rasanter Behändigkeit, eine aufgedrehte Kampfmaschine, vor
düsterer und flammender Kulisse: Scott inszeniert einen Höllenort. Nach dem
Sieg der Römer bei diesem Schlachten wird das Leichenfeld nur andeutungsweise gezeigt – gleich folgt der Umschnitt auf das Gesicht des greisen Kaisers,
der erleichtert reagiert. Er schätzt seinen General, der ihm in der Chronik der
römischen Triumphe einen weiteren Sieg erfochten hat. Doch die Verhältnisse
im Reich der Sieger sind äußerst labil, so dass Zukunft Angst oder Tod verheißt.
Was der Kaiser noch nicht ahnt: dass sein eigener ehrgeiziger Sohn ihn erwürgen und Rom in eine faschistische Diktatur verwandeln wird, in der Maximus
seine Familie durch eine schwarze SS-Prätorianer-Garde verlieren und zum
elenden Kampfsklaven, zum Gladiator, zum Toten schon zu Lebzeiten herab-
sinken wird. Wenn das römische Imperium in Hollywood traditionell als Präfi-
guration der amerikanischen Weltmacht begriffen wird, wirft dieser illegitime
Umsturz des Regiments, Mord, Verrat und Verfolgung des Helden in GLADIA-
TOR ein düsteres Licht auf das zeitgenössische Amerika.

Politischer noch entwirft Ridley Scott seinen Film KINGDOM OF HEAVEN, der von der Endzeit der christlichen Herrschaft über Jerusalem handelt, einer Apokalypse, die durch Hochmut und Intoleranz, Arroganz und Ignoranz von christlichen Kriegshetzern herbeigeführt wird. Der eine untadelige Held rennt in seiner ersten Schlacht in eine Übermacht hinein, derer er nicht Herr wird. Extreme Kameraperspektiven begleiten diese Reiterattacke – ganz von oben, dann seitlich, um die Dynamik dieses Vorstoßens zu vergegenwärtigen, dann auf Bodenhöhe, als der Ritter ohne Furcht und Tadel vom Pferd stürzt und sich sogar ein Kampf zwischen Liegenden und Stehenden zu einem heftigen Gewühl entwickelt. Dennoch ist diese Schlacht ein Vorspiel nur, um den außerordentlichen Kampfgeist des Helden kund zu tun: eines David, der unbekümmert einem Goliath in die Fänge läuft, daher noch lernen muss. Die eigentliche Schlacht um Jerusalem folgt später: verlustreich, doch mit ingeniöser Kriegskunst und technischer Raffinesse auf beiden Seiten geführt, von der in Jerusalem verbliebenen Bürgerwehr unter der Leitung des charismatischen jungen Mannes und der überwältigenden Mehrheit der Truppen Saladins. Am Ende steht kein Sieg, sondern ein Kompromiss: der freie Abzug der verbliebenen Christen und die Aufgabe Jerusalems, der letzten Stellung im heiligen Land. Der Held – einst ein Hufschmied – kehrt mit seiner orientalischen Braut zurück ins heimische Frankreich, in den Frieden, er hat genug von den Kreuzzügen und lässt die britischen Ritter unter König Richard Löwenherz unbeirrt vorbeiziehen, die wieder nach Osten eilen, um einen Krieg gegen die dort einheimischen Araber fortzusetzen, der nicht zu gewinnen ist.

Angriffsschlachten erscheinen unter der Perspektive dieses Films als Überfälle, als verbrecherische Verletzung eines empfindlichen Gleichgewichts zwischen den politischen Kräften, den koexistierenden Ethnien – allenfalls der Gegengewalt, die der Verteidigung von Zivilisten gilt, wird höheres Recht zugesprochen. Dass alle Schlachten aber vergeblich sein könnten, ein sinnloses Opfer von oft tapferen, oft irregeleiteten Menschen, eine Sisyphos-Arbeit ohne bleibenden Erfolg, zu ewiger Repetition verdammt, taucht als grimmige Erkenntnis am Gedanken-Horizont von Scotts Filmen auf. Sicherlich ein pazifistischer oder resignierender Reflex auf Eindrücke, die – wer weiß es? – von militärischen Kampagnen der Regierung G.W. Bush im Kampf gegen internationalen Terrorismus hervorgerufen sein könnten.

Bei den letzten zwei Filmen, von denen hier die Rede sein soll, ist die Motivation zur Schlacht noch ungebrochen und unbezweifelbar – sie stammen auch aus den 1990er-Jahren: BRAVE HEART und SAVING PRIVATE RYAN. BRAVE HEART von Mel Gibson, der auch die Hauptrolle des schottischen Helden spielt, verteilt die Qualitäten *Gut und Böse*, charakteristisch für *nationale Befreiungslegenden*, auf einfältige Weise: Gut sind die eigenen, gegen die Tyrannei aufbegehrenden Schotten, und böse die anderen, die englischen Unterdrücker, gut sind die einfachen und aufrechten Menschen, die ihr Leben in die Schanze werfen, und böse, zumindest wankelmütig und bestechlich, die Barone selbst der eigenen Seite. So werden auch die Schlacht-Sequenzen strukturiert.

Erstes Stereotyp: gegen die Übermacht der kampferprobten britischen Truppen (in *Spartacus* waren es römische Legionäre) müssen die Bauern aus High- und Low-Lands trickreich streiten – Brave Heart rät zu langen, dichten Lanzenformationen, an denen die Pferde der Gegner aufgespießt werden. Das entkräftet die Reiterei, breite Schilde können vor dem Pfeilhagel der Bogenschützen schützen.

Zweites Stereotyp: nicht in sicherer Höhe auf dem Feldherrnhügel wie die Königlichen, sondern mitten unter den Seinen steht und streitet der auserwählte Recke, der tapferste und wildeste von allen.

Drittes Stereotyp: geradezu eine Bildformel des ‹we will overcome› sind die in breiter Front unter vorwegnehmendem Triumphgeheul vorwärts stürmenden Schotten. Die Schlacht selbst – aus der Sicht der eingebetteten, dabei unantastbaren Kamera dreht sich die Wallstatt förmlich, Feinde von allen Seiten – inszeniert Gibson als das größte Blutbad, das bisher wohl auf der Leinwand zu sehen gewesen ist. Zumal den hochgerüsteten Rittern geht es zu Leibe, da gegen den scheinbar überlegenen Popanz jede Abwehrform erlaubt wird. So fahren die Schwerter in die Sehschlitze der Helme hinein, die Schneiden werden durch die Beine der Gegner hindurch gezogen, Köpfe abgeschlagen, der rote ‹Saft› spritzt durch die Gegend. Es mag dieses Spektakel die Schlacht-Realität von damals zuverlässig abbilden, doch der Film ist nicht zur geringsten Dämpfung bereit (anders als die Schlacht-Inszenierungen von Ridley Scott), so dass man sich des Gefühls nicht erwehren kann, es sei bei dieser Performance auch sadistische Phantasie mit im Spiel. Ein Vorwurf, den später auch die ausgedehnten Marterszenen in Mel Gibsons Christus-Film auf sich ziehen.

Vor der zweiten großen Schlacht gegen die Engländer wird der Gegner mehr Stärke behaupten. Die Inszenierung besinnt sich auf ein **viertes Stereotyp**, das ebenfalls seit SPARTACUS verwendet wird, um das Fürchten vor der feindlichen Macht zu lehren: Die Sonne glänzt auf unzähligen blitzenden Metallhelmen und Rüstungen, die Fahnen knattern im Wind, die hochgestellten Lanzen der Reiter wirken wie ein feinliniger Fries, unabsehbar in ihrer Zahl. Das Schaugepränge der militärischen Front gehört zu den Mitteln der Kriegsführung. Es dient der

Einschüchterung der Truppen auf der anderen Seite, hier der glanzlosen Schotten, und informiert zudem den Zuschauer, dass der Ausgang dieses Treffens nicht so leicht abzuschätzen sei.

SAVING PRIVATE RYAN von Steven Spielberg greift auf den D-Day zurück, den 6. Juni 1944, an dem die Alliierten in der Normandie landeten und die Westfront der Nazi-Wehrmacht durchbrachen. Besonders verlustreich für die Amerikaner waren die Kämpfe im Abschnitt Omaha-Beach – und hier setzt die Retrospektive des Films ein, nach dem Auftakt einer Rahmenhandlung. Eine Gruppe von Soldaten in einem Landungsboot: sie haben unaussprechliche Angst – und zwar zu Recht. Die Wenigsten erreichen das Ufer. Die ersten sterben im Kugelhagel als die Rampe nach unten kippt, die meisten kommen auf der kurzen Strecke zur Küste im Dauerfeuer der MG-Schützen um, auch unter Wasser treffen die Einschläge, nur leise. Die vorübergehende Wegnahme des Tons verfremdet und verstärkt zugleich den Eindruck des Optischen – als könne man jetzt erst recht nicht vor der ‹Wahrnehmung› des Katastrophischen die Augen schließen (wie in anderer Weise bei Kurosawas RAN). Zunächst nimmt die Kamera die Perspektive der Deutschen ein, ohne sie im Bild auftreten zu lassen: um die unglaublich schnell wachsende Zahl der Toten aus erhöhter, bald auch aus naher Sicht zu registrieren. Ein blutiger Ozean voller Leichen, der Strand übersät mit leblosen Körpern. Einer schleppt – ein charakteristisches Detail für die Gräuel des Krieges, ich brauche nicht zu wiederholen, dass es sich dabei um ein Stereotyp handelt – einen anderen mit sich und entdeckt, dass er nur einen menschlichen Torso gerettet hat. Ein zweiter wird am Helm getroffen, nimmt ihn erstaunt ab und erhält einen tödlichen Schuss in die Stirn. Doch das fast Unmögliche gelingt: die Erstürmung der Höhe und der Sieg. Einige Einstellungen – und mit dieser Ästhetik der nachprüfbaren Wirklichkeitsabbildung knüpft Spielbergs Film an ALL QUIET ON THE WESTERN FRONT an – könnten dokumentarische Aufnahmen seinerzeit anwesender Bildberichterstatter sein. Das eigentlich unbeschreibliche Chaos der Schlacht zersetzt die Kommando-Struktur der Truppe: keiner weiß eine Zeit lang, wer welche Befehle zu erteilen und zu befolgen hat.

Diese Schlachtsequenz ist sicherlich die frühe Klimax des Films, obwohl das Publikum noch keine Zeit hatte, die Protagonisten allesamt auszumachen (vom Hauptdarsteller Tom Hanks abgesehen). Aber die Tatsache, dass man zitternden Menschen in größter Pein und Panik begegnet, die in ihrer Mehrheit nur mehr kürzere Zeit zu leben haben, hebt ihre Anonymität auf. Ihre Not ist unmittelbar nachfühlbar, und ihr jähes Ende erweckt teilnehmenden Schmerz. Der plötzliche Übergang von Leben zu Tod – selbst so vieler hintereinander – stumpft und stößt nicht ab, sondern steigert das Entsetzen, das sich (ich erwähnte es bereits) jeder prompten rationalen Kontrolle entzieht. Die ‹realistische› Rekonstruktion der Schlacht ‹veranschaulicht› Ungeheuerliches, das jede Einbildungskraft übersteigt.

Mindestens drei Fragen stellen sich: Welche Zukunft hätten diese Lebensläufe im Frieden gehabt? Welch absurdes Auswahlprinzip lässt die einen krepieren und verschont die anderen (vorläufig)? Wie tief reichen die Beschädigungen der Seele bei denen, die zufällig davon gekommen sind? Doch Spielbergs Film räumt nicht die Zeit ein, über diese Fragen zu grübeln. Er behilft sich im Folgenden mit einem (nicht nur amerikanischen) Klischee: der Suchtrupp, der nach dem verschollenen Private Ryan forscht, darf sich auf seine Professionalität verlassen – das heißt, er funktioniert wie eingedrillt. Auch ihnen bleibt keine Zeit zum Nachdenken., sie gehorchen einem Auftrag. So neutralisiert die Dramaturgie schleunig die Erschütterung, die von der Schlachtsequenz ausgelöst worden ist. Das Lamentoso schiebt Spielberg an den Beginn und an den Schluss seines Films.

Dabei ist eines unbestreitbar: der kriegerische Aufwand war prinzipiell nicht umsonst, denn es galt, eine der bösartigsten Aggressionen der jüngeren Geschichte, die Expansion von Nazi-Deutschland, einzudämmen und einen in seinen Plänen wahnwitzigen Gegner niederzuringen. Dennoch: der Anblick der vielen, die umkommen, nicht «ausfallen», so viele Kinder so vieler Mütter und Väter, wird stets Widerspruch erwecken. Denn die Schlacht macht alles zunichte: Nichts gilt mehr, was vorher gegolten hat, der Prozess der Zivilisation bricht ab, ein Abgrund tut sich auf, und ein wilder Tod wütet unter radikal hilflosen Menschen. Jede filmische Schlachtinszenierung wird dieser ‹Grenzsituation› gerecht, wenn sie dem Erlebnis derer nahe kommt, die die Schlacht nicht überstehen (und das sind die meisten).

THE BIG PARADE (1925) – Die ‹Mutter› aller Antikriegsfilme

Es mag nicht weiter verwunderlich sein, dass es vom Ersten Weltkrieg, zumal von den Schlachtfeldern der Westfront, kaum verbürgte dokumentarische Aufnahmen auf Film gibt – die Gefahr für die Kameramänner war viel zu groß. Nur die halbwegs friedlichen Vorgänge in der Etappe weit hinter der Front oder Szenerien, die vom Beschuss durch Artillerie gerade verschont blieben, taugten zur Aufzeichnung, ohne dass die Operateure für Leib und Leben fürchten mussten. Das berühmte, von Engländern produzierte Film-‹Zeugnis› DIE SCHLACHT AN DER SOMME (1916) ist nachweislich inszeniert worden – also Fiktion, wenngleich realitätskundig, die als authentische Reportage erscheinen sollte. Es hat auch nach dem Krieg recht lange gedauert, bis diese entsetzlich verlustreiche Dauerschlacht, ein Grabenkrieg, bei der die gegeneinander aufgestellten

Armeen oft nur einige Meter Landgewinn mit zahllosen Opfern erkauften, zum Sujet des Spielfilm geworden ist.

Vorläufer war Charles Chaplins Satire SHOULDER ARMS (1918), eine Produktion, die treffsicher (Kriegsteilnehmer müssen ihn unterrichtet haben) die Malaisen des Lebens im Schützengraben oder in den vom Regen überschwemmten Unterständen karikiert – mit einer fast zynischen Todesverachtung, da der findigen und spitzbübischen Kunstfigur des Chaplin'schen «Tramp» nichts Gravierendes widerfahren kann: Bei einem Picknick im Graben (!) gelingt es Chaplin nicht, die Weinflasche zu entkorken. Also hält er die Flasche so hoch, dass ein Scharfschütze von der Gegenseite ihm den Gefallen tut, die Bouteille zu ‹enthaupten›. Die propagandistische Absicht tritt gegen Schluss des Films zu Tage: Dem Tramp gelingt es, in deutscher Uniform, die er um der täuschenden Maskerade willen anzieht, den Kaiser zu kidnappen und ihn mit dessen Auto zur amerikanischen Front zu karren.

An einen weiteren amerikanischen Film soll hier erinnert werden, wohl den ersten, der das ‹Fronterlebnis› dank künstlerischer Reife des (knapp dreißigjährigen) Regisseurs King Vidor in eine ansehnliche Spielhandlung umsetzen kann, THE BIG PARADE (1925), wohl die ‹Mutter› aller Antikriegs-Filme. Dass Amerikaner sich eher dem Schock des Weltkriegs konfrontierten (im Film wie in der Literatur der «lost generation»), mag auch daran liegen, dass sie sich nicht wie die europäischen Nationen, einander benachbart und konkurrierend im Wettbewerb der Mächte, in ein Netz seit langem gehegter gegenseitiger Hass-Vorwürfe, verteufelnder Verdächtigungen und vererbter ‹offener Rechnungen› verstrickt sahen. Nicht zuletzt sei erwähnt, dass Präsident Woodrow Wilson lange Zeit um friedlichen Ausgleich bemüht war und erst gegen Ende des Kriegs das Expeditions-Korps seiner «Doughboys» (seinerzeit der Ausdruck für die amerikanischen ‹Frischlinge› in Uniform) nach Europa schickte.

Der Krieg erweist sich als der große Gleichmacher: Die Hauptfigur Jim, ein verwöhnter Dandy aus reichem Haus, sieht sich schon in der Etappe mit zwei Menschen zusammengespannt, die wirklich seine Kameraden werden: einem Arbeiter, der im Hochbau Nieten in die Stahlträger treibt, und einem Barkeeper irischer Herkunft. Jim (der romantisch und wenig soldatisch wirkende John Gilbert) tritt ziemlich unbedacht in die Armee ein, weil seine Freunde ihn auffordern, auch dabei zu sein, und weil ihn der Aufmarsch der jubelnden Massen mitreißt. Die erste Hälfte von BIG PARADE nimmt sich Zeit für Etappen-Burlesken, widmet sich jedoch vornehmlich einer feinfühlig erzählten Romanze zwischen Jim und der Dorfschönheit von Champillon, der schwarzhaarigen und selbstbewussten Melisande (Renée Adorée). Die eingeschalteten Lieder verspotten den erbärmlichen und desillusionierenden Dienst in einer Armee im Wartezustand. Erst im gleichlangen zweiten Teil des Films werden die amerikanischen Soldaten zu den Waffen gerufen. Die legendäre Abschiedsszene zwischen Jim und der verzweifelten Melisande verdeutlicht, dass Liebe sie verbindet, keine flotte Affäre, wie sie zwischen Soldaten und Mädchen am Standort wohl üblich war. Jim will Melisande nicht verlassen, am allerwenigsten in den Krieg ziehen, aus dem die Wiederkehr nicht garantiert ist.

Für den Realismus der Schlachtszenen sorgte die Erfahrung des Autors Laurence Stallings, der selbst mit der amerikanischen Armee an eben den Orten in Frankreich gewesen ist, die auch als Schauplätze im Film benannt werden – und wie der Held kehrt auch Stallings nach einer schweren Verwundung als Invalide mit nur einem Bein nach Hause zurück. Bei dem historischen Zusammenstoß zwischen amerikanischen und deutschen Einheiten im Bois de Belleau am 6. Juni 1918 rücken die Amerikaner durch den lichten Wald (anscheinend nach zuverlässiger Zeugenschaft) in mehreren Wellen sozusagen locker gespannter Ketten zwischen den Soldaten vor – immerhin ein schwerer anzuvisierendes Ziel für deutsche MG-Nester und Scharfschützen als die dicht geschlossen aufmarschierenden Formationen des Kriegs noch im 18. Jahrhundert (s. BARRY LYNDON).

Erst die Schritte aufs weite Feld, die das Kommando den Kombattanten abverlangt, fordern zahllose Opfer. Bald flüchten sich die drei ‹Kumpel› in eine der zahllosen, durch Bomben aufgewühlten Erdlöcher, um sich vor Gewehrschüssen und Artillerie zu schützen – doch ihr Auftrag gebietet ihnen Angriff, nicht Selbstschutz. Jim verliert beide Partner kurz hintereinander und landet schließlich mit einem von ihm verwundeten Deutschen in einem weiteren Granatentrichter. Erst will er den Gegner, ebenfalls einen jungen Mann, mit seinem Bajonett erstechen, dann aber lässt er davon ab und leistet sogar einer Bitte des Sterbenden Folge: Jim steckt ihm eine brennende Zigarette in den Mund. Als der Deutsche nicht mehr atmet, nimmt Jim fast achtlos die Kippe an sich und raucht sie weiter. So lakonisch diese Begegnung, diese tragische ‹Zigarettenpause›, auch abläuft, so entscheidend ist die Botschaft: In der körperlichen Naherfahrung, Seite an Seite, entpuppt sich der Feind, sonst ohne Gesicht, als Nebenmensch. Selbst die Trauer über die Gefallenen oder der Zorn reichen als Motive nicht aus, um weiter zu morden. Die Szene wird zum Akt der Erkenntnis, sie findet sich als Typus, der von der Erfahrung des Grabenkriegs an der Westfront geprägt ist, später auch in anderen Filmen – etwa in ALL QUIET ON THE WESTERN FRONT, als Paul Bäumer (Lew Ayres: wie John Gilbert eher ein romantischer Held) einen Franzosen ersticht, der in seinen Granatentrichter hineingerutscht ist. Während der Mann langsam, stöhnend, sein Leben aushaucht, entdeckt Paul, dass der ‹Feind› ein Mensch seinesgleichen ist.

Der Krieg hat Jim, dem Überlebenden, tiefe Wunden geschlagen und seinen ‹Sinn› verändert. Angesichts des Schlachtfelds erlebt er ein ‹coming out› als

Zivilist, den der militärische Pomp (eine der Masken des Todes) nicht mehr beindrucken oder gar verführen kann: «Parades when we left and when we get back! Who the hell cares ... after this?» So heißt es in einem Zwischentitel dieses Stummfilms. In THE BIG PARADE kehrt Jim verschlossen und stumm nach Amerika zurück – findet aber nicht mehr nach Hause, nur noch zu seiner Mutter, mit der ihn eine zärtliche, fast erotische Innigkeit verbindet, einschließlich der Küsse auf den Mund. Jim ist zum Pazifisten geworden und entkommt dem Karriereschema der patriarchalisch dominierten Familie, er kehrt nach Frankreich zurück – dort läuft Melisande, vom Pflug weg, den sie gepackt hielt, dem Versehrten, dem Hinkenden über ‹Stock und Stein› entgegen: Denn Liebe als Friedensmacht überbrückt (wie der Krieg) soziale Differenzen und kulturelle Mauern. Allerdings, ohne den Anlass des Krieges hätten sie beide einander nie gefunden. So hält der Film – auch in den Anteilen der Erzählung – ein empfindliches Gleichgewicht zwischen Liebe und Krieg. Und offenbart deren Verhältnis als unlösbares Dilemma.

Thersites und die Seinen

Zum Motiv des grotesk-hässlichen Menschen

Die Schöne und das ‹Biest›: Maureen O'Hara und Charles Laughton (DER GLÖCKNER VON NOTRE DAME, USA 1939, Regie: William Dieterle)

Erste Annäherung: die Verlassenheit der Hässlichen

Die Hässlichen wissen, dass sie als Hässliche gelten, sie sehen in einen unbarmherzigen Spiegel: es sind die Reaktionen ihrer Umwelt. Naiv im landläufigen Sinne, arglos, unbefangen und offenherzig können sie nicht sein. Sie ahnen schon, wie Unbekannte vor ihnen erschrecken, Bekannte sich abkehren wollen, zumal wenn ihre Entstellung groteske Ausmaße annimmt und in vielen Teilen von der üblichen Anatomie stark abweicht. Oft zwangsweise ausgegrenzt, entwickeln sie sich früh zum misstrauischen Gesellen, sogar zu Menschenhassern: die einen geben klein bei und begnügen sich mit der Rolle von Knechten und pittoresken Kretins, die anderen verwandeln sich zu insgeheim gefürchteten Unholden. Die Hässlichen, gleich, ob sie als Folge ihres Ausgestoßenseins empfindlich werden oder abstumpfen oder trotzig Gedanken der Rache an den Schönen entwickeln, um nur drei typische Varianten zu nennen, treten meist als Einzelgänger auf, abseits der Wege der anderen, damit die «Normalen» sie nicht berühren. Bestimmt die Noch-nicht-Hässlichen Angst vor Ansteckung wie bei Leprakranken? Stirbt, wer sie anfasst, oder wird am Ende ihresgleichen? Verträgt sich Hässlichkeit mit Menschenwürde? Herrscht Toleranz im Alltag vor, die den körperlich und physiognomisch Missratenen ein unschuldiges Gemüt gewährt? Ist es nicht vielmehr so, dass die Einfühlung in die ‹Freaks› zum Ergebnis kommt, dass die vom Schicksal solcher Art Beschädigten notwendig zornig sein müssten über die negative Auswahl der Natur, die gerade sie getroffen und verletzt hat. Noch primitiver gedacht: Gilt der Hässliche nicht als Schuldiger, den die Götter gestraft haben – wofür auch immer? Da darf es die Umwelt doch nicht besser wissen und die Hässlichen als ebenbürtig ansehen? Behandelt man die Hässlichen nicht als die Missglückten, die durch Zufall oder Verfehlung der Eltern oder Urteilsspruch des Schicksals mangelhaft ausgefallenen Entwürfe? Welcher Art auch die Verdächtigungen sein mögen, die die grotesk Hässlichen zusätzlich diskriminieren, die Legitimität ihres schlecht komponierten Phänotyps herauszustreichen, heißt gegen große Widerstände anzurennen. Wenn Literatur oder Film die grotesk Hässlichen ins Spiel bringen, lassen sie sich auf *ein moralisches und ein metaphysisches Problem* ein: Soll die Ansicht des grotesk Hässlichen die Unzulänglichkeit der Betrachter in einem Zerrspiegel wiedergeben? Tröstet eine christlich-paulinisch unterfütterte Ethik, dass der Leib doch nur ein Kerker sei für die unsterbliche Seele, die Missgebildeten, und nimmt diese Ethik der Umwelt die Angst vor Berührung? Wofür sind die Hässlichen in wessen Heilsplan vorgesehen – als eine Art von Märtyrern oder ‹Verdammten dieser Erde›, bei deren Anblick der Zweifel am Sinn jeder Existenz doch unabweisbar wird? Mag sich das romantische Originalgenie in pfahlbürgerlichem Milieu in begnadete oder verfluchte Isolation versetzt fühlen, seine titanisch prometheische Schaffenskraft hilft dem Individuum zur Selbstbehauptung – den schlimm Hässlichen (meist handelt es sich in der Kunst um Männer) ist auferlegt, sich als Opfer zu betrachten, ohne zu wissen, wofür sie ein Gleichnis sein sollen oder welch höherer Absicht sie als Exempel dienen. *Keine größere Einsamkeit und ‹transzendentale› Verlassenheit sind vorstellbar als die des grotesk hässlichen Menschen unter seinen Zeitgenossen.*

Der Lauf der Zeit kann hässlich machen, denn Schönheit ist ein verderbliches Gut und Jugend befristet. Das Alter geht einher mit Verwachsungen und Verformungen, langen Ohren, dünnen Haaren und schmalen Lippen, gebückter Haltung und schleppendem Gang (übertrieben?) – die erotische Appellstruktur der ‹bella figura› verliert sich allmählich und unausweichlich. Man kann sich auch vor der irreparablen Entstellung durch Krankheit, Unfall, Krieg fürchten: aus dem Erscheinungsbild der westlichen Öffentlichkeit tendenziell verdrängte Defekte, ‹Schandmale›. Wer rettet uns vor dem Glauben, dass auch Krankheit und Unglück ihre leidtragende Beute auf magische Weise suchen und finden, weil diese in irgendeiner Weise dazu Anlass gegeben habe? Dann würde Hässlichkeit nur den schwachen Menschen befallen, als ein Merkmal natürlicher Unvollständigkeit, angeborener oder erworbener Defizienz – während die Schönen in unserer Ideenwelt mit gottgegebener Kraft und Herrlichkeit verbunden werden: als ebenso unbegreiflicher Gnadengabe.

Übrigens ist gar nicht sicher, dass jedwede Verunstaltung des menschlichen Körpers dem Blick auf ihn Neugierde oder Teilnahme raube. Selbst der Vampir Dracula findet bei einer Schönen dieser Welt, bei der zarten, jungfräulichen Mina, zuerst mitleidiges Interesse und dann hingebungsvolle Liebe. Es kommt wohl darauf an, welcher Grauensschock im Spiel ist, ob man sich an die exzentrische Deformation gewöhnen kann oder nicht. Schon in der Mythologie gibt es die merkwürdigsten Kombinationen: in der altgriechischen Götterüberlieferung ist vermutlich eine der schönsten aller Göttinnen, nämlich Aphrodite, ausgerechnet mit dem hinkenden Gott des Feuers, mit Hephaistos, verheiratet (auch wenn sie um des Vergnügens willen sich mit dem strammen Ares einlässt). Was hat am körperlich gezeichneten Handwerker Hephaistos fasziniert, der doch merklich abstach gegen die Wohlgestaltetheit der Edlen auf dem Olymp?

Lächerlich sind die grotesk Hässlichen nicht, denn der Schrecken, den sie bei Betrachtern prima vista auslösen, bricht das Schauvergnügen und lässt das Publikum eher im Schock erstarren, es sei denn, Verlegenheitskreischen mildere das Entsetzen. Sind die grotesk Hässlichen *erhaben*? Als Zurückgestoßenen, die nach dem Willen mancher literarischen und filmischen Logik zu überlebensgroßen Rächerfiguren aufwachsen, als abgeschiedenen Einsiedlern, Abtrünnigen vom Ebenbild Gottes, umgibt sie bisweilen eine grandios schaurige Aura, die man im weiteren Sinne auch als Erhabenheit verstehen kann – wenn nicht übertriebene Auswucherungen, weich schleimige Beschaffenheit von Leibeszonen oder gespreizte Öffnungen im Körperganzen zusehends Ekelreaktionen hervorrufen. *Erbarmenswürdig* (eine Kategorie, in der sich Ethik gegen Ästhetik durchsetzt) sind diese Verfemten prinzipiell, auch wenn es der Annäherung durch Einfühlung schwer gemacht wird.

Zum Hintersinn der Hässlichkeit im Märchen

Im Märchen sind die Hässlichen meist von einem vorübergehenden Zauber befallen – und, wenn man genauer hinsieht, von anderer Art. Die immer wieder aufgegriffene Konstellation zwischen der Schönen und dem Ungeheuer («La Belle et la Bête») präsentiert das Ungeheuer oft als Mischwesen, das vermutlich das halb tierische, halb menschliche Monster des Mannes aus der Perspektive erschrockener junger Mädchen darstellt. In Jean Cocteaus Film (1946) zieren den Schauspieler Jean Marais in der Maske der Bête ein Löwenhaupt und das Renaissancekleid eines majestätischen Herrschers. Ihn treibt aber ein Begehren, das ihn überwältigt und aller Würde beraubt, das Jagdfieber, das ihn nach der Hetze rauchen und sein Kleid in Fetzen geraten lässt, eine wilde Lust, die die jungfräuliche Schöne befremdet und abstößt. Meint der wüste Anblick des Manntiers nach seiner wilden Ausschweifung die sexuelle Leidenschaft als übermächtige Triebkraft? Wie weit stellt diese rasende Hatz, die das Monster von der Schönen fortlockt, zudem ein verschlüsselndes Symbol für die inkommensurable homophile Leidenschaft des Ungeheuers dar, die seine schöne Gefangene nur bewundern, aber nicht erotisch bedrängen lässt?

Das subjektive Drama der Hässlichkeit wird in keiner moralischen Fabel intensiver beschrieben als in dem Kunstmärchen vom hässlichen Entlein oder Entenküken (1844), in dem Hans Christian Andersen die Tragödie der Andersartigkeit hinter der Tragödie der angeblichen Missgestalt verbirgt.[1] Das hässliche Entlein ist aus seiner eigenen Sicht und der seiner Entenpopulation im falschen Körper, die scheinbare Nicht-Angepasstheit des jungen Kükens wird am Ende logisch erklärt – so lange aber die wahre Zugehörigkeit des Entleins noch nicht erkannt worden ist, wird es von schierer Verzweiflung gepackt. Da hilft es nicht, dass die Mutter Ente sie lobt, weil sie glaubt, die Mutter auch dieser Kreatur zu sein – diesmal eine Mutter, die das in merklichem Ausmaß abweichende Kind nicht verstößt. Als das Entlein schließlich den Schwänen begegnet, ist es von der Schönheit dieser Wesen so verzückt und von der eigenen Hässlichkeit so tief verstört, dass es darum bittet, dass man es töte: das Entsetzen darüber, aus der Art geschlagen zu sein, kulminiert in der Idee der Selbstvernichtung. Da, dramaturgisch geschickt, kommt es zum Wechsel der Wahrnehmung: Das hässliche Entlein entdeckt, dass es selbst ein Schwan ist. Andersen suggeriert eine biologische Interpretation: «Es macht nichts, dass man auf dem Entenhof geboren ist, wenn man nur in einem Schwanenei gelegen hat.»[2] Die vererbte hohe Prägung wird irgend einmal aller Welt sichtbar. Die Allegorie dieser Geschichte lässt sich natürlich auch so verstehen, dass hier ein Aufstiegswun-

---

1   Hans Christian Andersen: *Sämtliche Märchen*. Übers. v. Thyra Dohrenburg. Darmstadt 1966.
2   Ebd., S. 300.

der geschieht, auf das die Enterbten und Entrechteten angewiesen sind, mit einem anderen Begriff ausgedrückt: ein Karrieretraum verwirklicht wird. Das hässliche Wesen galt eben nur als hässlich, verfolgt und verhöhnt, im falschen Milieu, in der armseligen Wiege des Entenhofs lag eine Prinzessin oder ein Prinz: All diese Wunschphantasien nach Verwandlung ins Strahlende, ins Triumphale, wie sie die Tagträume Heranwachsender beschäftigen, sind auch diesem Kunstmärchen eingeschrieben. Aber auch und vor allem die Angst, dass man als «hässliches Wesen» nirgendwo hingehöre, ausgestoßen bleibe – denn es ist leicht, Andersens letzte Bemerkung auch umzukehren: «Es macht sehr viel aus, wenn man auf dem Schwanenhof geboren wird und in einem Entenei gelegen hat.» Was ist, wenn sich der hässliche Schwan als Ente entpuppt? Wo bleibt die Rettung, wo bleibt der Glanz?

Thersites, der hässlichste Mann vor Troja

Der schöne Mensch des antiken Griechenland besteht in erster Linie aus idealisierten Körpern und Gesichtern. Der lebensnahe Wirklichkeitssinn der römischen Skulptur dagegen erlaubt es, von besonderen Physiognomien zu sprechen, die jünger oder älter, ebenmäßiger oder verzerrter ausfallen. In der gesamten «Ilias» fällt kein einziges Wort darüber, wie genau eigentlich die schönste aller Frauen, nämlich Helena, aussieht. Ob sie schwarzhaarig oder blond ist, ob sie blaue oder braune Augen hat, ob sie kleinwüchsig oder hoch gewachsen ist: all diese Differenzierungsmerkmale werden verschwiegen. Ihre Schönheit hat unglaubliche Effekte. Die Greise auf den Mauern von Troja sind verzückt, wenn sie ihrer ansichtig werden. Aber wessen sie genau ansichtig werden, darüber schweigt der Dichter. Fast möchte man den sicherlich allzu schnellfertigen Schluss daraus ziehen, dass die Entdeckung des Gesichts als eines Spiegels der inneren Befindlichkeit und zugleich der Lebensgeschichte einer spezifischen Person erst in späthellenistischer und römischer Zeit (jedenfalls im Bereich der europäischen Kulturen) gelungen sei. Umso überraschender ist es, dass der hässlichste Mann vor Troja, nämlich Thersites – ihm ist nur ein großer, wenngleich kurzer Auftritt gestattet –, durchaus nicht nur als hässlicher Körper, sondern in einer einzigen Bemerkung auch als Träger eines hässlichen Gesichts charakterisiert wird: er schielt. Ausführlicher allerdings gerät die Schilderung des Leibes: Thersites lahmt, seine Schultern sind höckerig, die Brust ist verengt, sein Kopf ist spitz und hat wenig Haare (*Ilias* II, 216 ff). Nur rasch zum Vergleich, wie der anonyme griechische Äsop-Roman den legendären Fabeldichter Aesop schildert: Der als Sklave geborene Aesop habe unter einem Buckel, einem Hängebauch und verschieden langen Armen gelitten (dies zum Umriss des Körpers), dann aber ergänzt die Addition hässlicher Merkmale im Gesicht

das Bild eines allseits reduzierten Leibes: Aesop sei stumpfnasig gewesen, habe
eine schmutzige Hautfarbe aufgewiesen, er habe geschielt (wie Thersites), auch
Zähne hätten ihm gefehlt. Erst die Göttin Isis habe ihm die Gabe verliehen, witzig und klug zu sprechen.[3] Entspringt Weisheit aus körperlichem Mangel, setzt
das eine das andere voraus, weil die unauslöschliche Entstellung argwöhnische
oder kontemplative Distanz zum Leben der anderen einräumt?

Zurück zu Thersites: er wagt es, vor allem den obersten Kriegsherrn Agamemnon als selbstsüchtigen Beutemacher und – weniger heftig – Achilles zu
schmähen. Er ist der aufbegehrende Knecht, er will nach Hause und plädiert
für die Heimkehr, die heroische Anstrengung der Belagerung von Troja und
die Aussicht auf Kampf und Sieg erscheinen ihm wie dem ganzen Heer nach
einiger Wartezeit als wenig verlockend. Nun leiht er der Masse seine Stimme.
Odysseus schlägt ihn mit dem Königszepter ähnlich wie zuvor die einfachen
Soldaten, so dass Thersites heult und weint. Welcher Abkunft Thersites eigentlich ist, wird nicht verraten, auch nicht, wo in sozialer Hierarchie sein Platz ist.
Dass der Krüppel sich ungehörig aufführt, ist genug: von einem so wenig hel-
denhaft gebildeten Körper können auch keine heldenhaften Parolen zu erwarten sein. Er ist der für einmal mutige Vertreter der antiheroischen Position,
der einfachen Leute, die sich beim Kriegsspiel nur mageren Gewinn erhoffen
dürfen, indes den vorzeitigen Tod fürchten müssen.

Es ist auffällig, wie sich das *Modell Thersites* bei der Gestaltung des grotesk
hässlichen Menschen in der frühen Neuzeit bis zum 20. Jahrhundert einschließlich durchsetzt. Als hätte Homer es versäumt, die Figur Thersites plastisch aus-
zuformen und seine auf das Überleben bedachte ‹Knechts-Gesinnung› zu ver-
tiefen, greift Shakespeare die Figur noch einmal auf – in seinem Drama «Troilus
und Cressida» (1609) – und erschließt, dass sich hinter Thersites ein lebenskun-
diger, erfahrungsgesättigter Narr verbirgt, dem die Hässlichkeit die Lizenz verleiht, mörderischen Kämpfen zu entgehen und als sarkastischer Kommentator
von Helden und Heldentum aufzutreten. Thersites ist ein rhetorisch begabter
Mensch, dessen Suada reich an Schimpfworten und Verwünschungen, Krank-
heitsnamen und Tiervergleichen ist, wenn er mit Scharfblick die aufgeblasenen
Kraftnaturen diskriminiert: Ajax ist eben der Dumme, Achilles der Zaudernde,
Patroklos die männliche Hure des Achill. Thersites beklagt Torheit und Unwis-
senheit der anderen, was ihm das Privileg zuschanzt, ein Weiser und Wissender
zu sein, der die Lebens-Lehre des Phaedrus konsequent und couragiert miss-
achtet: dass es für den niederen Mann, den Plebejer, gefährlich sei, frei und
öffentlich zu sprechen (Phaedrus, Liber fabularum, III, Epilogus V. 33). Ist er, der

---

3 Siehe Hans Joachim Schädlich: *Gib ihm Sprache. Leben und Tod des Dichters Äsop.* Reinbek bei
   Hamburg 2001, S. 7.

desillusionierte Widerspruchsgeist, ein Hofnarr, deswegen auch unantastbar – Achilles bezeichnet ihn einmal als «privileged man» (2, III, V. 61)? Privilegiert nicht als Adliger, sondern als virtuoser und trotziger Possenreißer, den seine dreist gespielte Unterwürfigkeit davor bewahrt, im Streit der Männer ‹satisfaktionsfähig› zu sein.

Thersites ist vielleicht darin Zyniker, dass er die Illusion, den frommen Glauben der anderen, es handele sich um eine weltbewegende Sache, Troja zu belagern und den Feinden mit Lanze und Schwert entgegen zu laufen, als erbärmliche Farce abtut. «All the argument is a whore and a cuckold» – bei dem Streit geht es um eine Hure und einen Hahnrei, gemeint sind Helena und Menelaus. Also: «A good quaddle to (...) bleed to death upon» (II, 3) – ein geeigneter Zwist, um seinetwegen zu Tode zu bluten. Natürlich ist eine solche Stimme, die sich von erhabenen Kriegsgründen und erhabenen Rechtfertigungsphrasen nicht blenden lässt, ungewöhnlich und verblüffend in der Tragödie, wie überhaupt Thersites in Shakespeares Drama das Maximum an skeptischer Kritik oder kritischer Skepsis darstellt, die der «valiant ignorance» (III, 3, V. 516), der tapferen Dummheit der Helden, als überlegene Haltung entgegengestellt wird. Fast in der Tradition der Komödie, die am betrogenen Ehemann selten einen guten Zug lässt, vielmehr mit methodischer Häme den armen Wicht verspottet, meint auch Thersites hier, gleichsam ein Sprecher der ‹umwertenden› Satire, die hinter dem aufgedonnerten Pathos der anderen nur das Lächerliche erkennen kann: Er möchte nicht an der Stelle des Menelaos sein: «I would conspire against destiny» (V, 1)

Als Agent der Komödie und der Satire darf sich Thersites absichtsvoll klein machen: Er gehört nicht zu den Popanzen und will daher nicht nach den Regeln dieser mordlüsternen aufgeblasenen Gesellen handeln oder behandelt werden. Er, dem Zunftwesen und der Normenwelt des Militärischen abhold, folgt in der Tat einer gegensätzlichen Werteskala, in der es darauf ankommt zu überleben – notfalls wie ein Schelm, ein Picaro. Thersites führt Klage und Anklage über und gegen gestähltes Mannestum und die einfältigen Lügen, die heroische Lebensverachtung seiner Auffassung nach braucht. Mit flexiblem Spott und ironischer Selbsterniedrigung entgeht er den Herausforderungen der Gepanzerten, den Aufforderungen zum Zweikampf. Vor Hektor, dem Trojaner, macht er sich in charakteristischer Weise klein: «I am a rascal (...) a very filthy rogue» (V, 4) In der Übersetzung von Wolf Graf Baudissin: «Ich bin ein Schuft, ein schäbiger, schmähsüchtiger Bube, ein recht armseliger Lump.» Und kommt als unwürdiger Gegner mit dem Leben davon. Als der Anti-Held ein zweites Mal herausgefordert wird und einem kampflustigen Knecht gegenübersteht, versucht er dem zu erläutern, dass er selbst wie sein möglicher Gegner ein «Bastard» sei (V, 8): «In everything illegitimate» – in allen Dingen illegitim. Eine Krähe, so fährt

Thersites fort, hacke der anderen die Augen nicht aus: «Der Kampf wäre für uns gegen alle Religion, wenn der Sohn einer Hure für eine Hure ficht, so ist kein Menschenverstand drin.»

In dem verwirrenden Drama Shakespeares, das einerseits zur blutigen Tragödie tendiert, andererseits zur farcenhaften, aggressiven Komödie, vor allem dank Thersites, ist dieser merkwürdige Clown kein Melancholiker (wie Jacques und andere – die Narren in *Wie es Euch gefällt* oder *Was Ihr wollt*). Thersites will sich nicht belügen und nicht imponieren lassen, das vor allem nicht, er, der eine Spottfigur für andere werden könnte, streut Spott aus über die Gradgewachsenen, die in ihrer Dünkelhaftigkeit, ihrem wahnhaften Heldensinn zum Schwert greifen, um sich und den anderen zu beweisen, dass sie rühmenswert seien, und über das eitle Schaugepränge von Pomp, Pathos und Menschenopfer. Er verrät keine Knechtsgesinnung, die Identifikation mit den Kommandos der Herrschaft verlangt, der es vor Ehrfurcht oder Unterwürfigkeit die Sprache verschlüge. Er ist ein scharfsichtiger Analytiker, vehement, unbestechlich, einer, der gleichsam aus dem Publikum über die Rampe in das Geschehen hineingeht, ein aufrechter Geist in einem krummen Körper.

Noch in einem kaum bekannten Stück des jungen Stefan Zweig, *Tersites* (1903–1906) gilt die Figur als boshaft (sie ist es nicht), weil sie hässlich sei und daher zwangsläufig Abstand zu den anderen einhalten müsse. Diese Distanz erlaubt ihm, die Widersprüche oder gar den Unsinn des Heldenlebens zu durchschauen. Da aber bei Stefan Zweig, anders als bei Shakespeare, Tersites an dieses falsch schimmernde Mannestum fixiert ist, hat Schmerz seine Seele ergriffen: vor allem der Schmerz, nicht dazu zu gehören und nicht geachtet zu werden, und Unglück sein Gemüt verfeinert. Tersites ist nicht nur ein feinfühlendes Wesen bei Stefan Zweig, mehr noch, er ist der vergeblich Liebende, ein anderer Tonio Kröger, der die Blonden und Blauäugigen aus der Ferne verehrt. Er muss ausdrücklich erklären, wie der Jude Shylock in Shakespeares *Kaufmann von Venedig*, dass auch er ein Teil der Menschheit sei:

> Nur weil ich hässlich bin, darf ich nicht fühlen
> Wie andere, darf nicht reden? (I, 2)

Er, der nicht an den Kämpfen teilnehmen kann, körperlich und seelisch nicht präpariert für stumpfen Streit, erkennt sehr wohl, dass die heroische Auffassung des Lebens das rasche Ende dieses Lebens in Kauf nimmt:

> So geht doch hin, zur Schlacht! Stoßt aus den Hälsen
> mit Lanzen euch den letzten Schrei, zerstampft
> mit Wagen eure schönen, weißen Glieder.

Hetzt euch ins Meer, fault einsam auf dem Feld
Ich will dann stehen und lachen (…) (ebd.)

Das Lachen ist ein guter Vorsatz, aber nur Shakespeares Thersites ist dazu im Stande – Stefan Zweigs Tersites ist eher dazu geneigt, zu leiden, wo andere zu leiden verweigern. Seine unverkennbar erotische Sicht auf die Heldenkörper steigert das Bedauern darüber, dass sie sich ihre schönen weißen Glieder «in der Schlacht zerstampfen» lassen. Körper, zur Lust geschaffen, zur sinnlichen Anbetung, werden durch den Krieg vernichtet, durch den Zwang zu heroischer Aufopferung missbraucht. Tersites liebt ausgerechnet das antithetische Gegenüber: den Überhelden Achilles. Er ist ein enttäuschter Schwärmer, dessen homoerotische Sehnsucht unverkennbar ist. Zusammengesperrt mit einer Frau benimmt er sich zaghaft, ratlos und unerfahren. Als seine Leidenschaft für Achilles nicht erwidert wird, will Tersites auch nicht mehr leben. Achill erschlägt ihn wie nebenbei, den schwachen Buhler um die Gunst der Kraftnatur. Der Protagonist Stefan Zweigs entbehrt völlig der Radikalität des unkorrumpierbaren und unversöhnlichen Spötters Thersites bei Shakespeare. Welche Spannweite zwischen einem Unbestechlichen, der zornerfüllt die Täuschungen entlarvt, die die heroische Welt verblenden, und einem empfindsamen Sonderling, der unter Schmerzen sein Anders-Sein hinnehmen muss, das ihn daran hindert, in das Spiel von Liebe und Tod formend einzugreifen. Die bittere Romanze von Zweigs Theaterstück wiederholt im Bild des Gegensatzes von Prachtathletik und Hässlichkeit ein Thema, das im Fin-de-siècle verbreitet ist: die Polarität zwischen ‹vitalistischer› Lebensenergie und empfindlicher Lebensfurcht, zwischen naivem Kampfgeist und Rückzug in kultivierte Innerlichkeit.

Empfindsame Unholde der Romantik

Dass die äußere Missgestalt, das grob Verschnitzte des Gesichts und des Körpers, nicht den Schluss erlaube, es sehe in der Seele dieses Menschen ähnlich grob und ungefüge aus, offenbart Platons Dialog *Symposion* als Paradox, das lebenskluge Menschenkenntnis offenbart. Denn dort stellt Alkibiades fest, der verehrte, doch wenig wohlgeformte Sokrates gleiche nur äußerlich einem «gemeißelten Silen», innerlich werde er jedoch von «großer Besonnenheit» (*Symposion*, 216d) bestimmt, er sei ein Philosoph. Die europäische Romantik hat in mancherlei Figuren den komplexen Charakter des zu Unrecht verfemten grotesk hässlichen Menschen entfaltet – und dabei der idealistischen Meinung des Alkibiades, dass Leib und Seele nichts miteinander zu tun hätten, mit Vorsicht widersprochen, im Licht der Erfahrung, dass Schicksalsschläge und gesellschaftliche Ächtung selbst den frommsten Mann verwandeln können.

Da der Hässliche und Verwachsene wegen seiner zunächst abweichenden, sogar abstoßenden Gestalt Bestürzung, auch Abwehrbewegungen auslöst, muss sich ihm dies auf die Dauer einprägen: Ein Leben lang daran gewöhnt, dass man den anderen als furchtbar oder furchterregend erscheint, kann man am Ende vielleicht nicht darauf verzichten, sich dem Bild anzugleichen, dass sich die anderen von einem machen. Es ist wahrscheinlich nicht falsch, von einer Verhärtung der Hässlichen zu sprechen, weil sie aufgrund ihrer Erlebnisse nicht mit prompter Sympathie oder einfühlsamer Neugier derer rechnen dürfen, die ihnen begegnen. Desungeachtet aber kann sich *unter dieser verhärteten Schutz-Schicht feine Sensibilität* entwickeln, zumindest als Reaktion auf die Leidenschronik der betreffenden Personen. Sie nehmen nicht nur wahr, dass man ihnen zunächst fassungslos gegenüber steht, das Zurückgestoßensein entwickelt sich zur nie mehr schließenden Wunde, zum Trauma, weil sie sich nicht in den Reigen der Menschen einschließen dürfen. Ihre Liebe, warum sollten sie dazu nicht im Stande sein, wird in den meisten Fällen unerwidert bleiben, sich dann verbiegen, vergiften und wie bei Stefan Zweigs Tersites in den Wunsch nach Selbstzerstörung münden, damit der Tod endlich ihr unseliges Dasein beende.

Vier dieser romantischen Unholde sollen als Exempel kurz beleuchtet werden: In der Verkehrung der chronologischen Abfolge widme ich mich zuerst dem *Glöckner von Notre Dame*. Die Beschreibung, die Victor Hugo in seinem Roman *Notre-Dame de Paris. 1482* (1832) von der Figur liefert, entspricht weitgehend dem Stereotyp des antiken Thersites, jedenfalls im Blick auf die körperliche Konstitution. Um das Gesicht zu verdeutlichen, ist Hugo auf sich selbst gestellt. Da wäre die vierkantige Nase, der hufeisenförmige Mund, das rechte Auge von einer Riesenwarze überdeckt, krumme Zähne mit Lücken, wobei einer dieser Zähne ein herausragender Hauer ist. Schwielige Lippen und ein gespaltenes Kinn kommen hinzu, so dass der Ausdruck dieses Antlitzes zwischen Bosheit, Staunen und Trauer changiert. Auf dem dicken Schädel wachsen fuchsrote Haare. Bemerkenswert ist für die moderne Konzeption des grotesk hässlichen Menschen, dass Hugo mit der ausführlichen Kennzeichnung des Gesichts beginnt und dann erst den mächtigen Buckel erwähnt, der den Vorderkörper eindrückt. Die missgestalteten Schenkel und Beine, die wie zwei Sicheln erscheinen, breite Füße und gewaltige Hände vervollständigen das Horror-Gemälde. Stumm ist das Ungeheuer auch noch. Immerhin billigt ihm der Erzähler Kraft, Wendigkeit und Mut zu. Quasimodo ist ein treffender Ausdruck für dieses Irgendwie-Wesen, dessen Merkmale (zum Beispiel die Zähne oder das fuchsrote Haar) den Überlieferungen des Volks-Aberglaubens entnommen zu sein scheinen, der an solchen Eigenheiten das Abseitige und Bedrohliche derart gebrandmarkter Figuren erkennen will. Man kann sich des Eindrucks nicht enthalten, dass Hugo mit einer gewissen Lust alles zusammensucht, was dem naiven Gemüt als nicht nur hässliches, sondern verdächtiges Symptom gilt. Dagegen ist E.T.A. Hofmanns Sandmann – in der gleichnamigen Erzählung (1817) –, der Advokat Coppelius mit seinen großen klobigen Händen, geradezu ein flüchtiges Schemen. Quasimodo wird von seinem Erzähler so exakt beschrieben, als gelte es, das für Polizeizwecke geeignete Konterfei eines zur Verfolgung frei gegebenen Monsters bis ins Detail zu konstruieren. Beinahe lässt sich von einer konturenscharfen Fotografie sprechen.

Quasimodo ist nach Hugos Willen im Kern unschuldig, im Handeln frei von Winkelzügen. Der Glöckner verehrt ausgerechnet die Schönste aller Frauen, die Zigeunerin Esmeralda, die wie er selbst im sozialen Gefüge ganz unten steht. Für eine Weile wird er sogar ihr Retter. Auch der Hässliche kann ein wahnsinnig Liebender sein: in seiner Leidenschaft vielleicht stärker und kompromissloser als die normalen Menschen. Sein Konkurrent um die Schöne verbirgt sein Begehren unter einem schwarzen Kleid. Der vorgeblich Fromme ist erfüllt von finsterer Tücke. Und kein Buckel verunziert ihn. Sollte der grotesk Hässliche eher ein Ebenbild Gottes sein als der Hoch- und Geradgewachsene, der moralisch verderbt ist? Hugo plädiert für eine neue Sicht auf die Verunstalteten. Quasimodo, der einzige selbstlos Liebende – das wird ihm vom Autor freimütig zugestanden –, der kaum auf ähnlich rückhaltlose und zärtliche Gegenliebe hoffen kann noch darauf, dass die Umwelt seine Sehnsucht ohne Spott akzeptiert, er darf am Grab der Angebeteten seinem Leib und Leben entsagen.

Vergleichbare Lust, eine entstellte und verstörende Physiognomie zu schildern, beweist Mary Wollstonecraft Shelley, die 21-jährige Autorin des 1818 veröffentlichten Romans *Frankenstein – or the modern Prometheus*. Zu Beginn des fünften Kapitels wird die Spottgeburt, die der Arzt Frankenstein aus Leichenteilen in seinem Labor herstellt – das Labor als Geburtshöhle der Moderne und des künstlichen Menschen kehrt in horrorphantastischen Erzählungen immer wieder –, als gesteigerte Version eines bloßen Maschinenmenschen sichtbar. Mary Shelley würdigt das prometheische Objekt vor allem als misslungene Kopf-Schöpfung: denn der moderne Prometheus, der ein zweites Menschengeschlecht zu schaffen begehrt, hat zwar den Kanon einer akademisch klassizistischen Schönheit vor Augen gehabt, als er an seinem Laborwesen herummodellierte, aber leider ist vieles verrutscht, die dünne gelbliche Haut über Muskeln und Adern kann wohl kaum einen zärtlichen Tastsinn provozieren. Das schwarze Haupthaar und die weiß schimmernden Zähne, die wie Perlen aneinander gereiht sind, scheinen wohl gelungen, doch stimmt alles nicht zusammen. Es gibt einen schaurigen Kontrast dieser Merkmale zu den wässrigen Augen, den schmutzig weißen Augenhöhlen, zu dem im ganzen runzligen Antlitz und den schwarzen ungeformten Lippen: So ist einem durchaus mächtigen Körper ein totenhaftes Antlitz hinzugefügt worden. Kein Wunder, dass sich die nach allerlei elektrischen Impulsen – Frankenstein, der avancierte Naturwissenschaftler, kann auf Himmelsmacht, Licht und Blitz von oben, nicht ganz verzichten – zum Leben erwachte Kunstfigur schon vom ersten Anschein her von anderen Menschen aufs grässlichste unterscheidet: als gleichsam Toter unter Lebenden. Indes, unter dieser grässlichen Maske ist ein empfindsamer Mensch verborgen, der als Mensch zu Menschen will. Die heftige Ablehnung, die er von denen erfährt, die ihm begegnen, lässt ihn zu einem Weltflüchtling und Menschenfeind werden. Er, der Lesende, der die ganzen Dimensionen einer Erziehung zu feinerem Gefühl, einer «education sentimentale», und zu sensiblem Gerechtigkeitsempfinden theoretisch durchläuft, sieht sich schrecklich verlassen und allein gelassen, der Geächtete ringt um Beachtung – und seinen begreiflichen Wunsch, dass ein weibliches Ebenbild geschaffen werde, damit sich ihm wie Adam eine Eva zur Seite geselle, will der selbst entsetzte Dr. Frankenstein nicht erfüllen, weil er dieses neue Geschlecht fürchtet, sollten die Ungeheuer Kinder auf die Welt setzen. So wird aus dem ratlosen und zartfühlenden Schmerzensmann ein Mörder, der sich an seinem Erfinder oder Entdecker rächt, indem er Personen umbringt, die Frankenstein teuer sind. Jemand, der zum Kulturwesen bestimmt war, verwandelt sich zum Naturwesen, damit wird gleichsam die Genealogie des Menschengeschlechts umgedreht. Im unwirtlichen Eis der Alpen, im Eis der Arktis ist das namenlose Monster schließlich zuhause, ohne dass sein wütendes Herz zu einem kalten Herz erfrieren würde. So bleibt nur der Weg zur Selbstvernichtung, um dem Drama der unerfüllten Sehnsucht nach menschlichem Zuspruch ein Ende zu bereiten.

Mary Shelley und Victor Hugo plädieren, neben all den anderen Absichten, die sie ausdrücklich oder unausdrücklich in ihren Romanen verfolgen, für ein erweitertes Menschenbild, für eine größere Toleranz dem von der Normenkontrolle der Gesellschaft kaum geduldeten Einzelgänger-Phänomen gegenüber. So widerwärtig und schaurig auch der erste Eindruck der Missgestalten sein mag, ein tragischer Makel, der ihnen Absonderung und Besonderheit verschafft – es verbirgt sich ein Seelenfünklein in beiden, das nicht erlöschen will. Helfen die Autoren einem vertrackten Gottesplan, Mitleid selbst bei diesen Wesen zu erproben? Die Menge wird es verweigern, denn man unterstellt ihr per definitionem Mangel an Einfühlung oder deren Verweigerung aus Furcht, die Leser sollten dazu imstande sein – *im grotesk hässlichen Ausgestoßenen das extreme Sinnbild des von der Welt nicht begriffenen Einsamen zu erkennen.* Beide Autoren erleichtern die Kritik an starrer, doktrinärer Ordnung, die das Monströse als von höchster Instanz verworfen und daher als schädlich auffasst. Dennoch machen sie es einem nicht leicht, sich auf die Seite der ‹Guten› zu schlagen, die dem Ungeheuer ‹offen und herzlich› begegnen. Sie verhehlen nicht, dass es sehr schwer fällt, dem Schock der exzentrischen Anomalie stand zu halten. Außenseitertum ist in Frankensteins Monster und Quasimodo auf so radikale Weise profiliert worden, dass die Anwesenheit der beiden hoch ambivalent wirkt: abstoßend, dass man fliehen möchte, und dennoch anziehend, weil sich hinter der unbezweifelt grässlichen Fassade eben ein Mensch, auch ein Mensch, verbirgt.

Der dritte Fall eines Unholds mit romantischer Aura entspringt nicht der Literatur: Der so genannte Elefantenmensch lebte in der zweiten Hälfte des 19. Jahrhunderts, historisch verbürgt. Ein Junge aus Leicester in England, John Merrick, entwickelte eine riesige Ausbeulung des Kopfes, Geschwüre am Rücken, das Gesicht war einseitig verzogen, ein Arm hing gelähmt herab, sodass er sich vor der Welt hinter einem ihn ganz umhüllenden Mantel versteckte, der nur für die Augen einen Schlitz freihielt. Merrick wurde als junger Mann zu einem spektakulären Phänomen, von der Oberklasse der Londoner Gesellschaft neugierig besichtigt. Er starb bald, als separater Patient umsorgt, im London Hospital.

Nach dem Bericht seines behandelnden Arztes drehte der Regisseur David Lynch seinen Film DER ELEFANTENMENSCH (THE ELEPHANT MAN, 1980), in dem er Merrick (John Hurt) zunächst in einem Kuriositäten-Varieté auf dem Jahrmarkt zur Schau stellen lässt, an der Seite von anderen Verunstalteten. Der Held ist scheinbar stumm, ein debiles Objekt des Impresarios (Freddie Jones), der mit der Exposition der Gebrechen benachteiligter Menschen vor allem Geld einsacken will. Ein Mediziner, der historische Dr. Treves (Anthony Hopkins), befreit den Elefantenmenschen aus dieser Haft und beginnt mit ihm, dem Findling, zu sprechen. Er entdeckt, dass sich in dem ungeheuerlichen Leib und Kopf eine wahrhaft schöne Seele verbirgt: Merrick ist nicht zur Gegenwehr fähig gegen brüllende und polternde Ausbeuter seines Anblicks, er ist auch zu Zorn und Rachegelüsten nicht imstande. Durch seine rasch erlernten guten Manieren, seine glaubwürdige Höflichkeit in delikat nuancierender Sprache und seine überwältigende Sanftheit gewinnt er fast alle Menschen für sich, die diese Eigenschaften zu schätzen wissen – nach Lynch also Mitglieder der gebildeten und kultivierten Schichten. Merrick bleibt kein klobiger Wicht wie einst Kaspar Hauser trotz aller Verfeinerungs-Maßnahmen, er offenbart sich als artiger junger Mann, der die Kleider eines jungen Gentleman mit Eleganz trägt. So wagt er es auch, vor diesen, ihm wohlwollenden Menschen ohne schützendes Kopftuch umherzugehen (also auch vor dem Publikum im Kinosaal, als es sich an ihn gewöhnt hat). Merrick ragt wie ein Wunder aus der eigenen Klasse hervor (fast ein Schwan, der in einem Entenhof geboren wurde). Lynch zeigt wenig Sympathie für die grobe Klientel aus der Gasse und dem Pub, die den zarten Feingeist nur angaffen oder ausbeuten. Der Impresario sperrt ihn einmal in den Affenkäfig, als gehöre er dorthin. Nachdem Merrick sich geliebt fühlt, vornehmlich vom Arzt und dessen Frau, stirbt er, der unendlich Sanfte, freiwillig und still.

Lynch löst einen frommen Wunsch ein, er versöhnt das Monster mit seiner Umwelt – schon dadurch, dass der sprechende Merrick, ungeachtet seines verwachsenen Kopfes und Körpers, inneren Anstand und Würde beweist, die nicht durch Geburt oder frühkindliche Prägung erworben werden konnten, sondern offenbar nur durch das Verständnis des Arztes hervorgelockt wurden. So spiegelt die Persönlichkeit des Patienten die seines Entdeckers, des noblen Doktors. Ist eine so späte und erfolgreiche Entriegelung einer von Anfang an friedsamen Gesittung denkbar? Oder ist Dr. Treves der glücklichere Dr. Frankenstein bei der Belebung der Materie? Bleiben da keine seelischen Schäden übrig aus den Jahren der erbärmlichen Denütigung? Lynch ist fest dazu entschlossen, das ‹Ungeheuer› zu rehabilitieren und ihn als von Natur aus aristokratischen, edelmütigen Engel zu verteidigen. Gesellschaftskritisch betrachtet, setzt sich Lynch mit der Verachtung der rüpelhaften Plebs aufs hohe Ross und seinen Elefantenmenschen dazu. Eine metaphysische Komponente spielt in seine Figurenerfindung hinein: John Merrick ist für ihn ein *Auserwählter unter den Menschen*.

Ein spät geborener Verwandter dieser Gruppe ist das von Gaston Leroux erfundene Phantom der Oper (*Le fantôme de l'opéra*, 1910). In den Verliesen der Pariser Oper lebt Erik, der wegen der physischen Deformation des Gesichts (wie bei Frankensteins Monster, sicherlich ein Vorbild, erinnert es an einen Toten im fortgeschrittenen Verfallsstadium) gesellschaftliche Ächtung erfahren musste, weshalb er sich vor dem Angesicht der Welt, zumal der Tageswelt, verbarg. Eine besondere Qualität dieses Phantoms: er ist ein musikalisch unglaublich begabter Mensch, der den Spielplan der Oper und die Auswahl der Sänger mitbestimmt. Die augenscheinlich vorausgesetzte Einsamkeit einer Künstlerexistenz im bürgerlichen Umfeld ist zur Isolation in den Verliesen unter dem öffentlichen Theatergebäude verschärft worden. Sicherlich dient das Phantom als Gleichnisfigur für den Typus des unverstandenen Künstlers – oder des Künstlers, der sich höhere Anerkennung als die des Publikums dadurch verspricht, dass er sich selber zum Genie adelt, da ihn seine Begabung über die anderen erhebe. Erik sieht sich als tragisch Auserwählten (anders als der Menschenfreund John Merrick).

Auch in diesem Fall übersetzt der Film die literarische Imagination ins Konkrete. Eine der frühesten Versionen des PHANTOMS DER OPER (Regie: Rupert Julian, in der Hauptrolle: Lon Chaney, 1925) zeigt das Phantom anfangs mit einer Maske, auf der große Augen starr aufgemalt sind, damit es bei zufälligen Begegnungen keinen allzu vehementen Abwehrekel auslöse. Dieser Einsame ist auch darin Teil der Menschheit, dass er liebt – ausgerechnet die junge und wunderschöne Sängerin Christine. Sie allein nimmt er zu sich in sein dunkles Reich und kann doch nicht verhindern, dass sie vor der Realität seines hässlichen Gesichts, bei dem die Zähne ohne Lippen zu sehen sind, ähnlich wie bei Frankensteins

Monster, entsetzt zurückweicht. Die physische Deformation Eriks vertieft sich zur psychischen Deformation. Der Mann mit dem hässlichen Gesicht mutiert allmählich zum hässlichen Charakter. Der zurückgewiesene, missachtete, verachtete Erik gewinnt die Härte, hochmütige Ignoranten und lästige Eindringlinge in seine Sphäre zu bestrafen, bisweilen zu töten. Im Film exekutiert ihn am Ende der Mob auf den nächtlichen Straßen von Paris: eine Lynchhorde in Wut und Panik. Ähnlich besessen, treibt auch die aufgebrachte Dorfbevölkerung Frankensteins Monster in die Flammen der brennenden Mühle – in James Whales Standards setzendem Film Frankenstein – The Man Who Made a Monster (1931) mit Boris Karloff in der Rolle des künstlichen Menschen.

Die grotesk hässlichen Ungeheuer, die Menschen nur ungefähr gleichen, werden ‹schuldig›, weil sie durch ihr bloßes Dasein gegen das Prinzip der Gleichheit verstoßen, und vernichtet durch die Urteils- und Vollzugsinstanz einer affektgesteuerten Menschenmenge, die auf's «totschlagen» aus ist, weil sie aus Angst handelt – aus der archaischen Angst vor denen , die «anders sind», und vor dem Gefahr drohenden «Anders-Sein» schlechthin.

Das Doppel-Ich

Angesichts der empfindsamen Unholde aus dem Dunstkreis der europäischen Romantik: Frankensteins Monster, Quasimodo, Elefantenmensch, Erik, bedeutet es fast einen Rückfall, dass Oscar Wilde in seiner Erzählung vom *Bildnis des Dorian Gray* (*The Picture of Dorian Gray*, 1890) den Verfall des Dandys, den Skandal des Alterns und des amoralischen Lebenswandels durch die wachsende Verunstaltung des porträtähnlichen Figurgemäldes sichtbar macht, das Dorian Gray auf dem Dachboden hängen hat. Diese Hässlichkeit, wiederum eine primär physiognomisch erfasste Abweichung vom klassizistischen Schönheitsideal, ist hier auch Ausdruck einer hässlichen Seele. Wenn die Wangen hohl und schlaff werden, gelbe Krähenfüße die trüben Augen umgeben, das Haar seinen Glanz verliert, der Mund aufklafft, der Hals verschrumpelt und der Leib gekrümmt ist, die Hände auch von blauen Adern durchzogen sind: so sind diese körperlichen Verfallserscheinungen auf dem Gemälde Ergebnis eines moralischen Abstiegs. Der herausfordernde Widerspruch zwischen dem äußeren Phänotyp und dem inneren Wesen der hässlichen Menschen bei Mary Shelley, Victor Hugo, David Lynch oder Gaston Leroux verschwindet zugunsten eines *simplen Parallelismus zwischen Leib und Seele*.

Raffinierter verfährt da der Zeitgenosse Robert Louis Stevenson – etwa in seiner nicht weniger berühmten Erzählung von *Dr. Jekyll und Mr. Hyde* (*The Strange Case of Dr. Jekyll and Mr. Hyde*, 1886). Aus nicht nur erotischer Not verwandelt sich der noble Upper-class-Arzt Dr. Jekyll in den aggressiven und am Ende auch mörderischen Mr. Hyde. Es ist ein Doppel-Ich, das Stevenson in seiner Erzählung mit lapidarer Prägnanz entfaltet: auf der einen Seite der angepasste gesellschaftskonforme Mensch, der aber in seinem Konformismus an Grenzen stößt und den Eigenwillen seines Triebs nicht mehr beherrschen kann, so dass er auf der anderen Seite ein gleichsam proletarisches Ungeheuer zur Welt bringt, dass all das Begehren und die Gewaltphantasien austoben darf, die bei Dr. Jekyll sublimiert und verdrängt werden. Leib und die von vornherein gespaltene Seele treten auseinander in zwei Körper von höchst unterschiedlichem Naturell. Die Erzählung von Jekyll and Hyde – eine ‹master narrative› der Moderne – knüpft an das romantische Sujet des zerrissenen Menschen an, legt es aber anders aus: Der Mensch kann die großen einander widerstrebenden Tendenzen in sich: die Unterwerfung unter gesellschaftliche Dressur und Korrektur und die Rebellion des Lebensdranges gegen solche Bevormundung, nicht mehr friedlich ausgleichen.

Den unlösbaren Konflikt zwischen den auseinander strebenden Kräften im ‹zivilisierten› Menschen beschreibt Sigmund Freud später, 1930, unter dem bezeichnenden Titel *Das Unbehagen in der Kultur*. Stevenson schildert Mr. Hydes Hässlichkeit nicht so ausführlich, doch der Umstand, dass das böse alter ego des Arztes an Größe zunimmt, verrät: Das ursprüngliche Machtgefälle zwischen Jekyll und Hyde verändert sich zugunsten von Hyde, so dass Jekyll nur durch seinen Tod auch Hydes Treiben ein Ende setzen kann.

Bemerkenswert ist, dass Wilde oder Stevenson eine Art Entwicklung im Sinn haben, während Quasimodo oder Frankensteins Monster, der Elefantenmensch oder das Phantom der Oper gewissermaßen seit ihrer Geburt oder in einer nebelhaften Frühzeit geprägt worden sind. Sie treten als «fertige Ungeheuer» auf, während sowohl Mr. Hyde, als auch das Abbild des Dorian Gray sich zusehends ins Monströse verwandeln. Dieser *unumkehrbare Prozess der Entmenschlichung* beunruhigt, als läge es in der natürlichen Ordnung der Dinge begründet, dass das Unterdrückte, Verleugnete, die gegen alle Widerstände trotzig um sich greifende *Triebdynamik am Ende triumphieren* werden. Dass das *Gesicht des Triebes als hässlich* und abstoßend gilt, ist sicherlich auf den immer noch wirksamen Einfluss der puritanischen Ethik zurück zu führen, die bei beiden Autoren durchsickert. Der Gegensatz zum rabiat argumentierenden Friedrich Nietzsche, der die ekstatische Lust am Leben ohne Wenn und Aber einfordert, liegt auf der Hand. Aber Nietzsches rasendes Plädoyer für einen Vitalismus ohne Grenzen trägt auch Züge einer wahnsinnigen Übertreibung, während die Erzähler in ihren eigentümlich allegorischen Fabeln, die vor der Destruktivität des freigelassenen Triebes warnen, sich den frei umhertanzenden Derwisch, der alle gesellschaftlichen Fesseln abgeworfen hat, nicht vorstellen wollen. «Hässlich» ist der annähernde Ausdruck, das *visuelle Zeichen für das Verstörende*, das der Triebrevolte anhaftet. Der Erzähler überlässt es weitgehend der Imagination des Lesers, wie diese Hässlichkeit im Einzelnen beschaffen ist, Wilde ist da, wie erwähnt, deutlicher als Stevenson, weil er den unbarmherzigen Alterungsprozess betont – den der Dandy Dorian Gray am meisten fürchtet. Der Film hat sich dieser Krise der Selbstbestimmung von früh an zugewandt, zumal diese Krise mit dem Aufgebot eines spektakulären neuen Schreckens-Kabinetts verbunden ist, und kann dank seiner Abbildungs-fähigkeit (Maske und Körperspiel, Licht und Schatten) deutlich selbst im Detail sein. Die Möglichkeit der Gestaltung, die der visuellen Kunstform gegeben ist, erlaubt, die Phänomenologie des grotesk Hässlichen im 20. Jahrhundert gerade an Beispielen aus der Kinogeschichte zu studieren.

Ich greife ein Exempel heraus: die Filmversion von *Dr. Jekyll und Mr. Hyde* (1931), die der amerikanische Regisseur russisch-armenischer Abstammung: Rouben Mamoulian, konzipiert hat. Mamoulian hat als Hauptfigur für die Doppelperson Jekyll und Hyde einen eleganten Gentlemen-Darsteller: Fredric March, gewählt. Nachdem Dr. Jekyll in seinem Labor nach vielen Anstalten die verhängnisvolle Tinktur zu sich nimmt, die ihn nach einem Wirbel und Schwindel der Bilder in Mr. Hyde verwandeln soll, erblickt er im Spiegel einen jüngeren ‹wilden› Mann, der auf eine Vorstufe der Menschheitsentwicklung zurück gefallen ist: Mr. Hyde hat das dichte Haar eines Menschenaffen, eine stark hervortretende Stirn über unstet umherflackernden Augen, der große Mund ist mit ungefügen Zähnen besetzt, die Haut verdunkelt und mit Haa-ren überzogen. Dieses Wesen bewegt sich leichtfüßig und springlebendig, von seiner neuen Körpersinnlichkeit offensichtlich beglückt, und ruft, dass es nun endlich «frei» sei: Der Rückfall in barbarische Bedenkenlosigkeit verspricht eine mit Dank aufgenommene Entlastung von den Sublimierungszwängen der Kultur. Freiheit wird hier nicht als Element einer gesamtgesellschaftlichen Verfassung begriffen, die dem einzelnen zugute kommt, sondern als Wegfall der Ketten, der Hemmungen, die Moral und Gewissen jedem auferlegen, Frei-heit als Lizenz, der eigenen Gier nachzugeben, und schließlich als Lizenz zum Töten. Mr. Hyde, der sich allmählich aus Dr. Jekyll heraus verwandelt, wann immer es ihm gefällt, stellt ein Gleichnis dafür da, *dass das ‹Rohe› im Menschen, einmal geweckt, kaum mehr beruhigt und begraben* werden kann. Der physio-gnomische Gegensatz zwischen dem klassizistisch fein geschnittenen Gesicht des Dr. Jekyll und der im Vergleich dazu fratzenhaften (aber auch ein wenig komischen) Maske des vulgären Mr. Hyde bezeugt das Dilemma, das nicht lösbar zu sein scheint: Jekyll müsste seinen «Elan vital» verabschieden, auf erotische Befriedigung verzichten, um weiter ein Mitglied seiner Gesellschaft bleiben zu dürfen, und Hyde wiederum lässt sich nicht an der Leine dirigie-ren wie ein Nachtgespenst, das die sonst kasernierten Lüste austoben darf, um dann wie ein braver Knecht wieder in das Haus seines Herrn zurück zu kehren. Der hässliche Hyde wird immer selbständiger, gewalttätiger, mächtiger. Im Film bezeichnet dieses unerwünschte Wachstum nur die zunehmende sexuelle Not von Dr. Jekyll, die Hyde kompensiert, in dem er sich des armen Mädchens Ivy annimmt, sie verführt, sie drangsaliert und am Ende bestialisch erwürgt. Bei Hyde vermischen sich aggressive Impulse (die beim puritanischen Stevenson überwiegen) und sexuelle Begierde (die der ‹modernere› Film herausstreicht). Die tiefenanalytische Entdeckung des unheilbar gespaltenen Ich in Stevensons Erzählung und nachträglich Mamoulians Film taugt zur pessimistischen Voraussage ähnlicher Zerreißproben im Großen. Unaufhaltsam scheint das ‹ausgebürgerte› Begehren auf die Katastrophe zuzutreiben: Wenn einmal das Wilde im Zivilisierten ausbreche, sei es nicht mehr einzuhalten, sondern werde in seinem zerstörerischen Lauf die Oberhand über jede kulturell geforderte Trieb-Kontrolle erringen. Ein Hinweis: Zwei Jahre nach der Uraufführung des hier vorgestellten Films, der die Handlung übrigens ins viktorianische Zeitalter zurück verlegt, ergreifen die Nazis die Macht in Deutschland. Der scharfsinnige und scharfsichtige Publizist Sebastian Haffner wählt im englischen Exil für sein Buch über Deutschland und den Ausbruch des Unvorstellbaren, das mitten im 20. Jahrhundert in einer so aus dem Gleichgewicht gebrachten Gesellschaft wie der deutschen kriminelle Gewalt ausübt, einen Titel, der Deutschland – nicht weiter verwunderlich – als einen weiteren Fall von Jekyll und Hyde erklären will (*Germany. Jekyll and Hyde*, 1940).

Die *Zeitgeist-Symbolik des phantastisch hässlichen Ungeheuers* wird im Dracula-Stoff wieder gedämpft. Bram Stoker hat, als er 1897 seinen Roman über Dracula veröffentlichte, das Bild eines aristokratischen Vampirs gezeichnet (war doch das Monstrum zu Lebzeiten ein blutiger Herrscher, aber immerhin ein Herrscher aus dem fernen Karpatien) und vielleicht unwillentlich die bürgerliche Kritik des 18. Jahrhunderts am freigeistigen und verführerischen Libertin, am aristokratischen Kavalier fortgeführt, der gottlos und geil nach der Unschuld der armen Mädchen trachtet.

Dracula erhält in deutscher Tradition ein anderes Gepräge. Als Friedrich Wilhelm Murnau 1922 mit Hilfe des Drehbuchautors Henrik Galeen seine Figur Nosferatu für den gleichnamigen Film (NOSFERATU. EINE SYMPHONIE DES GRAUENS) erschafft, verleiht er der Erscheinung dieses Wesens, das von Grabeskälte und Todesgrauen umwittert ist, obgleich es selber nicht sterben kann, jedenfalls nicht, solange es in der Nacht verharrt, einen aufschlussreichen Charakterkopf. Der Schädel des Nosferatu (Max Schreck – so heißt der Schauspieler wirklich) ähnelt auf Anhieb dem Skelettkopf einer großen Ratte: kahl, eng beieinander stehende Augen, die Dimension des Kopfes viel zu groß für den schmächtigen Körper mit Buckel, Hakennase und abstehende Ohren, der oben breite Schädel verjüngt sich merklich bis zum Kinn. Aus dem Mund ragen, gut sichtbar, zwei lange Schneidezähne, als handle es sich um einen aus der Art geschlagenen Nager. Wer ist dieses Mensch-Tier-Wesen, das außerdem mit riesigen Händen und langen kralligen Fingern ausgestattet ist und durch einen biedermeierlichen Gehrock vergeblich Bonhomie vortäuschen will? Es besteht eigentlich kein Zweifel, dieses groteske Kompositum ist der Herr der Ratten und der Mäuse, zumal der Ratten, die in den Särgen mit ihm in den Westen ziehen und in der Stadt Wisborg (in der deutschen Überlieferung anstelle von London) die Pest verbreiten. Als Herr der Ratten und der Mäuse stellt sich in Goethes *Faust. Erster Teil* indes Mephisto vor. Das Diabolische dieses Menschen-Verführers vermengt sich mit dem düsteren Pathos des Gespensts, das nicht sterben kann, des mörderischen Blutsaugers. Nosferatu stellt eine Art Synthese aus zwei unheimlichen Gesellen dar. Auch Nosferatu kann in einer Frau eine unerklärliche Leidenschaft erwecken. Mina aus Stokers Roman heißt im deutschen Film «Ellen» und wird gleichsam per Telepathie, durch «magnetischen Rapport» (wie es in der Romantik, insbesondere bei E.T.A. Hoffmann heißt) von Nosferatu förmlich in Besitz genommen, nachdem er ihr Bildnis in der Hand ihres braven, etwas beschränkten Mannes Harker / Hutter gesehen hat. Und Ellen verfällt dieser Hypnose, augenscheinlich mit ihrem Einverständnis. Als sich Nosferatu in einem alten verlassenen Lagerhaus der Wohnung von Ellen gegenüber einquartiert und in der Nacht hinüberstarrt wie ein unerhörter Liebhaber, weiß auch Ellen, wie sie ihn heranlocken kann. Als ihr Mann, der sie bewacht, endlich in tiefen Schlaf verfallen ist, reißt sie das Fenster auf, als Zeichen dafür, dass ihr befremdlicher Liebhaber eintreten dürfe. Er bewegt sich dann als Schatten zu ihr, krallt die Hand über ihrem Herzen zusammen und sinkt an ihrem Hals nieder, um ihr alles Leben auszutrinken. Das Drehbuch betont dies als sexuellen Vorgang, der Film Murnaus verhüllt eher die deutlichen Anspielungen, verrätselt die Szene, rückt sie ins Unheimliche. Mit ihrem romantischen Liebesopfer rettet Ellen nicht nur die Stadt vor der Pest, sie erlöst auch Nosferatu von seinem Jahrhunderte währenden Geschick, sich zwischen Leben und Tod hin und her zu schleppen, eine unheimliche Vision, ein Monstrum aus dem Jenseits, dessen Epiphanie nicht zum nüchternen Wirklichkeitsbegriff des naturwissenschaftlich aufgeklärten Zeitalters zu passen scheint. Nosferatu spiegelt in der Missgestalt des Gesichts oder der Hände den Gräuel, den er als Scheintoter und Blutsäufer auch für die christlich gefestigte Gesellschaft verkörpert. Er ist gleichsam ein Feind aller Rechtgläubigen und modernen Atheisten, ein Ärgernis und Widergänger aus dunkler Vergangenheit – umso mehr ist der Versuch Murnaus zu schätzen, ihn als Partner in einem beinahe gemeinsamen Liebestod wieder *in den Kreis der menschlichen Gesellschaft zurück* zu führen. Nach der Nacht mit einer der edelsten und ernst-

haftesten Frauen verlischt, verraucht er, als ihn die Strahlen der Frühsonne endlich berühren. Rettung vor seinesgleichen für immer?

Francis Ford Coppola geht in seinem Film BRAM STOKER'S DRACULA (1992)
einen Schritt weiter: Es kommt zu einer regelrechten Liebesaffäre zwischen Dracula und Mina. Dieser ‹amour fou› wird nach dem Geschmack Minas (Wynona
Ryder) und des Publikums dadurch erleichtert, dass Dracula (Gary Oldman),
wenn er nicht gerade zu einer Horde pfeifender Ratten zerfällt oder sich als
grünlicher Nebel ausbreitet – die überraschenden Verwandlungen, zum Teil
in grässliche Gestalten, machen ihm anscheinend Freude –, ein ansehnlicher
und exquisit bekleideter Mann ist (als Gastgeber auf seinem Schloss empfängt
er den Besucher in weißer Perücke und roter Robe, die am Boden schleift), als
blaublütiger ‹Décadent› zudem ausgestattet mit Zeichen einer tiefen Melancholie und adliger Grandezza – Eigenschaften, die das erotische Interesse eines
jungen Mädchens erregen können.

Nosferatu und Dracula, ohne Zweifel späte Produkte der romantischen
Spekulation über Mächte aus dem Geisterreich, reklamieren die Kategorie des
Erhabenen für sich. Vor diesen unheimlichen Monstren, vor denen alle Türen
aufspringen, so dass scheinbar kein Hindernis sie außen vor halten kann, fühlen sich die ‹einfachen Menschen› nichtig und hilflos. Diese überlebensgroßen
Einsamen, die gerettet werden wollen durch einen endgültigen Tod, gewährt
im Beisein einer hingebungsvollen Geliebten, erleben eine Romanze, die Frankensteins Monster vorenthalten wird, dem Glöckner von Notre Dame nur zum
Teil. Mr. Hyde hingegen reduziert die Liebe zur Vergewaltigung, den gemeinsamen Liebestod zum einseitigen Mord an einer Frau, die der Gewalt des wilden
Mannes nicht entkommen kann. Mr. Hyde, das hässliche Ungeheuer aus dem
nächtlichen, nebelverhangenen London, droht sich zum Zerstörer alles Heiligen, Reinen und Gütigen, auch aller gesellschaftlichen Friedenspflicht aufzu-
blähen – zu einem Feind, der sich austobt, ohne dass man vermag, vorweg Dr.
Jekyll selbst, ihm in den Lauf zu fallen.

Dagegen imponieren Nosferatu und Dracula als Projektionen einer einsamen Männerexistenz ins Überlebensgroße. Was auch immer ihre Schuld war
(etwa bei Coppolas Dracula die zornige Abkehr vom christlichen Gott), die
sie als fluchbeladene Untote über Jahrhunderte rumoren ließ, sie haben sich
für den Rest der Menschheit zu Dämonen verwandelt, die Lustobjekten nach
dem Leben trachten. Murnau beharrt auf der untilgbaren Schreckgestalt seines Geschöpfs Nosferatu, dem grausig Hässlichen und dem Unnatürlichen
der meist unaufhaltsam voranrückenden Bewegung dieser Figur, während in
der Dracula-Tradition, gemeint ist hier dessen Wanderung durch die Filmgeschichte, von Bela Lugosi bis zu Gary Oldman, doch ein würdiger Gentleman
die Bitterkeit und Langeweile eines Lebens oder Nicht-Lebens erdulden muss,

der immer wieder gepeinigt wird von Schüben des enthemmenden Blutdurstes, symbolisch für einen Anfall sexueller Gier, so dass aus dem so ebenmäßigen aristokratischen Gesicht plötzlich vier Hauer wachsen, die das Wölfische im Kavalier zu Tage treten lassen: ein Don Juan, den Gruftgeruch umwabert. Der ähnlich wie Dr. Jekyll mit Entsetzen feststellt, dass in ihm ein Trieb aufzüngelt, den er mit seiner souveränen Contenance nicht vereinen kann, der ihn zu einem gierigen ‹Wilden› verwandelt.

Das verworfene Kind ist das hässliche Kind

Unausrottbar scheint in der Beschreibung eines Menschen als grotesk hässlich auch ein Schuldvorwurf zu stecken: als habe er ein ungeheuerliches Vergehen auf sich geladen. Die Erinnerung daran haftet ihm nun konsequent als körperlicher Makel an und teilt anderen, die ihn ansehen, mit, dass hier ein Bestrafter umhergeht. Bestraft wofür? Bestraft von wem? Meistens wird diese Frage metaphysisch diskutiert: das Gebrechen stillschweigend als Gottesurteil unterstellt. Wenn das so sei, dürfe das menschliche Urteil vom göttlichen nicht abweichen, dürfe die einmal erteilte Verdammung nicht widerrufen werden, indem den Hässlichen Sympathie und Liebe zuteil wird. Es ist Zeit, die Geburt des hässlichen Menschen, die Schöpfung eines Wesens, das der Welt dann als hässlich gilt, in der Familie zu beobachten. Um an Hans Christian Andersens einmal schon zitiertes Märchen zu erinnern: die einzige, die dem hässlichen Entlein Zuneigung gewährt und es gegen die anderen verteidigt, das ist die Entenmutter. Was aber, wenn die Mütter zu solcher Verteidigung nicht bereit sind? Werden die auf Grund äußeren Makels ausgestoßenen Kinder tatsächlich zu hässlichen Wesen, äußerlich und innerlich, also zu Opfern, die sich auch vor ihrer eigenen moralischen Verderbnis nicht schützen können?

Im Spätwerk des großen Filmkünstlers Ingmar Bergman nimmt das Motiv des *verworfenen oder sogar verachteten Kindes* einen nicht unerheblichen Raum ein. Es mag sein, doch will ich mich auf solche Grübelei nicht einlassen, dass alle Zurückweisung, die er selbst – nach der Autobiographie Bergmans – als Kind durch seine Eltern erfahren hat (andererseits auch wieder Fürsorge und Zuneigung) sich nachträglich in der Kunstgestalt des verleugneten oder sogar gehassten Kindes verdichtet. Bereits in PERSONA (1965) wird eine unzärtliche Mutter (Liv Ullmann in der Rolle der Schauspielerin Elisabet, die sich plötzlich dazu entschieden hat, stumm bleiben zu wollen) mit einer von ihr zerrissenen Fotografie des eigenen Kindes konfrontiert. Nach einer offenbar zutreffenden Deutung ihrer Gefährtin (die Krankenschwester Alma, Bibi Andersson) steht Elisabet ihrem Sohn mit höchst ambivalenten Gefühlen gegenüber – genauer: sie empfindet ihren Sohn als abstoßend, sogar als abscheulich. Vermutlich, weil das Kind noch nicht alle Gebote der Körperbeherrschung verinnerlicht und so gelernt hat, alles Weiche und Empfindliche in seinem Verhalten auszutreiben, damit nur noch die strenge, aber auch unantastbare Maske übrig bleibt. Die Mutter Elisabet scheint schon vor der Geburt ihres Kindes an Abtreibung gedacht zu haben – die ist wohl misslungen. Nach der Geburt schütteln sie Entsetzen und Ekel über das «widerliche, zitternde Leben», das sie ernähren muss.[4] Dann denkt sie daran, das Kind umzubringen, es mit Kissen zu ersticken, schreckt schließlich vor dem Letzten zurück. Für sie fürchterlich: der Junge entwickelt eine höchst einseitige heiße Liebe zu seiner Mutter, deren Widerwillen vor dem dicken Mund des Jungen, seinem hässlichen Körper und vor allem dem «wässrigen, flehentlichen Blick»[5] eher wächst, als durch Gewohnheit gebrochen wird.

Ein in der Zwischenzeit erwachsen gewordenes verunstaltetes Kind taucht in dem Film HERBSTSONATE (1978) auf: Lena ist eine epileptische junge Frau, die kaum mehr sprechen, nur noch lallen kann. Als ihre Mutter, erfolgreiche Pianistin (Ingrid Bergman), die die ältere Tochter – eine Pfarrersfrau auf dem Land – besucht, nach offenbar langer Zeit der behinderten Tochter wieder ansichtig wird, überspielt sie durch geheuchelte Freundlichkeit den Schock, den dieser missratene Mensch bei ihr auslöst, dessen verzweifelt um Anrede bemühtes Stammeln und Kreischen, das unablässig grotesk grimassierende aschfahle Gesicht – eigentlich aber wendet sie sich ratlos und angewidert ab. Bergman lässt die Kranke am Ende über die Treppenstufen hinab kriechen, als die Mutter das Haus (wahrscheinlich für immer) verlässt, ihr Unverständliches nachstammelnd, eigentlich ein sehnsüchtiger Appell, gehört und beachtet zu werden. Brabbeln und nicht mehr den aufrechten Gang beherrschen: offenkundig werden wichtige Eigenschaften des ausgereiften Menschen zurückgenommen, Eigenschaften, die der Verständigung mit anderen dienen und zur erkennbaren Ausprägung eines Selbst, eines gesellschaftsfähigen Individuums, taugen. Bergman versetzt die jüngere Schwester Lena in einen hilflosen Zustand zurück, in dem sie nicht lebensfähig wäre, wenn sie nicht die Zuwendung ihrer Schwester und deren Mannes erfahren würde: ein um Hilfe wimmerndes Bündel, das sich nicht artikulieren kann, fast ein Kleinkind im Körper einer Erwachsenen, im Sinne des Wortes ein ‹Un-geheuer›, da es keinem geheuer sein kann in Gegenwart dieses extremen Falls von Regression. Lena stellt eine Herausforderung dar, verkörpert eine schwere Prüfung für die anderen – gleich, ob diese christliches oder nicht christliches Mitleid aufbringen, um diesem pathologischen ‹Fall› bei seinem weiteren Existieren behilflich zu sein.

---

4 *Ingmar Bergman: Im Bleistift-Ton. Ein Werk-Portrait.* Hg. v. Renate Bleibtreu. Hamburg 2002, S. 336.
5 Ebd., S. 337.

Woher diese Regression stammt, wird später versuchsweise erklärt, aber die Erklärung selbst verwirrt. Das junge Mädchen, Lena, sensibel, aber seinem Alter entsprechend entwickelt, verliebt sich frühzeitig, sicherlich vorzeitig, in einen Mann, der zugleich Liebhaber der Mutter ist. Der Film lässt es bei Andeutungen, ob oder was da noch geschehen sei, der Affektsturm des jungen Mädchens mag den Mann nicht gleichgültig gelassen haben. Hat die Mutter es instinktiv als Konkurrenz erlebt, dass ihre jüngste Tochter sich demselben Objekt der Liebe zuwendet wie sie? Die ältere Tochter (Liv Ullmann) jedenfalls wirft ihr in einem gnadenlosen Gerichtsprozess vor, der nachts in einem Dialog zwischen beiden stattfindet, auch das seelische Elend mit verursacht zu haben, das die jüngere Tochter ergriffen haben muss und sich schließlich wohl körperlich ausgewirkt hat: im Rückfall ins Frühkindliche, in der Annullierung jeder Entwicklung, jeder Chance, mit dieser tiefen Traumatisierung auf die Dauer fertig zu werden. So bildet die «missratene» Tochter ein ständiges Memento für die Mutter, obwohl die gar nicht glauben will, dass sie in irgendeiner Weise Schuld haben sollte an dem Zustand Lenas. HERBSTSONATE führt vor Augen, wie machtlos und verlegen Menschen angesichts des Unerklärlichen sind, und dann verzweifelt nach Erklärungen suchen, die das Entsetzliche notdürftig aus irgendwelchen Vorfällen ableiten lassen. Dabei muss, das wird auch klar, jede Schuldzuweisung zu kurz greifen, weil dann jeder Schritt, den der Mensch geht, unzählige von fürchterlichen Konsequenzen haben müsste. Bergman stellt Lena so eindringlich, so ausführlich dar, damit seine Zuschauer sich nicht schnell abwenden und vergessen können. Lenas Hässlichkeit ist nur schrecklich, aufdringlich, peinigend und peinlich. Ihr Anblick ist ein Skandal, der vermutlich bei jedem, der vergleichsweise verschont geblieben ist, also auch bei der Mutter, flottierende Schuldgefühle auslöst, ohne dass man sich eingestehen könnte, da oder dort gefehlt zu haben. Die Ursache-Wirkungs-Konstruktion der älteren Tochter ist offensichtlich im Zeichen von Zorn und Rachegefühl zusammengeschmiedet worden, also nicht sehr tragfähig. Es geht Bergman – in seinem Spätwerk verstärkt –, nicht darum, Lebensrätsel zu lösen, sondern die tiefe Verwirrung angesichts des Unerklärlichen aufrecht zu erhalten.

Für den Regisseur Bille August hat Bergman das Drehbuch DIE BESTEN ABSICHTEN (1992) geschrieben, in dem er in Umrissen die Geschichte seiner Mutter und seines Vaters rekonstruiert, wie sich die beiden ungeachtet des ausdrücklichen und unausdrücklichen Protests der Eltern zusammengefunden haben. In diesem Film taucht ein Junge auf, namens Petrus, der stumm bleibt, durch seine weiße Haut und die wässrigen Augen auffällt, der sich in die junge Familie mehr oder weniger einschmiegt, auch auf der Suche nach Liebe – die er jedenfalls von der Mutter nicht erhält. Mehr noch: die Mutter hasst Petrus allmählich, den hässlichen Sonderling, das ungelegene zusätzliche Kind. Petrus verspürt allmählich diesen Hass und erwidert ihn. Beinahe kommt es dazu, dass er den Tod eines legitimen Kindes verschuldet – nur in letzter Sekunde wird er davon abgehalten. Die seelische Mechanik, die dem Vergeltungsdrang des Kindes Petrus zugrunde liegt, ist ohne Schwierigkeiten erkennbar: der Eindringling in die Familie, das unerbetene Kind, ist mit seinem Liebeswerben unwillkommen, und die vielleicht als hässlich zu beschreibenden Elemente in seinem Gesicht unterstützen die vermutlich aus einer tieferen Seelenlage der Eltern stammende Ablehnung. Irgendwann einmal wird das Liebeswerben des Kindes, wenn es denn weiterhin vergeblich bleibt, umkippen. Es wird auf sich aufmerksam machen, indem es das Verbotene anstellt, das Schlimmstmögliche, zum Totschlag oder Mord an einem anderen, einem geliebten Kind bereit ist: vielleicht in der – wie man aus Lebenserfahrung weltklug weiß – vergeblichen Hoffnung, dann an die Stelle des beseitigten Kindes treten zu dürfen.

Bergman begibt sich mit diesen Figuren auf ein Terrain, das nach bürgerlichem Selbstverständnis äußerst heikel ist, weil es in die Randzonen des üblichen Gefühlshaushalts reicht. Die vorgebliche Heilsordnung der Familie wird durch die Entdeckung der verworfenen Kinder stark erschüttert. Bis ins Spätwerk lässt dieser Figurentypus Bergman nicht mehr los. Noch in seinem letzten Film SARA-BANDE (2003) taucht ganz am Schluss das ungebetene, das gehasste Kind wieder auf. Liv Ullmann übernimmt wieder die Rolle der Marianne aus SZENEN EINER EHE (ein Film, der 30 Jahre früher gedreht wurde). Sie besucht ihren ehemaligen Ehemann Johan (Erland Josephson), der wie sie alleine lebt und in ungefiltertem Hass seinen Sohn ablehnt: das erste Beispiel eines gehassten Kindes in diesem Film, ein weichlicher Mann, der bei dem strengen und harten Vater durchaus Ekelgefühle hervorrufen könnte. Dafür aber ist Johan in ebenso ungefilterter Liebe seiner gestorbenen Schwiegertochter und seiner Enkelin zugetan. Im Vergleich zum ungerechten ‹Wirrkopf› Johan scheinbar souverän und unantastbar, kehrt Marianne nach Hause zurück. Zwei Töchter hat sie, die eine muss weit weg gelaufen sein, was aber ist mit der anderen geschehen? Die andere, Martha, lebt – weggesperrt – in einem Heim, offenbar geistig behindert. Zum Schluss besucht Marianne diese zweite Tochter: im lähmenden Grau der Anstalt sitzt eine grau gekleidete Person mit einem groben Gesicht und dicker Brille vor der Mutter, eine stumme junge Frau, verhärmt, gehemmt, scheinbar ohne Willen und Möglichkeit zu einem Gespräch – dieses Mal nicht von epileptischen Anfällen geschüttelt wie Lena aus HERBSTSONATE, doch aus der menschlichen Gemeinschaft ausgeschieden und gezeichnet durch *soziales und seelisches Verschüttetsein*. Offensichtlich nach langer Zeit berührt die Mutter die Tochter, beide weinen, als hätte diese simple Geste, die anscheinend so schwer zu vollführen ist, den Abstand zwischen ihnen verringert, die starre Konfrontation aufgelöst, *das hässliche Kind heimgeholt*, jedenfalls für einen Augenblick.

Kinder, die von der Mutter äußerlich und innerlich verlassen werden, vielleicht ebenso vom Vater, die sich zurückgestoßen und nicht angenommen sehen, vereinsamen nicht nur, sie drohen im Treibsand der Abwehr und des Hasses zu ersticken. Womöglich gehen sie ohne Gegenwehr unter, sie sterben zu Lebzeiten. Der Wunsch, als Mensch von Menschen angenommen zu werden, äußert sich auch als Wunsch zu gefallen. Misslingt dies, vertieft sich die unterstellte oder natürliche Hässlichkeit zur sozialen Maske des Hässlichen, die signalisiert: Nichts rühre mich an, weil nichts mich angerührt hat.

Die hässlichen Eltern

Physische und psychische Diskriminierung kann auch die Eltern treffen. Man mag an Schneewittchen und ihr Verhältnis zur Stiefmutter denken – ein Verhältnis, das von beidseitigen Vernichtungsideen bestimmt ist, nur werden die Aggressionen der neidischen Mutter zu Handlungsmotiven, die die Geschichte in vier Anläufe gliedern, Schneewittchen aus der Welt zu schaffen, während Schneewittchens Hass sich in der Erzählung versteckt, am Ende etwa in der bestialischen Bestrafung der Stiefmutter zum Vorschein kommt. Die nahe liegende Lesart lautet, dass es sich bei dieser Fabel um die Entwicklungsgeschichte einer jungen Frau handelt, die sich der Nachstellung der älteren Ersatzmutter aufs äußerste erwehren muss. Die Junge ist unschuldig, die Alte ungeheuerlich. Vielleicht ist die Junge aber gar nicht so unschuldig? Zumindest in der Fassung, die die Brüder Grimm in den *Kinder- und Hausmärchen* überliefern (Nr. 53, nach der 8. Auflage, besorgt von Herman Grimm, 1864), wird Schneewittchens Arglosigkeit so nachdrücklich betont, dass man fast ins Grübeln kommt. Schon der Spiegel der Königin neigt zur Übertreibung? Schneewittchen sei tausendmal schöner als sie. Dieser ‹Augenzeuge› ist nicht objektiv, er martert die Königin mit diesem Vergleich. Er ergreift Partei für Schneewittchen. Entspricht das Bild der grotesk hässlichen Alten, als die sich die Stiefmutter vermummt, um draußen vor der Tür um Einlass zu betteln, nicht der Wahrnehmung der jungen Frau Schneewittchen – oder einer Erzählinstanz, die alles Recht der Welt der jungen Frau zumisst und deswegen die möglicherweise nicht unbegründete Verzweiflung der älteren Frau ignoriert, die bei der für sie aussichtslosen Schönheitskonkurrenz entmachtet wird? So ausgeprägte Hässlichkeit hat etwas Karikaturhaftes an sich: ein Zerrbild, aus dem Blickwinkel der Jungen betrachtet. Kann es sein, dass der Hass auf Eltern sie zu widerwärtigen Menschen verunstaltet – jedenfalls im Gedankenspiel, in der Phantasie der Jungen, die den Raum der Welt für sich beanspruchen und die lästigen Vorfahren beiseite schaffen wollen? Vielleicht verteilt die Figurenschöpfung des Märchens (nicht nur des Märchens) tatsächlich die guten und die bösen Komponenten der Eltern-Autorität auf unterschiedliche Personen – weil Widersprüche eines Menschen zu ertragen, erwachsen zu sein bedeutet. Ist die Stiefmutter im Grunde die unverständlich aggressive Variante der Mutter, so dass das Kind glaubt, dieser mit der liebenswerten Mama nicht zu vereinigende Mensch trachte ihm nach dem Leben? Vertritt der Stiefvater die Stelle des zornigen Vaters? Diese Erfahrungen mit ‹bösen Eltern› mögen aus der Perspektive des verletzten oder empörten Kindes Gegengewalt rechtfertigen, zumindest die so genannte Stiefmutter oder den so genannten Stiefvater auf der Bühne der Tagträume überwinden lassen. Das nächste Beispiel könnte diesen Verdacht bestätigen.

Ich will mich kurz auf das – in der Tradition der Vatermörder prominente – Exempel des scheinbar asymmetrischen Eltern-Sohn-Verhältnisses zwischen Mime und Siegfried im dritten Teil von Richard Wagners Tetralogie *Der Ring des Nibelungen* (Uraufführung 1876 in Bayreuth) einlassen. Spätestens seit Theodor W. Adornos *Versuch über Wagner* (1952) wird der «geschwätzige», von Selbstlob und Tücke überfließende «Zwerg» Mime[6] als Judenkarikatur des Antisemiten Richard Wagner wahrgenommen. Dessen «sadistischer Demütigungsdrang», verkörpert in der Figur Siegfried, habe in Mime ein willkommenes «Opfer» von «Denunziation»[7] erschlossen. Richard Wagners merkwürdiger Antisemitismus breitet sich in seiner gehässigen Schrift *Über das Judentum in der Musik* aus (unter dem Pseudonym Karl Freigedank in erster Auflage 1850 publiziert)[8] – wenngleich in dieser Schrift Elemente des Selbsthasses und sogar der Identifikation mit den Juden vorliegen, daher das Adjektiv ‹merkwürdig›. Es mag sein, dass der Antisemitismus-Affekt Wagners wenigstens zum Teil ein klassisches Exempel für Angstabwehr darstellt: Angst vor Komponenten des eigenen Wesens, die man hinausversetzt und mit einem Feind, in dem Fall dem jüdischen Menschen, zusammenreimt. Man muss nicht einmal autobiographisch nachschürfen und darauf stoßen, dass Wagner sich nicht so sicher sein konnte, wer sein eigentlicher Vater denn sei (am Ende tatsächlich ein jüdische Schauspieler?). Als Musiker glaubt er in diesem Pamphlet, das typisch Jüdische weniger als Summe optischer, vielmehr akustischer Merkmale auszumachen. Die äußere Erscheinung kann er nur vage als etwas «unüberwindlich unangenehm Fremdartiges» kennzeichnen.[9] Für die Beschreibung des auditiv Fremdartigen bemüht er dagegen Kaskaden von Schmähungen des grotesk Hässlichen: des angeblich «zischenden, schrillen, sumsenden und mucksenden Lautaus-

---

6   Theodor W. Adorno: *Versuch über Wagner* (1952). München / Zürich 1964, S. 19.
7   Ebd., S. 17.
8   *Richard Wagner: Über das Judentum in der Musik.* Hg. v. Tibor Kneif. Hamburg 1985.
9   Ebd., S. 57.

drucks», des «unerträglich verwirrten Geplappers»[10] oder der «Grimasse des gottesdienstliches Gesanges der Juden»[11].

In Mimes vorherrschendem Jammerton, in seinem Meckern mit den überraschenden Intervallsprüngen nach oben, in seiner Schmeichelweise, die die eigentliche Redeabsicht verhüllt und dann doch entbirgt, könnte man nun Eigenarten des von Wagner als Grimasse, also als hässlicher Lautausdruck beschimpften jüdischen Sprech- und Gesangsstils wieder erkennen. Andererseits fällt schon im Text die nicht nachlassende Boshaftigkeit, die penetrante Angriffslust des unwirschen rauen Gesellen Siegfried auf, der mit Worten auf den wehrlosen Mime eindrischt und das Objekt der Verachtung am Ende mit einem gleichgültigen Hieb erschlägt (ähnlich wie später Achill bei Stefan Zweig mit Tersites verfährt).

Mime gebärdet sich als Vater Siegfrieds und ist wie mancher Vater in bürgerlichen Familien empört über die Undankbarkeit des Kindes – auch wenn Mime lange Zeit nicht damit herausrückt, dass Siegfrieds Verdacht zutrifft, er, Mime nämlich, sei gar nicht der wirkliche Vater des tumben Toren. Mime hat, daran besteht kein Zweifel, das «zullende Kind Siegfried» aufgezogen – vielleicht nicht aus Erbarmen, sondern aus Berechnung, hofft er doch über Siegfried an das Rheingold zu gelangen und endlich, dahin treibt ihn seine Einbildungskraft, Weltherrscher zu sein (gegen Schluss des ersten Aufzugs):

Der verachtete Zwerg
Was wird er geehrt!
(…)
Vor meinem Nicken
neigt sich die Welt,
vor meinem Zorne
zittert sie hin! –

Doch will es Mime nicht glücken, für Siegfried als Vater zu gelten. Der junge Waldbewohner äußert, dass es ihm nie gelang zu lernen: «wie ich dich leiden könnt». Er entwirft von Mime das Bildnis eines «widerlichen» Wichtels:

gerade so garstig,
griesig und grau,
klein und krumm,
höckrig und hinkend,
mit hängenden Ohren,

---

10 Ebd., S. 59.
11 Ebd., S. 57.

> triefigem Auge –
> fort mit dem Alp!
> Ich mag ihn nicht mehr seh'n.

Siegfried gesteht sich ein, dass er nicht weiß, wer er sei – denn von dem hässlichen Schmied könne er nicht abstammen. Die Analogie zur Vorstellung drängt sich auf, dass man als Kind von hoher Abkunft in die strohgepolsterte Wiege eines Stalls gelegt worden sei, dieser Prinzen- und Prinzessinnentraum vom eigenen unerkannten Adel. Nicht in jedem Fall kann die Genetik auf die Sprünge helfen und in der Tat erweisen, dass die armseligen Figuren, aus dem Blickwinkel der Jungen beurteilt, die die Elternstelle nur womöglich vorübergehend besetzen, tatsächlich nicht die wahren Eltern sind. Fast immer bleibt der Wahngedanke von der Zugehörigkeit zum Palast eben ein Wahngedanke, ausgebrütet in den Hütten der Armen. Siegfried indes behält Recht in seinem hasserfüllten Diskriminierungselan: Er ist ein Waisenkind, von wunderbaren Eltern gezeugt, die zu den Toten eingegangen sind, und Mime nur ein Platzhalter. Der Zwerg handelt am Ende als Heuchler, der Siegfried vergiften will, er entpuppt sich als mörderischer Intrigant – der es allerdings fast zwanzig Jahre mit einem Kind ausgehalten hatte, das dem ‹Vater› jegliche Liebe vorenthielt. Ganz am Anfang (des *Rings des Nibelungen*) war er ein armer, doch fingerfertiger Handwerker, der selbst von seinem großen Bruder Alberich ausgebeutet und misshandelt wurde: Mime, ein Knecht, dem schlimm mitgespielt wurde. Aus verlorener Ehre und dem Traum von Macht erwuchs ein Verbrecher.

Einem Eremiten kann es gleichgültig sein, wie er aussieht. Doch will er sich anderen anschließen, muss er sich durch ein Gitterwerk der Vorurteile und Auslese-Mechanismen hindurch kämpfen. Einem hässlichen Menschen, *der die ‹anderen› abstößt, obgleich sie sich von ihm abstoßen*, soll die Rückkehr in die Gemeinschaft verwehrt bleiben, der Defekt der entstellten Leibesform soll alle davon abhalten, diesem fremdartigen Wesen die Hand zu reichen, es zu erkunden – denn wenn dies geschehe, könnten einem die Augen aufgehen, da hinter dem seltsamen Äußeren zumindest eine *verwandte Natur* zu finden ist. So dient Hässlichkeit denen, die sie Missliebigen zusprechen, als willkommenes Warnsignal vor dem Abgründigen (auch in ihnen selbst), dem Jenseitigen (das schon im Diesseits verwurzelt ist), der unermesslichen Gefahr (die aus dem Innern des Menschen entstammen könnte): Wer sich den Hässlichen nähert und sie sogar berührt, so drohen sie, wird sich daraufhin vielleicht anstecken oder gar umkommen.

(NB. Wesentliche Hinweise auf die Ilias und Thersites verdanke ich Susanne Gödde, für die Niederschrift und prüfende Lektüre danke ich Julia Gerdes.)

Fatale Raserei

Skeptische Notizen zum Motiv des Massenwahns

Ekstatische Frau am Boden (Das siebente Siegel, S 1957, Regie: Ingmar Bergman)

> *Das Menschengeschlecht kann der ihm eingeborenen*
> *Wahnhaftigkeit nicht entrinnen und muss sie erdulden.*
> Hermann Broch[1]

I

Im Film Das siebente Siegel (1957) von Ingmar Bergman tritt eine beunru-
higende Pilgerschar auf. Die Szene spielt im Mittelalter, die Pest ist im Land.
Eine Büßerhorde, zum Teil sind es mit Kapuzenmänteln bekleidete Mönche,
zum Teil halbnackte Menschen, die sich geißeln, einige tragen überlebensgroße,
schwere Kreuze, andere schwenken Weihrauchgefäße, deren Rauch dick auf-

---

1   *Hermann Broch: Massenwahntheorie.* Hg.v. Paul Michael Lützeler. Frankfurt a. M. 1979, S. 290.

steigt – unter dieser schier unüberschaubaren Geißler- und Betertruppe erhebt sich ein Buß- und Hetzprediger. Allen Umstehenden verkündet er, dass der Tod auch sie bald ereilen würde, ohne Rücksicht auf Stand und Geschlecht, die einfältig grinsenden, die feisten Männer, die sich auf eine nächste üppige Mahlzeit freuen, die lüsterne junge Frau, die eine wilde Nacht erhofft – sie alle seien schon vom Tod umgeben. Wie Peitschenhiebe knallen diese Sätze auf sein Publikum nieder. Der Effekt bleibt nicht aus, vor allem bei manchen der umstehenden Frauen, die, Tränen in den Augen, niedersinken und vermutlich den Tross der Flagellanten und Büßer vermehren werden. In der Tat scheint die Angst vor der Seuche nicht unbegründet, erinnert man sich an die Szene mit Toten, die Bergman bereits zuvor eingeschaltet hat, nicht zuletzt an den Dialog der Hauptfigur, des Ritters, mit dem Tod selbst, einer allegorischen Figur mit weißem Clownsgesicht und schwarzem Mantel angetan.

Der in einer Art Massenhysterie gebeutelten Menge, die alsbald den Platz wieder verlässt (von einer oben postierten Kamera verfolgt) und dann verschwindet wie ein Spuk auf dem Felde, stehen einige exponierte Zuschauer stumm gegenüber: Es ist der Kreuzritter, der mit seinem Knappen zehn Jahre im Heiligen Land verbracht hat und immer noch um einen Gott ringt, der sich ihm offenbaren möge, es ist ein stummes Mädchen, das den zynischen Knappen begleitet, schließlich bezeugt noch ein junges Schauspielerpaar den Vorgang, dessen zuvor gesungene lustige Schauerballade (deren Zeilen an Unsinnspoesie grenzen) durch den Auftritt der Fanatiker unterbrochen worden ist. Der Gesichtsausdruck dieser Augenzeugen ist vielfältig zu deuten: Der Ernst in ihren Mienen lässt zum einen darauf schließen, dass sie wohl wissen, die Furcht vor dem schnellen Tod sei wegen der Epidemie begründet und die Pein der Ekstatiker, deren rituelle Selbstzüchtigung als Reaktion auf diese den Alltagsfrieden zersetzende Angst verständlich. Der stumme Ernst in ihren Gesichtern lässt sich zum andern als kaum verhehltes Angewidert-Sein verstehen, als innere und äußere Abwehr dieses Kollektivs der Eiferer. In der teils skeptischen, teils bestürzten Zurückhaltung der Zeugen spiegelt sich die Anmutung vermutlich vieler Zuschauer, die wenig einverstanden sind mit den lärmenden Gräuelbeschwörungen des Einpeitschers wie den Selbstbestrafungsriten seiner feierlichen und besessenen Anhänger. Dabei sind die stummen Zuschauer, die sich nicht einschüchtern oder einfangen lassen, dem Schrecken und dem Tod begegnet – schon mehrmals, wenn man an den Ritter und seinen Knappen denkt. Bei dem jungen Schausteller-Paar weiß man nicht so recht, wie weit das Grauen ihre ziemlich unbekümmerte Unschuld bereits korrumpiert haben mag.

II

Dank Bergmans geschickter Steuerung der Emotionen sind Anteilnahme und Einfühlung seines Publikums präzise verteilt: sie konzentrieren sich auf die stummen Zeugen, indes die wandernde Büßerkolonie eine gewisse kalte Faszination und unangenehmen Schauder erweckt. Es fällt mir persönlich nicht schwer, dieser Parteilichkeit zuzustimmen. Vielleicht entspricht die skeptische Sicht auf ein massenhysterisches Phänomen auch dem Zeitgeist der 50er-Jahre und einer Altersgruppe, die Helmut Schelsky auf Grund ihrer Lebensgeschichte als «skeptische Generation» bezeichnet hat, da sie sich durch ihren tief sitzenden Ideologieverdacht auszeichne – nach den Erfahrungen mit täuschenden ‹Weltanschauungen›, unablässiger Einpeitschung ideologischer Formeln, den Phrasen des Terrors und des Kriegs. Bergman hat in seiner Biographie *Mein Leben* (dt. 1992) solch tiefgreifende Desillusioniertheit ausdrücklich eingestanden.

Aufklärerischem Denken, so sollte man meinen, ist jede Form von Massenhysterie oder Massenpsychose ohnehin verdächtig, zumal wenn sich religiöse Inbrunst einmischt. Die Spekulationen über Massenpsychologie (spätestens seit Gustave Le Bons früher Studie *Psychologie des foules*, Paris 1895) wurden in den ersten 30 Jahren des vergangenen Jahrhunderts, sicherlich durch den ‹Schock› der Moderne, das Großstadtleben, auch durch den Kriegstaumel der Augusttage von 1914 genährt, durch die Beobachtung sozialrevolutionärer Massen (etwa in Russland 1917), denen zugetraut wurde, sie allein könnten den Umsturz aller Verhältnisse bewirken. Erst die Tatsache, dass die Zuhörerschaft Adolf Hitlers zu einer jaulenden Meute zu regredieren vermochte, der ebenso spontane wie gelenkte Massenenthusiasmus für diesen ‹Führer› oder der ehrfürchtige Götzenkult um Stalin, der die Sowjetbürger in die Knie zwang, säten prinzipielles Misstrauen gegen öffentliche Gruppenekstasen verschiedener Art. Es fiel der Nachkriegsgeneration nach 1945 daher schwer, noch an die positive Überzeugungskraft der Masse als Ausdruck einer «volonté générale» zu glauben, die das Beste des ‹Volkes› will. Sogar die Demonstrationen von Studenten in Hörsälen und auf Straßen in den Jahren 1967, 1968 und danach konnten – zumindest bei mir, als einem vielleicht verspäteten Anhänger dieser skeptischen Generation – den Verdacht nicht auflösen, dass bisweilen opportunistischer Konformismus in der Parolen skandierenden ‹Bewegung› legitime Forderungen nach mehr Demokratie («Mehr Demokratie wagen», Willy Brandt) aushöhlte. Immerhin, die Wende in der DDR von 1989 ist wesentlich durch den Mut verursacht worden, der Tausende in Leipzig oder in Ost-Berlin auf die Straßen trieb, um gemeinsam ihren Widerspruch, ihre Ansprüche und nicht zuletzt sich selbst zu behaupten. Dass der Tanz auf der Mauer als orgiastisches Massenerlebnis mit unzweifelhaft erotischer Tönung empfunden wurde, versichert und beglaubigt der eindrucksvolle Dokumentarfilm NOVEMBERTAGE (1990) von Marcel Ophüls.

Was wäre für die Verfechter der Skepsis gegenüber Erhebungen in Massen daraus zu lernen? Zumindest, dass der Gang der Geschichte Voreingenommenheit korrigiert, die vielleicht doktrinär zu werden gedroht hat. Selbst wenn es sich um die Voreingenommenheit handeln sollte, dass nachdenkliche Besonnenheit in allen Fällen dem vergleichsweise besinnungslosen und heftigen Agieren allein oder in Gruppen von allesamt Hingerissenen vorzuziehen sei. Auch kann radikal stoische Philosophie und puritanische Lebensführung zur Verkümmerung der Leidenschaften führen. Es handelt sich wahrscheinlich um eine überpointierte Opposition zwischen kritischer Realitätsprüfung des an den Rand des Geschehens gedrängten Betrachters hier und dort der Wahnverfallenheit derer, die der Suggestivkraft einer Masse erliegen, dem Magnetismus einer großen Menge, in die sie sich einordnen, um endlich dazu zu gehören. Es gibt wohl Zwischenstufen und Alternativen. Wenn im Folgenden, am Beispiel literarischer Zeugnisse, Manifestationen von Massenekstasen mit deutlicher Reserve und Skrupeln bedacht werden, heißt dies nicht automatisch, dass ausschließlich für asketische Ideale und uneingeschränkten Eigensinn der Individuen plädiert werde.

III

Die gegen den Nationalsozialismus gerichtete Literatur der im Exil oder vor 1938 noch in der Tschechoslowakei oder Österreich lebenden deutschsprachigen Autoren hat den Massenwahn der Anhänger im Münchner Bürgerbräukeller oder an anderen Schauplätzen nazistischer Rituale mit der Führerrede als Höhepunkt genau wahrgenommen. Auf einige Beispiele möchte ich eingehen, die eines gemeinsam haben: Der jeweilige Berichterstatter bekundet ausdrücklich, dass er sich selbst von Hitlers Rhetorik und den hysterischen Reaktionen seiner Umwelt in Bann geschlagen sah, jedenfalls vorübergehend oder oberflächlich. Wenn die Versammlung außer sich geriet, schien es selbst dem scheinbar Standfesten unmöglich zu sein, eine unberührte Zuschauer-Position einzunehmen. Der Rechtsanwalt und politische Publizist Rudolf Olden (1885–1940), in der Weimarer Republik stellvertretender Chefredakteur des linksliberalen Berliner Tageblatts und Mitarbeiter der Zeitschriften *Das Tage-Buch* und *Die Weltbühne*, nicht zuletzt auch Strafverteidiger zum Beispiel in den politischen Verfahren gegen Carl von Ossietzky, floh nach dem Reichstagsbrand durch halb Europa nach England, wo er Vorlesungen an der Universität Oxford und an der London School of Economics hielt, für Exilzeitschriften schrieb, Sekretär des deutschen Pen-Club im Exil wurde und ein Rundfunkprogramm für Deutsche bei der BBC vorbereitete. Er und seine Frau kamen um, als das Schiff, das sie über den Atlantik ins sichere Amerika bringen sollte, von einem deutschen U-Boot torpediert wurde. Olden schrieb ein Buch über Hitler (1935), in dem er sich scharfsinnig mit dem «Natur-Ereignis» von Hitlers Rede auseinandersetzte.[2]

> Es kommt, manchmal früher, manchmal später, der Augenblick, in dem der Redner (Hitler) vom Geist überwältigt wird, indem schluchzend, schreiend, gurgelnd ein Unbekanntes, Undefinierbares aus ihm herausbricht, da es nicht mehr auf fest gebaute Sätze, auf artikulierte Worte ankommt, da der Verzückte ‹in Zungen› redet. Auch der bisher Unbeteiligte ist angepackt, es wird ihm deutlich, dass vor seinen Augen und Ohren ein Durchbruch des Unbewussten geschehen ist, dass Sinn und Wahnsinn sich vermischen, dass er einer unbekannten, unnennbaren Naturkraft gegenüber steht. Das ist der Augenblick, in dem Männer in Beifallsrasen ausbrechen, Frauen stöhnend die ewig unbegreifliche, schauervoll-süße Sekunde der höchsten Liebesleidenschaft empfinden. Von nun an steht der Agitator einem verwandelten Publikum gegenüber. Die Unhypnotisierbaren gehen geekelt fort, um nicht mehr wiederzukehren. Die anderen sind ihm verfallen. Denen ist er der Erlöser, der nationale Heiland.[3]

Die Analyse dieses Verlaufs, dessen Höhepunkt von vielen mit den Empfindungen sexueller Lust verglichen wird, ist nicht leicht zu leisten: Erstens scheint es sich um ein begehrtes Ziel zu handeln, die sonst verdrängten Empfindungen und Begierden, so unscharf sie sich auch voneinander trennen lassen, in einer Art Erlösungsakt unter vielen Gleichgesinnten eruptiv entladen zu lassen. Die disziplinierende Erziehung, die Unterdrückung von Wünschen, die, je hochfahrender sie werden, sich für gewöhnlich mit erotischen Assoziationen verknüpfen, hat endlich ein Ende gefunden: Ein «Vorredner» demonstriert das Hinausschreien. Die Belasteten dürfen sich entladen. Charlie Chaplin hat in seiner Parodie auf das Monstrum in THE GREAT DICTATOR (1940) die umfassende (auf das Publikum durchschlagende) Erregung des aufstachelnden Hasspredigers auf sarkastische Weise ins Bild gesetzt: Der tatsächlich in unverständlichen ‹Zungen› redende, brabbelnde, eifernde Rhetor ereifert sich in mancherlei Hinsicht so sehr, dass er das Glas Wasser nicht nur zum Munde führt, sondern den

---

2 Im Folgenden zitiert nach *Bruder Hitler. Autoren des Exils und des Widerstands sehen den Führer des Dritten Reichs.* Hg. v. Thomas Koebner. München 1989.
3 S. 74f.

restlichen Inhalt auch in den geöffneten Hosenbund hineinschüttet, dorthin, wo eine Erektion noch anderer Art zu vermuten sei.

Zweitens scheint die Kommunikation zwischen dem Redner Hitler und seiner Gemeinde einem hypnoseähnlichen Appell zu entsprechen. Die Angst vor der Hypnose als einer Magie, der man nicht widerstehen kann, die den eigenen angeblich ‹freien› Willen unerbittlich einem fremden Willen unterwirft, durchzieht Literatur und Film der Weimarer Republik[4]. Kann es sein, dass die Hoffnung des unsicheren Einzelnen, der sich allseits von anonymen Kräften gefährdet denkt, die Hoffnung, mit dem Glaubensbekenntnis der triumphierenden Mehrheit übereinzustimmen, unkritische Empfänglichkeit für Botschaften steigert, die Ausgleich verheißen für Demütigungen aller Arten und das alltägliche Elend, dem man sich ausgesetzt fühlt?

Thomas Mann hat in seiner lebensklugen Erzählung *Mario und der Zauberer* (1930), die im Kern die Suggestionsmaschinerie der totalitären Staaten reflektiert, auf das Problem des Widerstands gegen Hypnose hingewiesen. Der offensichtlich genial begabte Hypnotiseur Cipolla versteht es als Jahrmarkts-Zauberer, geradezu despotisch den Geist der Widerstrebenden zu brechen und sie von seinem Willen abhängig zu machen. Dabei helfen Cipolla vor allem zwei Umstände: Der erste Umstand ist seine außerordentliche Gabe der Einfühlung. Er erlauscht nach wenigen Aussagen, welchen Sehnsüchten die Menschen nachhängen und kann durch Bilder und Vorstellungen, die er den Hypnotisierten suggeriert, ihnen den Übergang vom kontrollierten Tagesbewusstsein in einen fremdgesteuerten Zustand erleichtern. Offenbar erfüllt sich für die betreffenden Subjekte etwas im hypnotischen ‹Traum›, das ihrem inneren Begehren wenigstens imaginär zu Gute kommt. Der zweite Umstand ist darin zu finden, dass es nicht ausreicht, «Nein» zu sagen. Denn die Position des reinen Trotzes, die sich nicht mit tiefen Sehnsüchten paart, ist auf die Dauer zu durchbrechen. Nur dort, wäre die Überlegung fortzusetzen, wo man dem Hypnotiseur einen abweichenden starken Wunsch entgegensetzt, wird es vielleicht gelingen, dem Bann zu entkommen.

Wenn man diese Einsicht Thomas Manns auf die Situation der Anhänger Hitlers anwendet, scheint manches an ihrer extremen Manipulierbarkeit begreiflicher. Der Redner verheißt ihnen ‹Trost› und ‹Erlösung› von unnenn-

---

4 Jörg Schweinitz: Der hypnotisierende Blick. Etablierung und Anverwandlung eines konventionellen Bildes im Stummfilm. In: *Bildtheorie und Film*. Hg. v. Thomas Koebner und Thomas Meder. München 2006, S. 422–438.
Ferner Thomas Koebner: Schlafwandler. Ein «Essentialsymbol» in der Geschichte des deutschen Stummfilms. In: Ders.: *Filmbilder-Sinnbilder. Schriften zum Film*. 5. Folge. Remscheid 2007, S. 89–109. Wieder abgedruckt in: *Kunst und Kognition*. Hg. v. Matthias Bauer, Fabienne Liptay, Susanne Marschall. München 2008, S. 115–130.

barer Reichweite, er kompensiert die Selbsteinschätzung vieler Zuhörer, dass sie sich gesellschaftlich stigmatisiert und in einer Knechtsrolle sehen, auch als entehrtes Opfer politischer Ränke. Gerade Zeugen, die eher Ekel als Zuneigung empfinden, können nicht umhin zu bekennen, dass der Anprall dieser Rächer-Rhetorik und die relative Einfachheit einer psychotisch, als Wahnsystem konstruierten Schein-Wirklichkeit beeindruckt – denn wer wollte nicht, archaischen Impulsen gehorchend, einmal ‹entfesselt› werden, um Feinde aufheulend der Vernichtung preisgeben zu wollen und dem vorgeblichen Nothelfer unterwürfig dankbar zu sein.

Ein Beispiel unter vielen: Der Psychoanalytiker Alexander Mitscherlich[5] erinnert sich an eine ‹Außenaufnahme› der von Le Bon konstatierten Verzweigung von Affektsteigerung und Denkhemmung in der Massenbewegung: Er erlebt als junger Mann die Hochzeit zwischen Hermann Göring und Emmy Sonnemann auf den Berliner Straßen mit. Die «konvulsivische Welle», die der Anfahrt des Wagens mit dem Brautpaar vorausgeht und die Passage begleitet, gemahnt ihn an die Darmperistaltik, einen Akt des Ausstülpens. Medizinisch unterfütterte Ekel-Assoziationen verraten die Abwehr einer starken Suggestion. Die «kollektive Erhitzung» der «schwärmerisch verzückten Masse» habe ein «Unisono-Gefühl» hervorgebracht, sodass es ihn, den jungen Augenzeugen, Anstrengung gekostet hat, den Arm nicht zu erheben.

IV

Autoren wie Ernst Glaeser (1902–1063) oder Ernst Weiss (1882–1940) wählen eine Hitlerrede als Schlüssel-Situation, um vor Augen zu führen, worin die Anziehungskraft des Nationalsozialismus, insbesondere des «Erlöserhelden» Hitler für viele der von Wirtschaftskrise und Verfall des sozialen Status bedrohten Deutschen bestand. Ernst Glaeser galt als Pazifist und Freund der jungen Sowjetunion, als er 1933 in die Schweiz emigrierte, litt aber angeblich unter dem Verlust seiner ‹Heimat› so sehr, dass er 1939 nach Deutschland zurückkehrte und im Krieg sogar Redakteur einer Wehrmachtszeitung wurde.[6] In seinem Roman *Der letzte Zivilist* (Paris 1935, zit. nach d. 2. Auflage 1946) lässt sich eine nicht unsympathische Heldin, Herta, durch die Hitlerrede in eine Art sakraler Ekstase versetzen, die keineswegs rasch vorübergeht, sondern eingreifende Verhaltensänderungen zur Folge hat.

5   Alexander Mitscherlich: *Massenpsychologie ohne Ressentiment.* Frankfurt a. M. 1972, S. 9f.
6   Siehe Thomas Koebner: Ernst Glaeser. Reaktion der «betrogenen» Generation. In: *Zeitkritische Romane des 20. Jahrhunderts.* Hg. v. Hans Wagener. Stuttgart 1975, S. 192–219.

Dort, wenige Meter vor Herta stand der Mann und hob die Hand zum Gruß. Und vor ihnen da standen die Tausende gehetzte, enttäuschte Menschen in der abgewetzten Kleidung früheren Wohlstands, und sie hoben die Hände, und es war ein Wald erhobener Hände, und sie sangen, und viele gingen nieder in die Knie, und der Choral dröhnte unter der Kuppel, und Herta sang ihn mit: «Verzage nicht, Du Häuflein klein ...». Unbeweglich stand der Mann auf dem Podium. Seine Hand ragte wie ein Schwur in die Luft. Ganz allein stand er da. Wie ein Gott auf der Höhe des Berges. Taumelnd erreichte Herta den Ausgang. Verzückt sprachen die Menschen um sie. Und als er draußen das Auto bestieg, da sah Herta alte Frauen niederknien und Männer weinen und sich ihrer Tränen nicht schämen. (...)

Oft, wenn ihr Sinn klein wurde in den Nöten des Alltags, holte sie sich neue Kraft aus den Augen des Bildes (von Hitler), und wenn sie in ihren männerlosen Nächten die Sehnsucht nach Liebe überkam, träumte sie von der heiligen Sekunde, da er sie angesehen, im Zirkus zu München. Sie mied die Andachten. Selten ging sie in die Kirche. Sie las die Reden des Führers, und sie blühte auf in dem Gedanken der nahen Rache und des gewaltigen Gerichts. Als jedoch Pfarrer Möller ihr liebevolle Vorhaltungen machte, warum sie die Gebete versäume, lächelte sie und sagte: «Er wandelt wieder auf Erden, Herr Pastor.»[7]

Für religiös gestimmte und innerlich verzweifelte Menschen schien der Austausch des Andachtsbildes (Hitler tritt an die Stelle von Christus) tatsächlich konkrete Verheißung eines besseren Lebens, vielleicht sogar den Anbruch eines Goldenen Zeitalters zu verbürgen. Ernst Blochs[8] im Exil oft geäußerte Ermahnung, man könne sich den Aufstieg des Dritten Reichs nicht nur durch kapitalistische Mechanismen erklären, sondern auch dadurch, dass der Sozialismus nicht rechtzeitig die Sehnsüchte der Menschen berücksichtigt habe – dieses Feld aber nun von den Nazis okkupiert werde –, diese Ermahnung scheint Glaeser, der sie vermutlich nicht wortwörtlich in den politischen Aufsätzen Ernst Blochs gelesen haben wird, von sich aus ernst zu nehmen.

Der Vorzug des Schriftstellers, sich in Personen einzufühlen, die nicht rundherum moralische Billigung erhalten, wird auch von Ernst Weiss in seinem bedeutenden nachgelassenen Roman *Ich – der Augenzeuge* genutzt. Weiss hat eine wissenschaftliche Ausbildung erfahren, war Chirurg in Bern, Berlin und Wien, Schiffsarzt, während des Ersten Weltkriegs Armeearzt im Dienst der

---

7 *Bruder Hitler*, a.a.O., S. 182f.
8 Siehe Thomas Koebner: *Polemik gegen das Dritte Reich. Deklassierung und Dämonisierung.* (1984). Wieder abgedruckt in: Ders.: *Unbehauste. Zur deutschen Literatur in der Weimarer Republik, im Exil und in der Nachkriegszeit.* München 1992, S. 220–236.

österreichischen Armee. Ursprünglich gehörte er zum Prager Kreis, zeitweise befreundet mit Franz Kafka, lebte dann als freier Schriftsteller nach 1920 in München und Berlin. 1933 floh er nach Prag, 1934 nach Paris, wo er sich beim Einmarsch der Deutschen das Leben nahm. Die Hauptfigur in *Der Augenzeuge* (so der ursprüngliche Titel), ein Arzt, berichtet in der Ich-Perspektive davon, dass er 1918 einen Gefreiten namens A.H. von dessen hysterischer Blindheit geheilt habe. Der Krankheitsfall ist nicht erfunden. Weiss hat vermutlich Aussagen von Dr. Edmund Forster, Hitlers Psychiater von 1918, verwenden können. Der Erzähler im Roman ist also analytisch versiert – und dennoch verfällt er dem Besessenen da vorne am Rednerpult «nur für Augenblicke, aber vollständig überwältigt».

Sein Instinkt, nicht sein Bücherwissen hatte ihm verraten, wie ein einziger Macht bekommt über alle, wie einer oben spricht und die anderen unten lauschen. Herr über Knechte, ein Magier, ein Despot, ein Zauberer und grausamer, harter Priester in einem.

Aber war er denn selbst ein so starker Mensch, dass es unsereinem, Mann wie Weib, mir, dem Augenzeugen, dem objektiven, erfahrenen Arzt ebenso wie Angelika (einer weiblichen Figur des Romans), der schmerzsüchtigen Sklavin süß war, seine Faust zu spüren und ihm zu unterliegen?

(…) Man zitterte vor Erwartung vor etwas Ungeheurem, und ich, an Angelika eng angeschmiegt, zum ersten Mal seit langer Zeit, merkte schaudernd, dass ich zitterte wie alle, und dass ich ein Atom der Masse geworden war. (…) Er sprach in Zungen. Es überwältigte ihn, es überwältigte uns, und wir waren nicht mehr die, die wir früher waren. Vielleicht, wäre ich allein mit ihm gewesen und hätte er die gleiche Ekstase im Untersuchungsraum von P. gehabt, ich hätte ein kalter Augenzeuge bleiben können.

(…) Er stand nicht mehr oben auf der roh zusammengezimmerten Tribüne, er war neben uns, in uns. In dem Verborgensten wühlte er umher, und er zermalmte uns mit seinem sklavischen Wollustglück, gehorchen, sich auslöschen, unten sein, nichts mehr sein.

(…) Er stand dort oben, schluchzte, er schrie, gurgelnd brach etwas Unerklärliches, Urhaftes, Nacktes, Blutiges aus ihm heraus, er konnte es nicht halten, es waren keine festgebauten Sätze mehr, keine artikulierten Worte, die UNTER-SEELE, die immer verhüllte, der schwarze heiße Ort der Mütter war nach oben gedrungen, und niemand konnte widerstehen.

(…) Seine Übermacht war Hass, Wut, Ekstase, Ausbruch, Kampfgeheul, bloß ganz in der Ferne, ein Regenbogen nach dem Gewitter, schien ein hellerer Raum, sein blasses, blumiges, wohlgesittetes Ideal von einem neuen, keuschen und schwertfrohen Deutschland, der sentimentale Abgesang nach dem

brutalen Hassgesang. Alle atmeten auf. Die Wände zitterten vor Beifall (...)
Und Angelika, die ewige Hausdame, die adelige Witwe, stöhnte tiefer auf
als in meinen Armen, Schauer über Schauer rann über ihr schon so welkes
Gesicht, das Gesicht, abwechselnd verkrampft und in höchster Lust aufgelöst
war aber jetzt kindlich geworden, voll Dankbarkeit – und Reinheit. Nicht mir,
ihm war sie verfallen. Ich war ihr ein Mann, er ein Gott. Ich tat ihr gut, er tat
ihr Wunder (...)[9]

Beschreibung und Deutung gleiten in diesem Text ineinander, denn der ‹teil-
nehmende Beobachter› muss sich (oft vergeblich) anstrengen, um von Zorn und
Eifer frei zu bleiben. Für Gegner des Dritten Reichs stellte es eine schier unerklärliche Provokation dar, dass so viele Anhänger diesem Mann, seiner Partei,
seinem unmenschlichen Programm treue Dienste leisten. Einige Formulierun-
gen legen die Vermutung nahe, dass Ernst Weiss die Hitler-Biographien von
Rudolf Olden (1935) und Konrad Heiden (1936) kennt. Oder drängt die Sache
selbst bestimmte Analogien und Metaphern auf? – Etwa die Feststellung, dass
der Redner Hitler gleichsam in Zungen sprach? Bibelkundige werden an das
Pfingstwunder erinnert, das auch die Apostel in religiöser Begeisterung und
in verschiedenen Sprachen, «in Zungen» reden lässt, was die Unkundigen als
verwirrtes Stammeln hören (Apostelgeschichte 2, 1–13) – wenn es nicht gar
verwirrtes Stammeln ist. Weiss präzisiert: Hitler erbricht sozusagen. Zum Vorschein oder wie bei der Geburt eines Ungeheuers kommt das «Urhafte, Nackte,
Blutige» auf die Welt, das einer «Unterseele» entstammt. ‹Unterseele› dient
als Bild für eine Art Tartaros der sonst weggesperrten schlimmsten Begierden, nur zum Teil übereinstimmend mit dem sachlicher definierten «Unbewussten» Sigmund Freuds oder Goethes Verweis auf eine leere, gestaltlose
Tiefen- oder Höhen-Region, in der die Mütter als ‹Ur-Macht› herrschen (aus
Faust II, V. 6216ff.). Ob sich der Weimarer Dichter diesen Ort wie Weiss als
«schwarz und heiß», also als Hölle vorgestellt hat, bleibt fraglich. Auf die ‹Mütter› spielt Weiss nicht zufällig an: Für ihn wie für viele Zeitgenossen, auch
Glaeser, scheint der allen Menschen gemeinsame ‹Urgrund› eher als weiblich
zu gelten, das different Männliche dagegen (drastisch formuliert) beinahe als
‹Oberflächen-Phänomen›.

Fast typologisch für die literarische Umsetzung der peinigenden und peinlichen ‹bösen Magie› des Volksverführers ist die geschlechtsspezifische Unterscheidung: Die männlichen Berichterstatter werden zwar auch überwältigt,
Frauen indes, zumal jene, deren Lebenshoffnung erschöpft scheint, Herta bei
Glaeser, Angelika bei Weiss, erweisen sich in besonderer Weise als anfällig

---

9   *Bruder Hitler*, S. 199ff.

für diesen ekstatischen Aufruhr, der sie in der Tat mit einem anderen Glauben erfüllt: Als neuer Gott bietet sich ihnen dieser merkwürdige Führer an, der sie in einem kollektiven Orgasmus aufwühlt, in den sie sich willenlos und dankbar fügen. Ungeahnte Daseinslust verwandelt sie zu inständig Hoffenden, die sich von ihrem ‹Erlöser› beherrscht, aber eins wissen mit diesem fatalen Sendboten eines Wunders, das sie kaum mehr zu erwarten wagten. Sind es nur Vorurteile gewesen, die Glaeser oder Weiss dazu nötigten, Frauen als bevorzugte Objekte des Massenwahns auszuwählen – aus heutiger Sicht eine zunächst riskante Zuschreibung? Beruhen die Befunde der Autoren auf eigener Beobachtung? – Die Autopsie war schon vor 1933 und danach selbst jenseits der deutschen Grenzen möglich – dank der Filmaufzeichnungen und Radiosendungen. Dennoch – das sei zugestanden – sind tief verankerte Denk-Schablonen imstande, die Wahrnehmung zu lenken. Zumindest ein Argument mag jedoch überzeugen: Die Raserei, die im politischen Disput der Epoche nicht üblich war, das Extreme und Enthemmte des hypnotischen Agitators könnten vornehmlich jene mitgerissen haben, die sich sonst, den Regeln bürgerlicher Sittsamkeit gehorsam, zum öffentlichen Schweigen oder Verschweigen gezwungen sahen.

V

Noch einige Schritte weiter ging Hermann Broch in seinem nie abgeschlossenen, in drei Versionen vorliegenden *Bergroman*. Die erste Fassung von 1935 trägt den Titel *Die Verzauberung*[10] (ediert von Paul Michael Lützeler). In einer Art Tagebuch-Roman rekonstruiert ein Landarzt die Geschehnisse in einem abgelegenen Alpental. Ein Fremder, Marius Ratti, taucht eines Tages auf und gebärdet sich wie ein messianischer Erlöser – selbst die Gegenwehr der weisen Frau, Mutter Gisson (offensichtlich eine Variation des Wortes «Gnosis») kann nicht verhindern, dass Ratti und sein Goebbels ähnlicher Gehilfe Wenzel die Macht im Tal an sich reißen. Die Ähnlichkeit mit der Machtergreifung und Machterschleichung der Nazis liegt auf der Hand.

Der Siedepunkt wird erreicht, als in einer Art Bergkirchweih eine Jungfrau geopfert wird – damit die Erde entsühnt werde und ähnliches. Die Phraseologie des Ratti umfasst viele agrar-romantische und reaktionäre Verheißungen – als seien sie in ihrer Mehrheit dem «Mythus des 20. Jahrhunderts» (1930) des NSDAP-Parteiideologen Alfred Rosenberg entlehnt. Wie es innerhalb eines folkloristischen Rituals zu einem realen Menschenopfer kommen kann, wird aus der Perspektive des schon gealterten Landarztes detailliert geschildert. Der gelehrte Poet Hermann Broch bezieht sich jedoch nicht auf ein nahe liegendes

---

10 *Hermann Broch: Die Verzauberung*. Hg. v. Paul Michael Lützeler. Frankfurt a. M. 1976.

antikes Vorbild: die Opferung Iphigenies in Aulis durch ihren eigenen Vater Agamemnon, damit der Zorn der Artemis besänftigt werde und das versammelte griechische Heer endlich aufbrechen könne, um Troja zu erobern. Der Opfer-Sequenz in Brochs *Verzauberung* soll ein wenig Aufmerksamkeit gelten, zumal der Roman außerhalb der Broch-Forschung zu Unrecht kaum bekannt ist. Er rekonstruiert nämlich mit beachtlicher Subtilität die inneren Bedingungen ‹faschistischen› Massenwahns.

Broch hat sich im amerikanischen Exil etliche Gedanken über die scheinbar unausweichliche Suggestionskraft der bösen ‹Verzauberer› der Zwischenkriegszeit gemacht. Diese zeit seines Lebens nie oder nur fragmentarisch veröffentlichten Studien sind editorisch unter dem Stichwort «Massenwahntheorie» zusammengefasst worden und eröffnen eine weitausgreifende, wenngleich immer wieder vom Autor selbst korrigierte Systematik. Der Roman könnte als ein der theoretischen Erörterung vorangeschicktes Experiment gelten. Indes ist schon einleitend zu bedenken, dass die Wahl des Schauplatzes – ein Dorf irgendwo in den Alpen – zwar die Einheit des Ortes, die Überschaubarkeit des erzählten Machtwechsels garantiert, aber die Bedingungen der modernen Industriegesellschaft außer acht lässt, die bei der Entstehung der Faschismen eine erhebliche Rolle gespielt haben. Der Rückzug in den Bezirk der Bergbauern erlaubt zwar, die historisch rückwärts gerichteten, an «Blut und Boden» orientierten Siedlungskonzepte der Nazis durch eine realistische Schilderung der ländlichen Verhältnisse zu demontieren, berücksichtigt indes nicht, dass sich diese fatale Machtergreifung im Umkreis der Großstädte eines nicht unbedeutenden Industriestaates ereignete. Die ‹Urlandschaft› von Berg, Wald und Wiese nutzt Broch, um vorzeitliche, mythologische und archaische Motive ins Spiel zu bringen. Diese Poetisierung der Fabel, an tiefere Bedeutung heischenden Assoziationen reich, entzieht ihr nicht unbedingt die Kompetenz zur Zeitdiagnose. Es ist zu vermuten, dass Broch eine gewisse, manchmal geringe Entfremdung von den Realien in Kauf nahm, um die Wiederkehr des ganz Alten zu beschwören: ein gleichsam ‹mythisches Raunen› zu wagen. Auch Brochs Roman präsentiert das Dilemma der Schriftsteller bei der kritischen Abbildung des Dritten Reichs: Erklärungen mit traditionellen Begriffen, die auf der Hand zu liegen scheinen, die die Nazi-Herrschaft sozial deklassieren (*Die Diktatur des Hausknechts*, 1934, Alfred Kerr) oder dämonisieren (*Der Antichrist*, 1934, Joseph Roth), greifen häufig zu kurz und verkennen dann das Besondere und Vieldimensionale dieses Unheilsystems, das sich als Heilsordnung anpries.

Der Landarzt, der Erzähler, erlebt während des Tumults der Kirchweih im Schatten der Berge mehrere Male, dass er gegen seinen Willen mitmacht, dass der «Wahnsinn», der ausgebrochen scheint, auch ihn erfasst: Das ist bereits der Fall beim Brauchtum des Teufelstreibens im Schatten der Acetylenlampen – umso mehr bei der Opferung. Obwohl sonst überlegen und souverän, bei Verstand auf der Seite des guten Prinzips, das hier ohne Umschweife als ‹mütterliche Seinsweise› gesetzt wird, ist er nicht im Stande, sich dem Ritualzauber energisch genug zu widersetzen. Indem er auf die Seite der «Besessenen» gerät, erlebt er deren Empfindungskurve mit: ein Akt der Einfühlung, der vor allem das fundamental Bedürftige und die ausbrechende Panik der in ihrer Mehrheit besinnungslos verzückten Masse wiedergibt. Hinter dem Schrei nach dem Opfer verbirgt sich *Angst*, flutend ohne Horizont, die in symbolischen Handlungen ‹abgeführt› werden soll.

Oft ist nicht zu unterscheiden, ob er Ausrufe der Bauern notiert – was angesichts der hochfeierlichen Wortwahl und mythologischen Anspielungen unwahrscheinlich ist –, oder ob er einer kollektiven Stimmung eine pathetische Stimme verleiht, die ein Vokabular zu Hilfe nimmt, das nicht alltäglich ist und den Einheimischen ohnehin fremd. So wird im Teufelstreiben, einem Spiel, noch die (große) Mutter beschworen – nicht ausdrücklich die Bergmutter Kybele, obgleich sich undeutliche Analogien durch Szenenwahl und Kreislauf-Metaphorik (Rückkehr und Wiederkehr nach dem Vorbild der Jahreszeiten) einstellen wollen:

> Der Mensch ist nur mehr wie eine Insel im Meere der Finsternis, das Licht, das Du (die Mutter) ihm einstens gebracht hast, das hast Du ihm wieder weggenommen, das Erschaffene sinkt wieder zurück ins Unerschaffene, die Pflanzen wachsen wieder in die Kälte der Ozeane zurück, ach, die Tiere verkümmern zum Schlamm des Gewesenen und das Meer ist eine Burg der Finsternis (…) wer klagte? Klagten die Masken? Die Geister? Die Teufel? Der Wald? Klagte der Berg?[11]

Hier mag der Stilwechsel ins Sublime, in die gnostische Vision auch darauf deuten, dass das Ritual den Augenzeugen nicht nüchtern vom Rand aus registrieren lässt, sondern ‹einwickelt›. Die Phantasie von der Rücknahme der Schöpfung (übrigens später in Herman Brochs *Tod des Vergil* als eigentlicher Weg des Sterbens, als Wandlung ins Nichts zurück beschrieben), der hohe, feierliche Ton – all dies sind literarische Techniken der mythisierenden Schreibweise in der Moderne. Der einzelnen Figur wird ihre vertraute Artikulation weggenommen und eine aus verschiedenen Stimmen komponierte über-individuelle künstliche Sprache geschaffen, in der Reminiszenzen an alte Mythologien mit Schlüsselwörtern der Zeit (Blut, Boden) eine Synthese eingehen.

---

11 S. 266f.

Das junge Mädchen Irmgard will sich wie Iphigenie in Aulis – jedenfalls nach dem Verständnis der meisten Tragödien-Autoren, die diesen Stoff in der Nachfolge des Euripides aufgegriffen haben – freiwillig als jungfräuliches Opfer hingeben. Angestiftet von dem durch Marius Ratti verbreiteten Wahn-Sinn versteht sie diesen Akt als Rettungstat. Zudem erfährt das sonst eher schüchterne Mädchen eine fulminante Selbsterhöhung, verstärkt durch die Zustimmung ihres Vaters und vieler in der Dorfgemeinschaft, die sie blind für das eigene Schicksal werden lässt – kann sie nicht als Auserwählte gelten? Die Zeit bis zum Opfer wird für Irmgard und die hypnotische Menge von einer grundlegenden Erwartung strukturiert – es ist die *Erwartung der Erlösung*[12]. Dabei ist nicht klar, wer genau wovon erlöst werden soll, vermutlich alle, und wie der Zustand danach beschaffen sei. Ebenso wenig ist es sicher, dass diese fragwürdige Erlösung auch die *Lösung* aller bedrängenden Konflikte bedeutet. Nur der unbewusste Drang, es müsse *unaufhaltsam* zu einem Punkt kommen, an dem etwas Endgültiges geschehe und der Spielcharakter der Veranstaltung aufgehoben sei, verleiht dem langsamen Fortgang der Erzählung in vielen Schritten seine Spannung. Eine hysterisierte Masse, die sich durch das Opfer eines Stellvertreters oder ‹Sündenbocks› Entlastung von der ‹Erdenmühe› oder sogar Befriedung des äußeren wie inneren Aufruhrs erhofft, ist anscheinend nicht von ihrem destruktiven Vorhaben abzubringen.

Marius, der Einpeitscher und Volksaufwiegler, beschwört eine *Sühne*, die erbracht werden müsse. Der Begriff der Sühne ist ein taugliches Instrument für demagogische Rede: Hier rechnet jemand damit, dass sich unbestimmte Schuldgefühle in der Seele eines Menschen, vielleicht jedes Menschen, ansammeln, manchmal begründet, manchmal unbegründet. Ob man sich nun gegen das Unheimliche, das Unberechenbare des Schicksals wehrt und dadurch Wunden schlägt oder allein durch das eigene Dasein anderen Lebensordnungen Verletzungen zufügt, das womöglich durch religiöse Veranlagung noch empfindlicher gereizte Gewissen kann allzu bereit sein, sich Schuldvorwürfe zu eigen zu machen und Sühneforderungen zu billigen. Man denke etwa an die Geschichte von Josef K. in Franz Kafkas Roman *Der Prozeß* (1925), der vor einem merkwürdigen, meist unsichtbaren Gericht gegen Schuldspruch und Strafandrohung vergeblich aufbegehrt, ohne zu wissen, wodurch er beides verdient hätte. Unter diesen Aspekten: der Erwartung einer Erlösung und des nebelhaften Schuldbewusstseins, das sich der Forderung nach Sühne nicht verschließen mag, entfaltet sich nebenbei eine Naturmythologie, die im Vater den Regenspender und in der Mutter die Erntetragende identifiziert, Himmel und Erde in eine Art mythi-

---

12 S. 267.

sche Konstellation bringt, als habe man es mit ewigen Mächten zu tun, in deren Willen sich der Mensch zu seinem Heil einfügen muss.[13]

Langsam wechselt das Spiel zu einem Ernst, der auch den Erzähler ergreift. Marius hält ein lächerliches Steinmesser hoch, mit dem das Herz des Opfers durchbohrt werden solle. Eigentlich wäre es an der Zeit aufzuspringen und ein lautes «Halt!» zu schreien, damit diese unselige und gespenstische Schaustellung nicht wirklich zu einem tragischen Abschluss führe. Statt dessen entdeckt der Erzähler, der Landarzt, dass ihn «närrische Enttäuschung erfüllt: Mit diesem ungefügen Instrument sollte ein Herz durchbohrt werden? Sollte es möglich sein, eine Gurgel zu durchschneiden?»[14] Ein Wirt, der sich auf die Metzgerei versteht, wild geworden wie die Menge, bietet sich an, das Opfer zu vollziehen – und es wird ihm gelingen. Am Ende liegt ein unschuldiges totes Mädchen auf dem Stein.

Der Landarzt durchleidet zuvor eine Art Schizophrenie: der eine Teil seiner Person wird mitgerissen und will das Ungeheure. Andererseits ist der Landarzt ein gebildeter Konservativer, der ratlos und verschiedentlich ‹gebannt› die Quasi-Liturgie verfolgt, die im Mord mündet. Wie gelähmt folgt er dem offenbar unausweichlichen Gang der Dinge. Um in Erinnerung zu rufen: Die schon von Thomas Mann konstatierte Einsicht wiederholt sich, dass es gegenüber der Verführung durch Hypnose und Massenekstase nicht genügt, nur «Nein» zu sagen, da man «vom Nicht-Wollen seelisch nicht leben könne»[15]. Es muss ein anderes gleichgewichtiges, sogar höherwertiges Ziel verfolgt werden, um zu widerstehen und einzugreifen. Im Erzähler liegen archaische Impulse, die mit der Angriffslust des Massenwahns verschmelzen, und das Bewusstsein, in der Gegenwart der technischen Moderne zu leben, im Widerstreit. Offenkundig fehlt ihm in diesem Moment selbst die Kraft zum Neinsagen, umso mehr der wahrhaft ‹heldische› Mut, sich als ‹militanter Humanist› den Mordgierigen in den Weg zu stellen – aber vielleicht würde auch diese ehrenhafte Handlung nicht den Gang der Dinge verändern. Selbst Mutter Gisson, die ein gegensätzliches Prinzip, ein ‹sanftes Gesetz› im Dialog verficht, wird niedergebrüllt. Gleichsam waffenlos, neigt der Landarzt dazu, sich mit dem Aggressor zu identifizieren:

> Von weit her, von der Straße unten tutet ein Auto und in mir antwortet es «Tu's!», (gemeint ist, dass das Opfer vollzogen werden solle), in mir, der ich da stand in meinem auf Nähmaschinen genähten Anzug, in meinem auf mechanischen Webstühlen gewebten Stoff, geprägtes Metallgeld und ein Messer mit

---

13 S. 271f.
14 S. 273.
15 Thomas Mann: *Sämtliche Erzählungen.* Frankfurt a. M. 1963, S. 558.

der Aufschrift ‹Solingen› im Hosensack, «Tu's!» schrie es in meiner Seele, während die Eisenbahnen und Autos in dieser Welt herumfahren und der Äther voller Radiowellen ist, mein Kopf aber ein Sammelsurium aus ärztlicher Wissenschaft aus vielen Jahrhunderten beherbergt, in mir schrie es «Tu's!», aber doch dämmerte es mir, dass nun der Widder im Gebüsch auftauchen müsste, das Opfer zu ersetzen. War nicht auch Abraham der Widder erschienen, da von ferne eine Ziehbrunnenkette klirrte und ein Schrei eines Lastkamels auf der Handelsstraße ertönte? (...) «Tu's!» brüllte das Leben, brüllte das Heidnische.[16]

Broch zitiert das Abraham-Isaak-Wunder (der Sohn Isaak, schon an den Opferaltar gefesselt, wird durch einen Widder ersetzt, Gott wollte nur den Gehorsam des Patriarchen Abraham prüfen) aus dem Alten Testament 1. Moses, Kap. 22: ein locus classicus der im Zivilisationsprozess so bedeutsamen Wendung vom Menschenopfer zum Tieropfer. Doch der Sprung vom Barbarischen zum Humanen wiederholt sich nicht – offenbar wird er durch religiös getönte Massenekstasen nicht gefördert. Es kommt zum Rückfall hinter die einst schon erworbene kulturelle Sublimation: Statt des Tieropfers gibt es ein Menschenopfer.

Broch schiebt vor den Bericht von der Entsetzenstat noch ein retardierendes Moment ein, in dem er den höchst belasteten Begriff des «Blutes» als Fossil-Kategorie der Vorzeit in einer Art Geistergespräch einführt. Nazis und ihre Vorläufer hatten sich daran gewöhnt, zumal sie der Rassenlehre von wertvollen und weniger wertvollen Stämmen ergeben waren, das Blut als Metapher für völkische Auserwähltheit (oder Verworfenheit) zu verwenden. Ob Erlösung durch Blutopfer möglich sei, wird endlich im Gewirr der meist anonymen Rufe auf der Bergkirchweih zum umfochtenen Argument – wobei die Verteidigung der Mütter und der Erde darauf beharrt, dass durch keinerlei Blutvergießen Erlösung gewährt werde. Marius, der machtversessene Gaukler dagegen, will mit dem Blut etwas reinwaschen[17] – das namenlose Vergehen, das namenlose Sühne einfordert? Der unverhofft einsetzende Regen scheint den Ablauf zu unterbrechen, doch ist dies ein Trugschluss. Der wiederholte Appell des Marius: «Fürchtet Euch!» übertönt das mütterliche «Fürchtet Euch nicht!». Und so erliegt das Mädchen Irmgard dem Zwang der fast alle infizierenden fiebrigen Verrücktheit, selbst als die Besessenheit der Masse nur noch mit banalen Mitteln aufrecht erhalten wird, einem lächerlich heruntergeleierten Ländler als Aufputsch-Musik.

Die in verschiedenen Stillagen schillernde Erzählung bietet dem modernen Leser ziemlich viel Widerstand, vor allem durch ihren erhabenen Tonfall: Brochs

---

16 S. 274.
17 S. 275.

Absicht liegt auf der Hand. Er will das Verdrängte, die tiefere Not, an den Tag bringen. Das lässt sich nicht mit den Mitteln des sachlichen Reports bewerkstelligen. In der Massenekstase, die zum Mord führt, sind Impulse wirksam, die bei oberflächlicher Betrachtung unsichtbar bleiben. Es handelt sich primär um eine fundamentale Daseinsangst, Angst im Dasein, die durch Enttäuschung und Widerstände im alltäglichen Leben der Einzelnen und der Gruppe weiter genährt wird. Die unermessliche Angst gebiert aber auch, ausgleichend, unermessliche Hoffnung – und die Vorstellung, durch die Nachahmung wilder Akte aus der Frühzeit der Stammesgeschichten eine Art Rettung unbeschreiblicher Art herbeizuzwingen. Solches Handeln ist unverkennbar wahnhaft und löst die Fesseln, die zivilisatorische Mäßigung den Einzelnen angelegt hat. Doch die relative Freiheit, die die so ‹Gelösten› als Vorschein der Erlösung zu empfinden meinen, scheint unausweichlich die Katastrophe zur Konsequenz zu haben. Der Mord, so fährt Brochs *Verzauberung* fort, wird strafrechtlich nicht weiter verfolgt, da der Täter in der Nacht selbst zu Tode gestürzt ist, die Furcht der Gemeinde nimmt nicht ab, die Herrschaft des Marius Ratti wächst, Mutter Gisson, die Repräsentantin eines milden Frauenwissens, das bewahren und nicht zerstören will, stirbt am Ende des Romans, der Winter bricht ein.

Die geschichtsphilosophische Perspektive des Buches lässt *keine Alternative* zu den Geschehnissen der 30er- und 40er-Jahre erkennen, zum Voreilen auf die Katastrophe – als sei das Ausscheren des Nationalsozialismus aus dem zivilisatorischen Prozess so gewaltig, dass eine ‹weiche› Rückkehr zum Normalmass nicht vorstellbar sei. Broch würde sicherlich Ernst Glaeser und Ernst Weiss darin zugestimmt haben, dass Menschen, die zutiefst verstört sind und nach einer großen Erlösung verlangen, der Anziehungskraft einer neuen quasireligiösen Macht nicht widerstehen – und viele würdigten Hitler mit demütiger Anbetung, den neuen Drachenkämpfer, den Lanzenreiter, der das deutsche Volk zu rehabilitieren und in Glanz und Glorie zu versetzen versprach. Aus seelischer wie materieller Bedrängnis und Misere wurden Massen wenigstens zu Beginn des Dritten Reichs zur Einwilligung in ein Wahnsystem angestiftet, das nur durch äußerste Gewalt der schnöden Wirklichkeit anzupassen war. An der literarischen Darstellung der entfremdenden Ekstasen durch Verfechter eines ‹kritischen Humanismus› mag bis heute beunruhigen, dass sie keine Gegenkraft mit vielfach anerkannter moralischer Autorität entdecken, kein Dogma und kein Ethos, die dem hypnotischen Taumel vorzeitig ein Ende hätten bereiten können. Broch erlag jedenfalls nicht der Verlockung, wie etliche sozialistische Schriftsteller, dem Stalinismus den Rang einer unverbrüchlich solidarischen Gegenmacht einzuräumen.

VI

Der *Massenfuror*, der auf Zerstörung aus ist, scheint etlichen oppositionellen Autoren der Epoche als ‹*Essentialsymbol*› *für ein verirrtes Volk* zu dienen. Wer selbst so unbekannt gebliebene Werke wie Gerhart Hauptmanns späte griechische Tetralogie aufblättert, findet die Spuren dieses Modells allenthalben, insbesondere in Hauptmanns Version von *Iphigenie in Aulis* (1943 abgeschlossen). Der greise Gerhart Hauptmann (1862–1946) ist für die ins Exil geflüchteten Autoren kein wohl angesehener Dichter mehr. Alfred Kerr, der Weggefährte von einst, sagt sich öffentlich von Hauptmann los, da er ihm mangelnde Standhaftigkeit im Dritten Reich vorwirft.[18] Dies trifft für die ersten zwei, drei Jahre in Hitler-Deutschland zu. Die letzten Werke Hauptmanns, des Achtzigjährigen, besonders die Atriden-Tetralogie, enthalten jedoch existentielle Lamentation und politische Beschwerde, eine Rhetorik der Entzauberung von Gewaltherrschaft, die durch das antikische Stil-Gewand deutlich hindurch schimmern. Obwohl Hauptmann im wesentlichen die Handlungslinie verfolgt, die Euripides in seiner antiken Tragödie vorgegeben hat, sind ihm einige Veränderungen wichtig, die das Drama für die *Zeitklage* öffnen: Hauptmann verstärkt wesentlich die Rolle des Griechenheeres, das in Aulis festsitzt und nicht nur murrt und droht, sondern den offenen Aufstand wagt. Bei Euripides wird diese ins Zügellose schießende Empörung der Masse durchaus reflektiert (vor allem in V, 5) wenngleich lakonisch. Achilles muss dort Klytämnestra berichten, dass alles aufs Opfer dringe, er selbst in Gefahr geraten sei, gesteinigt zu werden, die Schar seiner Myrmidonen habe sich schon gegen ihn gewandt, man wolle ihn nicht mehr hören, er sei von der – Klytämnestra ergänzt kummervoll – «rohen, barbarischen Menge» überschrien worden (in der Übersetzung Friedrich Schillers). Hauptmann beschäftigt sich ausführlicher mit der Psychologie dieser ‹rumorenden Masse›. Dabei greift er ausdrücklich zu apokalyptischem Vokabular, als sei der Aufstand der Unzufriedenen in der Tat Vorzeichen einer großen Krise, einer Art Weltende oder Götterdämmerung.

Schon im ersten Auftritt verkündet eine weise Botenfigur, Kritolaos, unverblümt anschaulich wie ein alttestamentarischer Unheilsprophet, welches Elend über das griechische Heer gekommen sei:

Nach Wasser heulend, schreiend, kreischend, zieht,
von Priestern angeführt, das Volk umher
in Prozession, soweit nicht Raserei
des blinden Wahnsinns es zur Erde schleudert,

---

18 *Alfred Kerr: Ich kam nach England. Ein Tagebuch aus dem Nachlass.* Hg. v. Walter Huder und Thomas Koebner. 2. verb. Aufl., Bonn 1984.

wo es mit blutigen Händen hoffnungslos
nach Wasser gräbt. Mit Jauchzen hub es an![19]

Hauptmann deutet eine Hungerrevolte an – ihm ein geläufiges Motiv seit den
Tagen der *Weber* (1892). Hungerrevolten mündeten in die Französische Revolution von 1789 oder in die Revolution von 1848. «Der Würger Hunger»[20] ist
aber – Kritolaos sieht das als scharfsichtiger Beobachter (in II, 6) – nicht allein
daran schuld, dass die Menge willens zu sein scheint, «Weib und Kind» hinzu-
schlachten, nur damit sich ihr Schicksal wende. Wenn Menelaos wenig später
(in I, 2) davon spricht, dass der «schwarze Wahnsinn» im Volk wachse, so dass
beinahe alle, mit Ausnahme weniger Zögernder, bereit seien, ein Menschenopfer zu verlangen – nämlich das von Agamemnons Tochter Iphigenie, da sich
nach der Aussage des Orakels, die der Seher Kalchas nicht uneigennützig verbreitet, durch den blutigen Ritus auf dem Altar der Artemis alles zum besseren
wenden würde und die Griechen endlich nach Troja aufbrechen könnten. Dass
durch ein solches Menschenopfer ganz Hellas geschändet werde, ist den Heer-
führern Agamemnon und Menelaos und ihrer Entourage völlig bewusst. Wie
also wäre der in der Weissagung geäußerte Götterwille zu umgehen? Seine Idee,
das Heer abzudanken und sich dann selbst umzubringen, verwirft Agamemnon
bald selbst. Klytämnestra, seine Frau, reagiert besonders heftig auf Kalchas, den
trugvollen ‹Hohepriester›, der den «grausig überlebten Brauch / vertierter Völker» erneuern will. Er, Kalchas, der «Bluthund», möge doch selbst als erster
geopfert werden (II, 3). Klytämnestra begreift die Affäre als persönliche Intrige
des Sehers, der früher vergeblich um Iphigenie geworben habe und nun eine
infame Rache im Sinn hege.
    Doch ist mehr im Spiel, ein größerer Schatten wirft sich auf die Ereignisse
und droht allgemeine Verderbnis und Zusammenbruch an (selbst eines tau-
sendjährigen Reiches). Apokalyptische Plagen sind üble Vorzeichen: die Erde
bebt, Mauern schwanken, Städte zerfallen, sogar Sterne verlassen ihre Bahn:

Die Erde hat gebebt. Der Menschen Städte
erzittern, fürchten ihren Untergang.
Was für die Ewigkeit gemauert schien,
zerbröckelt knisternd, knirschend und wankt im Grund.
Die Sterne werfen sich aus ihren Bahnen,
die Erde fiebert und der Mensch mit ihr.
Die Götter kommen wiederum zu Ansehen,

---

19 Gerhart Hauptmann: *Iphigenie in Aulis.* Zit. nach: *Iphigenie.* Hg. v. Joachim Schondorff. München / Wien 1966, S. 183.
20 S. 219.

die man im Wohlergehen fast vergaß:
sie zeigen drohend sich all überall
dem Menschenvolk, das nun voll jähen Schrecks,
all überall auf seine Götter stößt. (...)
Was ist der Aufruhr anderes denn im Heer
Als todesangstgenährte Raserei?[21]

Hunger und Todesangst: Der eklatante Mangel an Nahrung treibt ebenso zur Verzweiflung wie die damit verbundene seelische Panik vor dem Ende dieser gewohnten Welt. Wer genau hinhört, könnte – ich denke zu Recht – vermuten, dass Kritolaos nicht einen Zustand vor dem Krieg, sondern den Zustand im Krieg beschreibt, kurz vor dem ‹totalen› Desaster.

Hauptmann zeigt das wildgewordene Volk in Aktion, in «todesangstgenährter Raserei» auf offener Szene. Die Menge führt den noch human gesinnten Menelaos in Fesseln herbei und ruft dazu auf, ihn zu steinigen (bei Euripides gerät Achill in diese Zwangslage). Wegen der Menelaos entlaufenen schönen Helena «Blut, Schweiss und Tränen» (Winston Churchill)? Die Aufrührer ahnen nicht, wie viel sie davon noch vergießen werden. Selbst die Gegenwehr des Menelaos, der die Meute beschuldigt, sie seien drauf und dran, die Seele Griechenlands zu würgen[22], lässt sie nicht in ihrem Furor inne halten. Ein Herold berichtet, dass der Aufruhr wächst. Kriegsvolk und Sklaven durcheinander verbünden sich in einer Notgemeinschaft. Ihr wütendes Geschrei gilt nicht nur dem einen, Menelaos. Die revolutionäre Parole lautet «Tod den Fürsten»[23], die «Blutsauger des Volkes» sollen endlich vernichtet werden.

Hauptmann entfaltet die Vielstimmigkeit der Wortführer. Es sind Rufer zu hören, die Gerechtigkeit verlangen, während andere (oder sind es etwa dieselben?) dazu auffordern, keine Jungfrau leben zu lassen. Steine fliegen, der Herald kann noch herausstottern:

Furchtbar im Lager wütet dieser Wahn:
wo sich ein Mägdlein irgend zeigt,
es muss sogleich den Tod erleiden. (IV, 1)

Doch dann erfährt die Stimmung des Volkes eine überraschende Horizonterweiterung – genießt doch das Volk auf der Bühne, diese Dramatis persona, seit Shakespeare den zweifelhaften Ruf, in seiner Gesinnung höchst wankelmütig

---

21 S. 218f.
22 S. 240.
23 S. 241.

und schwankend zu sein. Ecco. Der Protest gegen die Fürsten fließt bruchlos über in die Vision des Friedens, des Rückzugs in die ländliche Idylle des ‹goldenen Zeitalters› – der Frieden ist anscheinend nur zu erreichen, nachdem man die tyrannischen Kriegstribunen ins Jenseits geschickt hat:

> Die Fürsten sind Verräter allesamt! –
> Ja sie belügen und betrügen uns!
> Gewalttat, Raub und Mord ist ihr Geschäft!
> (...)
> Wir wollen keinen Krieg, wir wollen Brot! –
> Der Pflug soll herrschen, blühen soll der Karst!
> Auf, auf zur Heimat! – sind wir Fische? Nein! –
> Wir brauchen fetten Acker, nicht das Meer! –
> Tod, Tod den Fürsten! – Schlagt die Fürsten tot! – [24]

Hauptmann sieht diese Attacke des Volkes durch die misslichen Umstände bedingt. Am Anfang, heißt es, war der Jubel groß, als die Griechen sich versammelten für einen Beutezug gegen Troja, bei dem sie hofften, mit Gold und Schätzen auf schwer beladenen Schiffen triumphierend nach Hause zurück zu kehren. Nun hat sie selbst der Menschheit ganzer Jammer erfasst, den sie anderen zumuten wollen. Manche Zuschauer der Uraufführung im Wiener Burgtheater am 15. November 1943 mochten vielleicht an die Hungerjahre in der letzten Phase des ersten Weltkriegs, an die gesellschaftlichen und wirtschaftlichen Erschütterungen in der Zeit danach, an die Bomben denken, die gerade auf deutsche Städte fielen. Als Grundton des Stückes klingt das Entsetzen darüber an, dass die Welt aus den Fugen geraten sei – und niemand da, sie wieder einzurichten. Dabei mag der Schlachtruf gegen die Fürsten nicht nur im Zusammenhang des Dramas und seiner geschlossenen Welt, sondern auch als übertragbare Parole verstanden worden sein. Der vehemente Appell, einer Herrschaft zu Leibe zu rücken, die nach Auffassung der unfreien Subjekte ihre Legitimation verloren hat, schwebt als Geist der Empörung gleichsam über den Wassern, verschiebbar auf der Landkarte oder der Zeitskala, wohl Ausdruck des Massenfurors – aber auch eines bedenkenswerten Zorns auf die Kriegsherren.

Als Agamemnon dem Volk mitteilt, dass sich Iphigenie freiwillig zum Opfer bereit erkläre, setzt eine weitere Kehrtwende im Verhalten des Volkes ein. Die Regieanweisung ‹meldet› einen Akt inbrünstiger Untertänigkeit – und beinahe widerlicher Devotion: «Ein ungeheurer Paroxysmus der Rührung und des Weinens. Man kniet nieder, stürzt nieder, kriecht zu Iphigenie heran, küsst ihre

---

24 S. 242f.

Hände.»[25] Selbst der finstere und scheinbar unerschrockene Seher Kalchas fühlt sich erschüttert. Wahnsinn: ein stets wiederkehrender Begriff im Drama, der die Geistesverfassung der Menge und einzelner kennzeichnet. Es kommt zur unvorhersehbaren Vertauschung der Positionen: Agamemnon hat eben noch den heiligen Wahnsinn beklagt, dass man einen Menschen opfern müsse, um die Götter milde zu stimmen, und darum gefleht: «Gib uns der Menschheit wieder, wenn dein Fest / den grausen Todeshunger dir gestillt hat!»[26] Agamemnon, der erklärt hat, er wisse nichts von Strafe, ihm ginge es um Versöhnung, spricht plötzlich in einem neuen Ton, als sei der Kriegsgott Ares in ihn gefahren und habe alle zivilistischen Zweifel ausgetrieben. Kalchas hat sich in anderer Weise verwandelt, er fürchtet nun den Mord an Iphigenie und glaubt, das strenge Gebot der Artemis sei durch Zeus selbst außer Kraft gesetzt. Der Betreiber des Menschenopfers, der Priester, will auf einmal den Unheilsprozess aufhalten – vielleicht durch den Eindruck der traumverlorenen Iphigenie berührt, die nicht weiss, worein sie einwilligt. Vergebliche Mühe. Agamemon ist, wie Kritolaos berichtet «fast stumm gekettet an die innere Wut. / Er weiß nichts mehr von sich!»[27] Er sei «ganz nur noch Schlachtenlenker, Held und Herr!»[28]

Noch einmal tritt Iphigenie auf, schlafwandlerisch. Ihr Auftrag, so schreit sie dämonisch, sei, durch ihren Tod den Griechen Sieg zu verbürgen. In Trance versunken, murmelt sie die Worte des Achilles, der ihr als Gemahl zugedacht war und durchaus friedliche Gesinnung geäußert hat – indem er, selbst er, die hehren Kampfziele als trügerisches Blendwerk entlarvt:

Was geht uns Troja an? Was Helena?
Was leerer Ruhm und schmerzvoll-blutiges Kriegsglück?
Wir zeugen uns ein friedliches Geschlecht,
das lang und selig leben soll im Lichte! [29]

Diese Zeilen erinnern an Franz Grillparzers pessimistische Vanitas-Warnung:

Was ist der Erde Glück? – Ein Schatten!
Was ist der Erde Ruhm? – ein Traum!
(...)
Der Traum ist aus, allein die Nacht noch nicht. [30]

---

25 S. 244.
26 S. 245.
27 S. 250.
28 Ebd.
29 S. 253f.
30 Aus: *Medea* (1822). Letzte Worte der Protagonistin, an Jason gerichtet.

Die Hoffnung trügt, dass angesichts all dieser Warnungen und Visionen eines friedlichen Lebens in idyllischer Welt der trojanische Krieg nicht stattfinden könnte, Agamemnon ist zu einem Kommandeur-Automaten geworden, nicht mehr derselbe, der er zu Beginn gewesen ist, ein zögernder Mann, der vor den Konsequenzen des angeblichen Götterauftrags zurückschreckt. Von Ares in Besitz genommen, als habe sich ein schlimmer Dämon seiner bemächtigt, will er den Krieg und schlachtet das Opfertier hin – ohne zu merken, dass es nicht mehr Iphigenie ist, sondern eine Hirschkuh, denn seine Tochter ist in der Zwischenzeit per Schiff nach Tauris entronnen. «Blind und rasend» habe er, so berichtet Kritolaos, mit den Messern auf die Hirschkuh eingestochen, «nicht ahnend von dem Irrtum».[31] Während das Tosen des Volkes wächst, tritt Agamemnon – «in einem ekstatisch-überirdischen Zustand»[32] – unter sie und ruft das Heer auf, mit ihm, nach Troja zu ziehen. Die Raserei hat auf den Anführer übergegriffen. Agamemnon überschreitet die Schwelle ins Unmenschliche.

Obwohl es Augenblicke gibt, in denen eine Unterbrechung, eine Abkehr, eine Besinnung möglich scheinen, verschwindet doch das *Gespenst der destruktiven Raserei* nicht völlig. Es kann von Mensch zu Mensch springen, hat aber seinen Ursprungsort bei der Menge – die das eine Mal vor Hunger und Hass explodiert, das andere Mal winselnd weinend ‹zu Kreuze kriecht›. Die Besessenheit setzt also die Maske verschiedener extremer Affekte auf.

Ähnlich wie Hermann Broch in *Die Verzauberung* betont auch Gerhart Hauptmann das *Unausweichliche des Verhängnisses*. Es mag der Logik der Tragödie zuzurechnen sein, dass simple Auswege bei der zum Schrecken voreilenden Handlung nicht in Betracht kommen. In der Zwangsläufigkeit der Konstruktion drückt sich aber womöglich auch das Verständnis eines Schriftstellers aus, der sein eigenes Land, um figürlich zu sprechen, von Dämonen umschlungen sieht, das in die Tiefe stürzt: «über einem Auge die Hand und mit dem anderen ins Grauen starrend, hinab von Verzweiflung zu Verzweiflung. Wann wird es des Schlundes Grund erreichen?» (Thomas Mann[33]) Der Vergleich zwischen dem Deutschlandroman des Exilautors, *Doktor Faustus* (1947), und dem Griechendrama des ‹inneren Emigranten› Gerhart Hauptmann sei unter diesem Aspekt riskiert, dass beide Ohnmacht dem Fatum gegenüber formulieren.

---

31 S. 259.
32 Ebd.
33 Thomas Mann: *Doktor Faustus*. Frankfurt a. M. 1967, S. 676.

VII

Die Tragödie *Die Bakchen*[34] des Euripides ist wohl das erste literarische Zeugnis, in dem die Zwiespältigkeit des Rasens, der Massenwahn, auch der Wahn, der den einzelnen in fataler Weise umfängt, zum großen Thema wird. Das Alterswerk des Euripides, nach seinem Tod erst 405 v. Chr. in Athen aufgeführt, verblüfft bis heute durch die raffinierte Methode, jeder Seite Recht zu geben und zugleich Recht abzusprechen, so dass ein schnelles Urteil weder im Stück angeboten wird noch danach vom Publikum zu fällen ist. Dionysos, der Gott, kommt aus Kleinasien, um den Triumphzug seines neuen Glaubens auch in Griechenland fortzusetzen. Theben ist für ihn ein besonderer Ort: Dort starb seine Mutter Semele durch einen Blitz, den der Göttervater gesendet hat. Zuvor aber habe er sie mit einem Kind beglückt: Dionysos. Die skeptischen Schwestern Semeles, Agaue, Antinoe und Ino, trauen dieser ‹Ursprungsfabel› nicht und verstehen den Blitz, der als Eingriff von oben nicht weiter bezweifelt wird, eher als Strafe für die Überheblichkeit der Semele, Zeus als Vater anzugeben. Dafür werden sie und andere Frauen, dies scheint die erste Tat des Dionysos zu sein, auf den Kithairon, in den Bergwald geschickt, damit sie nach Art seiner Mänaden dort in Verzückung geraten und die Polis meiden. Der junge König Pentheus, Sohn der Agaue, kehrt nach Theben zurück und ist mit dieser Auswanderung eines nicht unerheblichen Teils der Frauen aus der Stadt in die freie Natur wenig einverstanden. Als ziemlich starrer Ordnungspolitiker setzt er alles daran, Dionysos und seine Gefolgschaft festzusetzen. Er denkt sogar daran, die tollkühnen Abweichungen von alten Regeln gerichtlich mit der Höchst-, der Todesstrafe zu ahnden.

Pentheus ist psychologisch ein erstaunlich moderner Charakter: nach außen hin ein ruppiger Vertreter von «Law and Order», innerlich davon überzeugt, dass die entlaufenen Frauen sich Lüsten aller Art hingeben und Unzucht mit Buhlen treiben (woher die immer kommen mögen). Dionysos, der auf der Bühne als Mensch auftritt und gleich in seinem Prolog verkündet, dass er diesen Streiter gegen sich, den König Pentheus, vernichten werde, widersteht jeder Einkerkerung und verblüfft den Chor seiner Anhänger, die ihm aus Kleinasien gefolgt sind, durch Wunder und Zeichen: als eine Art ‹Entfesslungskünstler›, der dazu noch Mauern einstürzen lässt, beweist er seine göttliche Macht, der irdische Gefängnisse und Fesseln nichts anzuhaben wissen. Dionysos ist, wie jeder gute Intrigant, einfühlsam genug, um die geheime Gier des Pentheus aufzuspüren, die ihn erotische Vereinigungen aller Arten zwischen den Frauen auf dem Berghang vermuten lässt – obwohl ihn Dionysos, im Tonfall des Tugendpredigers, daran erinnert, dass tugendhafte Frauen tugendhafte Frauen blieben,

---

34 Zit. nach der Übersetzung von Oskar Werner. Stuttgart 1976.

auch auf dem Kithairon. Der Gott überredet, scheinbar kooperativ, doch in tückischer Absicht, ein vollkommener Heuchler, Pentheus dazu, doch Augenzeuge sein zu wollen. Das werde indes nur gelingen, wenn der König sich selbst als Mänade verkleide, also zum Transvestiten werde, da er als Mann unter den Bacchantinnen unzweifelhaft in Gefahr gerate. Pentheus bleibt ziemlich harthörig einem Boten gegenüber, der seinen Verdacht, da draußen wälzten sich die Leiber übereinander, außer Kraft setzt: ganz züchtig und keusch gehe es da zu. Erst, als Bauern Agaue einfangen wollten, hätten die Mänaden als Kollektiv eine Art Gegenwehr geleistet und wären dabei höchst grausam vorgegangen, hätten Rinder bei lebendigem Leib zerrissen und die Männer mit Thyrsusstäben als Lanzen in die Flucht geschlagen. Pentheus könnte also außer seinem vor ihm selbst versteckten Begehren noch die Pflicht des Königs ins Feld führen, solchen Aufruhr vor den Toren um des Landfriedens willen mit Waffengewalt zu beenden. Er entschließt sich zur Variante, sich als Voyeur einzuschleichen. Pentheus, der Unbelehrbare, Opfer seines unbezähmbaren Dranges, endlich Zeuge von Orgien zu werden, ein puritanischer «Hexenjäger», den es gelüstet, sich auf das streng Verbotene einzulassen. Hat er schon nicht aufmerksam dem zugehört, was ihn ein neutraler Berichterstatter wissen lässt, so ist auch alsbald sein Sehvermögen getrübt. Als er wieder aus dem Palast tritt, im Frauengewand, mit den Attributen einer Mänade ausgestattet, ist ihm bereits der Sinn so sehr verwirrt, dass er alles doppelt sieht und in Dionysos den Stier.

Das Publikum kann den Fortgang der Handlung nicht auf der Szene verfolgen – ihm wird das Schreckliche berichtet: Pentheus wird von Dionysos auf die Spitze einer Fichte gesetzt, damit er von dort aus Einblick habe. Gleichzeitig verrät ihn die Stimme des Dionysos, so dass die Mänaden mit vereinter Kraft und Wut den Baum schütteln und über Pentheus herfallen, ihn auf schmähliche Art zerreißen, als sei er ein Tier. Kadmos, der Großvater, und sein greiser Altersgenosse Teiresias, der blinde Seher, haben frühzeitig den Kult des Dionysos anerkannt, vornehmlich aus politischen Motiven, um Zwist zu vermeiden. Sie haben sich Thyrsusstäbe besorgt und wollen in den Tanz der Begeisterten einfallen, so schwer es ihnen, den offenbar durch Altersbeschwerden gehbehinderten Herren, auch gelingen mag: die vorzeitigen Überläufer, die eifrig gehorsamen Opportunisten als (vorübergehend) komische Narren. Autoritätsverlust, zumal der Männer, allerorten. Kadmos nun ist es auferlegt, das Ende der Herrschaft seines Hauses als erster zu erkennen. Obwohl er selbst, Dionysos den Weg nach Theben ebnen wollte, wird auch er am Ende ins Exil geschickt – das geringere Übel angesichts eines zerrissenen Enkelsohns und einer geistig zerrütteten Tochter. Denn Agaue glaubt, das Haupt in ihrer Hand sei ein Löwenhaupt. Erst allmählich «sieht» sie, in mehreren Anläufen, dass es das Haupt ihres Sohnes Pentheus ist, den sie selbst im Wahn, es ginge nur um eine Tierhatz, umgebracht hat. Triumphierend bleibt ein neuer Gott zurück, dem immerhin von Kadmos vorsichtig zwei Mal vorgehalten wird, dass er die Familie doch allzu hart bestrafe und es den Göttern vielleicht nicht zieme, im Zorn den Menschen gleich zu sein (V. 1346 und 1348).

Die Einwände des Kadmos verfangen nicht: erstens, weil er nicht an ein höheres Gericht appelliert, sondern an den eigensüchtigen Interessenvertreter Dionysos, der einen Machtkampf gewinnen will, deswegen grausame und grauenhafte Späße mit seinen Gegnern spielt und ihnen unverhältnismäßig hohe Strafen auferlegt – nach seiner Aussage nur dafür, dass man ihn, den Eroberer, in Theben nicht rechtzeitig respektiert hat, ebenso wenig seine Mutter Semele.

Gibt es Schlimmeres für eine Mutter, als in verblendetem Zustand das eigene Kind zu massakrieren? Der Respekt vor dem Leben der Kinder wird in der mythologischen Überlieferung der antiken Griechen mehrmals außer Kraft gesetzt. Kronos verzehrt seine Kinder, weil er fürchtet, von einem von ihnen entmachtet zu werden. Wenn Medea ihre beiden Kinder tötet, tötet sie vor allem die Kinder von Jason, ihrem untreuen Mann, den sie auf diese Weise verletzt. Aber ist Medea nicht barbarischer Herkunft, die verständlich macht, dass sie Hand an die jungen Menschen legt? Auch Dionysos scheint nicht intern griechischen Ursprungs zu sein. Im Drama jedenfalls wandert er von außen ein.

Zweitens fruchtet der Appell des Kadmos an den Gott wenig, sich doch im Zorn nicht so zu verhalten, wie gewöhnliche Menschen es tun, da diesem Gott die Möglichkeit der Nachsicht, des Verzeihens überhaupt nicht in den Sinn kommt. Indes wird Großmut den griechischen Göttern ohnehin sehr selten zugesprochen, jedenfalls nach Auskunft der attischen Tragödien und mancher Heroen- und Titanenviten (Prometheus, Odysseus). In den meisten Fällen drängen die Olympier auf eine Überkompensation der von Menschen begangenen Delikte und erscheinen daher als beinahe unbegreiflich erbarmungslos und unversöhnlich (so etwa Artemis in der ebenfalls postum aufgeführten *Iphigenie in Aulis* des Euripides).

Die Erfahrung des Fremden im Griechentum als Schock: Als Gerhart Hauptmann Anfang des 20. Jahrhunderts eine Frühlingsreise nach Griechenland unternahm, begegnete er der Welt der griechischen Tragödie mit wachsender Verstörung. Mißt er zunächst einmal – als Leser von Friedrich Nietzsches *Geburt der Tragödie aus dem Geist der Musik* (1872) und Erwin Rhodes *Psyche* (1891/94) – der Verehrung von Demeter und Dionysos «ekstatische Schmerzens- und Glücksraserei»[35] zu: also das paradoxe Gemenge von extremen Leibgefühlen, Qual und Euphorie, so ringt er sich später – als die Reisenden Delphi

---

35 Gerhart Hauptmann: Griechischer Frühling (1908). In: *Gerhart Hauptmann. Das erzählerische Werk*. Bd. 6. Frankfurt a. M. 1982, S. 59.

besichtigen – zur Ansicht durch, dass das Menschenopfer «die blutige Wurzel der Tragödie sei»[36]. Alle früher gezogenen Vergleiche der altgriechischen Mysterien mit dem Christentum («Brot, Wein und Blut»)[37] fallen dahin, als er sich ausmalt, dass die «Dünste der chthonischen Quellen von einem furchtbaren Wahnsinn schwanger»[38] seien. ‹Wahnsinn›, vor dem man sich in acht nehmen müsse – Hauptmann versteht Wahnsinn als Inbegriff des Grauens vor der Verwandlung ins Bestialische. Er imaginiert im antiken Theater den

> furchtbaren Schrei des Menschenopfers unter der Hand des Rächers (…) die Chorklänge der Angst, der Drohung, der schrecklichen Bangigkeit, der wilden Verzweiflung und des jubelnden Bluttriumphs.[39]
> Eine wahre Tragödie sehen hieß, beinahe zu Stein erstarrt, das Angesicht der Medusa erblicken, es hieß, das Entsetzen vorwegnehmen, wie es das Leben heimlich immer, selbst für den Günstling des Glücks, in Bereitschaft hat.[40]

Hauptmann spricht sogar von der «Schlachthausromantik in heiligen Bezirken», der «süßliche Dampf des Bluts» mag Fliegen, Götter, die «Menge der Menschen», selbst die Schatten des Hades (in der Reihenfolge) angelockt haben. Im Theater in Delphi müssen «furchtbare Hilfeschreie» zum Himmel der Götter aufgestiegen sein – dass allenthalben «unrettbarer Wahnsinn»[41] lauerte, ist dem nachdenklichen Betrachter gut vorstellbar. Nietzsches Jubel bei der Begrüßung des Dionysischen als des Elements, das «Ja-Sagen ohne Vorbehalt, zum Leiden selbst, zur Schuld selbst, zu allem Fragwürdigen und Fremden des Daseins selbst», ein «Ja zum Leben»[42] verheißt, dieser Jubel in seiner abstoßenden Forciertheit ist bei Hauptmann vollständig verflogen.

Auf die unvermeidliche Gefahr hin, dass ich den alten Text auf Kategorien von heute verkürze und das ‹Andere› eingemeinde, fahre ich fort: Selbstgerecht, bei diesem Herrn nicht anders zu erwarten, reagiert der Chor der mitgereisten Anhängerinnen. Nicht nur, dass sie ihren Meister auffordern, seine Vergeltung brutal und tödlich auszuüben, sie übernehmen auch die höhnische Ironie des Dionysos, wenn sie die Rückkehr der verrückten Agaue kommentieren:

---

36 A.a.O., S. 79.
37 A.a.O., S. 59.
38 A.a.O., S. 80.
39 Ebd.
40 Ebd.
41 A.a.O., S. 81.
42 Friedrich Nietzsche: Ecce Homo. In: *Friedrich Nietzsche: Werke*. Bd. 2. Hg.v. Ivo Frenzel. München 1967, S. 438.

Preiswürdigen, schönen Sieg habt ihr errungen, Sieg,
der Stöhnen, Tränen bringt!
Ein schöner Kampf, ins Blut die mordtriefende Hand,
ins Blut tauchen des Kinds![43]

Auch später wissen sie Kadmos nur banal und beiläufig zu trösten:

Dein Los zwar schmerzt mich, doch Dein Enkel ward
gerecht bestraft, wenn es auch schmerzlich ist für Dich.[44]

Eine Art von Zärtlichkeit findet sich einmal im Drama: als Kadmos sich an den
Schutz erinnert, den Pentheus ihm gewährt hat, an dessen unerwartet innige
Fürsorge für einen alten Mann.

Nicht mehr berührst mein Kinn du künftig mit der Hand,
Nennst mich ‹Großvater›, schlingst den Arm um mich und sprichst:
«Wer tut Dir unrecht, Alter, wer beleidigt Dich?[45]

Bei einem Drama, das so methodisch die gegnerischen Positionen sogleich als
mangelhaft und anfechtbar darstellt, könnte man sich mit Erich Kästner fragen:
Wo bleibt das Positive? Pentheus ist ein eifernder Tyrann, der seine sexuellen
Phantasien durch hochfahrende Drohgebärden unterdrückt, Dionysos, ein bös-
artiger Ironiker, der unter dem Anschein hilfreicher Vermittlung, als Mentor
sein Opfer in den sicheren Tod schickt, der Chor parteilich, der die mörderische Heimtücke des Dionysos rückhaltlos rechtfertigt. Die verzückten Frauen
im Bergwald fühlen sich, wenn man dem Boten glauben darf (und wem außer
ihm soll man wirklich glauben?) durchaus wohl: Sie scheinen sich in ihrer Pas-
torale zwischen Wald und Wiese in sanfter Eintracht zu ergehen. Zu fragen
bleibt, wann dieses Ritual, das Lustwandeln im Garten der Natur, ein Ende findet. Denn offensichtlich ist Dionysos nicht der Herr, der die Lilien auf dem
Feld und die Vögel füttert, so dass sie nicht für ihre Zukunft sorgen müssen.
Unbestreitbar, dass die ‹gottbesessenen› Frauen eine Art Gegenwelt bevölkern
zur konservativen, männerbestimmten Struktur der Polis – die Pentheus mit
radikalen Sprüchen, aber faktisch unbeholfen zu verteidigen gedenkt. Die Frie-
denssphäre der arkadischen Seelenruhe auf dem Kithairon, wird sie in irgend
einer Weise gestört, kippt alsbald in eine Schreckenssphäre um, in blinde Zer-

---

43 V. 1161 ff.
44 V. 1327f.
45 V. 1318–1320.

störungswut: zwei Gesichter desselben? Eine Allegorie der ewigen Zwietracht, die Versöhnung zwischen den Gegensätzen nicht zulässt? Findet sich dieses Entweder-Oder im Schneetraum des Hans Castorp in Thomas Manns *Zauberberg* (1922) wieder, der zunächst das allegorische, idyllische Sonnenland mit Jünglingen, die ihre Pferde am Meeresrand entlang führen, und Mädchen, die Reigen tanzen, vor Augen hat und dann bei einer Kehrtwendung im Tempel den abscheulichsten Kindermord durch widerwärtig hässliche Hexen erleben muss. Das Privileg des Sich-gelöst-Empfindens, gelöst an Haupt und Gliedern, das die Teilnahme an dem Fest des Dionysos angeblich gewährt, verhindert nicht, dass die mitreisenden Anbeter des neuen Gottes imstande sind, unmäßige Verwünschungen auszustoßen, die sich gegen die Widersacher ihres Idols richten.

Unter keinem Aspekt zeichnet sich in den *Bakchen* des Euripides ein Prinzip Hoffnung ab. Selbst die auf etlichen Vasenbildern als unbeschwerte Tanzorgie dargestellten Dionysosfeiern (an denen die Mänaden wie die Satyrn und Silenen teilnehmen) will Euripides in seinem Spätwerk nicht gelten lassen: die Raserei, zu der er die bestraften Frauen verführt (wie weit sich diese Raserei von der normalen Euphorie der Mänaden unterscheidet, ob graduell oder qualitativ, ist mit Sicherheit nicht auszumachen), führt zu einem fatalen, einem tödlichen Ende. Das Außer-sich-Sein der von Dionysos' Hypnose ergriffenen Menschen entfremdet sie in der Tat von ihrer alten Identität, selbst wenn diese Identität nur eine soziale Charaktermaske gewesen sein mag wie bei Pentheus. Doch die Verwandlung in ein Anderes stellt nur vorübergehend einen Segen dar. Denn nach der kurzen Zwischenphase einer täuschenden Seligkeit, einer seligen Täuschung setzt das Furchtbarste ein: blindwütiger Mord. Es fällt einem altabgelagerte Spruchweisheit ein, gewiss verfängliches Material, etwa Friedrich Schillers lakonisches Urteil (das sich ihm beim Bericht über die Exzesse in Paris während der Jahre der französischen Revolution aufdrängte): «Jedoch der schrecklichste der Schrecken, / das ist der Mensch in seinem Wahn.» (Lied von der Glocke, V. 377/78).

VIII

Als wollten sie dem Werk des Euripides zur Deutlichkeit verhelfen, greifen Wystan Hugh Auden und Chester Kallman zu Beginn der 60er-Jahre den Bakchen-Stoff auf und schreiben ein Libretto in vier Sätzen und einem komischen Intermezzo für den Komponisten Hans Werner Henze. Die so entstandene und 1966 in Salzburg uraufgeführte Oper heißt *Die Bassariden*. Das bezeichnende Motto ist einem Gedicht Gottfried Benns entnommen und lautet: «Die Mythe log…». Auden (1907–1973), ein zeitkritischer Lyriker und Schriftsteller, der sich politischem Engagement nicht verweigert hat (Teilnehmer am Spanischen Bürgerkrieg auf der Seite der Republikaner), betont die moralische Fragwürdigkeit der religiösen Ekstasen. Seine satirische Haltung ist unverkennbar, sie erfasst sowohl den Protagonisten Dionysos und die Seinen, als auch den Antagonisten Pentheus und die Bewohner von Theben. Im Licht vertiefter Psychologie von Tätern und Opfern, von Siegern und Unterlegenen, wird im Stück mehrfach demonstriert, dass die Menge sich bevorzugt auf die Seite der Erfolgreichen schlägt, seien es auch flamboyante Sektierer.

Gleich zu Beginn – die Regieanweisungen im Libretto sind ausführlich – wenden sich die Bürger Thebens, die soeben noch dem neuen König Pentheus gehuldigt haben, nacheinander dem Dionysos zu und nehmen erregt an dem Auftritt dieses Herrn und seiner Garde Anteil. Später im vierten Satz und Schluss kulminiert dieser Wankelmut darin, dass alle plötzlich nicht schuld sein wollen: Antinoe kehrt sich von ihrer älteren Schwester Agaue ab: überhaupt sei es nicht ihr Wille gewesen, sie habe sich schon früher gegen Agaue nie durchsetzen können. Die Bassariden, sprich die Mänaden, erklären frank und frei, sie seien weit entfernt vom Tatort gewesen, hätten voller Unschuld und glücklich getanzt, nichts gesehen und nichts gehört und an dem gesetzlosen Rasen der Agaue keinerlei Anteil gehabt – sie treffe keine Schuld.[46] Diese flinke Abwehr jeglicher Verantwortung kommt einem nach 1945 sehr bekannt vor («Hitler ist schuld, wir sind es nicht»). Teiresias, der blinde Seher, fügt nachdrücklich hinzu, dass das Schicksal des Pentheus zwar hart sei, doch gerecht. Indes fühlt er sich persönlich verletzt, habe doch Pentheus sein Ohr vor den Warnungen des Teiresias verschlossen. Mänaden und Einwohner Thebens werden als willfährige Opportunisten disqualifiziert. Ein besonderer Exponent charakterloser Dienstbarkeit ist der Hauptmann, er gehorcht jedem, der gerade im Stande ist, ihm Befehle zu erteilen, zuerst ist dies Pentheus, später Dionysos.

Die Figur des Dionysos wird wagemutig interpretiert: War sie schon bei Euripides mit Locken versehen, die dem äußeren Erscheindungsbild eine weibliche Linie aufprägten, so wird sie von Auden und Kallman ins blasiert Dandyhafte stilisiert. Bei seinem zweiten großen Auftritt soll Dionysos aufgedonnert sein wie ein Beau Brummell: Pfauenhafte Eitelkeit kennzeichnet den Phänotyp. Als Dionysos zum Schluss den Schatten der toten Semele aus dem Hades heraufbeschwört, damit er mit ihr, seiner Mutter in den Götterhimmel auffahre, wird damit nicht nur das Mutter-Sohn-Motiv ein zweites Mal durchgespielt – zuvor am Beispiel von Agaue und ihrem Sohn Pentheus –, es wird in einer Art nicht leicht zu entschlüsselndem Geheimcode die Vermutung nahe gelegt, dass es sich bei Dionysos, dem Rächer der entehrten Mutter, der am Ende an ihrer Seite thro-

---

46 *Die Bassariden*, Opera Seria von Wystan Hugh Auden und Chester Kallman, Musik von Hans Werner Henze, Deutsch von Maria Bosse-Sporleder. Mainz 1966, S. 52.

nen möchte, um einen homoerotisch veranlagten Mann handeln könnte – wenn es denn richtig ist, dass der Mutterkult bei homoerotischen Männern eher Platz beansprucht als bei heterosexuellen Männern. Fraglich bleibt, ob diese Determinierung des Dionysos als eines anderen Oscar Wilde die experimentelle Existenz der Transgression zwischen den Geschlechtern nicht zur Bizarrerie verringert.

Übrigens ist Pentheus in dieses Geschlechter-Qui-pro-Quo einbezogen: aus Angst vor den eigenen Obsessionen will er, bevor er sich zum Bacchanten verwandeln lässt, lieber züchtig und rein leben bis zum Tod – auch vielleicht aus Furcht davor, dass die «verbotene, schamlose Tat im Dunkeln» nicht auf Handlungen zwischen Männern und Frauen gemünzt sei. Pentheus, als er schon dem Zauber des Dionysos erlegen ist, kann nicht umhin, den Fremden als «schön»[47] zu bezeichnen. Im Kleid von Agaue, seiner Mutter, so grotesk es an ihm wirkt, erscheint er «plötzlich spröde und weiblich».[48] Schließlich ist er so sehr von Dionysos besessen, dass er mit dem Verführer wie mit einer Stimme singt und sich als Bräutigam an die Seite des Dionysos begibt.

Das eigentliche Ethos der Bearbeitung des Bakchen-Dramas durch Auden und Kallman verdichtet sich in der Rolle der Agaue: am Anfang ist sie eine schnippische, arrogante Gesellschaftsdame, gekleidet im Stil des zweiten Empire, die den hermaphroditisch-korpulenten Teiresias verachtet und Dionysos als «die leere Gottheit der Mädchen»[49]. Sie wird durch die Stimme des Dionysos verführt wie ihre Schwestern: sie drehen sich wie tanzende Puppen, sie sehen aus wie typische Klienten einer Hypnose. Später versinkt sie in Trance, aus der sie der intensiv fragende Pentheus nicht erwecken kann. Er erreicht sie nicht mehr, auch nicht kurz vor dem Akt der Zerreissung, als er in einer innigen Szene seine Mutter anfleht, in ihm doch ihren Sohn zu erkennen. Schließlich erwacht sie langsam aus dem Wahn, in dem sie ihr eigenes Kind umgebracht hat. Sie lernt wieder zu sehen – das Motiv des Sehens und Hörens, Instrumente kritischer Realitätsprüfung, ist in den *Bassariden* durchgängig ein Element der Selbstvergewisserung, um der Überwältigung durch den Gott Widerstand zu leisten. Agaue an der Bahre ihres toten Sohnes wird zum moralischen Gegenspieler des Dionysos. Die deutsche Übersetzung verfehlt manchmal die Härte der Vorwürfe, die im englischen Original nachzulesen sind. Während der alte Kadmos, wiederholt Raisonneur des bösen Spiels, der weiß, dass «die Erde bebt, wenn die Götter lachen»,[50] wie bei Euripides noch vorbringt, dass ein unsterblicher Gott eher vergeben sollte und nicht so zornig für immer bleiben sollte wie die unwissenden Menschen, erklärt Agaue Dionysos zum wahren Schuldigen:

---

47 1a S. 30.
48 3. Satz, 2. Teil, S. 40.
49 Erster Satz, S. 10.
50 S. 44.

You have done your worst, Dionysos:
Now I need fear you no more![51]

Dann erinnert sie ihn und alle Olympier an das allmächtige Schicksal, die «altarless Fates», die auch Gewalt über die Götterwillkür ausüben.

Wo Uranos? Kronos einst unbesiegbar? –

Und dann, dies ist nur in der englischen Version so rabiat formuliert, wirft sie den Göttern, insbesondere Dionysos, barbarische Unmenschlichkeit vor:

Rape, torture and kill while you can –

ein Tartaros wartet auch auf Götter.

Dionysos übersieht Agaue, gelobt vom feig devoten Bassariden-Chor, die ihm Heil nachrufen: Dionysos, «Menschenvernichter, / Vertilger / von rohem Fleisch! / wir knien und beten Dich an.» Während die Bassariden die Gesichter verhüllen und die Ohren verstopfen, damit sie nicht sehen und hören: eine ‹anti-aufklärerische› Handlung, die Wahnbefangenheit symbolisiert, werden auf der Bühne unter einem leuchtenden Mittelmeer-Himmel plötzlich Fruchtbarkeitsgötzen erkennbar, die – so heißt es in der Bühnenanweisung – aus Afrika oder der Südsee stammen könnten. Die «glaubenstollen Pilger» (sagt Pentheus eingangs)[52] beten auch diese Totempfähle oder Statuen an. Gleich, welchen Gott man ihnen vorhält, sie wollen adorieren. Dass aber nun an Stelle des Dionysos und der olympischen Götter Denkmale von «Primitivreligionen» mit der gleichen Hingabe verehrt werden, verdirbt dem Publikum den letzten Rest von Anerkennung für die Beterhorde, ‹entzaubert› die Besessenheit der Menge als Narretei in falscher Geborgenheit. Die Aufmachung der Jubler erweckt zudem eher Verwunderung als Zuneigung: Die weiblichen Chormitglieder tragen schwarze kurze Röcke, rote Wollstrümpfe und Ballettschuhe, Blusen mit Rehfell-Muster und Haartrachten wie Brigitte Bardot (Anfang der 60er-Jahre!). Die Männer dagegen zeigen sich in Werktagskleidung, mit Bärten versehen, schmutzig und bloßfüßig. Ihr Anblick bereits stigmatisiert die Mänaden als lächerliche Ballett-Komparserie und die Männer als Arbeiterbrigade.

Die Strafmassnahmen des Dionysos sind absurd übertrieben, vermutlich schon in der Antike, sicherlich in der Moderne, daran lässt die Argumentation der *Bassariden* keinerlei Zweifel. Dieser Gott kann nichts bewirken außer –

---

51 4. Satz, S. 54.
52 S. 14.

es sei wiederholt – fataler Raserei. Dass er den Frieden bringe, wird einmal behauptet. Gestalt findet dieses Versprechen nicht. Der Gott als hochmütiger, durch menschliche Empörung nicht erreichbarer, eigensinniger und äußerst grausamer Diktator, der über die Schicksale derer verfügt, die das Unglück haben, ihm zu begegnen, könnte beinahe als Inkarnation einer Geschichte gelten, die eher den Katastrophen zustrebt, als der Katharsis, der Läuterung oder der Erlösung. Ekstasen, zumal im Massenwahn, verhüllen die Sicht auf die Wahrheit und setzen sonst kontrollierte «tierische Impulse» frei, die Gräuel und Grauen zur Folge haben. Der Appell, statt dessen die Augen zu öffnen und die Ohren, zu sehen und zu hören, sich der Wirklichkeit zu stellen, konfrontiert oft die, die dem Bann des Gottes entronnen sind, mit dem Entsetzlichen, das in der Zwischenzeit von ihnen, den Wahnumfangenen, verursacht worden ist. Dass im Zustand der Entrückung auch mystische oder transzendentale Erlebnisse ihren Platz hätten, die in alltäglicher Sprache nicht auszusprechen sind (der Unsagbarkeits-Topos), bleibt bei Auden und Kallman außer acht. Ihre skeptische, sogar radikalpessimistische Konzeption vom ausschließlich Fatalen der Raserei mag daran erinnern, dass die Generation, die Zeuge von zwei Weltkriegen und mancherlei Terror gewesen ist, sich in dieser Epoche einem desillusionierenden «Zeitalter der Angst» ausgesetzt sah: *The Age of Anxiety* (1947) lautet die Überschrift – seinerzeit ein Schlagwort der Selbstverständigung – zu einem der berühmtesten Werke der unmittelbaren Nachkriegsperiode, aus der Feder von W.H. Auden.

Auswahl benutzter Forschungsliteratur:

Jan N. Bremmer: *Götter, Mythen und Heiligtümer im antiken Griechenland.* Berlin 1998.

Walter Burkert: *Homo Necans. Interpretationen altgriechischer Opferriten und Mythen* (1972). 2. erg. Aufl., Berlin / New York 1997.

Walter Burkert: *Kulte des Altertums. Biologische Grundlagen der Religion.* München 1998.

Hans-Ulrich Cain: *Dionysos. «Die Locken lang, ein halbes Weib?...»* München: Museum für Abgüsse Klassischer Bildwerke, 1997.

Iris Därmann: Die Geburt der Gesellschaft aus dem Taumel der Ekstase. Das rituelle Opfer in Durkheims Religionssoziologie. In: Kathrin Busch / Iris Därmann. (Hg.): *«pathos». Konturen eines kulturwissenschaftlichen Grundbegriffs.* Bielefeld 2007, S. 161–182.

Eric Robertson Dodds: *Die Griechen und das Irrationale* (Engl. 1951). Darmstadt 1970.

Manfred Frank: Dionysos und die Renaissance des kultischen Drama (Nietzsche, Wagner, Johst). In: Manfred Frank: *Gott im Exil. Vorlesungen über die Neue Mythologie.* Frankfurt a. M. 1988, S. 9–104.

Sigmund Freud: Massenpsychologie und Ich-Analyse. (1921). In: Siegmund Freud: *Das Unbewusste. Schriften zur Psychoanalyse.* Hg. v. Alexander Mitscherlich. Frankfurt a. M. 1960, S. 215–286.

Burkhard Gladigow: Ekstase und Enthusiasmos. Zur Anthropologie und Soziologie ekstatischer Phänomene. In: Hubert Cancik (Hg.): *Rausch – Ekstase – Mystik. Grenzformen religiöser Erfahrung.* Düsseldorf 1978, S. 23–40.

Albert Henrichs: Loss of Self, Suffering, Violence: The Modern View of Dionysos from Nietzsche to Girard. In: *Harvard Studies in Classical Philology* 88 (1984), S. 205–240.

–   Der rasende Gott: Zur Psychologie des Dionysos und des Dionysischen in Mythus und Literatur. In: *Antike und Abendland XL* (1994), S. 31–58.

Ulrich van Loyen / Gerhard Regn: Dionysos. In: Maria Moog-Grünewald (Hg.): *Mythenrezeption. Die antike Mythologie in Literatur, Musik und Kunst von den Anfängen bis zur Gegenwart.* Stuttgart / Weimar 2008, S. 230–246. (= Der neue Pauly. Supplement 5)

Karl Kerényi: *Dionysos. Urbild des unzerstörbaren Lebens* (1976). Stuttgart 1994.

Arpád von Klimó, Malte Rolf (Hg.): *Rausch und Diktatur. Inszenierung, Mobilisierung und Kontrolle in totalitären Systemen.* Frankfurt a. M. / New York 2006.

Alexander Mitscherlich: *Massenpsychologie ohne Ressentiment.* Frankfurt 1972.

Friedrich Nietzsche: Die Geburt der Tragödie aus dem Geiste der Musik (1872). In: *Friedrich Nietzsche: Werke.* Hg. v. Ivo Frenzel. München 1967. Bd. 1., S. 7–110.

Walter F. Otto: *Dionysos. Mythos und Kultus* (1933). 5. Aufl., Frankfurt a. M. 1989.

Barbara von Reibnitz: *Ein Kommentar zu Friedrich Nietzsche «Die Geburt der Tragödie aus dem Geiste der Musik»* (Kap. 1–12). Stuttgart / Weimar 1992.

Erwin Rohde: *Psyche. Seelenkult und Unsterblichkeitsglaube der Griechen* (1891/1894, 2. Aufl. 1897). Leipzig o.J.

Gert Sautermeister: *Thomas Manns «Mario und der Zauberer».* München 1981.

Jochen Schmidt: Der Triumph des Dionysos. Aufklärung und neureligiöser Irrationalismus in den «Bakchen» des Euripides. In: Jochen Schmidt: *Aufklärung und Gegenaufklärung in der europäischen Literatur, Philosophie und Politik von der Antike bis zur Gegenwart.* Darmstadt 1989, S. 56–71.

Renate Schlesier / Agnes Schwarzmaier (Hg.): *Dionysos. Verwandlung und Ekstase.* Berlin 2008. (Beiträge von Gödde, Grassinger, Henrichs, Schlesier, Leege, Scholl u. a.). (= Ausstellungskatalog, Antikensammlung Staatl. Museen Berlin)

Jochen Schmidt / Ute Schmidt-Berger (Hg.): *Mythos Dionysos.* Stuttgart 2008.

Jean-Pierre Vernant: *Der maskierte Dionysos.* Berlin 1996.

Etliche Anregungen verdanke ich Gesprächen mit Susanne Gödde und Julia Gerdes. Sie sind aber nicht verantwortlich für meinen Text.

Randexistenzen

Verwehte Spuren

Über die Entdeckung polarer Eiswelten

Die ‹ewige› Eiswelt, endlos, ein kleiner Mensch droht zu ertrinken und ruft um Hilfe, oben der mögliche Retter der Moderne, das Flugzeug (S.O.S. EISBERG, D 1933, Regie: Arnold Fanck)

Die Wüste ist kein bevorzugter Lebensraum für Menschen. Wer sich als Unkundiger auf dieses Territorium begibt, muss fürchten, dort vorzeitig sein Ende zu finden – in einer Todeszone. In westlicher Perspektive sieht diese Welt der Wüste feindlich und zugleich grandios aus: einschüchternd durch ihre gewaltige Ausdehnung, ihre Leere, ihre Missachtung menschlicher Bedürfnisse, endlose Sandmassen und bizarre Steinformationen, frei von Vegetation, frei von Wasser, extremen Temperaturen ausgesetzt, gleichsam Mondlandschaften auf der Erde. Wüstenrandbewohner wissen von grünen Oasen und unterscheiden in ihrer Weltkenntnis die vielfältigen geologischen Formen: Berge, Täler mit angeschwemmten Mineralien, da bei Regen dort reißende Wasserläufe entstehen, steinige Abbrüche und schroffe Kanten im Kontrast zu weichen Dünen, die der Wind modelliert, Quarze, Salze mancher Arten, bisweilen Überreste

menschlicher Besiedlung in vorhistorischen Zeitaltern, in übrigen aber ein
Raum ohne Geschichte.

Die heißen Wüsten, beginnend im Osten der amerikanischen Kontinente
(Death Valley oder Atacama) bis zur Sahara in Nordafrika, den Wüsten Vor-
der- und Zentralasiens bis zur Wüste Gobi in der Mongolei oder die Wüsten
Australiens, bilden eine Art Gürtel nördlich und südlich des Äquators: Sie sind
gleichsam wie weiße Flecken eingebettet in die Siedlungsgebiete verschieden-
artiger Kulturen: Etliche kleine Völker haben sich am Steppenrand der Wüste
eingenistet. Zwischen Sahara und Gobi helfen das vorzüglich angepasste Kamel
oder das Dromedar (zweihöckrig oder einhöckrig), Karawanen auf alten Han-
delswegen durch die Wüste zu schicken. Zwischen Sandhügeln Reiter mit Dro-
medaren: paradoxes Sinnbild – selbst durch die lebensferne Ödnis wagen sich
Menschen voran, doch wer hier von der Sonne geblendet den Blick nach unten
richtet auf eine nur Eingeweihten erkennbare Strecke, kann Kaufmann sein,
aber auch gefährlicher Räuber. Dass den Reisenden durch die Wüste nicht nur
die Gluthitze zum Verhängnis wurde, ist vielfach bezeugt: Bei den Randbewoh-
nern dieser Zonen weckte der (vornehmlich) europäische Forscher- und Pio-
niergeist eher Argwohn als Bewunderung.

Die Zeit ist lange her, dass religiös Besessene in der Befreiung von gesellschaftlich aufgeprägten Übeln Reinigung und Läuterung suchten. Solcher Vorsatz ist per se fragwürdig – wer verspricht, dass man in der Wüste nicht den
inneren Ungeheuern zum Opfer fällt? Jesus von Nazareth hätte hier ein Beispiel
geben können: als er in die Wüste ging, gesellte sich ihm der Teufel und wollte
ihn in Versuchung führen (MT 4, 1–11). Die Frage bleibt offen, ob es fanatische
Eremiten wirklich jeweils ins ‹abseitige› Zentrum verlassener Einöden zog, um
dort dem untätigen Leben nachzugehen, kommt es doch auf die Definition dieser Umwelt an.* Die älteste Weisheit ist vermutlich die bleibendste Weisheit:
den Ägyptern als Flussvolk galt die Wüstenei im Westen als Totenreich. Wehe
dem, der dorthin aufbricht.

Erst später entdeckte man im Abendland, dass es vergleichbare Wüsten aus
Eis gab. Seit dem 18. Jahrhundert strebten Expeditionen im staatlichen Auftrag
der Kronen Englands und Russlands danach, Passagen entlang der arktischen
Polarkappen zu finden. Sie begegneten der Schneewelt in Nordkanada, Alaska
oder Grönland, in der die Inuit, die Eskimos, als Fischer und Robbenjäger ihre
Existenz fristeten, erschlossen schließlich, zu Beginn des zwanzigsten Jahrhunderts, den ungeheuerlichen Kontinent Antarktis: eine 4000m dicke Eisschicht
und Berge, die zum Himmel streben, Kältegrade, wie man sie sonst nirgendwo
auf Erden antrifft. Zuvor noch scheuten sich Alpinisten nicht, zum Gletscher-
bezirk der Berge aufzusteigen. Nebenbei: Hochgebirge und Arktis – Kältefel-
der, die Menschen auf Distanz halten – sind Rückzugsgebiete für das missge-

staltete Ungeheuer aus Dr. Frankensteins Anatomiesaal (nach Mary Shelley: *Frankenstein or the Modern Prometheus*, 1819). Naturwissenschaftliche Neugier und ökonomisch bedingter Ehrgeiz, manchmal patriotische Geltungssucht, als erster an einem der Pole oder anderswo die eigene Nationalflagge hissen zu können, trieben immer wieder Schiffsbesatzungen und Forscherteams in Regionen des ewigen Winters vor, in unbewohnbare Todeszonen auch hier.

All diese Abenteuer in den Wüsten aus Sand und Schnee lockten vorzugsweise Männer an. Sie wollten sich bewähren, taten dies oft unter katastrophalen Umständen. Viele kamen um, erlagen der erhaben drohenden Übermacht einer prinzipiell unzugänglichen Natur. Etliche Tagebücher der Heimkehrer oder der Dagebliebenen bezeugen die Erstarrung in Apathie, die die ‹Reisenden› in der Dunkelheit des arktischen oder antarktische Winters überfiel, im Schneechaos heulender Stürme und bei klirrendem Frost.

Selbst wenn die Geschichte solcher existentieller Überanstrengungen unter denkbar widrigen Konditionen keine hemmungslose Verehrung der ‹Grenzgänger› hervorruft, die den menschlichen Körper und Geist beim Eindringen in diese ‹Terror-Territorien› bis zum äußersten belasten –, die waghalsige Kühnheit dieser Art von Konquistadoren und «Eroberern des Nutzlosen» (Werner Herzog) hat seit je verständliche Neugier und auch Anteilnahme erregt. Das spiegelt sich im Abenteuer-Genre von Literatur und Film. Schon die Zahl der gezeichneten, fotografierten und gefilmten Zeugnisse der zweifachen Wüstenerfahrung ist erheblich – ebenso die Zahl der Versuche, im Spielfilm die Visionen des Schwellenübertritts in eine andere Welt zu beschwören.

Eines der denkwürdigsten Bücher des 19. Jahrhunderts über die Selbstüberhebung des gottgleich experimentierenden Menschen, Mary Shelleys Roman *Frankenstein or the Modern Prometheus* (1818, da war die Verfasserin gerade 20 Jahre alt), wählt einen bemerkenswerten Rahmen: Es handelt sich um die Briefe eines jungen Nordpolarforschers an seine in England zurückgebliebene Schwester. Während seiner Expedition begegnet dieser junge Walton sowohl dem umherirrenden Dr. Frankenstein, der ihm seine Geschichte erzählt (die umfängliche Binnenerzählung des Romans), als auch dem Monster. Dass dieses Monster zum Schluss auf eine Eisscholle springt und sich mit den Strömungen des Nordatlantik ins Unermessliche der kalten Wüste treiben lässt, wo dieses ‹Unwesen› sein Ende finden wird, ist ein auffälliger symbolischer Zug. Auch das Geständnis, die Beichte Frankensteins führt nicht nur nach Ingolstadt und Genf, mitteleuropäische Schauplätze, auch schon in die Eisregion der vergletscherten Alpen, sondern ist beständig und symbolisch von der Frostzone der Arktis überwölbt, als könne die Idee, einen künstlichen Menschen zu schaffen, im mittelmeerischen Raum – aus dem doch der antike Prometheus stammt –, also unter der Sonne Homers in der ‹kalten› Moderne nicht ein zweites Mal entstehen.

Mary Shelley hat keine eigenen Erfahrung mit dem Treibeis oder der Dunkelheit des arktischen Winters – auch sie greift auf literarische Vorlagen zurück, unter ihnen eine, die speziell in der englischen Literatur, ähnlich wie später ihr Roman *Frankenstein*, unabschätzbare Folgen hatte: nämlich das lange Gedicht des Romantikers Samuel Taylor Coleridge über den *Ancient Mariner* (Erstveröffentlichung 1798): Dieser alte Seemann erzählt von einer Reise, die ihn zu einem Teil durch die Antarktis geführt hat, durch eine Landschaft voller Eis, starr, leblos, eine Art frostiger Hölle, der er mit seinem Schiff gerade noch entronnen sei, um dann in den Gluten der Tropen beinahe zu verenden. Auch Coleridge hatte von der Landschaft der Antarktis keinerlei persönliche Kenntnis – aber er konnte sich bereits auf eine ganze Reihe von Expeditionsberichten berufen. Im Zeitalter des Kolonialismus wagten sowohl englische als auch russische Abenteurer, zum Teil gezwungen durch ihre Regierung (dies gilt speziell für Russland), der Schifffahrt neue Wege im Süden, vor allem aber im Norden die Nord-West- oder Nord-Ost-Passage am Festland entlang zu erschließen. Der Sinn dieser Reise zu den Polkappen scheint auf der Hand zu liegen, es gilt, neue Handelsrouten zu erkunden. Später, spätestens im 19. und 20. Jahrhundert kommen andere Motive und Kriterien hinzu: ein gewisses Abenteurertum der Reisenden, denn von den Polarexpeditionen kehren nicht alle zurück, im Gegenteil, es stellt ein hohes Risiko dar, in diese Kältezonen einzudringen – und verschafft umso mehr Helden-Reputation, wenn man diesem «Terrortorium» entkommen ist. Die wirtschaftliche Ausbeutung der betreffenden Gebiete unter Schnee und Eis wird lange Zeit nicht erkannt (die spielt sicherlich heute die wichtigste Rolle). Das naturwissenschaftliche Interesse steht im Vordergrund, zumal seit den Reisen von Alexander von Humboldt und anderer – es sei offenbar ein unanfechtbares Ziel, die gesamte Erde zu erforschen. Und die weißen Flecken der Polarregion gehören zu den gefährlichsten «weißen Flecken» auf der Landkarte. Der ‹heroische› Mannes-Ehrgeiz, «jungfräulichen Boden» zu betreten oder für das eigene Land die Fahne am Nord- oder Südpol aufzurichten, dieser merkwürdige Wahnsinn, als erster irgendwohin zu kommen, ein oft patriotisch unterfüttertes Rekordverständnis, gehören sicherlich zu den zweifelhaften Eigenschaften etlicher Polarexpeditionen vor und nach der Jahrhundertwende 1900. Denn seit Coleridges *Ancient Mariner* und Shelleys *Frankenstein* scheint es dem ‹poetischen Gemüt› völlig klar zu sein, dass es außer Messdaten auf verschiedenen Skalen bei Reisen in die Kälteregionen nicht viel zu holen gibt – und doch halten sie ein offenbar unbeschreibliches Erlebnis bereit, das Erlebnis einer riesenhaften Weite, einer gewaltigen unter Eis und Schnee begrabenen, von heulenden Winden überzogenen Riesenwelt, in der nichts wächst, in der kaum Tiere zu finden sind: kein Ort für die dauerhafte Ansiedlung von Menschen (wenngleich sehr früh die Randexistenz der Eskimos beobachtet wurde).

Gustave Doré, der eifrige Illustrator, liefert auch für das Gedicht von Coleridge einige Illustrationen, die den Schreckenscharakter dieser Welt betonen, in der der Mensch nicht zuhause sein kann oder darf. So lässt er das Schiff des «ancient mariner» durch eine Art Eishöhle hindurch gleiten, ein schmales hochstehendes Oval hält er für die Durchfahrt in der Bildmitte frei, die Fahrrinne links und rechts ist von starren Eisfelsen umpanzert, Eiszapfen beschweren und vergletschern förmlich die Rahen und Segel, und die einzigen Wesen außer den klamm an Planken und Maste gedrückten Matrosen ist der berühmte Albatros, den der alte, damals junge Seefahrer schändlicherweise mit einem Pfeil erlegt, und einige Königspinguine, die flachere Randzonen des Eises besiedeln, eine zoologisch korrekte Ergänzung des Illustrators Doré. In der literarischen und malerischen Fantasie seit der Romantik zeichnen sich die Polkappen, die nördliche wie die südliche, vor allem als *fern gelegene Anti-Idylle* aus: als klirrend kalte Einöde und ‹endlose› weiße Wüste, menschen- wie gottverlassen, in der am Ende alles gefriert, was lebt. Wer auch seinen Fußabdruck als Erster dort hin zu setzen willens wäre, er hinterließe doch keinerlei Spur, denn im nördlichen Eismeer würde ohnehin der arktische Sommer die geschlossene Winterdecke aufsprengen und die einzelnen Schollen auseinander treiben, und im Süden wäre der Schneewind so stark, dass alle Fußabdrücke bald verweht würden. Vielleicht ist es im Kern ebenso Hybris, sich selbst überschätzender Hochmut, dem des Dr. Frankenstein vergleichbar, der es mit dem Schöpfergott aufnehmen will, der Menschen in die lebensfeindlichen Erdteile, gleichsam *verbotene Zonen*, des Nordens und des Südens treibt?

Auf der Skala zwischen Hitze und Kälte wird in Extremfällen weder da noch dort ein Mensch ohne Schutz und Vorsorge überstehen können. Das gilt für die Reise durch die Wüste, bei der man unter der sengenden Sonne verdorrt, wie für die Reise durch die Pol-Landschaft, bei der alles unter dem Eiseshauch erstirbt. Es handelt sich um menschenleere *apokalyptische Szenerien*, die in der Erinnerung der Entkommenen charakteristische Merkmale aufweisen. Die Berichte aus der Arktis rückgekehrter Seefahrer beschreiben diese Sphäre durchaus nicht als stillen Raum. Das Eis, das sich beim Einbruch der Winterperiode, der monatelangen Dunkelzeit im Norden, wie bei Beginn der Sommerperiode aufbäumt, knirscht und knistert, kracht und donnert, Fugen über dem tiefen Meer aufreißt, gibt sich im Einklang mit heulenden Stürmen als gewaltige *Schreck-Natur* zu erkennen. Bei Mary Shelley verfolgt Frankenstein sein Ungeheuer über das zugefrorene Eismeer, voller Angst, dass unterhalb der zerklüfteten Eisformation die tosende «Grundsee» plötzlich den weiß schimmernden Boden zerreißen könnte und die Eisdecke aufbrechen würde, um in Abgründe starren zu lassen und das Weiterkommen zu verhindern. Sinnbild für die Grundbefindlichkeit der «transzendentalen Obdachlosigkeit» (Georg Lukàcs), die dem Schöpfer des «künstlichen Menschen» und seinem misslungenen Produkt gleichermaßen zu eigen ist: Frankenstein wie sein Ungeheuer treiben rat- und rettungslos auf Eisschollen umher.

Es gibt also seit der europäischen Romantik eine bestimmte Optik und Akustik des Grauens, die sich mit arktischen und antarktischen Veduten verbinden. Umso auffälliger und merkwürdiger ist die Stille, die etwa in Caspar David Friedrichs Bild *Das Eismeer* (1824 ausgestellt) zu herrschen scheint. Die zerbrochenen Eisschollen stemmen sich kantig und scharfgratig zu einem spitzen schiefen Turm empor. Erst bei näherer Betrachtung stellt man fest, dass auf der rechten Seite, regelrecht klein dimensioniert, das Heck eines ursprünglich ziemlich großen Schiffs zu erkennen ist, das platt gedrückt und gekippt wurde durch die Eispressung – übrigens ein Schicksal, das viele aus Holz gebaute Schiffe noch im 19. Jahrhundert erlitten. Ursprünglich oder fälschlicherweise hieß dieses Bild «Die gescheiterte Hoffnung» – dies bezog sich wohl auf ein anderes, zirka 25 Jahre früher entstandenes Bild von einem im Eis festgefrorenen Schiff (dieses Bild findet sich zwar im Nachlass der Familie von Caspar David Friedrich, entstammt aber vermutlich nicht seiner eigenen Hand). Doch ist dieser philosophische Titel von der gescheiterten Hoffnung nicht unzutreffend: denn das hier offensichtlich zertrümmerte, vom Eisgang zur Seite geneigte, zerstörte Schiff ist sicherlich mit einer Besatzung aufgebrochen, die gehofft hat, die Nord-Ost- oder Nord-West-Passage zu entdecken, bis ihr Segler im Treibeis gefangen und dann im Lauf eines oder mehrerer arktischer Winter zu einem Wrack deformiert wurde. Wenn man die Bedeutung der in abendländischer Literatur und Malerei weit verbreiteten Schifffahrtsmetaphorik hinzudenkt, präsentiert Friedrichs Gemälde ein augenfälliges Gleichnis für das endgültige und erbarmungslose Scheitern eines Lebensprojekts, gar des Lebens selbst, wenn es mit einem Schiff auf unsicherer Fahrt verglichen wird. Sicherlich ist es nicht verkehrt, in diesem Bild den Ausdruck von Resignation oder eines stummen Weltschmerzes zu erkennen, dessen wortlose Erstarrung – eine körperliche Symptomatik für eine spezifische Seelenverfassung – auf die Gestaltung dieser Endzeit-Szenerie durchzuschlagen scheint, aus der selbst jedes letzte Ächzen verflogen ist.

Dank der Semidokumentation des damals jungen österreichischen Autors Christoph Ransmayr: *Die Schrecknisse des Eises und der Finsternis* (1984) ist eine breitere Öffentlichkeit recht gut über die österreichische Admiral-Tegethoff-Expedition 1872–74 in die Arktis unterrichtet. Auf einem Schiff, das nicht nur mit Segeln, sondern auch mit einem Motor ausgestattet war, versuchte eine Gruppe von Bergsteigern und Mittelmeeranrainern (mit einer Ausnahme,

einem norwegischen Matrosen) unter der Leitung zweier junger Kommandanten die Nord-Ost-Passage zu finden. Wie auf dem Bild von Friedrich geschildert,
fror allerdings das Schiff im Treibeis fest und ließ sich trotz aller Bemühungen
nicht mehr daraus befreien. Zwei Winter verbrachte die Mannschaft in dieser
Umklammerung und erkundete dabei emsig die meteorologischen Daten und
die Beschaffenheit des Eises. Einer der beiden Offiziere, Julius Payer, war noch
von dem Drang besessen, neues Land zu erobern – er fand dann auch welches
und taufte es nach dem damaligen Kaiser von Österreich-Ungarn Franz-Josefs-
Land, der andere Kommandant, Carl Weyprecht (gebürtig aus dem Odenwald)
schien dagegen, je länger ihr Zwangs-Aufenthalt dauerte, desto mehr an dem
Auftrag einer Landeseroberung zu zweifeln. Zurückgekehrt wurden zwar beide
und die Mannschaft (nur ein Seemann starb bei diesem Aufenthalt im Eis) von
Regierung und Publikum bejubelt und ausgezeichnet, doch vertreten beide
Kommandanten in ihren Vorträgen und Aufsätzen die feste Meinung, die die
Öffentlichkeit von damals, sensationsgierig wie einst, überrascht haben muss,
dass es sich überhaupt nicht lohne, hoch ausgerüstete Expeditionen in die
Polarregionen zu schicken, damit sie dort irgendwann an einem bestimmten
Punkt, gemeint ist der Nordpol oder Südpol, eine Nationalflagge ins Eis ram-
men. Solcher Konquistadoren-Ehrgeiz sei eitel und völlig fehl am Platz – würde
überdies nur das Leben der gesamten Mannschaft gefährden. Dagegen sei eine
langsame, ‹weiche› (dieses Eigenschaftswort stammt von mir, beschreibt aber
in etwa den Modus der von den beiden geplanten Forschung) Untersuchung
der Verhältnisse in dieser unbelebten, wilden, arktischen Wüste zu empfehlen, damit einem der ganze Erdglobus naturwissenschaftlich vertraut werde. Im
Übrigen haben die ungeheuerlichen Strapazen der Reisen und ‹Wanderungen›
in der arktischen und antarktischen Wüste ähnlich wie der Reisen durch die
Sahara gesundheitliche Folgen gehabt. Weyprecht beispielsweise konnte seinen
Ruhm nur wenige Jahre genießen – er starb viel zu früh, gerade 42 Jahre alt, an
der Tuberkulose in seinem Heimatland (in Michelstadt).

Der Eindruck des furchterregend und ‹großartig› Erhabenen,[1] der durch
die ‹theoretischen› Visionen Gustave Dorés und auch Caspar David Friedrichs
wiedergegeben wird, erweitert sich für die Polar-Reisenden ins unergründlich
Unheimliche – sie empfinden, dass man als Subjekt der Zivilisation in dieser
Umwelt die denkbar schwächste Position inne hat. Die Nichtigkeit des Men-
schenlebens nimmt als schwermütige Impression die erste Stelle auf der Skala
der ‹Befürchtungen› ein. Diese «wahre Heimat des Hungers»[2] stellt sich für
den durchaus bildkräftigen Schilderer Julius Payer so dar:

---

1 Siehe Johannes Grave: *Caspar David Friedrich und die Theorie des Erhabenen*. Weimar 2001.
2 Christoph Ransmayr: *Die Schrecken des Eises und der Finsternis*. Frankfurt a. M. 1987, S. 210.

Wenn das Strandeis nicht durch Ebbe und Flut ächzend und klingend gehoben wird, der Wind nicht seufzend über die Steinfugen dahin streicht, so liegt die Stille des Todes über der geisterbleichen Landschaft. Wir hören von dem feierlichen Schweigen des Waldes, einer Wüste, selbst einer in Nacht gehüllten Stadt. Aber welch ein Schweigen liegt über einem solchen Land und seinen kalten Gletschergebirgen, die in unerforschlichen duftigen Fernen sich verlieren, und deren Dasein ein Geheimnis zu bleiben scheint für alle Zeiten (...).[3]

Carl Weyprecht nimmt indes mit dem Blick des Naturforschers einen Vorteil wahr:

Wer die Natur wahrhaft bewundern will, der beobachte sie in ihren Extremen. In den Tropen, in ihrer vollsten Pracht und Üppigkeit, im strotzenden Sonntagskleide, über dessen Betrachtung man nur allzu leicht geneigt wird, den Kern zu übersehen – an den Polen in ihrer Nacktheit, die aber umso klarer und deutlicher den großartigen inneren Bau hervortreten lässt. In den Tropen verliert sich das Auge in der Massenhaftigkeit der zu bewundernden Details, hier richtet es sich in Ermangelung dessen auf das imponierende Ganze, in Ermangelung des Produktes auf die produzierenden Kräfte.[4]

Während Weyprecht eher die Statik der Eismeerlandschaft akzentuiert, das teilnahmslos Gleichgültige der abweisenden Natur, erlebt Payer – das scheint vom Charakter der Beobachter abzuhängen – vornehmlich deren Dynamik und bedrohliche Feindseligkeit:

Wie die Volksmenge bei einem Aufstande, so erhob sich jetzt alles Eis wider uns. Drohend erstanden Berge aus ebenen Flächen, aus leichtem Ächzen entstand ein Klirren, Brummen und Brausen, gesteigert bis zu tausendstimmigem Wutgeheul (...) Immer näher kommt das Klingen und Rauschen, wie wenn tausende Sichelwagen dahin rasten über die Sandflur eines Schlachtfeldes. Stets wächst die Stärke des Druckes; schon beginnt das Eis dicht unter uns zu beben, in allen Tonarten zu klagen, zuerst wie das Schwirren unzähliger Pfeile, dann kreischend, tosend, mit den höchsten und tiefsten Stimmen zugleich, – immer wilder brüllend erhebt es sich, sprengt in konzentrischen Sprüngen des Schiffes Umkreis, rollt die zerbrochenen Glieder der Schollen auf. Ein furchtbar kurzer Rhythmus des stossweisen Geheuls verkündet die höchste Spannung der Gewalt. Dann folgt ein Krach, mehrere schwarze

---

3 Ebd., S. 38.
4 Ebd., S. 103.

Linien irren ohne Wahl über den Schnee. Es sind neue Sprünge in unmittelbarer Nähe, die im nächsten Moment als Abgründe auseinander klaffen.[5]

Payer beschreibt immer wieder in seinen Tagebüchern eine grandiose *pathetische Bühne*, auf der die Expeditionsteilnehmer umher irren, als wäre er tatsächlich ein anderer Caspar David Friedrich, unter die riesigen Eiskulissen der menschenleeren Arktis versetzt:

> Düster, traumhaft ragten die verfallenen Kolosse des Eises gleich zahllosen Sphinxen in das strahlende Lichtmeer hinein; spaltenumringt starrten die Klippen und Wälle, und lange Schatten warfen sie über die diamantsprühende Schneebahn.[6]

Gerade bei dieser Beschreibung, wenn auch nicht in allen Punkten, fällt einem das Bild des Eismeers von Friedrich ein. Es wäre nur zu fragen, wie Friedrich seine Vorstellung, ohne vor Ort gewesen zu sein, so suggestiv hat verdeutlichen können. Es bleibt wohl ein Rätsel, obgleich zugestanden werden mag, dass er aus Dresdner Sicht den Eisgang und die Eispressung der im Winter zugefrorenen Elbe beobachtet hat, um dann seine Erlebnisse ins Große und Erhabene zu projizieren.

In der Filmgeschichte sind Produktionen, die sich mit Expeditionen in die kältesten Regionen hinein beschäftigen, relativ spärlich verstreut – das hängt sicherlich damit zusammen, dass die Anreisen zu den Schauplätzen mühevoll und (ohne Flugzeug) langwierig sind und Dreharbeiten unter so bitteren Bedingungen mit etlichen Beschwernissen verknüpft sind, denen sich auch Schauspieler ausgesetzt sehen. Das visuell eindringlichste Exempel für dieses kleine Sub-Genre bleibt immer noch Arnold Fancks letzter anspruchsvoller Film S.O.S Eisberg (1933), von dem deutsch-jüdischen Produzenten Paul Kohner finanziert. Die Handlung ist, wie bei fast allen Berg-Filmen Arnold Fancks, schematisch leicht darzustellen. Ein erfolgreicher Polarforscher, Dr. Lorenz (Gustav Diessl) hat sich plötzlich von seiner Truppe getrennt, um auf eigene Faust im nordwestlichen Grönland Forschungen zu betreiben. Er gilt als verschollen, zumal eine Suchexpedition unverrichteter Dinge zurückgekehrt ist. Nun ist doch ein Lebenszeichen von ihm entdeckt worden, eine zweite Expedition wird losgeschickt – wieder unter der Leitung des markigen Helden Dr. Kraft (Sepp Rist), um Lorenz aus seiner vermuteten schrecklichen Lage zu befreien. Durch Zufall entdecken die Männer den Vermissten in der Höhle eines riesigen Eisberges,

---

5 Ebd., S 108f.
6 Ebd., S. 139.

auf dem sie nun gemeinsam nach Süden driften und auf Rettung hoffen. Denn so zauberhaft das schier grenzenlose Areal der Eisberge im Sonnenglanz schimmert, es handelt sich um eine lebensgefährliche, höchst unsichere Welt – die Fabel des Films demonstriert dies an einer Kette fehlgeschlagener Hilfsmaßnahmen. Unversehens brummt Leni Riefenstahl als Frau des Dr. Lorenz und leidenschaftliche Fliegerin herbei. Elegant kurvt sie über Meer und Eisberge hinweg, bevor sie mit ihrem Flugzeug an einer Eiswand zerschellt. Sie kann schwimmend davonkommen und hat zuvor noch entdeckt, wo die Geflüchteten und Gesuchten zu finden seien: das Ehepaar Lorenz sieht sich damit vereint – im Unglück. Einem zweiten Flieger ist ein trauriges Schicksal beschieden: auch er muss notwassern und geht mit seiner Maschine in den kalten Fluten unter. Endlich kommt Ernst Udet (er selbst), das in Deutschland seinerzeit berühmte Fliegeras, und rettet wenigstens Dr. Kraft. Dieser Mann hat nämlich, ähnlich wie zuvor sein Kollege Lorenz, den stillen Entschluss gefasst, sich von der Truppe zu lösen und auf eigene Faust, von Eisscholle zu Eisscholle springend oder dazwischen auch schwimmend, die andere Seite des Fjords zu erreichen, um vermutlich Hilfe zu holen. Später erfahren wir, dass in der Tat dort ein Dorf mit Eskimos zu finden ist. Nur misslingt Dr. Kraft, ungeachtet seines Namens, die Überquerung, und er bleibt völlig durchnässt und erschöpft – ein prägnantes Sinnbild für Ausweglosigkeit – auf einem schmalen Felsenriff stehen, das bis in Fußhöhe von riesigen anbrandenden Wellen umspült wird. Der eisige Wind weht, ein Sturm kommt auf. Nirgendwo gibt es Schutz vor ihm. Dr. Krafts Rettungsaktion (die dritte solcher Interventionen) ist gescheitert, er selbst hat sich in die denkbar schlimmste Lage hinein ‹manövriert›. Wenn nicht Udet in seiner Einmotorigen mit Schwimmkufen ihn entdecken und mitnehmen würde, um ihn bei dem Eskimodorf abzuladen.

Die Eskimos mit ihren zahllosen Kajaks brechen auf ins Meer, um die Überlebenden von der Eisscholle zu retten. Dort sind in der Zwischenzeit zwei Tote zu beklagen. Da das Petroleum ausgegangen ist, sehen sich alle plötzlich dazu gezwungen, den Fisch roh zu essen – was sie, die Riefenstahl voran, tapfer verweigern (offenbar ist der Hungertod die würdevollere Alternative für Heldenmenschen mit groß aufgerissenen Augen). Einer der Expeditionsteilnehmer, ein ungezähmter, wilder Mensch, frisst die Fische roh – schon das kennzeichnet ihn als nur halb zivilisierten Barbaren. Kein Wunder, dass er bald danach mit dem blanken Messer die anderen Expeditionsteilnehmer bedroht und erst durch Naturgewalt in den eigenen Tod gestürzt wird. Die Eskimos freuen sich so sehr über die Rettung des Ehepaares Lorenz, dass sie – diese ‹Natur-Kinder›! – aus Schabernack noch Kunststücke vorführen, sich in ihrem Kajak um dessen Längsachse drehen und so weiter. Eine ethnologische Randnotiz eher spielerischer Art, eine Zirkusnummer – doch ausdrücklich sei hervorgehoben, dass die Ausfahrt der einzelnen Kajaks in ein Meer, das von gleißendem Licht überwölbt ist, an das heitere Ausschwärmen der Boote von der Insel Bora-Bora in Friedrich Wilhelm Murnaus Tabu (1931) erinnert. Die Parallele liegt auf der Hand: So fremd die Eskimos auch wirken, ihr Stamm scheint einer Art unkorrumpierter archaischer Glücksgemeinschaft zu gleichen – wie die polynesischen Eingeborenen in der Sicht Murnaus.

Außerordentlich an Fancks Film ist seine dokumentarische Beobachtung des arktischen Eismeers, vermutlich oft sehr wagemutig fotografiert von den Kameraleuten Hans Schneeberger und Richard Angst, erfahrenen Wegbegleitern des Bergfilmers. Kalbende Gletscher, im Sonnenlicht zerbrechende, zerschäumende Eisberge, sich langsam drehende Eisriesen, die unendlich vielen Formationen, die das Eis mit Sandsteinbildungen in südlichen Breiten vergleichen lässt: etwa riesige Löcher in aufragenden Wänden, eigentümlich zwischen scharfen Kanten und runden Formen ausgestaltete Massive oder zersplitternde kleine Eisschollen, die unter dem Gewicht der Menschen oder der Eisbären einsinken, die Eisbären selbst, die aus mittlerer Distanz als Wildtiere von der Kamera verfolgt werden, die Wolken, das blendende Licht einer völlig ungetrübten Atmosphäre. Das Erscheinungsbild des arktischen Sommers ist im Film zuvor noch nie so eindrucksvoll in seiner Ambivalenz aufgezeichnet worden: als «Morgenglanz der Ewigkeit» und als Todeszone. Übrigens hat sich das von Julius Payer 50 Jahre zuvor schon vermerkte Stöhnen, Krachen, Brummen usw. des unter der Sonne arbeitenden Eises, zumal der von den vorrückenden Gletschern abbrechenden riesigen Eiswände in einer suggestiven Tonspur niedergeschlagen. Die heroisierenden Tendenzen werden in Fancks Film durch vielleicht unbeabsichtigt kritische Elemente ausbalanciert: Das kühne Einzelgängertum der blonden Kraftmenschen, die irgendetwas beweisen wollen und dafür den Schutz der Gruppe hinter sich lassen, endet in S.O.S. Eisberg jeweils in einem schmählichen Fiasko.

Heroisierende Tendenzen finden sich in Filmen über die Kältewüsten vermutlich auch deshalb, weil jedem Menschen, der freiwillig bereit ist, sich dieser klimatischen Drangsal auszusetzen, ein gewisses, wenn auch skeptisches Staunen nicht vorenthalten wird. Doch an dieser Anerkennung lässt sich gleichsam kratzen. Der englische Film Scott of the Antarctic (1948, Regie: Charles Frend) rekonstruiert die missglückte Antarktis-Expedition des Captain Robert Scott, der 1912 bekanntlich einige Tage später als der Norweger Amundsen den Südpol erreichte und auf der Rückreise mit seinen Kumpanen in fürchterlicher Kälte einen elenden Tod fand. Diese Produktion will ihre Helden bewundern lassen (mit leise und unterschwellig vorgebrachten Einschränkungen): alle Männer, die sich auf dieses Abenteuer einlassen, sind äußerst selbstdiszipliniert, ertragen die Leiden geduldig und beherrscht, sie sterben in Würde und verleugnen bis zum Schluss nicht ihre britische Erziehung. Andererseits verhehlt der Film nicht, das Captain Scott, der den inneren Kern seiner Mannschaft und sich selbst in den Tod führte, eine höchst fragwürdige Persönlichkeit gewesen sein muss: etliche seiner Entscheidungen, auch wenn sie im Kommandoton hervorgebracht werden (der Darsteller John Mills), erweisen sich als kurzsichtig. Er hat zu wenig Rationen, allenfalls für vier Personen, nimmt aber schließlich fünf Begleiter zum Südpol mit. Man warnt ihn ausdrücklich davor, sich mit modernen Motorschlitten auf der Antarktis vorwärts zu bewegen. Er schlägt die Bedenken in den Wind, natürlich sind die Motorschlitten bei der extremen Kälte nicht in Bewegung zu setzen, nutzloses Metall in Schnee und Eis. Er verzichtet auf Hundeschlitten – aber gerade die haben Amundsen das schnelle Fortkommen und damit also auch den «Triumph» erlaubt. Scotts Expedition missglückt wegen Fehlplanungen und nicht nur wegen der horrenden Kälte, die die niedergeschlagenen Männer auf ihrer Rückreise zum nächsten Depot in der weißen Öde stecken und sterben lässt.

Auch dieser britische Film ist vorzüglich fotografiert, wenngleich in anderer Weise als Fancks S.O.S. EISBERG: Osmond Borradaile, Jack Cardiff und Geoffrey Unsworth wissen, dass die Antarktis ein Festland ist mit Gebirgen, Tälern und Ebenen, über die ein unglaublicher Wind weht: also benutzen sie oft Totalen auf weiß überzogene ‹Urgebirgs-Landschaften›, durch die klein und winzig, ameisengroß, die Expeditionsteilnehmer vorwärts kriechen. Die Außenaufnahmen wurden in ihrer Mehrheit in Norwegen gedreht. Einige wenige Blicke auf das Festland der Antarktis lassen eine Kameraposition auf einem vorbei gleitenden Schiff vermuten. Eine heitere Tier-Episode findet sich zu Beginn des Films: Königspinguine springen aus dem Meer an Land und watscheln, schlingern, rutschen über die Schneefläche: Bilder, die seitdem in entsprechenden Fernsehdokumentationen oft aufgetaucht sind. Ist es in S.O.S. EISBERG die Unberechenbarkeit der Eisberge, die zerbersten, zerbrechen, umkippen können, so ist es in SCOTT OF THE ANTARCTIC der unerbittlich pfeifende Wind, der die wenigen schönen Tage in der weißen Welt beinahe vergessen lässt – und häufig durch die vielen medium shots im Studio bläst.

Wer beide Filme hintereinander sieht, kommt zu merkwürdigen Schlüssen: Eigentlich ist es unbegreiflich, dass sich Personen freiwillig in diese Kältezonen vorwagen, in denen sonst nichts lebt außer ein paar Raubtieren, ein paar Pinguinen und Fischen im Wasser. Von den Eskimos sehe ich vorläufig ab. Warum diese Qualen erleiden? Welch ungeheures Geltungsbedürfnis, welche Menschenfeindlichkeit muss diese Leute an den Rand der Welt treiben, an Orte, die offensichtlich nicht dafür bestimmt sind, dass Menschen hier ihre Heimstatt aufschlagen sollen? Welcher Drang zur Selbstquälerei treibt sie, sich der blinden und grausamen Gewalt einer sie als Individuum nicht weiter achtenden Natur auszuliefern? Ist es wie bei Bergsteigern ein Kampf mit den inneren und äußeren Widerständen, ein Bedürfnis, die eigene Überlegenheit doch einmal zu beweisen, sich hervor zu tun als unbesiegbarer Kraftkerl?

Oder ist das Vorlaufen an die Grenze zum Tode dem Impuls zuzuschreiben, sich an diesem «ganz anderen» Ort, den die Zivilisation nicht verdorben hat, förmlich mystisch mit einer Wirklichkeit zu vereinen, deren Herrschaft nur als übermächtig erlebt werden kann, also die «*Zerknirschung*» zu suchen, die der Seele widerfahren muss (auch nach der Auffassung mittelalterlicher Mystiker wie Meister Eckart), damit sie für höhere Eingebung empfänglich werde? Vermutlich handelt es sich um eine jeweils anders gemischte Komposition solcher Motive, die Menschen dazu bringen, sich freiwillig den Kältepolen dieser Erde zu nähern. Dass an solchen Schauplätzen die Einsamkeit potenziert wird, die Solidarität mit anderen Menschen zerbrechen kann, keine Zeit für Liebe und andere ‹zärtliche› Empfindungen im Kampf ums Weiterleben übrig bleibt (wenn man den in dieser Hinsicht sentimentalen Film von Fanck ausnimmt), versteht sich von selbst.

Coleridge erklärt seinen «ancient mariner» zu einem Sünder – er hätte in der Nacht des antarktischen Südens den einsam fliegenden Albatros nicht mit Pfeil und Bogen herab schießen sollen. (Er hat wie Parzival aus unbesonnenem Übermut eine Untat begangen, die gerächt werden muss.) Hat das mit Fakirismus oder existentialistisch verstandenem Mönchstum zu tun, dass diese «Eroberer des Nutzlosen» bei minus 40 Grad irgendwohin streben lässt, wo sie mit hoher Wahrscheinlichkeit doch nur ihr Ende erwartet? Vorläufig kann ich mir die Hasardeure, die in die Kälte gehen, nur als problematische Naturen vorstellen, die in einer extremen Grenzsituation, kurz *vor der Vernichtung, ihr wahres Ich* entdecken wollen – wenn sie überhaupt dazu kommen und nicht ins Sterben geleitende Träume von arkadischen Wärme-Fantasien sie über ihr eigenes Schicksal hinweg heben.

Und doch gibt es dort, wo eigentlich keine Menschen sein sollten, Menschen: Eskimos. Offenbar haben sie ihr Leben auf die Witterungsverhältnisse hoher Breitengerade eingerichtet – indes rücken sie freiwillig nicht so weit in den Norden hoch, dass sie nicht einen Sommer erleben würden, bei dem über den Ebenen der Schnee schmilzt und das karstige Gestein mit Farnen und Moosen bewachsen zum Vorschein kommt. Abschließend will ich einen Seitenblick auf zwei Filme richten, die dieses Leben der Eskimos, einmal aus der Außenperspektive, das andere Mal aus einer Art Innenperspektive schildern: natürlich handelt es sich bei dem ersten Beispiel um Robert Flahertys NANOOK, DER ESKIMO (1921), im anderen Fall um ATANARJUAT (Kanada 2001, Regie: Zacharias Kunuk), der Nacherzählung einer alten Eskimolegende. Wie Flaherty seine Eskimos dazu bewog, mit alten Techniken zu jagen, um seinem Publikum einen vor-modernen Zustand der Eskimokultur vor Augen zu führen, so will auch der zeitgenössische Film die Vorzeit wiederbeleben. Das aktuelle Leben im Eis findet nur so weit Eingang in beide Filme, als sich an den kargen Lebensbedingungen seit Generationen nicht alles verändert hat. Nanook muss ein erfolgreicher Jäger sein – fast gegen die Absicht von Flaherty scheint durch, dass Hungerperioden lange dauern und die Eskimofamilien quälen.

ATANARJUAT verhehlt keine Sekunde, dass das Leben der Eskimos vornehmlich von Nahrungssuche bestimmt ist – er eröffnet aber im Gegensatz zu Flahertys Semidokumentarfilm ausdrücklich die geistige Lebensform der Eskimos. Der Regisseur Kunuk pflanzt ein Drama von mythologischem Format und psychologischem Scharfblick in dieses nur scheinbar ‹primitive› Milieu ein: Aus Neid und Eifersucht, die einem starken und vor allem schnellen Helden gelten, entstehen vielfältiger Mord, Verleumdung und Notzucht. Am Ende beendet der Held den ständig weiterstrebenden Zirkel von Verbrechen und Vergeltung, indem er verzeiht. In einer Geisterbeschwörung werden das Gespenst eines bösen Schamanen, die Untäter und ihr Anhang aus der Gemeinschaft ausgewiesen – es herrscht wieder Friede.

ATANARJUAT dokumentiert Sommer und Winter, das Licht auf der gleißenden Oberfläche des Polareises, die Wasserstreifen zwischen den schmelzenden Eisstücken, den gelben Horizont, der sich bei niedrig liegender Sonne weit erstreckt, und das leuchtende Weiß, das sich bei Sonneneinstrahlung im Inneren eines aus Schneequadern zusammengefügten Iglu ausbreitet wie in einer heiligen Halle. Am spektakulärsten ist der Lauf des flüchtenden Atanarjuat, der von drei bewaffneten Feinden verfolgt wird, über die weite Fläche der See, auf der sich zwischen den Eisschollen erste Wasserrinnen gebildet haben. Er, der aus dem Schlaf aufgeschreckt worden ist, muss nackt über diese eisige, wenngleich im glitzernden Licht aufschimmernde Ebene fliehen, den tief liegenden Horizont vor und eine riesige Himmelkuppel über sich. Das Realbild verdichtet sich zu einem Sinnbild des *Flüchtlings*, der – nackt und schutzlos, frierend und weithin sichtbar – nirgendwo eine Erdfalte oder andere Einbuchtungen der Oberfläche entdeckt, die ihn verbergen könnten vor der mörderischen Meute, die ihm hinterhersetzt. Welche Mühsal dies dem Schauspieler zumutet, lässt sich andeutungsweise im Abspann des Films an einigen Werksaufnahmen von den Dreharbeiten erkennen.

Auch für die Figur des Atanarjuat gilt, dass sich seine Spur vielleicht im kollektiven Gedächtnis seines Volkes eingegraben hat, doch nicht in dieser Kältelandschaft. Der Schnee verweht, das Eis schmilzt, im Wasser bleibt kein Fußabdruck. Der Natur ihren Stempel aufzudrücken, ist, so glaube ich, eine der wesentlichen Leistungen unterschiedlicher Kulturen gewesen. Das gilt bis heute, mag man darüber bedenkenlos oder wertkonservativ urteilen. Sowohl in der Arktis als auch in der Antarktis aber will es nicht gelingen, durch zivilisatorische Anstrengung (ich meine nicht durch Luftverschmutzung und Abfall) der kalten Wildnis eine Prägung zu verleihen, die davon zeugen könnte, dass hier Menschen bauend, schaffend, nachhaltig an ihrer Umwelt gearbeitet und dauerhaft Wohnungen errichtet haben. Zwar widerstehen sowohl das arktische Polarmeer als auch das antarktische Festland nicht länger den Zugriffen avancierter Technik, doch bieten sie immer noch das Bild oder Schauspiel einer irdischen *Transzendental-Landschaft*, um diese paradoxe Begriffs-Kombination zu wagen, eine Jenseits-Szenerie, den Vorschein des unendlichen Chaos, an dessen äußeren Grenzen wie bei Dantes Tor zum Inferno geschrieben stehen könnte: «Ihr, die ihr hier eintretet, laßt alle Hoffnung fahren.»

Fluchtpunkt Wüste

Der Neuling in englischer Uniform (Peter O'Toole) und der Araber am Brunnen, mitten in der Wüste (LAWRENCE OF ARABIA, GB 1962, Regie: David Lean)

I. Die Suche endet im Nirgendwo

Was also tun? Sollen wir zur Natur zurückkehren? Oder sollen wir uns den Gesetzen unterwerfen?
Wir werden gegen die unvernünftigen Gesetze reden, bis man sie ändert, und uns ihnen für die Zwischenzeit unterwerfen. (...) Ist man mit Verrückten verrückt, so hat man weniger Unannehmlichkeiten, als wenn man ganz allein vernünftig ist. (...) Verhalten wir uns wie jener gute Kaplan, der in Frankreich Mönch war, in Tahiti dagegen Wilder.
Man ziehe den Rock des Landes an, das man besucht und bewahre den Rock des Landes auf, aus dem man stammt.

Diderot, Nachtrag zu Bougainvilles Reise (1775)

In den bezaubernden Palästen, die in Feenmärchen vorkommen, herrscht ein totes Schweigen, welches Grauen erweckt, und es gehört zur Naturgeschichte der bezauberten Wälder, dass nichts Lebendiges sich darin regt. Auch die Einsamkeit ist etwas furchtbares, sobald sie anhaltend und unfreiwillig ist, wie zum Beispiel die Verbannung in eine unbewohnte Insel. Eine weit ausgebreitete Wüste, ein einsamer, viele Meilen langer Wald, das Herumirren auf der grenzenlosen See sind lauter Vorstellungen, welche Grauen erregen und in der Dichtkunst zum

*Erhabenen zu gebrauchen sind. Hier aber (bei der Einsamkeit) ist doch schon ein
objektiver Grund der Furcht, weil die Idee einer großen Einsamkeit auch die Idee
der Hilflosigkeit mit sich führt.*

Friedrich Schiller *Vom Erhabenen* (1793)

In der Abenteuerliteratur des 19. Jahrhunderts gibt es eine doppelte Bewegung:
(a) die *Suche* nach der alternativen Existenz anderswo, die den kulturmüden
oder -flüchtigen Helden die Möglichkeit eröffnet, dort ein ‹einfaches Leben›
zu führen, und (b) das *Zurückschrecken* vor dieser endgültigen Verlagerung
des Lebensortes, weil in der Fremde offene und verborgene Schrecknisse zu
befürchten sind – und das langjährige Außer-Haus-Sein, die Sehnsucht nach
Heimkehr in die Kindheits- und Jugendlandschaft hervorrufen kann. Anders
ausgedrückt: Den weltreisenden Abenteurern erscheint zwar manche Kulisse
als besonders anziehend, die Sitten und Gebräuche anderer Völker vielleicht
denen überlegen, die sie in ihrer Ausgangsgesellschaft zurückgelassen haben –
doch immer wieder müssen sie erkennen, dass sie ihre einmal sozialisierte und
geprägte Individualität, die europäisch-amerikanische Abstammung, das Erbe
der Aufklärung, nicht ganz abstreifen können, und für immer einzutauchen in
exotisches Milieu – zumal wenn das von den Ethnologen später so oft disku-
tierte *going native* nicht gelingen will, da es sich um die Eingliederung in eine
‹primitivere› oder ‹archaischere› Kultur zu handeln scheint. Oder nur auf Kosten, die zu hoch steigen, weil die alte Individualität durch freiwillige und unfrei-
willige Anpassung an die jeweils neue Welt offensichtlich unwiederbringlich
zerstört oder verformt wird, so dass der Schaden, der Verlust schwerer wiegt
als der Gewinn. In Herman Melvilles frühen Romanen, in die er eigene Erlebnisse als Seefahrer eingewoben hat, weichen die Helden vor diesem Schritt von
der einen Kultur in die andere, vor diesem Loyalitätswechsel am Ende zurück.
Bei aller Relativität der Werte und der Ansichten, die ein Weltfahrer durch die
Begegnung mit anderen Menschen und anderen Denkweisen erfahren muss,
scheint er doch auf die stabilisierenden Restbestände eines mehr oder weniger
christlichen und vernunftgeleiteten Individuums nicht verzichten zu wollen.

Den Helden Joseph Conrads ist schon eher das Schicksal beschieden, beim
Übergang in die andere, oft tropische Natur sich selber zu verlieren und im
Wahn, im Irrsinn zu enden, wie Almayer oder Mr. Kurtz (aus *Almayer's Folly*
oder *The Heart of Darkness*). Die *Ambivalenz des ‹befreiten› Dahinlebens* in einer
scheinbar *deregulierten* Kultur knüpft an ein (nicht erst) von Sigmund Freud
konstatiertes «Unbehagen in der Kultur» an (wenngleich er dem Phänomen
begriffliche Schärfe verliehen hat): Die lebenslange Disziplinierung und Unterordnung der Triebdynamik unter gesellschaftlich vorgegebene Interessen und
Ziele, die unablässige Dressur, die für die Generation Sigmund Freuds zumal

als Unterdrückung der Sexualität in der Zwangsstruktur der Familie und Leistungsgesellschaft besonders ins Auge fiel, verstärkte die Sehnsucht nach einem enthemmten Sich-fallen-lassen in einem ‹natürlichen Dasein›.

Bereits der Idyllendichter Salomon Gessner wusste im 18. Jahrhundert, dass dieser ausgeprägte Wunsch, dem Regelsystem der Stadt zu entkommen, um auf dem Land scheinbar das einst verlorene Arkadien wieder aufzufinden, dass dieser Wunsch fromme Einbildung sei, da das Landleben keineswegs beglücke. Im Gegenteil (man denke nur an die weithin noch bestehende Leibeigenschaft der Bauern, die Unterwerfung unter grundherrliche Rechte, die extreme körperliche Ausbeutung usw.). So entflohen die so genannten «Europamüden» in den 30er- und 40er-Jahren des 19. Jahrhunderts aus den restaurativ dirigierten mitteleuropäischen Staaten, um in Amerika Freiheit und Wohlstand zu finden, doch kehrten etliche als «Amerikamüde» enttäuscht vom neuen Kontinent zurück – weil auf Erden das unverdorbene Paradies, frei von Gier und Gelderwerb, weder da noch dort ‹aufgeschlagen› sei und die Rückkehr ins vorgeschichtliche Elysium auf Erden offensichtlich verwehrt bleibt. Noch die unbeholfenste Imagination von einer anderen, verlockenderen Welt – und hier konnte das Südsee-Paradies Tahitis gegen Orientphantasien ausgetauscht werden – spiegelt die unleugbare *Koexistenz des Wunschtraums und seiner Korrektur* durch besseres Wissen.

Das Dilemma des in den Städten besonders ausgeprägten Zivilisationsverdrusses besteht also darin, dass er zu Fluchtbewegungen aller Arten und der Suche nach einem Anderswo und einem Anderssein führt, aber die gesammelten Erfahrungen diese Phantasmen desillusionieren. Zwar werden abweichende Realitäten erschlossen, doch scheint deren spezifische gesellschaftliche Verfassung nach längerer Prüfung die hochfliegenden Erwartungen aus eurozentrischer Perspektive nicht einlösen zu können. Dieses merkwürdige *gegenläufige Schema von obsessiver Suche und unausweichlicher Enttäuschung* liegt auch Erzählungen zugrunde, die den Fluchtort Maghreb (arabisch: der Westen) ausgewählt haben. Den europäischen Reisenden schien das arabische Nordafrika gegenüber Spanien und Frankreich einerseits eine Chance zu bieten, sich der zivilisatorischen Einschnürung durch die bürgerliche Moral zu entledigen, andererseits schlug bei dem Einsinken in die äußerst disparaten Verhältnisse einer im Vergleich zur europäischen Zivilisation um Jahrhunderte ‹zurückgebliebenen› Welt nur ein Teil der Fremdheit in Vertrautheit um, das ‹Unheimliche› der anderen Lebensart nahm eher zu – so dass der anfängliche Entlastungs-Enthusiasmus der meisten Reisenden bald der Wahrnehmung einer zweifachen Drohung oder Gefahr wich: erstens von den Einheimischen, die diese abweichende Lebensform repräsentieren, dauerhaft zurückgewiesen zu werden, oder zweitens, das alte Ich einzubüßen, ohne das so entstehende Vakuum auffüllen zu können und endlich dem Grauen des Nichts zu erliegen.

Journal einer Lebenskrise und der aus ihr erwachsenen Neubestimmung, des glückhaften Durchbruchs zu lustvoller und enthemmender Erfahrung im Maghreb ist André Gides 1902 erschienene zum Teil autobiographische Erzählung *L'immoraliste*. Selbst in ihr kommt der Schattenaspekt zum Vorschein, das Entsetzen vor dem Verschlungenwerden von einer anderen Welt – auf geschickte Art und Weise kanalisiert und moderiert. Nicht der Protagonist, ein junger Archäologe, seine Frau fällt dem ‹Orient› zum Opfer. Auf ihrer ersten gemeinsamen Fahrt nach Nordafrika kommt bei Michel eine aus Frankreich mitgeschleppte Krankheit völlig zum Ausbruch: die Schwindsucht. Allmählich gesundet er, in Biskra, und erlebt eine Neugeburt unter den Palmen der Oase. Gemeinsam fahren die beiden wieder zurück nach Frankreich, leben eine Zeit lang auf einem ererbten Gut in der Normandie, dann wieder in Paris, bis den jungen Mann wieder die Sehnsucht nach Nordafrika überkommt und das Ehepaar zur zweiten Reise aufbricht. Diesmal allerdings erkrankt die junge Frau, ebenfalls an der Schwindsucht – für sie verheißt der Weg in den Süden keine Heilung. Im algerischen Touggourt, wie Biskra einer der von den Reisenden bevorzugt aufgesuchten ‹Traum›-Orte, stirbt sie. Die junge puritanisch geprägte Gefährtin, die liebevoll den Kranken im ersten Teil des kurzen Romans gepflegt hat, erliegt der Hitze, dem Licht, der Stille oder auch den fremdartigen Geräuschen in der orientalischen Sphäre, während es der junge Mann genießt, als wäre er durch die Lektüre von Nietzsches Schriften beflügelt, sein durch Abstammung und Erziehung Jahre hindurch ausgebildetes Sünden- und Strafbewusstsein am Rand der Wüste abzulegen. Mit seiner Frau entschwindet gleichsam endgültig sein assimiliertes bürgerliches Wesen.

Das Entzücken Michels an den nackten arabischen Jungen ist unverkennbar – aus André Gides Tagebuch wissen wir, dass er schon bei seiner ersten Begegnung mit Nordafrika in den Jahren 1894 und 1895 entdeckte, dass er homosexuell sei, in seinen Worten: ein Päderast, ein Liebhaber der halbwüchsigen Knaben. Die Reise nach Maghreb versichert ihn seiner Besonderheit und seiner Unabhängigkeit vom Urteil der anderen, denn Gide ist ohne weiteres bereit, seine wahren Neigungen in wenig verklausulierten Begriffen zu verraten. Michels erworbene Prägungen blättern ab wie Schminke, unter der das «nackte Fleisch», seine Eigenart ans Tageslicht kommt[1]. Er selbst sieht sich als ein Palimpsest (und befördert dadurch die Rehabilitation dieser Metapher): Kostbarer Papyrus wurde mehrfach beschrieben, der alte Text vor jeder neuen Niederschrift weggerieben, doch selten vollständig, so dass er sich unter den

---

1 André Gide: *Der Immoralist* (1902). Dt. München 1976, S. 39.

jüngeren Zeichen entziffern lässt. Dieser ältere Text gilt Gide in *L'immoraliste* als der wahre, als der natürliche unter der Maske des künstlichen Menschen. Gide verbindet dieses Schichtenmodell mit der Entdeckung des eigenen nackten Körpers unter den Kleidern aus Paris. Es geht ihm darum, nicht nur die Widergänger von Theokrits reizenden Knabengestalten als Lockfiguren in einer für ihn maghrebinischen Idylle zu beschreiben, sondern auch das planungsvolle, langfristige Bestandssicherungs-Konzept, das ihm und seinesgleichen aufgedrückt worden ist, preiszugeben gegen eine Existenz im Augenblick. Seine Neugeburt hat durchaus Züge einer Ekstase («ich denke an nichts» – und gerade dies macht ihn glücklich[2]). Die Erinnerung an diesen Lebensmut, diese Lebenslust treibt ihn wieder zurück, selbst wenn er dabei riskieren muss, dass seine Begleiterin dafür in den Tod geht. Der Wechsel nach Nordafrika ist das Bekenntnis zu einem sexuellen Hunger, den er antikisch verbrämt (durch die Anspielung auf die Hirtengestalten der alten Idyllendichter), zu einer neuen Moral, die jenseits von Gut und Böse im bürgerlichen Sinne angesiedelt ist.

In seinem Tagebuch wird Gide noch konkreter, wenn er die Umstände beschreibt, die es ihm ermöglichen, ein ‹Aussteiger› zu sein: die gewaltige Stille in der Wüste, das unendliche Licht, die unbestimmte Ausdehnung der ‹Urlandschaft›, welche Ziellosigkeit des Streifens und Streunens als Lebenspraxis empfiehlt, schließlich die in der Wüste aufgedrängte Erkenntnis, ungeheuer allein zu sein (1896)[3]. Wie alttestamentarische Propheten erlebt Gide den Windhauch aus der Wüste als ein «wunderbares Brausen»[4] – er fährt nicht fort, wie es in der Bibel zu lesen ist, dass Gott sich nämlich in diesem wunderbaren Brausen Erleuchteten offenbart. Die Theophanie wird von Gide gewissermaßen mitgedacht und nicht deutlich artikuliert. Zustände des Deliriums, des Schwindels beobachtet der junge Frankreichflüchtling und Europamüde allenthalben: die zahllosen Fliegen, die auf dem Markt die Luft ins Zittern versetzen, so dass keine scharfen Bilder entstehen: der Schwindel beim Gehen im weichen Sand, der keine feste Unterlage bildet, so dass der Horizont zu schwanken und sich zu drehen beginnt: schließlich auch die hysterischen Zustände der Tänzerinnen bei der – wie Gide meint – «Negermusik».[5] Eine frühe Spur der Befreiungserfahrung André Gides in seiner ersten Nordafrikareise 1893/94 schlägt sich in dem Bekenntnisbuch *Les Nourritures terrestres* (1897) nieder, das bereits im Titel die Abwendung von der feingeistigen Décadence und die Rückkehr zur ‹Erde› – am Rande der Wüste – deklariert. Mit dieser pro-dionysischen Programmatik steht Gide nicht allein. Zwei weitere französische Reisende des 19.

---

2 Ebd., S. 33.
3 André Gide: *Tagebücher* (1948). Dt. Stuttgart 1961, S. 35ff.
4 S. 37.
5 S. 46.

Jahrhunderts, zwei Autoren, wenngleich unterschiedlichen Anspruchs, Gustave Flaubert und Pierre Loti, haben schon vor André Gide den Orient, darunter auch Nordafrika, als eine Gegenwelt erfasst, in der sie wie erlöst von der anerzogenen Sittenstrenge in einer Art sinnlichen Rausches versanken, von dem sie später noch begeistert in literarischen oder persönlichen Zeugnissen zu berichten wissen: Wie ein Heilbad umgibt das Fluidum einer (übrigens meist gekauften) Sexualität die unter der Geißel des Puritanismus wundgescheuerten Körper – keine Neugeburt wie bei André Gide, aber doch eine Art Kur an Leib und Seele, die sich ihrem Gedächtnis und dann dem Katalog kollektiver Wunschideen tief eingeprägt hat.

Edward Saids berühmt gewordene Differenzierung zwischen dem aus westlicher Sicht rational entwickelten Europäer und Amerikaner, die sich entsprechend dieser Wertungsperspektive menschliche Überlegenheit zurechnen und dem im Orient aus solcher Sicht vermissten Individualbewusstsein entspricht strukturell durchaus der Polarität (a) einer komplexen, auf Verdrängungen aller Arten beruhenden christlich-abendländischen Gesellschaft, die in ihren Subjekten Hochmut und Leid ausbrütet, und (b) auf der anderen Seite einer dank sehnsüchtiger Projektionen schimmernden Fremde, in der der «westliche Mensch» seine Mündigkeit und Selbstbestimmung zugunsten sinnlichen Urbehagens vergessen kann: ein Akt begehrter Regression. In gewisser Hinsicht sind diese Sehnsuchtsorte austauschbar, obwohl es Unterschiede gibt, die den verschiedenen Triebwünschen gerecht werden, denen die westlichen Männer und Frauen (sie sind indes in der Minderheit) in ihrer Unruhe gehorchen. Die Topographie dieser Sehnsuchtsorte, sei es Tahiti oder der Maghreb, denkt sie von merklichen historischen Veränderungen frei – als handle es sich um Territorien, die gleichsam noch in der Vorgeschichte fixiert seien. Dem entspricht Saids Vorwurf, von westlicher Warte aus werde der orientalischen Mentalität unterstellt, dass sie Erfüllung nur im Jenseits suche und daher auf Fortschrittsglauben, wie auch auf zivilisatorischen Fortschritt selbst zu verzichten geneigt sei.

Es geht mir primär nicht darum, Saids Thesen zu bestätigen oder zu widerlegen. Er hat durchaus recht, wenn er dem westlichen Denken einen Antagonismus zwischen Orient und Okzident unterstellt, bei dem der Gegensatz zwischen dem Eigenen und dem Anderen besonders scharf hervortritt und der Orient als Inbegriff einer Kultur definiert wird, in der philosophische Aufklärung nie stattgefunden hat. In einem weiteren Schritt möchte ich allerdings darauf aufmerksam machen, dass diese Differenz zwischen christlicher und ‹exotischer› Hemisphäre auch unabhängig von dem europäischen Orientalismus besteht und spätestens seit der Aufklärung ein umgreifendes Schema der euroskeptischen Kulturanthropologie darstellt. Ihr ging es auch darum, eine denkbare Utopie geographisch zu bestimmen, in der die Leiden an der Gesellschaft aufgehoben seien. Daher setzte eine Flucht nach Tahiti ein seit dem 18. und noch im 20. Jahrhundert, bei der die Reisenden wähnten, in der Südsee die Inseln der Seligen zu betreten, um sich dort ‹rein zu waschen› von der Qual (wie Faust in seiner Studierstube) eines durch ständig kontrollierende Vernunft unterdrückten sinnlichen Körpers. Es entwickelte sich eine weitere Fluchtbewegung, die dem Orient als Lustort anderer Art galt – und nicht, um dort nur die Arroganz der Macht von Kolonisatoren im Gefolge der Kreuzritter auszuspielen.

Man denke an Tanger, die Stadt, die Spanien gegenüberliegt, zugleich schon ein Tor zur arabischen Welt. Die Maler Delacroix, Matisse oder Van Dongen fanden sich dort ein, der Musiker Saint-Saëns, die Schriftsteller Tennessee Williams und Jean Genet, Joseph Kessel und William S. Burroughs, Truman Capote und nicht zuletzt Paul Bowles. Etliche davon, zumal die Autoren, schätzten Tanger als relativ gesetzesfreien Raum, in dem Homosexualität praktiziert werden durfte, ohne gleich unter Strafe verfolgt oder gesellschaftlich verachtet zu werden. Tanger war im 20. Jahrhundert für lange Zeit internationale Zone, 1923–1956, und vor Marrakesch vermutlich die Stadt, die wegen ihrer Liberalität Europäer und Amerikaner angezogen hat. Während Marrakesch schon die deutliche Färbung einer «orientalischen Stadt» aufwies, war Tanger gleichsam ein mixtum compositum, ein Terrain zwischen den Fronten, eine Art Niemandsland. Rick's Cafe, in dem sich im Film CASABLANCA (1942, R.: Michael Curtiz) so viele Emigranten versammeln, Franzosen und Deutsche, Flüchtlinge und Nazis aufeinander prallen, Spieler und Huren – dieser merkwürdige Treffpunkt der verfeindeten Gegner lag, wenn man die politische Situation Nordafrikas in den 30er-Jahren betrachtet, zweifellos nicht in Casablanca, sondern in Tanger. Die nordafrikanischen Staaten waren bis zum Ende des Zweiten Weltkrieges, noch Jahre danach, unter französischer Kolonialherrschaft – das schien europäische und amerikanische Reisende zu ermuntern, das Land kennen zu lernen, weil sie sich mehr oder weniger geschützt glaubten. Zudem schien das Grenzland schmal, die ‹frontier› zum Wüstengebiet war bald erreicht und überschritten. Die Auswirkungen der französischen Industriegesellschaft und des technischen Zeitalters zeichneten sich in den großen Städten am Küstenrand unverkennbar ab: Doch schon hier vermengte sich die westliche mit den ‹Urbeständen› des Orients: Kasbah, Souks, Moscheen prägten ebenso das Stadtbild wie Autos, Busse und Flaniermeilen an befestigten Strassen. Im Süden behauptete sich die Kolonialherrschaft sinnbildlich durch die vereinzelten Forts der Fremdenlegion – die Legion hat ein abenteuer-romantisches Motiv dem Bild Nordafrikas in der Imagination des Westens hinzugefügt. Der Weg durch die Wüste führte dann in eine unbestimmte Ferne, die nicht einmal mehr äußerlich einer ‹zivilisierten› Gegend glich.

Josef von Sternbergs Film MOROCCO (MAROKKO, USA, 1930) betont diesen Grenzcharakter des Landes. Eine durch Demütigungen oder Enttäuschungen welcher Art auch an den äußeren Rand des europäischen Geltungsbereichs getriebene Sängerin (Marlene Dietrich als Amy Jolly) landet in Mogadur (heute Essaouria), um dort in einem kaschemmenähnlichen Theater aufzutreten. Für sie ist das mehr als ein Rückzug in die Provinz, vielmehr ein Weg ohne Wiederkehr – sie ist entschlossen, jenseits des Glamours Rettung oder Schutz zu suchen. Wie sehr sie auf der Kippe steht, wird an der Liebesgeschichte mit dem einfachen Legionär Tom Brown (Gary Cooper) erkennbar. Obwohl ein nobler und reicher Mann sie an sich binden will (Adolphe Menjou), verzichtet sie auf dieses europäische Aufstiegsideal und das Versprechen einer sicheren Zukunft an der Seite eines begüterten Gentleman – sie lässt das alles hinter sich und folgt dem Legionär in die Wüste, wie all die anderen ‹armen› Frauen, die aus Liebe oder Anhänglichkeit die Vorzüge der Sesshaftigkeit aufgeben und zigeunergleich den Geliebten hinterher wandern: Der Aufbruch in die Wüste kommt einer radikalen Abkehr von der Welt gleich, in der sie es bis dahin ausgehalten hat: Sternberg findet dafür die erstaunliche Bild-Metapher, dass sie ihre Schuhe abstreift und barfuss durch den Wüstensand läuft, um in ein neues, höchst unsicheres Dasein hineinzustapfen, die Hand am Strick, der die Ziege oder welches Tier auch immer festhält. Sie ist in der Kultursystematik damit auf einen archaischen Zustand zurückgefallen, in dem sie offensichtlich mehr Erfüllung findet als in der Lebensform, die ihr die alte Kultur anbietet. Der Ritus des Schuhe-Ausziehens gilt seit dem Altertum auch als unerlässliche Handlung vor dem Eintritt in den Tempel: Wer heiligen Boden betritt, muss die staubbedeckten Schuhe ablegen, die allenfalls für die profanen Straßen taugten. Der ferne Nachklang dieses Rituals verleiht dem Weg der Liebenden in die Wüste höhere Bedeutung: Sie lässt die Banalität eines kompromisshaften Konformismus hinter sich für ein Dasein größerer Wertigkeit (heilig will ich diese demütige Existenzform, in dem die ‹wahre Liebe› ihren Platz finden soll, doch nicht gleich nennen).

Während die Reise André Gides nach Nordafrika die Entdeckung der wahren Natur seiner Leibseele-Konstitution zur Folge hatte, liest sich der Roman von Paul Bowles, *A Sheltering Sky* (1949), wie eine Art Gegenentwurf. Kit und Port, ein junges Ehepaar, Künstler aus New York, reisen nach Ende des Zweiten Weltkriegs in Begleitung eines dritten, von ihnen als oberflächlich charakterisierten reichen jungen Mannes, Tunner, in den Maghreb, weil sie auf der Suche sind – aber wonach? Port, der Mann, sagt einmal von sich, schon resignierend, dass er immer in das Innere der Dinge vorstoßen wollte, aber sich für gewöhnlich in Außenbezirken verloren habe. Er, der schon einmal in Nordafrika gewesen ist, erweist sich als treibende Kraft des Trios. Kit, seine Frau, verspürt die Krise zwischen ihnen, den Eheleuten, anscheinend undeutlicher. In ihr flottiert mehr richtungslose Angst, von der sie nicht genau weiß, wohin sie sich wenden soll, um sie zu verlieren.

Den Helden der mittelalterlichen Epen stand fast immer eine Art «queste» bevor: Sie mussten von zu Hause aufbrechen, um reif zu werden, im Kampf mit anderen Haudegen und Drachen, Ungeheuer vor ihnen und in ihnen selbst, durch mancherlei Wandlung hindurch schreiten und als geläuterte christliche Ritter nach Hause kommen: erfahren genug, um Herrscherpositionen einzunehmen. Dieses befriedigende Kreislaufschema – es findet sich auch in etlichen Märchen wieder, die viel später erzählt worden sind – hält Belohnung und Erhöhung für den reisenden Helden nach der Überwindung mancherlei Widerstände bereit – «a hero's journey» ist der viel verwendete Ausdruck, den Joseph Campbell[6] dafür gefunden hat. Anders verläuft die Tour von Port und Kit, gegen ihren Willen oder ihre Absicht – ihre Reise endet in Tod und Wahn. Port, mit Typhus infiziert, krepiert elendiglich in einem windumtosten Wüstenfort, Kit schließt sich einer Karawane an, wird zum wehrlosen Opfer zweier Männer und schließlich Konkubine eines jungen Kaufmanns, der weit im Süden der Sahara zu Hause ist. Als sie flieht und zusammenbricht, gelingt es, die ‹Verlorene› per Flugzeug wieder an den Ausgangsort, nach Tanger zurückzubringen – dort aber ist sie eine verrückte Person, der es vermutlich nie wieder vergönnt sein mag, in die Passform der westlichen Gesellschaft zurückzufinden. Der Roman verlässt sie, wie sie durch die Straßen irrt, ohne irgendwo anzukommen. In diesem Fall ist die Wüste nicht der Heilsort, aber auch nicht der Unheilsort – viel mehr eine Art Vorhölle oder Fegefeuer, Purgatorium, in der alle Sinnfragen vergebens gestellt werden. Straßen, Steine, Städte erscheinen, zumal Port, dem Vorangetriebenen, als ‹unzugänglich›, undurchdringlich, unverständlich – weil er in dieser Umwelt voller Desinteresse und widerständiger Härte deutlich spürt, dass er die Hindernisse im Innern nicht aufbrechen kann[7]. Die jungen Amerikaner nehmen die Eigenschaften dieses Territoriums wahr, die bei Gide schon nachzulesen sind: die Stille der Sahara, das blendende Licht, das eher als «erbarmungloses» Licht[8] empfunden wird, die weißen undurchdringlichen Mauern, den Sand, den «schmerzhaft blauen Himmel»[9], schließlich auch das Schwindelgefühl, das einen in dieser grellbeleuchteten kahlen stummen Welt überkommen kann. Kit glaubt, neben dem kranken Mann, dem sie nicht mehr helfen kann, in einem leeren Zimmer, kaum ein Schutz gegen den Sturm, in das durch alle Ritzen Sand eindringt, im Mittelpunkt des Grauens angekommen zu sein[10] – sie sieht sich vom «horror» überfallen, wie er als Inbegriff des Entsetzens schon bei Conrads Erzählung *Heart of Darkness* auftaucht, vom Entsetzen über die Niederlage des

---

6 Joseph Campbell: *A Hero With a Thousand Faces* (1949).
7 Paul Bowles: *Himmel über der Wüste*. Dt. 1998, S. 183.
8 S. 302.
9 S. 343.
10 S. 227.

weißen Mannes, seiner Denkart vor einer Welt, die sich als stärker erwiesen hat und ihn auf seine erbärmliche Nichtigkeit zurückwirft. Noch weiß Kit nicht, dass der Mittelpunkt des Grauens mit ihr weiterwandert und das Grauen, zeitweise überdeckt, noch zunehmen kann. Der Himmel schützt (the sheltering sky), meint Port einmal, denn hinter ihm gähnt unabsehbare Schwärze, das Nichts. Dieser Erfahrung des Nichts sind beide näher gekommen durch die Wüste – und sie werden den Kollaps ihres Hochmuts nie mehr verwinden können. Der eine liegt schließlich in einem namenlosen Grab, die andere verfängt sich im Wahnsinn. Die Suche nach dem Etwas irgendwo hat zu keinem Ergebnis geführt.

Nur bleibt die Frage: Was hat sie eigentlich aus Manhattan, aus ihren Zirkeln fortgetrieben? Eher Neugier als Not, eher der Drang, sich selbst einem Experiment auszusetzen, als einer unerträglichen Lage entkommen zu wollen? Eher die Sensibilität von Kreativen, die sich auf die Jagd nach unwiederholbaren Augenblicken begeben, als die Reiselust, die Kulissenwechsel nötig hat? Ist es ein Spleen, der sie mit großem Gepäck Unterkunft in immer armseligeren Lehmbauten finden lässt, oder eine dunkle Besessenheit, die sie die Selbstauslöschung anstreben lässt? Oder ist der Roman geschickt genug, die wahren Motive zu verbergen? Bowles erzählt eine Parabel über das Zuschandewerden europäisch-amerikanischer Ich-Kultur in der Welt der Wüste, in der beide Hauptfiguren allmählich verstummen, in der sie sich verlieren. Dass aber die Position an der Grenze reizt und den Geist nicht erlahmen lässt, vielmehr die Relativität der Anschauungen sichtbar macht, vor Selbstgerechtigkeit und Dominanzgelüsten bewahren kann, beweist der Autor selbst – der das Resümee aus diesem Buch hätte ziehen können, so schnell es geht sich wieder in die fest umgürtete Schutzhaft der alten Kultur, nach New York, Paris oder anderswohin zu retten. Bowles blieb in Tanger, unweit des locus terribilis – eine existentielle Entscheidung, die in der Nachkriegszeit, im Zeitalter des Existentialismus, vielleicht nicht weiter verwunderlich ist.

Die Filmversion des Buches – Bernardo Bertoluccis THE SHELTERING SKY (HIMMEL ÜBER DER WÜSTE, GB 1990) – vertieft die Trauer des Verschwindens und verzichtet auf die kommentierenden Selbsterläuterungen der Figuren, die im Roman eher ihren Platz haben. Im Film tritt die Ehekrise zwischen Kit und Port stärker hervor – als Symptom für ihre innere gegenseitige Entfremdung. Zweimal setzt Port (John Malkovich) an, Kit zu verführen, und sie will es – zweimal bricht er ab, zieht sich vorzeitig zurück, resignierend, lethargisch, kleinmütig? Sowohl seine Affäre mit einem Beduinenmädchen, die er bezahlt, als auch Kits Seitensprung mit Tunner, während sie auf einer langen Zugfahrt sich ihre Angst oder Langeweile mit Champagner vertreiben, verletzen übliche Regeln, bezeugen aber keine Libertinage. Der Film ist durch die Wahl der Darsteller und ihr Agieren präziser als das Buch: Kit entbehrt es, dass sie Port nicht so nahe sein kann, wie sie möchte. Sie (Debra Winger in einer ihrer besten Rollen) ist eine lebhafte, empfindsame, tapfere Person: Der am Hals geschorene, nach oben strebende Haarschopf verrät Eigenwilligkeit und Stilbewusstsein. Die Exposition ihres braunen, manchmal nackten Körpers reicht als optisches Signal, um deutlich zu machen, dass hier eine begehrende junge Frau vor uns ist, die nach Ports Tod, in der Umklammerung durch den Tuareg-Händler, den unbekannten Mann schlechthin, ihrem Körper erlaubt, gleichsam außerhalb der Kontrolle ihres sophisticated New Yorker ‹Kopfes›, bedenkenlos Lust zu suchen. Je weiter ihre Reise sie entführt, desto stärker verändert sich ihr Äußeres. Ihre Haut wird tiefbraun, und der kurze Schopf lässt sie in der Tat wie einen Araberjungen erscheinen, wenn da nicht die großen glänzenden Augen wären, die sie immer wieder versteckt, damit sie nicht sofort als Frau identifiziert werden kann.

Ports mysteriöse Unruhe ist auf ein anderes Ziel gerichtet – aber auf welches? Der Tod beendet als point-of-no-return den notorischen Ortswechsel dieses ‹Flüchtlings›. Im Film sind Vorzeichen ausgestreut: Auf einem zerfallenen und verlassenen arabischen Friedhof gehen beide spazieren. Sie frage sich, weshalb Port immer weiter treibe und vorwärts dränge, ohne sagen zu können, wohin es ihn zieht. Und legt sich einfach auf die Erde zwischen Steine und Knochen, als Zeichen der Weigerung, während er stehen bleibt. Dieses Verhältnis kehrt sich bald um, nach frühem Verfall wird Port in der Erde begraben sein, und ihre ‹Fahrt› setzt sich fort. Einmal, während sie ihre Wache am Lager des Schwerkranken unterbricht, geht sie hinaus vor das Fort und sieht Kamele sich langsam zu einer Karawane ordnen. Sie begleitet sie eine Weile auf einem Dünenkamm, bevor sie umkehrt. Wenig später zieht sie tatsächlich mit einer Karawane ins Unbekannte.

Je weiter die beiden Amerikaner nach Süden vordringen, desto mehr verliert sich ihr Zeitsinn, dem entsprechend gerät die Erzählung des Films auch sprunghafter. Die ziemlich lange Phase, in der Port mit dem Tod ringt, ist nicht mit der inneren Uhr zu messen. Die Kamera rückt an die Körper, an die Dinge heran, als würde die Pflege, die Krankheit bei beiden eine derartige Verengung des Horizonts zur Folge haben, dass sie die Welt gerade noch in kleinsten Ausschnitten wahrnehmen. Überhaupt fällt es auf, dass Vittorio Storaro (einer der großen italienischen Kameraleute, der z. B. auch Francis Ford Coppolas APOCALYPSE Now, USA 1979, fotografiert hat) dem Publikum immer wieder extreme Einstellungswechsel zumutet: riesige Totalen, in denen die Wüste als unermesslicher Raum erscheint, durch den sich vielleicht ein staubiger Lastwagen schiebt, und später die schattenhaften Dromedare in miniaturistischer Bewegung vor einer sonst völlig starren Szenerie voran schleichen. Dann wieder, wenn die Stadt erreicht ist, taucht die Kamera in das Gewirr der Straßen ein, die nur für die Kundigen zu dem gesuchten Ort führen. Es sind, um eine Reduktion zu wagen, vornehmlich drei Raumkonzeptionen, die in Bertoluccis THE SHELTERING SKY Ausschlag geben: (a) Es ist einmal die unfassliche Leere und Weite der Wüste, die sich jedem menschlichen Maßstab entzieht, es ist (b) das Labyrinth der Städte mit Gassen, Durchgängen im Halbschatten, zum Teil in der Sonne, dazu gehört auch die Wabenform des Hauses, in dem Kit schließlich als Geliebte des Kaufmanns die Existenz einer von der Außenwelt abgesperrten Frau fristet, die zum Vergnügen des Mannes da ist und auf diese wenigen Stunden des Zusammenseins in geradezu vegetativer Ruhe wartet. (c) Es sind die Zimmer als Durchgangsorte, eingangs die Hotelzimmer mit irgendwelchen Betten und Kommoden, später vor allem der leere Raum, in dem Ports Matratze liegt.

Auf einer Stufe weiterer logischer Verkürzung könnte man von zwei Begriffen sprechen, die die meisten Szenerien des Films angemessen erschließen: *Leere* und *Labyrinth*, eine Welt ohne Grenzen, die schwindeln lässt, und eine Welt völlig undurchschaubarer Bauten mit Durchbrüchen, Winkeln, Passagen ins Dunkle – auch hier ist Orientierung nicht möglich, man ist auf Führer angewiesen, man droht sich zu verirren. Leere und Labyrinth vernichten den westlichen Triumph auf Selbstbestimmung der eigenen Person. Kit ist im Film von Beginn an eher dazu bereit: Eine der stärksten Szenen ist der verfehlte Liebesversuch hoch über dem weiten Land auf einer hunderte Meter hohen Klippe, an dessen Rand sie sich nach einer kleinen Fahrradtour niederlassen: Der wenige Meter daneben drohende Abgrund, der steinige und karstige Boden – nichts scheint sie davon abhalten zu wollen, sich mit Port hier zu vereinigen. Sie ist dieser Erde näher, die ihr nimmt, was ihr ihre Sozialisation gegeben hat, und ihr lässt, was als animalische Ur-Form zu bezeichnen wäre: den natürlichen Menschen vor seiner ‹Ver-Bildung›. Man denkt unwillkürlich an André Gides Titelformulierung von *Les Nourritures terrestres* – Nahrung, die die Erde schenkt. Im Buch wird der Wendepunkt zwischen dem alten und dem neuen Leben Kits scharf markiert: Nach dem Tod ihres Mannes steigt sie nackt in das Gewässer der Oase und nimmt ein Bad, förmlich eine rituelle Reinigung, aus der ein neuer Mensch hervortritt. Diese Badeszene spart Bertolucci aus – vielleicht, weil sie allzu sehr einem mythologischen Stereotyp entspricht, oder weil sich der passende Oasenteich nicht finden ließ, oder weil er vor einer spektakulären Darstellung des Körpers seiner Hauptdarstellerin zurückschreckte. Kit braucht die Erde. Auf dem Tiefpunkt ihrer ‹Entfremdung›, als sie, völlig auf sich gestellt, auf dem Marktplatz einer Stadt im Süden, im Gewand eines Jungen, von groben Männerhänden festgehalten wird, weil das Geld, das sie austeilt, in diesem Lande nichts wert ist, kauert sie sich auf dem Boden nieder wie ein Tier, dem wenige fundamentale Empfindungen geblieben sind: Lust, Hunger, Durst und die Angst vor Schlägen.

Bertolucci lässt Kit am Ende, wie im Roman, das Taxi vor dem Grand-Hotel in Tanger verlassen und sie durch die Stadt irren, die – die Straßenbahn, die quer vor die Kamera fährt, bezeichnet es – vom Prozess der Zivilisation bereits vereinnahmt und für die junge Frau eine Brücke zurück sein kann. Anders als bei Bowles kehrt sie in das Café ein, in dem einst die drei jungen Amerikaner lachend und auch gereizt, frisch aus Übersee eingetroffen, das Abenteuer ihrer Reise begonnen haben. Der alte Paul Bowles selbst wird von Bertolucci in dieses Café hineingesetzt, und aus dem Off fragt er Kit, ob sie etwas verloren habe, worauf sich ihr Gesicht aufhellt. Die anfänglich erwähnte subtile Melancholie des Beginns und vor allem des Schlusses rührt auch daher, dass Bertolucci die Zeitbestimmung verunklart. Es soll zwar die Epoche nach dem Zweiten Weltkrieg gemeint sein, doch sieht man außerhalb des Cafés Plakate des französischen Filmes REMORQUES («Schleppkähne») von Jean Grémillon angeschlagen, der 1941 fertig wurde. Auch die Gegenwart des greisen Bowles gibt der Eingangs- und der Schlusssequenz im Café einen überzeitlichen Charakter. Drittens ist hier, wie zu Beginn, Musik von einer alten Aufnahme zu hören, deren sanft traurige Heiterkeit die Handlungszeit in eine Epoche davor, in die nostalgische Periode des Frankreich vor dem Zweiten Weltkrieg versetzt: Charles Trenet singt sein 1937 zum ersten Mal der Öffentlichkeit vorgestelltes Chanson *Je chante*: Das Lied von einem fröhlichen Sänger und Wanderer, einem Vagabunden, der schließlich an Hunger stirbt und noch als Geist weitersingt, unbekümmert, endlich befreit von aller Erdenschwere. Diese fast surrealistische Lyrik, verbunden mit einem einschmeichelnden, unerschütterlich hüpfenden Melos verkleinert die einschneidende Gewalt des Todes, als dürfe sich der Gesang selbst durch diesen schwarzen Schlag nicht unterbrechen lassen und töne fort, paradox, aber zugleich innig berührend. So erzählt auch Bertoluccis Film vom definitiven Ende einer «queste», das mit dem schweren Ausdruck des «Untergangs» nicht treffend bezeichnet wäre. Es bleibt ein Staunen übrig – über die Leere und das Labyrinth, die sich der planenden Vernunft und dem Experimentiergeist des aufgeklärten Menschen als überlegene Daseinsmächte erweisen. Sie verschaffen die Erfahrung der Nichtigkeit und wollen das Vorleben aus dem Gedächtnis löschen, denn die Gegenwart der Fremde saugt alles ein. So entsteht Wehmut, wenn es gelingt, doch etwas vom alten Leben vor diesem Sog ins ‹schwarze Loch›, vor diesem Malstrom zu retten – die kleinen Reminiszenzen, Erinnerungsstücke, die das Ich an die Zeit davor gemahnen, vor der Katastrophe des Subjekts.

Friedrich Schiller kann mit seinen klugen und scharfsichtigen Unterscheidungen behilflich sein. In seinem Aufsatz *Vom Erhabenen*, den er 1793 nach intensiver Kant-Lektüre niederschrieb, trennt er zwischen dem Theoretisch- und dem Praktisch-Erhabenen. Das eine könne unser ästhetisches Entzücken auslösen, da wir uns auf sicherem Boden wissen, das Erhabene nur aus der Distanz oder noch besser in unserer Vorstellung betrachten (den Ozean im

Sturm, die riesigen Maße des Hochgebirges, Klüfte und Abgründe, die weithin gestreckte Wüste usw.), während wir als Menschen beim Praktisch-Erhabenen tatsächlich am selben Ort sind und fürchten müssen, den Kürzeren zu ziehen. Das Gefühl der Kleinheit und Ohnmacht bleibt nicht eine Art Gedankenspiel, sondern wird real erlebt – auf die Gefahr hin, dass man sich den Gewalten der Natur oder der gewaltigen Natur gegenüber nicht als stark genug erweist und um den Erhalt der eigenen Person fürchten muss. Wenn man so will, inszeniert Bertoluccis Film ein Exempel von dem furchtbaren, Furcht erregenden Triumph des Praktisch-Erhabenen über den schwachen Widerstand des aufgeklärten Menschen. Philosophische Zivilisationskritik, die die tragische Spielart der «queste» begleitet und zugleich eine politische Stoßrichtung nicht verhehlt, nämlich gegen die kolonialistischen Ansprüche der Weißen, äußert in diesen merkwürdigen Geschichten vom Verlorengehen (in der Wüste) fundamentalen Zweifel an der unbegrenzten Kompetenz der Vernunft in der europäisch-westamerikanischen Kultur. Daher begegnet den Reisenden, die sich auf der Suche nach Sinn in die andere ‹exotische› Welt aufmachen, oft ein tödliches Geheimnis, das sich ihnen nicht entschlüsseln will. Keine Antwort!

Diese Verweigerung korrespondiert ‹negativen› Parabeln in anderen Filmen, z. B. David Leans letztem großen Spätwerk A PASSAGE TO INDIA (REISE NACH INDIEN, USA/GB 1984), in dem Mrs. Moore (hier der Linie des Romans von E.M. Forster folgend) in eine Depression verfällt, die ihr schließlich das Leben kostet, als sie in den Höhlen von Marabar erkennen muss, dass allen Worten und Geräuschen der Menschen immer nur das eine grausig donnernde Echo verzerrt erwidert: Symbol für eine vorenthaltene oder uns nicht verständliche Auskunft, die an gleichsam heiligem Ort zuteil wird. Oder Peter Weirs PICNIC AT HANGING ROCK (PICKNICK AM VALENTINSTAG, AUS 1975): Mädchen kurz vor dem Übergang ins Erwachsenenleben und eine Lehrerin aus einem puritanischen Internat, Australien um 1900, gehen bei einem Ausflug auf einen heiligen Berg der Aborigines verloren. Sie werden wie vom Erdboden verschluckt. Was aus ihnen geworden sein mag, wird von einem undurchdringlichen Schweigen der Landschaft umlagert. Keine Rückkehr, keine Antwort.

Man muss gar nicht in die Ferne schweifen, auch andere Filme lassen die «queste» europäischer Menschen in der nordafrikanischen Welt versickern oder scheitern. G.W. Pabsts merkwürdig exotistischer Film DIE HERRIN VON ATLANTIS (D 1932) führt dies am Beispiel von zwei Offizieren der Fremdenlegion vor, die sich in Antinéa (Brigitte Helm) verlieben, Epiphanie einer schönen Göttin, solange sie in hieratischer Stummheit verharrt, und Herrin über eine unterirdische, im Übrigen von Tuaregs und sonderbaren Restbeständen einer dekadenten Pariser Belle Epoque bevölkerten Stadt, angeblich Atlantis. Beide Offiziere verfallen einem Wahn, der den einen zum Mord an dem anderen verführt und den Überlebenden schließlich dazu, in die Wüste zu reiten und auf Nimmer-Wiedersehen verschollen zu bleiben. Die krause Geschichte von dem angeblichen Atlantis, das halb unter dem Wüstenboden verborgen sei, ist eine fade, unzweifelhaft banale Erfindung, die auf den Roman von Pierre Benoît (1919) zurück zu führen ist. Pabst, den Regisseur, interessiert offenbar die aufs Äußerste gereizte Leidenschaft, die keine Hemmung mehr aufweist und vernünftig funktionierende Menschen zu irrsinnigen Besessenen verwandelt, die auf guten Zuspruch nicht mehr reagieren – diese fast erschreckende Transformation von liebenden Männern in unberechenbare Berserker und Schlafwandler ist nun ein Erbteil des deutschen Film der 20er-Jahre und von Pabst selbst etwa in seinem Film DIE BÜCHSE DER PANDORA (D 1928) ausdrücklich zum Thema erhoben worden. Als neue Dimension kommt in HERRIN VON ATLANTIS der Symbolraum der verderblichen Wüste hinzu, in deren Sandstürmen, in deren labyrinthischen Verwerfungen, in deren leerer Unermesslichkeit sich die scheinbar so fest gefügte westliche Persönlichkeit auflöst, selbst die gehärtete Form kommandierender Offiziere der wagemutigen Legion.

Dem Kameramann Eugen Schüfftan ist viel zu verdanken: Er hat keine Bedenken, Aufnahmen plein air vorzunehmen, festzuhalten, wie der Sturm die Personen einhüllt, wie die Abdrücke der Kamelhufe im Sand langsam verwischen, wie die steinernen Wälle und Karste der Felsenwüste vielleicht zum Verstecken, aber nicht zum Spielen taugen – eine Landschaft, in der Menschen keinen legitimen Platz haben. Die Unterwelt von Atlantis ist so typisch labyrinthisch gebaut, wie es arabische Städte aus europäischer Perspektive kennzeichnet – wie es allerdings auch die Tradition des Spionagefilms in Deutschland als Modell vorgegeben hat (man denke etwa an Fritz Langs spezifische Vorliebe für ameisenbauhafte Katakomben in SPIONE, 1927, und andere Filme). Der Architekt Ernö Metzner schließlich fügt romanische Säulen hinzu und staffelt sie hintereinander, als hätte er eine weitläufige Hallenkirche zu rekonstruieren. Auch hier verirren sich die Blicke ins Unüberschaubare. Oben wie unten, real wie erfunden, ähnelt dieser maghrebinische Schauplatz einer unheimlichen, hell übergleißten oder düsteren Traum-Szenerie.

Daniel Schmids kühner Film HÉCATE (F 1982) nach der z. T. autobiographischen Erzählung eines weiteren Nordafrika-Experten: Paul Morand) versetzt die Geschichte vom ‹Verfall› eines jungen Franzosen an einen nicht näher bezeichneten Ort im Maghreb, noch in der Kolonialzeit: Als junger Diplomat erreicht er diese Stadt und muss – ungeachtet der guten Ratschläge des älteren Chefs, der mit dem Land vertraut ist – schmerzlich erleben, wie sein Ehrgeiz zerfällt, seine Karriere, seine Routine. Schließlich überwältigt ihn die leidenschaftliche Liebe zu einer verheirateten Frau, mit der er in einer Kette sexueller und erschöpfender Exzesse dahintreibt, bis er, auch äußerlich verwahrlost, zum

Wrack verkommt. Diese Frau, undurchsichtige femme fatale, entzieht sich ihm auch noch und lässt sich in der Kasbah, im Gewirr der Straßen, Stiegen und leeren Zimmer nicht mehr auffinden, in der Menge skurriler und von weither angeschwemmter weißer Narrenfiguren wie unwilliger Einheimischer. Das Labyrinth stößt ihn zwar zum Schluss aus – entlässt ihn aber zugleich als einen seelisch verirrten, tief verstörten, melancholischen Menschen. Seine Selbstentgrenzung in der Maghreb-Erfahrung hat ihn gleichsam beschädigt zurückgelassen. In seinen Ekstasen ist Unbekanntes und Unbewusstes aus ihm herausgebrochen, ihm gleichsam von außen widerfahren, Kursabweichungen, die er kaum mehr dämpfen kann, um wie zuvor in die perfekte Rolle eines zur Oberschicht gehörenden Diplomaten zurück zu gleiten.

Leichter, so ist zu hoffen, verläuft die Regeneration der jungen Heldin in Gillies MacKinnons Hideous Kinky (Marrakesch, F/GB 1998). Sie ist die Mutter von zwei Mädchen, fünf- und siebenjährig – aus deren Perspektive (nach dem Buch von Esther Freud) erzählt wird. Einige Jahre liegt die Handlung schon zurück, die Hippie-Mutter (Kate Winslet) ist bewegt durch die Gedanken der Counter culture und des nahöstlichen Mystizismus. Mit ihren beiden Kindern lebt sie in Marrakesch mit dem Anspruch, sich in die vorhandene Gesellschaft einzugemeinden, was ihr nicht gelingt, nicht einmal durch die Liebe zu einem Dieb. Sie führt eine irrlichternde Weder-noch-Existenz: Weder hat sie sich von der alten Kultur völlig abgelöst, noch ist sie in der anderen Kultur angekommen. Sie will sogar dem Sufismus beitreten, einer Selbstlosigkeit einfordernden Spielart der Mystik, die sich auf keinen Fall mit ihrer Rolle als Mutter von zwei Kindern vereinen lässt – das endlich lernt sie am Ende. Bis dahin handelt sie als eine ein bisschen dumme, ideologisch verrannte, wenngleich herzlich liebenswürdige Frau, die von ihren Kindern immer wieder auf die Erde herabgezogen wird. Denn die Kinder teilen die Narreteien ihrer Mutter nicht oder nur, soweit sie dazu gezwungen sind. Eigentlich möchten sie ein normales Leben führen, eigentlich möchten sie nach England zurück. Das Experiment der Selbstentfremdung, das sie an ihrer Mutter beobachten, erschreckt und beunruhigt sie, weil sie merken, dass es mit ihrem Bedürfnis nach einem regelmäßigen Leben nicht in Einklang zu bringen ist – die Mutter benimmt sich verrückt, die Kinder entwickeln einen nüchternen Pragmatismus als Gegenkraft, am Ende setzen sie sich durch und die kleine Familie verlässt das Land.

Beide Filme, Hécate und Hideous Kinky, nehmen das Risiko des Kulturwechsels ins Visier: In dem einen Fall reichen die Hitze, die Trägheit der Verhältnisse, das Undurchdringliche einer fremden Welt aus, zudem der Auftritt einer rätselvollen Schönen, die sich ihm wieder entzieht, um den schwachen Helden in eine Art Selbstdestruktion zu treiben, die ihm das Fragwürdige und Fragile seines alten hochmütigen Selbstbildes vor Augen führt. Im anderen Fall, bei HIDEOUS KINKY, scheitert der gewaltsame Versuch, sich in eine ‹exotische› Lebensform und Denkart ohne Not hineinzutreiben, immer wieder am Widerstand der fremden Gesellschaft selbst, die den weiblichen Eindringling abwehrt und zurückweist – bis schließlich eine gefährdete Liebe und ihre aufmüpfigen Kinder die skurril Verschrobene zur europäischen Familientradition zurückkehren lassen.

Bei manchen Filmen, die sich mit der Fluchtbewegung der Weißen in den nordafrikanischen Städten und in der angrenzenden Wüste beschäftigen, drängt sich die Erinnerung an die Überschrift auf, die Dante in seiner *Divina Commedia* dem Tor zur Hölle gegeben hat: Ihr die ihr hier eintretet, lasst alle Hoffnung fahren – vor allem die Hoffnung, das ‹neue Leben› zu finden. Jeweils durchleben die ‹Zugereisten› einen Prozess des Außer-sich-seins, bei dem die Form ihres in der westlichen Gesellschaft geprägten Wesens aufgebrochen wird. Manchmal ist kein Rückweg aus diesem Zustand der Entgrenzung in die vertrauten Verhältnisse des alten Lebens möglich, manchmal doch – wenngleich die Betreffenden von diesem Prozess der *Selbstentfremdung* gezeichnet erscheinen. Allemal ist von Abenteuern die Rede, die nicht von Touristen registriert und durchlitten werden – Touristen, die, wie es bereits sarkastisch in Paul Bowles' Roman heißt, aufbrechen im Wissen, dass sie über kurz oder lang wieder heimkehren wollen, um sich nicht in der Fremde verändern zu lassen. «Reisende» lassen sich auf ein größeres Wagnis ein. Sie kehren entweder gar nicht zurück, weil sie sich in der Fremde verlieren – ihre Suche endet im Nirgendwo – oder sie kehren zurück als Fremdgewordene, auch in ihrer Heimat. Die meisten Fabeln über den Weg in die nordafrikanischen Städte und in die Wüste gehorchen diesem Modell. Beinahe vergessen und abgesunken ist das Glück, von dem André Gide noch zu berichten wusste, das Glück, das ihm im Süden widerfahren ist und zu sich selbst gebracht hat. Die Entkolonialisierung und politische Emanzipation des Maghreb hat sicherlich den Charakter des Landes für den westlichen Blick verwandelt – ihm die (trügerische) Offenheit der terra incognita genommen, auf der man im Dunstkreis einer mysteriös andersartigen Welt ungeahnte Wunder erleben könne.

Diderots wohlgemeinte Empfehlung (s. Motto), einfach den Rock des Landes anzuziehen, das man besucht, und den Rock des Landes aufzubewahren, aus dem man stammt, ist aus der Perspektive der Erzähler, die sich zu zivilisationsflüchtigen Orientalismus-Phantasien kritisch verhalten, nicht so leicht in die Tat umzusetzen. Bei dem Kleiderwechsel, so meinen sie, geht zumindest ein Rock in Fetzen. Empirie widerlegt den leichtfertigen Optimismus der Aufklärer.

II. Das Tal des Todes

Sie ritten drei Tage, da sprach er zu ihm: «O König der Zeit und der Beständigkeit, du Inbegriff des Jahrhunderts! In Babylon wolltest du mich in einem Labyrinth aus Bronze verderben, mit vielen Treppen, Türen und Mauern; jetzt hat es dem Allmächtigen gefallen, dass ich Dir meines zeige, wo keine Treppen zu ersteigen, keine Türen aufzustoßen, auch keine ermüdenden Gänge zu durchwandern sind und wo keine Mauern dir den Weg verlegen.»
Darauf band er ihn von seinen Fesseln los und verließ ihn inmitten der Wüste, wo er an Hunger und Durst starb.

J.L. Borges, *Die zwei Könige und die zwei Labyrinthe* (1952)

Es war, als gäbe es hier keine Namen, als gäbe es keine Worte. Die Wüste tilgte alles, verwischte alles mit ihrem Wind. Die Menschen hatten die Freiheit des weiten Raums in ihrem Blick, ihre Haut war wie Metall. Das Sonnenlicht glitzerte überall. Der ockerfarbene, gelbe, graue, weiße Sand, der leichte Sand glitt dahin, zeigte den Wind an. Er bedeckte alle Spuren, alle Knochen. Er verdrängte das Licht, vertrieb das Wasser, das Leben, fern von einer Mitte, die niemand erkennen konnte. Die Menschen wussten genau, daß die Wüste sie nicht wollte (...)
Sie wechselten nur ein paar Worte, nannten ein paar Namen. Aber es waren Worte und Namen, die sofort verflogen, dünne Spuren, die der sandige Wind sogleich unter sich begrub.

J.M.G. Le Clézio, *Wüste* (Roman 1980)

In Erich von Stroheims Film GREED (GIER, USA 1924) spielt der Schluss im Death Valley, der zum Teil unter dem Meeresspiegel gelegenen Wüste zwischen Kalifornien und Nevada. McTeague (Gibson Gowland), die Hauptfigur, flüchtet sich nach dem Mord an seiner Ehefrau in die Ödnis und wird dort von seinem Widersacher Marcus (Jean Hersholt) gestellt. Zwar gelingt es McTeague, Marcus zu erschlagen, doch der Tote hängt mit Handschellen unauflösbar am Täter. Es gibt aus dieser Wüste, einem ortlosen, schier unermesslich weiten Land der Sonne und der Trockenheit kein Entkommen für die fragwürdigen Helden. Die Wüste ist eher ein symbolischer Schauplatz für den tödlichen Showdown, um die Ausweglosigkeit der Figuren, den Umstand ins Bild zu übersetzen, dass sie am Ende ihres Lebensweges angekommen sind. Sie muss nicht zwangsläufig der Fluchtpunkt des Mörders sein, der sich selber keine großen Chancen ausrechnen darf, wenn er sich auf dieses Territorium begibt. Stroheim erlaubt einige Blickperspektiven, die der Standardsituation Zweikampf entsprechen: die Aufnahme der Hände des starken McTeague, die sich zusammenballen, die Nähe zu den ringenden Körpern, die Quasi-Subjektive auf den blutigen

Kopf des Marcus – eher eine der vielen Einstellungen, die Zuschauer über den Gang der Dinge unterrichten, die die Neugier des Sehen-Wollens befriedigen. Denn die Kamera, die eifrig die Stellung wechselt, scheint von der lähmenden Temperatur in der Außenwelt nicht ergriffen zu sein. Sie bleibt das Instrument eines fast unbeteiligt registrierenden ‹kalten Blicks›. Stroheim strebt eben nicht ausdrücklich den subjektiv gebrochenen Augenschein der sich im flimmernden Glanz entgrenzenden Umwelt an, obwohl er vor Ort, in Death Valley selbst drehte, und mehrmals die Kamera zur Sonne richtet: eine, wenn es sich in der Tat um authentische Aufnahmen handeln sollte, radikal mutige Entscheidung. Zugleich handelt es sich wiederum um eine der doppelt kodierten Aufnahmen, die sowohl dem Zeigegestus entsprechen, der die Konditionen der Szene illustriert: Wie soll man unter dieser Sonne überleben? –, als auch als subjektiver Blick der gequälten Charaktere verstanden werden können. Am Ende jedenfalls springt die Kamera: der unbetroffene Erzähler, zurück und lässt die Körper der Todesgruppe, kaum mehr sichtbar, in großer Entfernung in der Wüste zurück.

Die Hitze an diesem ungewöhnlichen Ort macht sich durch den Schweiß auf der nackten Brust von Marcus bemerkbar. Dass McTeague verdursten muss, wird durch die Totale auf die unabsehbare, hell überblendende Oberfläche der Ebene suggeriert, auf der niemand zu Hilfe eilen wird. Die Wüste ist menschenleer, die Menschen, die sich hierher verirren, muss die Furcht vor der kontrollierenden Gesellschaft vorantreiben. Die Wüste bietet sich dem Erzähler des Films zudem als vorzüglich geeignete Szenerie für den Übergang in den Tod an. Ohne Essen und Trinken muss sich der verletzliche Leib des Menschen wie in einem Glutofen bei Tage auflösen: der Tod als unaufhaltsame Aggregatsveränderung, gleichsam ein Transzendieren in die Urelemente Feuer und Luft ist logische Folge dieser extremen Ausgesetztheit.

In der Wüste erwartet den Menschen ein unpersönlicher Tod. Jeder unter den gleichen Umständen ist davon bedroht, sein Leben zu verlieren. Dem Ende geht die völlige Erschöpfung voraus, die Erfahrung der Wehrlosigkeit des zu keiner Überlebensanstrengung mehr fähigen Körpers, des hilflosen Geistes, über dessen letzte Visionen als etwas Unvorstellbarem wir nicht unterrichtet sind. GREED verweigert visuell, in der Auswahl der Blickwinkel und im Arrangement der Figuren auf dem Grund der Wüste, auffällige Empathie oder Einfühlung. Der Film schildert den letzten Kampf der Gegner, die aussichtslose Lage des noch Überlebenden als *Ereignis*, als Vorgang in bezeichnender Leere: auf einem gleichsam abstrakten Terrain, das von den meisten sozialen Umständen absehen lässt und den Kampf als Kampf in den Mittelpunkt stellt, wobei die völlige Einsamkeit der Männer und ihre Verlorenheit in einer todbringenden Schreckens-Natur zum Vorschein kommt.

Auf dieses halb symbolische, halb existentialistische Verständnis der Wüste scheint Jahrzehnte später der Film GERRY (USA 2002) von Gus van Sant zu antworten – vom Regisseur gemeinsam konzipiert mit den Schauspielern Casey Affleck und Matt Damon. Zwei junge Männer, die beide Gerry heißen, erreichen nach einer langen Autofahrt das Gelände eines «Wilderness-Trails» – im Zwischenbereich zwischen Steppe und Wüste. Sie beginnen in locker zügigen Schritten einen Spaziergang – und sind nicht allein, andere Ausflügler, sogar Halbwüchsige, begegnen ihnen. Noch plaudern sie bruchstückhaft und beiläufig über ihren Alltag: über Computerspiele, Unterhaltungsprogramme im Fernsehen – doch allmählich verlieren sich diese Reste eine Vorlebens. Die Gerrys verirren sich, kommen vom rechten Weg ab. Von der Strauchlandschaft geraten sie in eine Sand- und Steinwüste. Van Sant gab sich mit den Bildern aus dem Death Valley nicht zufrieden. Um die Vielfalt der von den ratlos und ziellos voraneilenden Wanderern durchmessenen Zonen zu verdeutlichen, brauchte er weitere Aufnahmen aus Jordanien, Argentinien und den Bonneville Salt Flats in Utah (einer trockenen Salzseeoberfläche). Zwei Mal müssen die Gerrys übernachten, doch die Romantik des Lagerfeuers täuscht. Sonnenverbrannt und erschöpft, kommen sie immer langsamer voran. Die Kamera übernimmt ihre *Erlebnisperspektive* – besonders eindringlich die mit dem Delirium der Wanderer fortschreitende *Entkonkretisierung des Ortes*. Auf einer scheinbar unendlich weißen Fläche (der Salzwüste) sieht man unscharf, dank bewusst falsch gewählter Brennweiten, zwei Schatten langsam vorrücken: eine Person links, eine Person in der Mitte des breiten Bildes, das bewusst asymmetrisch komponiert ist. Einmal sieht der Affleck-Gerry eine dritte Person aus der Tiefe des Raumes auf sich zukommen, wie auch die Zuschauer zunächst annehmen müssen, unscharf, wabernd in der Hitze, die vom Boden aufsteigt. Doch entpuppt sich der Fremde bei der Annäherung als Damon-Gerry, der sich besorgt über den Betrachter im Bild beugt. Für die subjektive Sicht des Affleck-Gerry sind die Koordinaten im Raum ins Verworrene entglitten. Zudem können die Zuschauer darauf schließen, dass der Affleck-Gerry der schwächere ist, dessen Wahrnehmung der Welt ins Traumhafte hinüberspielt. Überraschend oder vielleicht doch nicht überraschend: der Damon-Gerry erwürgt schließlich den Affleck-Gerry, der nicht mehr weiter kann, mit dessen Einwilligung, denn der Affleck-Gerry umarmt förmlich seinen Mörder: ein Gestus der vertrauten Nähe und des zärtlichen Einverständnisses, der so zuvor nicht zu sehen war. Der Tod als Umschlag von Entkräftung in Euphorie. Der Damon-Gerry schleppt sich alleine weiter, am Horizont sieht er winzige Miniaturen von Autos fahren. Umschnitt: in einem der Wagen sitzt der Gerettete, apathisch stumm betrachtet er den Fahrer am Steuer, dessen Kind, wahrscheinlich zu müde, zu betäubt, um von seinem Erlebnis Wüste im Alltag zu sprechen – wenn er überhaupt je Außenstehenden über diese Ausnahmesituation berichten kann.

Objektive Totalen und Nahaufnahmen der in der Wüste Umherirrenden wechseln mit Personen bezogenen Ansichten ab, die die zum Teil starke Trübung des jeweiligen Bewusstseins offenbaren. Neben den erwähnten, hoch suggestiven und abstrakten Tableaus der zwei ins Schemenhafte verwandelten Personen, die sich vor der Kamera bewegen (hier übernimmt die Kamera gleichsam die Blick-Trübung der erleidenden Charaktere), ist etwa ein langsamer Schwenk über die Bergkette zu erwähnen, die das Tal des Todes umrahmt, oder die Beschleunigung der über den blauen Himmel segelnden Wolken im Zeitraffer, die vorübergehende Schatten werfen, doch keinen Regen spenden: Augenblicke einer schöneren Welt, von der der Affleck-Gerry Abschied nimmt. Eingesprengt in die Handlung sind Amateur-Aufnahmen von der schnellen Fahrt eines älteren Autos auf halb fester, halb sandiger Piste. Vielleicht eine Vision in Todesnähe, die denjenigen überfällt, der kaum mehr Schritt vor Schritt setzen kann, oder Erinnerungsbild – festgehalten aus der Warte einer verfolgenden Kamera – oder unheimliche, gleichsam schizophrene Traum- oder Trance-Sequenz, die eine Doppelposition enthüllt: der hinterher rasende Beobachter muss zugleich vermuten, dass er selbst in dem Auto sitzt, dem Inbegriff des raschen Vorankommens, ohne dass man deshalb wüsste, wohin die Fahrt denn geht. An der Schwelle des Lebens verrutschen also auch die Zeit-Koordinaten: das Gesehene kann sich als Gedächtnisrest aus der Vergangenheit darstellen, ebenso als Wunschphantasie, vielleicht sogar als Vorwegnahme künftiger Erlebnisse, gleichsam als Prophetie der Rettung.

GERRY wirkt wie eine traurig-absurde Ballade: von zwei Menschen, die nur auslaufen wollen, aber kaum erkennbar den rechten Pfad verfehlen und eine unsichtbare Schranke vor einer unlebendigen, toten Welt durchschreiten. Ihnen versperrt die Wüste jeden Rückweg zu den Menschen, woraufhin der eine stirbt – mit Hilfe des Freundes –, der andere mit letzter Kraft entrinnt. Ein Prüfungsweg? – eher eine Passage in einem Labyrinth ohne Wände[11]. Weshalb schnappt die Falle Wüste für den einen zu, öffnet sich jedoch für den anderen (den Stärkeren?), der verschont bleibt? Solche Fragen werden vom Film nicht beantwortet. Die Wüstenwanderung gleicht einem Vordringen zum Tode, beherrscht von einem unerfindlichen Schicksal, Abbild des ebenso unverständlichen Lebens. Radikale Einsamkeit der beiden Gerrys trennt sie in der Wüste von der Welt. Außer ihnen ist nichts, nur eine Natur ohne Erbarmen. Beide Freunde entdecken einmal eine Tierspur, die aber nirgendwo hinführt, nicht einmal zu einer Wasserstelle. Zeichen trügen, vielmehr ihre traditionelle Lesart.

Wie in GREED ist auch in GERRY die Wüste ein geographischer Ort, der zunehmend Symbolcharakter annimmt: eine Bühne, die eine Spielart des

---

11 Vgl. Manuel Koch: *Gus van Sants Todes-Trilogie.* Magisterarbeit. Mainz, 2007.

Inferno wählt, an die Dante nicht gedacht hat, obgleich dieselbe Wort- oder Warntafel gilt: Wer hier eintritt, lasse alle Hoffnungen fahren. Auf die ungeheure Leere, die Hitze, die nächtliche Kälte, die dem Auge unermessliche Weite, auf die der zivilisierte Mensch nicht eingerichtet sind, die seine Existenz zu vernichten drohen, die ihn und seine körperliche Kraft, bar technischer Unterstützung, regelrecht aufzehren – sie alle annullieren die Pfadfinder-Instinkte, sich im dreidimensional Unbekannten zurecht zu finden, und ersetzen sie durch die schockierende Erfahrung der Verlorenheit im Ortlosen. Sie transponieren den herkömmlichen Zeitraum zur ‹Traumzeit›. In dieser Todeszone gibt es keine grünen oder graugrünen Landstriche mit Eingeborenen, anders als in der Sahara oder in der Mongolei (die Wüste Gobi), die mit diesen Voraussetzungen auszukommen gewohnt wären. Der Blick der weißen Städtebewohner herrscht vor und entdeckt nur die Angst erregende Sphäre einer Welt, aus der es eigentlich keine Rückkehr gibt – es sei denn, um den Preis einer tiefen Traumatisierung. Die wird in GERRY wohl auch dem Damon-Gerry zuteil, der am Ende der Erzählung im Fond eines Familienautos sitzt und die klaffende Differenz zwischen dem *archaischen Jenseits der Wüste* und dem arglosen Diesseits des gewohnten technisch erleichterten Alltagslebens kaum zu überbrücken, geschweige in sich zu vereinen weiß.

Wer dennoch das Tal des Todes durchmessen haben soll, kommt meist als ein Verwandelter in diese Welt zurück. Meist, nicht immer: in Peter Weirs Anti-Kriegsfilm GALLIPOLI (AUS 1980) geraten zwei australische Männer (Marc Lee, Mel Gibson) 1915 auf dem Weg zu den Soldaten in eine Wüste (gedreht in Südaustralien) und werden in letzter Sekunde aus Todesnot durch einen wandernden Händler mit Kamel gerettet. Die erstaunlich ausführlich und kameraästhetisch aufwändig erzählte Episode (Aufnahmen aus einem hoch gelegenen Kran oder einem Ballon, extravagante Positionierung der Figuren links und rechts fast am Bildrand des Breitformats u.s.w.) könnte beiden Männern zu einem Memento-mori-Erlebnis gereichen. Doch die später dem kollektiven Tod im Krieg ausgesetzten Männer (der von der Sache überzeugte Charakter des Marc Lee fällt vor dem Auge der Kamera demonstrativ im Kugelhagel) betrachten ihre Wüstenwanderung eher als bestandenes Tapferkeitsexamen, das sie nicht die leichte Verletzbarkeit ihres sterblichen Körpers lehrt. Die Figur von Mel Gibson entdeckt vielmehr, dass die Uniform des anderen noch mehr Mitleid und Hochachtung der pflegenden Frauen hervorruft und verfällt dem sozialen Druck, sich auf dem Schlachtfeld als Held beweisen zu wollen. Es mag als Anspielung gelten, dass GALLIPOLI, die türkische Halbinsel, der Ort, an dem für die jungen Männer die Schlacht verloren geht, in seinen sandigen Stellungen und steinigen Abbrüchen an ein Wüstenareal erinnert: Beim zweiten Mal ‹frißt› das Niemandsland den einen Protagonisten und viele andere.

Die Darstellung der Wüste als *Ort der Transzendenz ins Unbekannte* saugt höhere Bedeutung auf selbst in schematischen Abenteuerfilmen (wie Western) oder Routineproduktionen. Eine abstrus unrealistische Geschichte von der Läuterung dreier Gangster in der Wüste enthüllt sich als primitive Legende in John Fords Film THREE GODFATHERS (SPUREN IM SAND, USA 1948). Es ist genauer nicht die Wüste, sondern der Umstand, dass die drei flüchtigen Bankräuber ein neugeborenes Kind vor dem sicheren Tod retten, den es in den Armen der sterbenden Mutter im schutzlos Sturm und widrigem Klima ausgesetzten Planwagen erleiden würde. Wider alle Vernunft gelingt es einem der Gangster (John Wayne), die anderen beiden fallen abgezehrt und zermürbt der Wüste zum Opfer, das unverdrossen fröhliche und rosige Baby vor Unbill zu bewahren und bei Verwandten abzuliefern.

Ford hatte einen ausgeprägten Sinn für das Katastrophische, das den Figuren äußerste Bewährung, heroische Standhaftigkeit abverlangt, selbst wenn das Leben dabei verloren ginge. Er zeigt nicht nur die Männer, wie sie sich auffällig dahinschleppen unter der gleißenden Sonne, die von breitkrempigen Hüten nur wenig abgeschirmt wird, halb verdurstet über Hügel hinweg oder auf gerader Strecke, als gäbe es kein Ende des Sandmeers. Er verschärft die Situation durch Wind (wahrscheinlich durch Windmaschinen erzeugt): der treibt einerseits knapp über die Oberfläche hinweg, elegant und unheimlich schnell die Spuren verwischend, oder er wirbelt den Sand hoch auf, so dass jede Orientierung verloren geht. Kein Horizont ist mehr zu sehen, die Gestalten taumeln als Silhouetten durch dichte mineralische Wolken. Dabei scheint Ford seine Schauspieler nicht zu schonen, die (wenn denn on location ohne weitere Tricks gedreht worden ist) mit dem von überall her eindringenden Sand kämpfen müssen. Man kann beinahe physisch nachfühlen, wie sich die Materie beißend, kratzend, eng um die Menschen legt und sie zu ersticken droht. Die Wüste rumort: nicht nur Todeszone, sondern gleichsam handelnder Antagonist, Gegenspieler der Hauptfiguren. Ford steigert so die Dynamik des Verderbens in der Wüste, er setzt seine Personen nicht nur der umgreifenden Apathie aus (wie etwa Gus van Sant), sondern zuckender Panik, die dem Aufruhr der Elemente entspringt und gleicht.

In LAWRENCE OF ARABIA (LAWRENCE VON ARABIEN, GB 1962) von David Lean, einer zweifelsfrei parteilichen Chronik des von Engländern geförderten arabischen Aufstands gegen die türkische Herrschaft während des Ersten Weltkriegs, ist die Wüste *Kriegsschauplatz*: eine Fläche, auf der Überfälle und Massaker stattfinden, geeignetes Terrain für Kämpfe, die unzählige berittene Statisten in ausgedehnter Reihe und in rasendem Galopp erfordern. Leans Film, nach dem autobiographischen Bericht des Engländers T.E. Lawrence, der die untereinander verfeindeten arabischen Stämme für eine Weile einte und den Aufstand offensichtlich steuerte, leiht der Wüste indes noch andere Bedeutung: So leer die Wüste ist, sie ist kein freier, auch kein rechtsfreier Raum. Ansprüche der eigentlich nomadischen Stämme ziehen für Außenstehende unsichtbare Grenzen, der jeweils andere Stamm wird mit Argwohn und aus weiter Ferne beobachtet. In der Szene am Brunnen (im ersten Teil des Films) behauptet Scheich Ali (Omar Sharif), der Reiter, der sich vom Horizont aus unendlich langsam nähert (obwohl er sich, wie sich herausstellt, schnell voranbewegt), der Brunnen sei im Besitz seiner ‹Familie› und erschießt den Begleiter des Lawrence (Peter O'Toole) in Gegenwehr. Das ‹Gesetz der Wüste› scheint angeblich Strafe einfordernde Vergehen nicht wesentlich zu differenzieren, von Güterabwägung und näherer Prüfung der Tatumstände kann keine Rede sein. Wer die wie auch immer deklarierten Eigentumsansprüche anderer verletzt hat, muss sogleich mit dem Tod büßen. Lawrence passt sich schneller, als er denkt, diesem archaischen Brauch an. Seine Assimilation an das Kulturmodell der Beduinen lässt sich äußerlich daran erkennen, dass er sich in einen weißen Burnus hüllt und eitel darin wohlgefällt. Feind und Freund klar zu unterscheiden und den Gegner aus der Position scheinbar legitimer Macht zu töten: Solch unverhoffte moralische Klarheit findet Lawrence in der Wüste. Dass dabei ein sadistischer Zug im Charakter des Mannes aufscheint, der durch den Krieg, wohl ebenso durch den Aufenthalt in der erbarmungslosen Wüste freigelegt wird, darf nicht unterschlagen werden. Wenn Lawrence einem Reporter gegenüber gesteht, die Wüste sei für ihn «clean»/«rein», so ist diese Einschätzung wohl so zu verstehen, dass der Zwang zur abmessenden Unterscheidung, den das zivilisierte Leben auferlege, hier nun in der einfacheren Existenzform hinfällig sei. Vermutlich vereinfacht diese Deutung den Wertekanon den Beduinen.

David Lean und Freddie Young, der Kameramann von LAWRENCE OF ARABIA, haben wie kaum jemand vor oder nach ihnen die Wüste im Zeichen eines männlichen Pathos ‹gestaltet›. Noch einmal sei an die erste Sequenz mit Lawrences erstem Wüstenritt erinnert: Die Kamera betont – unerwartet bei dem Breitformat – die Vertikale, die Größe der Berge und Dünen und versetzt, zumal durch Super-Totalen, die winzigen Kamelreiter vor eine erhabene mächtige Kulisse. Die Kamera wandert mit (Fahrt, Schwenk) und betont anfangs die weit hingestreckten Formen der Wüste (links und rechts von einem Berg), die sich über den Bildrahmen hinaus, so ist mitzudenken, ins Offene fortsetzen. Später verschiebt sich der Hintergrund zu einer den Blick begrenzenden Bergeshöhe, deren Kante unversehens absinkt, damit sich ein großes Tor bilde. Hinter dem wird in der Tiefe wieder die Fläche sichtbar. Das Motiv des *großen Naturtors* kehrt im Film bisweilen wieder: Die Sicht vertieft sich, Plateau und aufragende Berge ‹weit hinten› bilden den fast theatralen Abschluss des Schauplatzes. Bei der Aufnahme des schier endlosen Sandmeeres liegt der Horizont tief (merklich tiefer etwa als bei GREED von Stroheim). Der flache Horizont hebt den sich wölbenden blassblauen Himmel hervor, der von einer brennenden Sonne beherrscht wird: ein Glutofen für Tiere und Menschen, ein Gelände fast ohne interne Gliederung und Zeichnung, glatt, wie eine «feste Wasseroberfläche» von quälender Monotonie, die zuweilen in zerklüftete Felsen und Talformationen zerrissenen Umrisses von bedrohlicher Scharfkantigkeit übergeht. Wie später Peter Weir in GALLIPOLI wählt Lean gelegentlich die Vogelperspektive, aus der etwa die Karawane, die die Wüste Nefud auf dem Weg nach Akabar (einer damals türkischen Seefestung) durchquert, bei Tag und bei Nacht, ameisenhaft klein erscheinen lässt und so die ‹Majestät› der riesigen Wüste im Gegensatz zu allem menschlichen Tun und Schaffen geradezu pomphaft betont. Unzweifelhaft handelt es sich bei diesem Konzept der Abbildung um eine Spielart heroischer Landschaft: Szenerie für entsprechende Gesinnung. Selbst, wo die Wüste im ersten Teil des Films eher weich und unverdächtig wirkt, ist sie tückischer Boden, prinzipiell mörderisch. Einer der arabischen Knaben, Diener von Lawrence, versinkt im Treibsand, der sich wie Wasser – Sinnbild einer den Menschen gegenüber gleichgültigen Natur – über dem Hinabgeschwundenen schließt (aquis submersus: im Wasser versunken, ertrunken), als sei hier nicht Entsetzliches geschehen.

Im zweiten Teil verstärkt Lean den Eindruck, die Wüste sei vornehmlich ein Schlachtfeld, auf dem grausame Menschenopfer stattfinden. Schon präludiert durch den Überfall auf den türkischen Zug, dann voll ausgespielt beim Massaker der türkischen Kompanie, die zuvor ein ganzes Dorf zerstört und dessen Einwohner ermordet hat. Der durch diesen Anblick und die Nachschmerzen einer Folter durch türkische Soldaten provozierte Lawrence wird zum hemmungslos um sich schießenden Killer, der weiße Held besudelt sich mit Blut – die Kamera (und die Montage) haben einmal genug von ihm und ziehen sich zurück, rücken in solche Distanz zum Geschehen, dass der Gräuel des Blutvergießens verborgen bleibt hinter einer Staubwolke, die über der Wüste aufwallt und im Abendsonnenschein leuchtet: die Paradoxie des Nebeneinanders von blendender poetischer Schönheit und unvorstellbar grauenhafter Abschlachtung hunderter von Menschen hinter dem dichten Schleier des hochgewirbelten Sandes. Als Lawrence für immer das Land verlässt, bringt ihn ein offenes Militärauto auf einer Sandpiste, auf der sich die Kamele und ihre Reiter drängen, von Damaskus fort: die einst unberührte Wüste wird von einer Route zerschnitten, auf der sich tausende tummeln. Die technische Moderne hat das archaische Land eingemeindet.

LAWRENCE OF ARABIA dringt nur vorsichtig unter die Haut des Helden, in seine Seele ein, wahrt kritischen Abstand. Der vom Drehbuchautor Robert Bolt modifizierte Roman des T.E. Lawrence, *Seven Pillars of Wisdom* (1926), spart dagegen nicht mit zahlreichen affektbetonten Urteilen über den «mitleidlosen Himmel»[12] und der Beschreibung von Empfindungen wie delirienartiger Zustände in der Hitze, in denen das Ich sich zu spalten scheint und der Körper als «Ballast»[13] schwer wird. Im Roman fallen auch die äußerst präzisen Schilderungen der unterschiedlichen Wüstenlandschaften auf. Immerhin, die männliche Sicht der erhabenen Szenerie weist auf die Haltung des Filmes voraus, die Disziplin und Askese, Selbstbeherrschung und Beherrschung des Feindes verlangt und zugleich versteckte Unterwerfungsideen toleriert, wenn selbst kampfbereite Männern angesichts des Schweigens unzähliger Sterne «erschauernd ihre Winzigkeit» fühlen.[14]

Im Vergleich zu LAWRENCE OF ARABIA enthüllt der Film THE ENGLISH PATIENT (DER ENGLISCHE PATIENT, USA/GB 1996) von Anthony Minghella nach dem Roman von Michael Ondaatje, eher ein *weibliches* Bild der Wüste. Bereits die ersten Einstellungen, ein Flugzeug über den Dünen, schweben im schräg einfallenden Licht, das geschmeidig modellierte Schatten erlaubt, über die weich geschwungenen Linien, die sanft gerundeten Hügel, die sich wie ein leicht abgewandeltes, und dennoch wiederholtes Muster ins Unendliche fortzusetzen scheinen. Diese Landschaft ist, von oben gesehen, gleichsam ohne Berührung mit der Erde, ein körperliches, sinnliches, feminin zartes Gebilde – wie still gestellte Wasserwogen (keine unpassende Metapher!). Nebenbei, die Stimmung dieser Einstellung: der Anblick der schönen Natur aus der scheinbar unangreifbaren Höhe einer friedlich, fast unhörbar dahinziehenden Maschine, trügt – das Flugzeug wird demnächst abgeschossen und gerät in Brand, ebenso der Pilot, der später als englischer Patient angesprochen wird (Ralph Fiennes). Jedenfalls: die Aufnahmen der Wüste (Kamera: John Seale) entmaterialisieren die Sandmasse zur samtig schmiegsamen Skulptur. Ein gleitender Umschnitt von dieser Landschaftsformation zu den Falten der Bettdecke, die den sterbenskranken Patienten im Kloster umhüllt, offenbart eine merkwürdige Analogie, die durch Abstraktion zustande kommt. *Räumliche Abgehobenheit als stilistisches Merkmal:* in einer denkwürdigen Passage, in der eine Sequenz aus Sydney Pollacks Film OUT OF AFRICA (JENSEITS VON AFRIKA, USA 1985) zitiert wird, gleiten zwei kleine Flugzeuge gleichsam tänzelnd über die Sahara, als wäre sie eine andere Welt, Täler und Höhen, keine Tiere, keine Menschen, eine leere Oberfläche vor der Schöpfung von Lebewesen. Erklärt sich so der ängstlich selige, vielleicht sogar erotische Schauer der Piloten und Passagiere, wie die ersten Menschen über diesem formenreichen Territorium hingaukeln zu dürfen, ohne sich im Flug so anstrengen zu müssen, wie ein Reisender auf dem Boden?

---

12 *Die sieben Säulen der Weisheit.* Dt. v. Dagobert von Mikusch (1936, Stuttgart/Salzburg, o.J. , S. 1).
13 Ebd., S. 4.
14 Ebd., S. 1.

Die Wüste, in der Graf László Almásy, der Protagonist des ENGLISCHEN PATIENTEN zuhause ist, wandelt sich auffällig ins Männliche ab: in eine Welt der Widerstände Auf dem Weg zur Höhle der Schwimmer – die Wüste muss einst ein schäumendes Meer oder zumindest wasserreiche Landschaft gewesen sein – führt ihn sein Weg an Steilwänden und Abbrüchen vorbei, über hartes Gestein, in das sich, als es einst formbar war, die Hand eines Menschen eingedrückt hat. Nachdem er die geliebte Katharine (Kristin Scott Thomas) in der Höhle zurück gelassen hat, um Hilfe zu holen, dehnt sich die Wüste als riesige Fläche aus, an deren Rand der Retter, jetzt ein kleinster Mensch, schockierend in seiner Unbedeutendheit, kaum wahrzunehmen ist. Konsequenter und konservativer als Lean in LAWRENCE nutzt Minghella in THE ENGLISH PATIENT mehrmals die alte, deshalb nicht stumpf gewordene Technik, die innere und äußere Situation des Helden in den Naturbildern seiner Umwelt zu spiegeln. Da es sich nicht um Kriegsgeschehen, sondern primär um eine verbotene Romanze zwischen dem Einzelgänger und der Ehefrau eines anderen handelt, darf auch die Darstellung der Wüste auf den Ausdruck einer pathetischen Kulisse verzichten. Selbst der Sandsturm, der sich in funkelndem Pulver über den Dünen nachts ankündigt und bis zum Morgen die Lastwagen unter sich begräbt, verhilft nur zu einer kleinen dramatischen Zuspitzung der Lage. Minghella vermeidet es – genrekonform –, seine Inszenierung des Sandsturms so bedrohlich und sinnenverwirrend anzulegen wie einst John Ford in THREE GODFATHERS. Zwar stirbt die Geliebte des Helden in einer Wüstenhöhle, deren trockene Luft ihren Leib konserviert – in der Wüste ist das vertraute Vergehen von Zeit außer Kraft gesetzt –, doch der schwer verwundete Held selbst in einem Kloster in der Toskana, weit weg von den vorzivilisatorischen, sogar urweltlichen Breiten, in denen die unheilvolle Liebesgeschichte begann und endete.

Die Wüste als Tal des Todes? In seinem letzten oft ironischen Essay-, Dokumentar- und Erzählfilm von Joris Ivens und Marceline Loridan, in UNE HISTOIRE DU VENT (EINE GESCHICHTE ÜBER DEN WIND, F 1988), wandert Joris Ivens selbst einige Schritte in die Sandwüste hinein – die Szenerie, die sanft zusammengeflossene, in fein gerippten Dünen atmende weibliche Wüste, wurde in Ostasien gefunden und könnte doch anderswo angesiedelt sein: Vegetation schafft spezifische Räume, die ‹nackte› Wüste stellt einen *relativ unspezifischen Schauplatz* von hoher Allgemeingültigkeit dar, gewissermaßen eine abstrakte Bühne.

Der alte Mann wartet, auf einem Stuhl sitzend, auf den Wind. Als der Wind endlich aufkommt, gegen Ende des Films, Sand hochwirbelt und die Kleider flattern lässt, wird der schwach gewordene Greis mit der Sänfte zu seinem Aussichtsposten gebracht. Der Wind – eine Metapher für den Sturm der Geschichte und der Veränderung, der die verstockten Verhältnisse zum Tanzen bringen soll? Aber der Wind aus der Wüste, der einen gebrechlichen Menschen am

Ende seiner Tage umweht – ist das nicht eher der Atem des Todes, der unwiderrufbaren Revolution?

Ivens und Loridan lassen den Film poetisch ausklingen, wie ein Gedicht über das Hinschwinden der Menschen und der Dinge: Zunächst erhebt sich Ivens und geht aus dem Bild, dann ist nur noch der einsame Stuhl zu sehen, den der Wüstenwind umweht, dann fehlt auch der im Bild. Zurück bleibt ein Streifen Wüste – die Ur-Welt vor dem Beginn der Zeit, vor der Schöpfung, das Totenreich: leicht gebogen, als sei dies die Erdoberfläche in extremer Verkleinerung. Was ist der Mensch, dass man seiner gedenken sollte? (Knapp ein Jahr nach der Uraufführung des Films stirbt Joris Ivens in Paris 1989).

Sturmflut

Selbst die Kirche bietet keinen Schutz vor der Sturmflut im Südpazifik (THE HURRICANE, USA 1937, Regie: John Ford)

Amerikanische Katastrophenfilme der 30er-Jahre – z. B. SAN FRANCISCO (Regie: W.S. van Dyke, 1936) oder THE HURRICANE (Regie: John Ford, 1937) – sparen das schreckliche Ende bis zum Schluss auf. Vorher erfüllen sie, zunächst erstaunlich, das vergleichsweise friedliche Romanzenschema: eine unentschiedene Frau zwischen zwei Männern oder die Liebe zwischen Partnern, die für lange gezwungen sind, getrennt zu leben, Werbungsspiele, Sehnsüchte, kleines Heldentum – als versicherten uns all diese Motive, das Gleichmaß des menschlichen Alltags sei unerschütterlich, er scheint nur private Kümmernisse und Sorgen, nur Glück und Unglück der Einzelnen zu kennen. Dann bricht das Unvorhersehbare ein, das alle im näheren Umkreis erfasst: das Unglück all derer, die zum falschen Zeitpunkt am falschen Ort sind, dem nur einzelne gerade noch entkommen. Der bürgerliche Charakter kann sich da bewähren oder verloren gehen. Im Kampf ums Überleben zeigen sich unvermutete Schwächen oder Stärken. Wer darf weiter bestehen, wer stirbt im Anprall einer technisch nicht zu bändigenden Natur? Gibt es eine Regel, nach der die Katastrophe ihre Opfer aussucht? Vernichtet sie die Mutlosen wie die Tapferen? Um solch schwierigen Abwägungen zu entgehen, herrscht die Inszenierung des Schreckens vor, die sprachlos macht, bis ein neuer Tag Hoffnung schöpfen lässt, handelt es sich doch um einen Weltuntergang mit Zuschauern, die froh sein müssen, auf festem Boden ausharren zu dürfen.

Für die jüdisch-christliche Denkweise stellt sich seit je das Problem: sind die Opfer selbst Schuld daran, wenn sie der Katastrophe erliegen? Die Sintflut: war Gott nicht der Übeltaten von Menschen überdrüssig, so dass er sie ertränkte, mit Ausnahme des frommen Noah, seiner Frau, seiner Söhne und Schwiegertöchter, denn dieses Geschlecht muss die Erde wieder bevölkern? Obwohl der Herr sieht, dass das Trachten des menschlichen Herzens von Jugend auf böse ist, will er nicht mehr schlagen, was da lebt (Genesis, 8,21–22). Gute Vorsätze, doch der zornige Gott wird ihnen untreu. Zum Beispiel Sodom und Gomorra: Wollte der Herr – im Gespräch mit Abraham versprach er es, der ihn wie im Basar auf die kleine Anzahl herunterhandelte – nicht die sündigen Stätten verschonen, wenn seine Engel auch nur zehn Gerechte unter den vielen Gottlosen fänden? Wie erwartet, benehmen sich Sodoms Einwohner als ruchlose Wegelagerer und wollen den Gesandten Gottes ans Zeug, die der fromme Lot, der einzige Fremdling am Ort, übrigens der einzig Gerechte zugleich, bei sich beherbergt. Der Herr schlägt diese Einwohner mit Blindheit und lässt schließlich Schwefel und Feuer auf sie herabregnen, bis Rauch vom Lande aufsteigt, wie von einem Ofen (Genesis 18,16–19,29). Also die Gottlosen trifft es, Übeltäter, Frevler. Im mesopotamischen Gilgamesch-Epos gibt es auch eine Sintflut, die mit Ausnahme von Uta-Napischtim und den seinen nichts übrig lässt.

«Und die ganze Menschheit war wieder zu Lehm geworden» (also zur Urmasse zurück verwandelt) (Tafel 11, V. 135)

Auch hier sind die Götter im Spiel, besonders einer, doch welches Ziel er mit seiner Weltvernichtung genau verfolgt, wird aus dem erhaltenen Text nicht klar. Soll die Überschwemmung ein Strafgericht sein, wie in der Bibel?

Der Erzähler der Odyssee glaubt zu wissen, wer den irrenden Dulder-Helden Odysseus mit riesigen Sturzwellen und Stürmen aus allen Himmelsrichtungen im Meer ertränken will: Poseidon droht als verletzter Vater – Odysseus hat den Sohn des Meeresgottes, den Zyklopen, geblendet –, dem Ithaker Böses mit Bösem zu vergelten. Naturgewalt gilt Homer nicht als Zufall, sondern als Akt der göttlichen und somit unnachsichtigen Rache.

Als am Allerheiligentag, dem 1. November 1755, ein schweres Erdbeben und eine darauf folgende Tsunami fast ganz Lissabon verheert, Kirchen und Paläste einstürzen und wahrscheinlich mehr als 30.000 Menschen sterben, erfasst das Entsetzen darüber ganz Europa. Noch in Goethes Lebensschilderung *Dichtung und Wahrheit* (1. Buch) findet sich ein Echo auf diese Katastrophe. Voltaire klagt unter dem frischen Eindruck der Berichte wie ein zweiter Hiob über eine von Gott verlassene und grausame Welt, eine stumme Natur, die der frommen Behauptung der Philosophen widerspricht, alles, was sei, sei auch gut. In Voltaires Gedicht über das *Erdbeben von Lissabon oder Prüfung des Axioms: Alles ist gut* (1756) heißt es zerknirscht:

> Wir sind gepeinigt, Atome bloß auf einem Haufen Schlamm, Spielball des Schicksals und des Todes Beute.[1]

Wenige Jahre später folgt Voltaires satirische Erzählung *Candide, oder der Optimismus* (1759):

> Nach dem Erdbeben, durch das Lissabon zu Dreivierteln zerstört worden war, hatten die Weisen des Landes kein wirksameres Verfahren zur Abwendung der völligen Vernichtung herausgefunden, als dass sie dem Volk ein schönes Autodafé gaben. Von der Universität Coimbra war die Entscheidung gefällt worden, es sei das Schauspiel der Verbrennung etlicher Leute an kleinem Feuer und mit großem Zeremoniell ein unfehlbares Geheimmittel, die Erde am Beben zu verhindern.[2]

Jean-Jacques Rousseau antwortete auf Voltaires Klage und Zorngedicht in einem Brief vom 18.8.1756 mit spitzfindiger Klugheit, die die Verantwortung auf die Unvernunft der Menschen schiebt und die Gewalt der Natur klein redet: Denn «hätten die Menschen in weit verstreuten Hütten und nicht in sechs- bis siebenstöckigen Häusern gewohnt, wäre der Schaden viel geringer: Alle wären bei der ersten Erderschütterung geflohen, und am nächsten Tag hätte man sie 20 Meilen weiter so vergnügt gesehen, als wäre nichts geschehen.»[3]

Auch Immanuel Kant reagierte auf die Katastrophe und protestierte zumal gegen jene, die in alter exegetischer Tradition das Unglück als Gottes Strafgericht verstünden.

> Doch wer wollte überhaupt die Absichten der göttlichen Ratschlüsse einsehen und nach seinen Einsichten auslegen?[4]

1 Zit. nach Dieter Hildebrandt: *Voltaire: Candide.* Frankfurt a. M./Berlin 1963, S. 142.
2 *Voltaire: Candide*, 6. Kapitel, übers. v. Hanns Studniczka. Hamburg 1957, S. 21f.
3 Zit. n. Hildebrandt: *Voltaire.* l.c., S. 144/145
4 Immanuel Kant: *Geschichte und Naturbeschreibung der merkwürdigsten Vorfälle des Erdbebens,*

Kant ist in dieser Argumentation nicht so weit von Voltaire entfernt: Es gibt keine menschliche Logik, die das Verhängnis begriffe. Der Mensch sei offenbar allzu nichtig, auch sein Erkenntnis-Vermögen.

Zugleich aber scheint die Schuldzuweisung – selbst eine so erbärmliche wie Rousseaus Vorwurf, wer sich in engen Städten aufhalte, habe bei deren Zusammenbruch keine Rettung zu erwarten –, die Schuldzuweisung ein unabweislicher Reflex zu sein, als könnte die Not, die Natur über die Menschen bringe, wie Erdbeben, Stürme, Überschwemmungen, Vulkanausbrüche, Seuchen – das gilt selbst für Krankheiten wie den Krebs – besser ertragen werden, wenn die Opfer hinter allem Unheil einen strafenden Willen vermuten dürfen. So wiederholt sich die moralische Denkstruktur, die der Sintflut- oder Sodom und Gomorra-Erzählung zu Grunde liegt, auch im Genre der Katastrophen-Filme – mit bemerkenswerten Abweichungen, die Voltaires fassungslose Ratlosigkeit angesichts des absolut Unerklärlichen dieses Verderbens widerspiegeln.

John Fords THE HURRICANE (1937) leiht sich Fabel und Figuren einem kurz zuvor erschienenen Roman gleichen Titels aus, den Charles Nordhoff (1887–1947) und James Norman Hall (1887–1951) geschrieben haben, die Autoren von *Meuterei auf der Bounty*, beide mit dem Schauplatz der Ereignisse, Polynesien, durch jahrelange Aufenthalte eng vertraut. Der Roman spielt auf einem fiktiven Atoll, auf dessen Hauptinsel ein französischer Gouverneur unnachsichtig Kolonialmacht ausübt, ohne Rücksicht auf die Sitten und Empfindungen der eingeborenen Einwohner. Einer von ihnen, Terangi, ein stolzer Mann, kommt durch Zufall bei einer Kneipenschlägerei auf Tahiti mit dem Gesetz in Konflikt und wird eingesperrt. Jeder Fluchtversuch verlängert seine Haft, bis er endlich in einem kleinen Boot entkommt und nach langer entbehrungsreicher Fahrt seine junge Frau wieder sieht. Das Glück ist von kurzer Dauer, denn es bricht ein gewaltiger Hurrikan aus, der die Insel überflutet, so dass fast alle ertrinken. Terangi kann seine kleine Familie und die Frau des Gouverneurs retten, indem er sie an einem alten Baum festbindet. Nach der Katastrophe bleibt unbewohnbares Land übrig, der Gouverneur, der auf einem Schiff am Rande des Hurrikans überlebt hat, lässt nach der Erfahrung der Vernichtung seines Herrschaftsbereichs, auch auf Flehen seiner Frau hin, Terangi und die seinen entkommen. Der Arzt, der während der Sturmflut bei der Geburt eines Kindes in einem Boot geholfen hat, einer der wenigen Überlebenden, erzählt Jahre später diese Katastrophengeschichte, die durch genaue Kenntnisse der fremden Gesellschaft die Fassade des Exotischen zum Teil durchbricht und die Legitimität des westlichen und weißen Kolonialismus entschieden verwirft.

---

welches an dem Ende des 1755. Jahres einen großen Teil der Erde erschüttert hat (1756). Akademie-Ausgabe (Nachdruck). Bd. 1, Berlin 1968, S. 459.

Die Naturkatastrophe als existentielle Prüfung und Läuterungsritus hat in den 30er- und 40er-Jahren Konjunktur. Ähnlich heftige Kritik an der Überformung der einheimischen Kultur durch westliche Ethik und Technik äußert der 1937 erschienene Roman des Amerikaners Louis Bromfield: *The Rains Came* (*Der große Regen*), der den Ort der Handlung in ein allegorisches Indien verlegt. Heftiger Monsunregen lässt die Dämme brechen, so dass eine Stadt in den Fluten erstickt. Albert Camus, der 10 Jahre später (1947) in *Die Pest* die Katastrophe an den Rand Europas, in das damals französisch besetzte Algerien, zurückholt, schildert wie Bromfield ausführlich die Veränderung der Charaktere, die durch die Androhung einer Gefahr zu beobachten sind, die ohne Ansehen der Person wütet. Vor allem Hauptfiguren korrigieren ihre Sicht der Welt, während sie sich wie einst Sisyphus in der Deutung von Camus klar darüber werden, dass sie skeptisch und illusionslos gegen die Heimsuchung ankämpfen müssen. Auch etliche der Protagonisten im Roman *Hurricane* verfallen nicht der Resignation, wenngleich sie sich durch eifriges Bemühen nicht immer selbst retten oder heraushalten können.

Der Film vertieft die Empörung über die beinahe willkürliche, ungerechte und unbarmherzige Justiz der Herrschaftsmacht, die selbst das westliche Rechtsgefühl verletzt, und verfolgt teilnahmsvoll die Ausbruchsversuche Terangis, hier eines polynesischen Tarzan, der meist nur im Lendenschurz mit eleganten Sprüngen von der Höhe der Takelage eines Schiffes oder einer Steilwand am Ufer ins Wasser taucht (unabhängig von Leni Riefenstahl, der diese Körperästhetik vor der Kamera zugeschrieben wird). Der Gouverneur versteift sich in seiner angeblich Recht und Ordnung verbürgenden Gesinnung: ein unerbittlicher Bürokrat, den seine milde Frau nicht zur Einfühlung in andere zu bewegen vérmag; bis zum Schluss, als er durch das Fernrohr durchaus das Kanu mit Terangi erkennt, aber auf weitere Verfolgung verzichtet: aus Dankbarkeit, weil Terangi seine Frau gerettet hat, die er liebt (so weit seine Empfindungsfähigkeit dies erlaubt)? Weil die Erinnerung an die vielen, die sich nichts zu Schuld haben kommen lassen und doch in den Wogen der Sturmflut gestorben sind, die simple Wiederherstellung des alten kodifizierten Rechts verbietet, weil eingeschüchterte Ehrfurcht vor den Toten und dem Tod selbst alle Versuche, über Gut und Böse menschlichen Handelns schnellfertig urteilen zu wollen, als billiges Machwerk und dummen Hochmut enttarnt?. Sollte es so sein, hat die Voltairesche Verzweiflung über eine gottlose Welt auch diesen ‹Rechthaber› wie ein Schatten gestreift, hat die Erschütterung der Natur selbst die Erschütterung seines starren Wesens zur Folge gehabt.

Der Arzt und Erzähler ist bei Ford ein eifriger Trinker, ein wahrhaft guter Säufer. Er nimmt die Wirklichkeit großherzig hin, frei von Vorurteilen (Thomas Mitchell in einer Rolle, die er in John Fords STAGECOACH noch virtuoser erfüllen

wird). Er ist nicht der einzige Weiße auf der Insel außer dem Gouverneursehe-
paar und dem bisweilen mit seinem Schoner eintreffenden Kapitän Nagle: Der
greise Priester, Pater Paul, liebt seine Pfarrkinder und schützt Terangi vor dem
Zugriff einer unmenschlichen Justiz. Ein tapferer Mann vor seinem weltlichen
und himmlischen Herrn, dem man unbedingt wünschen möchte, er solle als
Repräsentant einer unerschrockenen Moral die Katastrophe überstehen. Doch
dieser Wunsch wird nicht erfüllt.

Der Sturm kündigt sich endgültig im Inneren des Gouverneurshauses an:
ein feierliches Essen mit einem gravitätischen Gouverneur, voller Spannung
wegen der abweichenden Moral der Teilnehmer (der Kapitän der Schoners ist
auch auf Terangis Seite), die Fensterläden klappern, die Kerzen flackern. Der
Wind beugt die Palmen. Die Wogen des Meers werden immer höher und über-
schwemmen das Land, das nicht mehr Festland ist. Die Glocke des scheinbar
solide gebauten Kirchleins läutet, in ihm versammeln sich viele furchtsame Einwohner. Es nützt ihnen so wenig wie anderen, die sich an die Bäume drängen,
der Orkan fegt sie ins schäumende Wasser, reißt ihnen die Kleider vom Leib,
nackt treiben sie in den Tod. Das Tosen des Sturms übertönt irgendwann das
Schreien der Menschen. Selbst die Kirchenmauern halten der Wucht der Wogen
nicht stand, das Dach stürzt ein, die Altarwand bricht zusammen – nichts mehr
bleibt vom Gotteshaus erhalten und denen, die in ihm vergeblich Geborgenheit erhofften. Die allmähliche Zerstörung der Kirche – von außen und innen
bezeugt – zeichnet den Prozess der Katastrophe ab, bis die Glocke nicht mehr
zu hören ist. Am Ende bleibt ein flacher Sandhügel im Meer – das war die
schöne Südseeinsel Manukura.

Das Thema des verlorenen Paradieses schwingt zweifellos mit: Ein Paradies
war die Insel schon unter dem Aspekt, dass alte Sitten einer gefühlsregierten
Gesellschaft und christliche Gebräuche einen Kompromiss eingegangen sind,
ablesbar an der doppelten Hochzeitsfeier, bei der Terangi und seine Marama
einander zugeführt werden. Allerdings ist das Paradies in seiner Unschuld und
Friedfertigkeit bereits durch die bürokratische Moderne des Kolonialregiments
verletzt worden. Nun hat die Natur nachgeholfen, die Sehnsuchtslandschaft –
schwach bewegte Lagune, Sandstrand mit Palmen, ein von wenigen Wolken-
zügen abgestufter weiter Himmel –, bewohnt von heiter-naiven Halbnackten
(der Film bedient hemmungslos das Paul Gauguin-Klischee von den seligen
Inseln), in eine Wüste und leere Stätte zu verwandeln. Da seit der Sintflut-Fabel
eine Familie übrigbleiben muss, Zeugen des Untergangs und Erzeuger einer
neuen Menschheit, deckt sich das Interesse des Katastrophenfilms mit dem der
Romanze: Das Liebespaar übersteht. Weitere zwei Ereignisse können als klein-
laute Verheißungen von Zukunft gelten: dass der endlich weich und human
gestimmte Gouverneur seiner Frau und nicht den kalten Gesetzen der Macht

zu Gefallen sein will, und dass im Sturm ein Baby geboren wird. Bedarf es einer Katastrophe, um Menschen zu bessern? Dies ist ohnehin ein frommer Wunsch. Er begründet indes eine Dramaturgie, der es um die Ehrenrettung eines Happy Endings geht, und sei es noch so ramponiert. Voltaire und nach ihm Heinrich von Kleist – in seiner Erzählung *Das Erdbeben von Chili* – betonen dagegen, dass sich in der Geschichte die Suche nach Schuldigen an der Zerstörung oft irrsinniger Weise in drakonischer Exekution der Unschuldigen abreagiert und austobt.

Tricktechnik und Inszenierung sorgen für einen überwältigenden Eindruck von Orkan und Sintflut. Die Menschen können sich nicht mehr auf den Beinen halten, die Wogen schlagen förmlich auf sie ein und zerstreuen sie wie Treibholz. Nur bei Seitenblicken auf die sich auftürmenden Wellen wendet sich die Kamera ab – vom meist vergeblichen Widerstand und dem kraftlosen Elend der Opfer. Es soll niemand daran zweifeln, dass die Katastrophe alle erfasst und nur wenige vom Verderben ausspart: Sicherlich die Mehrheit der Hauptfiguren entrinnt dem tödlichen Verhängnis, soviel Mut brachte die Erzählpraxis der 30er-Jahre nicht auf, auch sie in brausender Natur verloren gehen zu lassen. Doch der Zerfall der Kirche und der erbarmungslose Tod des Priesters wie seiner Gemeinde bekunden deutliche Opposition gegen schnellfertige Deutung des Unheils nach jüdisch-christlichem Schema. Diese Katastrophe entbehrt jedes höheren Sinns. Der Film beweist darin moralische Qualität, dass er – ungeachtet des Überlebens zweier Paare, des Arztes und einiger weniger anderer – das *Kollektive des Schicksals* betont, so dass einem angst und bange wird beim Anblick all der Einzelnen, die der Vernichtung anheim fallen. Der Film erreicht dadurch einen tragischen Effekt: Schrecken und Jammer, sicherlich in gebändigter Artikulation, aber doch als Zuschauer-Emotion bemerklich.

Das Remake von HURRICANE (1977) verfehlt diese Wirkung mit der Ausnahme weniger Einstellungen. Obwohl ein anerkannt sensibler Regisseur, der Schwede Jan Troell, am Werk war, mit dem Ingmar Bergman-Kameramann Sven Nykvist an der Seite und Federico Fellinis Komponist Nino Rota im Stab, mit bewährten Schauspielern, sogar Stars wie Mia Farrow, ist doch eine holprige und ruckhafte Inszenierung zustande gekommen. Die Handlung soll auf der amerikanischen Kolonie Samoa ihren Platz finden, in der Stadt Pago Pago, und auf einer kleinen Insel. Handlungszeit: nach dem Ersten Weltkrieg. Die Rolle des französischen Gouverneurs wird von einem störrisch-unwirschen Marine-Offizier übernommen, der seine Tochter liebt (anstelle seiner entlaufenen Ehefrau) und daher eifersüchtig dem eingeborenen jungen Häuptling hinterher ist, dem die Leidenschaft seiner Tochter gilt. Seine Eifersucht versteckt sich hinter scheinbar untadeliger Amtsgewalt: ein Familiendrama wie aus dem Freudschen Lehrbuch. Die Liebesszenen strotzen vor unbegreiflich alberner Trivialität: Das Paar tollt am Strand und im Wasser umher, sie horchen in Muscheln hinein und dergleichen. Ernst wird es, als eine einheimische Braut ausgestoßen wird und deshalb den Weg in den Tod sucht. Immerhin, der Hochmut der Kolonialherren wird angeprangert (in den 70er-Jahren ist die Erinnerung an den Vietnam-Krieg noch wach). Ein politisch korrekter Film.

Doch die Gliederung der Handlung fällt ungeschickt aus. Mühsame Dialogszenen folgen aufeinander, Nebenfiguren (der Arzt, der Priester), hochbesetzt, sind in gerade zwei, drei Szenen zu sehen, selbst die Katastrophe, die Sturmflut, der brüllende Wind und das Dauerdröhnen der anbrandenden Wogen erfahren eine nur schwach erkennbare Steigerung. Der Vater wird für seine kalte Arroganz den Eingeborenen gegenüber und sein verbotenes Begehren der eigenen Tochter mit dem Tod durch Ertrinken ‹bestraft›: Höllenfahrt auf Erden, keine Wandlung ist erlaubt, es sieht so aus, als würde der Kommandant, im Aufruhr von Gischt und Schaum, vom eigenen Boot erdrückt. Symbolisch, doch eindrucksvoll: das stählerne amerikanische Kriegsschiff rammt, von Wind und Wasser getrieben, mit dem Bug in die zerbrochene Kirche, an die Stelle der aufgeplatzten Altarwand: ein Memento der doppelten Havarie von Kolonial- und Kirchenmacht. So zerbricht allegorisch die Anmaßung der Moderne, der ‹primitiven Welt› überlegen zu sein. Am Ende, nachdem die Flut alle anderen, Besatzer oder Einheimische, verschlungen hat, wobei der Film vorwiegend die Weißen beobachtet, bleiben nur die Liebenden auf einer Sandbank übrig. Halb versunken, das Harmonium aus der Kirche, jetzt unnützes Mobiliar aus einer vergangenen Ära, in der weiße Autorität und christliche Ordnung regierten. Der eingeborene Mann entdeckt ein Boot, mit dem man fliehen kann: Rückkehr zu den Anfängen. Der dunkelfarbige Held und die weiße Frau starren als letztes und neues Menschenpaar, als die zweiten Adam und Eva auf einen zerstörten Garten Eden: Großaufnahmen in kitschig aufdringlichem Atelierlicht.

Zurück zu den wenigen suggestiven Aufnahmen: Während in John Fords HURRICANE die gewaltigen Wellen der Sturmflut von der Seite aus beobachtet werden, erlaubt die neue Kameratechnik, sie von vorne zu sehen, wie sie den Zuschauern förmlich entgegenrollen, schließlich eine riesige Wellenwand, die ganze Leinwand füllend (der Film sollte in Todd AO-Format projiziert werden): Das ist der einzige Moment, in dem es den Zuschauer auf ‹festem Boden› als Gedanke und Einsicht durchzucken kann: Das ist der Tod. Blitzschnell kann man ermessen und vorwegnehmen, was unausweichlich scheint. Kein Entkommen ist möglich. Kein Körper kann diesem Anprall standhalten, er wird umhergewirbelt werden, eine gnädige Ohnmacht mag das Bewusstsein ausschalten, dass keiner mehr in dieser Wassermasse nach oben gelangen wird, um Luft zu holen.

2006 kam es zur Ausstrahlung des zweiteiligen Fernsehfilms STURMFLUT der Firma Teamworx: eine Produktion, die den Verlauf der Deichbrüche 1962 und der Überschwemmung Hamburger Stadtviertel wie Wilhelmsburg am Schicksal dreier Familien erzählt. Im Mittelpunkt steht eine junge Mutter mit Kind, zwischen zwei Männern, die gleicherweise Anspruch auf sie erheben. Eigentlich handelt es sich um eine Art Familiendrama, dessen Konflikte durch äußere Bedrängnis zugespitzt und gelöst werden. Die Katastrophe wird zur Bewährungsprobe verkleinert. Nur eine Nebenfigur erlebt nicht mehr die Wiederkehr stabiler Verhältnisse. Dass bei dieser Sturmflut viele zu Schaden kommen, dringt nur durch Ritzen der Erzählung hindurch, die den Figuren Hindernisläufe zumutet, an deren glücklicher Bewältigung nie ein Zweifel aufkommt. Und jene, die umgekommen sind, die den Verlust ihrer Angehörigen, ihres Hab und Gutes, ihres Zuhauses beklagen müssen? Die treten nur vereinzelt in Erscheinung. Die Konzentration auf wenige Figuren mag zwar ein dramaturgisch erprobtes Mittel sein, bei einer Katastrophe ist diese Einengung des Blickwinkels moralisch fragwürdig, weil sie bedeutet, vom alle gemeinsam bedrohenden Unheil beharrlich abzusehen. So verdrängt das Schicksal des Kindes, durchaus anrührend, weitere Gedanken an die Übel, die anderen widerfahren sind. Zu viel des «positiven Denkens» bei so großem Unglück verrutscht zum Zynismus.

Tricktechnisch sind die amerikanischen Vorbilder spürbar: Es gilt fast als Stereotyp, das rasch voraneilende Verderben (Feuer, Wasser, Giftwolken usw.) aus der Perspektive fliehender Personen zu zeigen. Auch hier rauscht die Flut eine Straße entlang und verbreitet sich dann in allen Abzweigungen, überschüttet förmlich die Flüchtenden, die aus dem schäumenden Element schwer atmend auftauchen. Der Regen von oben sorgt dafür, dass alle Figuren, die sich draußen bewegen, nach kurzer Zeit nass sind. Die Februar-Kälte wird kaum sichtbar. Dem Film soll äußerliche Spannung nicht abgesprochen werden – bei der Stabilisierung einer Bohrinsel geht es etwa um eine Rettung in letzter Sekunde –, jedoch grenzen die stets erfolgreichen Problemlösungen bisweilen an kaum glaubhafte Wunder. Die *Ohnmacht vor der Katastrophe* – die darzustellen eine nachdenklichere Ethik verlangen würde – weicht schnell eifrigen und klipp-klapp aufeinanderfolgenden Bergungen und Hilfeleistungen. Ungeachtet der Dokumentaraufnahmen aus dem Jahr 1962 verfehlt dieser Film die ungeheure Provokation einer umfassenden Katastrophe, die die Überlebenden dazu zwingen müsste, über ihren Ort und ihre Bestimmung in dieser Welt zu grübeln – wenn auch dieses Grübeln kein wohlfeiles Abschluss-Resümee finden wird.

Spike Lees über vierstündiger Dokumentarfilm WHEN THE LEVEES BROKE: A REQUIEM IN FOUR ACTS rekonstruiert die Folgen einer weiteren historischen Sturmflut: die Schäden, die der Hurrikan Katrina 2005 in New Orleans anrichtete, vor allem in den Vierteln der vorwiegend afroamerikanischen Armen. Deiche brachen – die Vermutung besteht, dass sie zielgerichtet gesprengt wurden.

Es bleibt fraglich, ob es sich bei diesem Verdacht nicht um eine Verschwörungstheorie handelt oder wieder um einen Versuch, angesichts der zermalmenden Sturmflut und des kollektiven Leidens zu rationaler Erklärung imstande zu sein – also in der Tradition Jean-Jacques Rousseaus übles Menschenwerk zu beschuldigen. Lee benutzt Reportagematerial und befragt an die 100 Geschädigte und Offizielle, um das Ausmaß der Verwüstung und das unfähige Zögern etlicher Regierender (an der Spitze der Präsident der USA) ins Gedächtnis zu rufen. Lee hat keine Scheu, schockierende Aufnahmen einzusetzen: von toten Menschen, die kopfüber im Wasser treiben, von Häusern, die zu Ruinen geworden, offensichtlich durch die heftigen Flutwellen und den Sturm verschoben wurden und unter ihren Wänden Autos begruben: Bilder einer nicht mehr bewohnbaren toten Stadt – deren Auferstehung er zum Schluss inständig beschwört. Ähnliche Dokumente sind aus den Katastrophenbezirken gesendet worden, die eine nach einem Seebeben westlich von Indonesien entstandene Tsunami 2004 betroffen hat. Es wäre eine eigene Aufgabe, Zerstörung durch den Krieg und durch die Natur differenziert voneinander zu unterscheiden.

Noch eine Frage, die sich schwer beantworten lässt: Nährt sich die zunächst frei flottierende Erwartung einer dunklen Zukunft, etwa einer Klimakatastrophe, von den Vorfällen realer Sturmfluten, Hurrikane, Vulkanausbrüche, Feuersbrünste und selbst befürchteter Meteoriteneinschläge – oder häufen sich die Fälle von unkontrollierbarer Naturgewalt so sehr, vielleicht auch dank erdballumspannender Kommunikationsnetze, dass daraus eine begründete Katastrophenangst erwächst? Die lähmende Furcht vor dem bedrohlichen Ausbruch oder Einbruch der Urelemente scheint zuzunehmen, als könnte es sein, dass Menschen nur vorübergehende Bleibe auf Erden bestimmt sei. Die Nachkriegszeit nach 1945 hat man, einen Begriff von W.H. Auden entleihend, oft als «Age of Anxiety» beschrieben – wobei man die Gefahr einer globalen Vernichtung durch einen Dritten Weltkrieg und Atombomben in Sinne hatte. Die Formel «Age of Anxiety» mahnt heute anscheinend zur Demut vor einer Natur, die sich durch menschliche Technik noch längst nicht hat domestizieren lassen.

Von einer sonderbaren Rezeption, die John Fords Film HURRICANE zuteil wurde, berichtet Primo Levi in seinem Buch *Atempause*, das die Wanderung des aus Auschwitz befreiten KZ-Häftlingsen durch Russland beschreibt. In Staryje Doroghi wird der Film von einem mobilen russischen Militärkino vorgeführt. Es ist bemerkenswert, woran sich Levi erinnert – und woran nicht: «Ein Seemann aus Polynesien, moderne Version des ‹edlen Wilden›, ein einfacher, tapferer und gutherziger Mann, wird in einer Schenke von einer Gruppe betrunkener Weißer auf gemeine Weise provoziert und fügt daraufhin einem von ihnen eine leichte Verletzung zu (es handelt sich in der Tat nur um einen betrunkenen

Weißen). Das Recht ist offensichtlich auf seiner Seite, aber niemand spricht zu seinen Gunsten (das ist leider auch falsch); er wird verhaftet, vor Gericht gestellt und zu einem Monat Gefängnis verurteilt. Mit pathetischem Unverständnis lässt er alles über sich ergehen.» Levi berichtet dann weiter, in Vertauschung der Reihenfolge, dass der Gefangene mehrfach flieht, dabei einen Gefängniswärter aus Versehen tötet. Levi hat sich offensichtlich auch das Bild eingeprägt, wie Terangi sich aus «schwindelnder Höhe» von einem Felsen ins Meer «wirft», dann (vergleichbar der Hunger-Erfahrung des KZ-Häftlings) «tagelang ohne zu essen und zu trinken» seiner Heimat zusegelt. Verblüffend ist seine Deutung des Schlusses (wenn er nicht Zeuge einer verfälschenden Schnittfassung gewesen ist): Terangi

> kämpft als guter amerikanischer Held allein gegen die Elemente; er rettet nicht nur seine Frau, sondern die ganze Gemeinde: den Pfarrer und die Gläubigen, die in der Kirche Zuflucht gefunden haben; er hat seine Schuld gebüßt und geht mit der jungen Frau einer glücklichen Zukunft entgegen, während die Sonne durch die letzten fliehenden Wolken dringt.

Ein solch triumphales Ende verweigert der Film Fords ausdrücklich. Bemerkenswert ist indes noch, wie dieser Film das Publikum erregt hat, eine dicht zusammengedrängte Menge junger sowjetischer Soldaten:

> Für sie waren die Personen der Handlung keine Phantome, sondern in Freund und Feind geteilte Menschen aus Fleisch und Blut in greifbarer Nähe. Der Seemann erhielt für jede seiner Taten Beifall und wurde bei jedem Auftritt mit johlenden Hurra-Rufen und bedrohlich über den Köpfen geschwenkten Gewehren begrüßt. Die Polizeibeamten und Gefängniswärter dagegen wurden blutgierig beschimpft (...) das Publikum ergreift aufheulend die Partei des Unschuldigen: eine Welle von Rächern bewegt sich drohend auf die Leinwand zu; sie werden ihrerseits beschimpft und aufgehalten von weniger erregbaren und auf die Handlung und ihren Ausgang bedachten Zuschauern. Steine, Erdklumpen und Holzstücke von den zertrümmerten Türen fliegen gegen die Leinwand, ja sogar ein Soldatenstiefel, der mit wütender Präzision zwischen die beiden verhassten in Großaufnahme gezeigten Augen des mächtigen Feindes geschleudert wird. Als der Orkan in einer Reihe kraftvoller Bilder vorübertoste, schlug der Tumult in einen Hexensabbat um. Die wenigen in der Menge eingekeilten Frauen stießen schrille Schreie aus (...).[5]

---

5 Primo Levi: *Atempause (La tregua)*, 1963. Übers. v. Barbara und Robert Picht. Hamburg 1964, S. 201ff.

Auffällig ist, dass Levi in seinem Erinnerungsprotokoll nicht den Gouverneur erwähnt, der immerhin der wichtigste Antagonist des Seemanns ist. Die leidenschaftliche Anteilnahme des Publikums – so ist zu mutmaßen – hätte John Ford indes gefreut. Nicht zu vergessen sei schließlich die Anerkennung, die Levi noch nach Jahren den «kraftvollen Bildern» des Orkans widmet.

Bilderkunst

Vampir Kunst

Drei Künstlerinnen – drei filmische Künstlerbiographien

Eine zarte Frau schlägt mit Hammer und Meißel wie besessen auf den Stein ein: Isabelle Adjani als Bildhauerin (CAMILLE CLAUDEL, F 1988, Regie: Bruno Nuytten)

Besondere künstlerische Begabungen lassen sich nicht restlos erklären, da bleibt ein undurchdringliches Geheimnis – Erfahrung mit allen möglichen Modellen des Verständnisses von Kunst und Künstlerschaft lässt keinen anderen Schluss zu. Vielleicht sollte dies Eingeständnis der immer beschränkten Erklärbarkeit des ‹Genies› von vorneherein Erwartungen dämpfen, filmische Künstlerbiographien, sogenannte Biopics (Biographical Pictures), könnten tieferen Aufschluss über die Herkunft des außerordentlichen Talents geben als andere literarische oder dokumentarische Annäherungen. Wie diese, lassen Filme wiederkehrende Schemata erkennen, nach denen oft das äußere Leben der Künstler mit dem außerordentlichen inneren Antrieb verknüpft wird, Kunst zu schaffen. Dass solchen Denkweisen, die das Künstlerleben mit einer spezifischen Logik ausstatten, nicht zu jeder Zeit dieselbe Gültigkeit zuerkannt wird, versteht sich von selbst.

Einige der, wie mir erscheint, wesentlichen Konzepte, die das Künstlerleben aufzuhellen versprechen, will ich hier kurz skizzieren. Die *Mangel-These* ist seit dem 19. Jahrhundert verbreitet: das Genie erkauft seine disziplinierte Phantasietätigkeit, die sich in Kunstwerken objektiviert, durch ein Defizit an anderen, praktischen Überlebensfähigkeiten und vor allem an sozialem Glück – extreme Krankheit, körperlich-seelische Leiden, tiefe Einsamkeit oder gar am Ende Wahnsinn grenzen seine Entwicklung von den ‹normalen› Lebensläufen ab. Die

Passion der Künstler – im doppelten Sinne des Wortes als Leiden und ‹unbeson-
nene› Leidenschaft zu verstehen – scheint mit so gravierenden Entbehrungen
einher zu gehen, dass kein Mensch, der bürgerlichen Maßstäben des ‹richtigen›
Lebens genügen wollte, sie auf sich nehmen würde, hätte er überhaupt die Wahl.

Besondere Begabung erscheint so eher als Stigma, fast als pathologische
Verirrung, als Abweichung vom rechten Pfad der realitätsüberprüften Existenz.
Wird der Künstler also schuldig, weil er in die gottgewollte Heilsordnung, der
sich andere unterwerfen, nicht hineinpasst – und muss so büßen, durch Isolation, durch Irresein, das mit Absperrung im Asyl der Geisteskranken bestraft
wird? Es scheint so, dass christliches Sündenbewusstsein und Strafbedürfnis
selbst bei dem Urteil über das demiurgische, eine Alternativwelt schaffende
Genie nicht Halt macht, weil die Kunstübung sich offenbar mit der vorhandenen Welt nicht zufrieden gibt, weil das Weiterbauen am Kosmos als Hybris, als
Selbstüberhebung erscheinen mag. Womöglich spielt ein solches Urteil sogar
bei der Selbstbewertung des Künstlers eine Rolle, wenn er sich mit seiner Produktion als abgestoßener Außenseiter sieht, dem das Publikum die Gefolgschaft
verweigert: aus Angst vor dem Mysteriösen der Kunstschöpfung selbst oder
aus Mangel an Einfühlung.

Die These vom *Vampirischen* der Kunst: Seltsam, ein (von oben) ‹begnade-
ter› oder (von unten) per Teufelspakt verurteilter Künstler zu sein, weil dieses
exzentrische, im bürgerlichen Familiensinn anstößige Dasein, manchen, mitun-
ter dem Künstler selbst, wie ein Fluch, ein magischer Bann erscheinen muss.
Kunstübung macht einen so erheblichen Teil der Existenz des erfinderischen
Künstlers aus, dass sie seine Identität prägt – Kunst als ‹blutiger Ernst› –, nur
Dilettanten reservieren einen kleinen Raum für solch bedenkenlose Spiele im
Haus ihres Lebens. Den Ansprüchen der Kunst ausgesetzt zu sein, scheint alle
Kraft aufzuzehren, aufzusaugen, die für das Leben unter anderen Menschen
tauglich macht und nötig wäre, etwa für die rechte Balance zwischen Berufs-
und Privatleben. So werden aus ‹besessenen› Artisten eigensinnige Autisten,
die nach dem konventionellen Begriff von Gesundheit die Grenze zum Krank-
haften, Pathologischen durchstoßen.

Die These von der *Widerspiegelung* der Welt in der Kunst: Die Kunst verzeichnet, ob sie es wolle, oder nicht, (a) was der Künstler zuvor erlebt habe.
Anhänger dieser oft als Biographismus verdächtigten Auffassung (zuerst ein
Erlebnis, dann die Dichtung – um Wilhelm Diltheys Studien zur Literatur zu
paraphrasieren), fixieren sich auf die Entdeckung von Krisen in der Lebensgeschichte der Künstler, darauf vertrauend, solche Erschütterungen müssten doch
im späteren Werk irgendwie Ausdruck finden. (b) Es ist nicht abzustreiten, dass
die Zugehörigkeit zu bestimmten Generationen einen spezifischen Erfahrungs-
horizont bedingt, ebenso eine variable Auswahl von Formen bereit hält. Die

so entstandenen Kunstwerke legen selbst Zeugnis ab für die relative Fremdbestimmung des historischen Subjekts durch die Epoche. (c) Ähnliches gilt für das gesellschaftliche Milieu, dem die Künstler und ihr Publikum zuzurechnen sind. Der Umklammerung oder Maßregelung durch verschiedene Normen, Werte, Sinnangebote können die Mehrheit der Autoren, Maler, Komponisten u.s.w. nicht entkommen, obwohl sie vielleicht danach streben, die gesellschaftliche Bedingtheit ihrer Arbeit zu überwinden. Sozial perspektivierte Interpretation sucht konsequent nach dem Abdruck der materiellen Voraussetzungen im Kunstwerk, der Zeitumstände und gesellschaftlichen Konflikte. Das künstlerische Ich als Exponent einer Ära: die Biographie des oder der Einzelnen kann sich so zur Biographie seiner/ihrer Umwelt ausweiten.

Die These vom «imaginären Museum»: André Malraux hat in seiner Kunsttheorie nachdrücklich dafür argumentiert, das einzelne Werk auch als Teil einer Genealogie, als Schnittstelle von weit zurück reichenden Traditionen zu verstehen. Keine Kunstproduktion entstehe aus dem Nichts, jeder neue künstlerische Akt setze sich bewusst oder unbewusst mit Vorbildern auseinander, stoße gleichsam im imaginären Museum der über lange Zeit erinnerten Kunst auf schon vorhandene Paradigmen der Gestaltung, um sich wieder um der eigenen Spielart willen von diesen zu distanzieren. Es wäre zu überlegen, in welchem Maße die «modernen Primitiven», um ein Beispiel zu nennen, gleichfalls ihren Ursprung im imaginären Museum haben, wie weit sie am Rande des Geltungsbereichs von dessen Leitbildern siedeln.

Das Problem der *Erfolglosigkeit*: Für die Renaissancekünstler scheint das Problem chronischer Erfolglosigkeit im dichten Gewebe der Aufträge von Stiftern, Mäzenen und Käufern gering gewesen zu sein. Wenn nach einer Anekdote Kaiser Karl V. für den Maler Tizian einen Pinsel vom Boden aufhebt, ist damit der Status des Künstlerfürsten etabliert. Der freie Markt, der spätestens im 18. Jahrhundert den höfischen Arbeitgeber ablöst, der übrigens durchaus wankelmütig oder borniert in seinem Geschmacksurteil gewesen sein kann, hat zur Folge, dass ein Künstler, der kein Publikum findet und mit seiner Kunst keine Einnahmen erzielt, als ‹gescheiterte Existenz› betrachtet wird – in begreiflichem Übersprungsverhalten diese Position womöglich als Auszeichnung eines Märtyrers oder seiner Zeit vorauslaufenden ‹Avantgardisten› deutet. Im 19. Jahrhundert und noch im ersten Drittel des 20. Jahrhunderts polarisieren sich die Prototypen des extrem erfolgreichen (Richard Wagner empfängt 1876 in Bayreuth drei Kaiser zur Aufführung seiner Tetralogie *Der Ring des Nibelungen*) und des extrem erfolglosen Künstlers (Vincent van Gogh kann den Pariser Sammlern kein einziges Bild verkaufen).

Das Problem der *Auserwähltheit*: Bei der dramatisierten Biographie des erfolglosen Künstlers scheint das optimistische Verlaufsschema: durch Nacht

zu Licht, ‹from rag to riches›, (aus den Fetzen der Armut zum Reichtum aufsteigen), nicht zu funktionieren, das den Weg des erfolgreichen Künstlers strukturiert. Doch kann selbst bei der Rekonstruktion der Laufbahn von wirtschaftlich
und gesellschaftlich Erfolglosen in ihrer Epoche auf das westlichen Vorstellungen vertraute Fortschrittsmotiv nicht ganz verzichtet werden: Wenn schon
keine Karriere im Leben der Künstler nachzuweisen ist, so entwickelt sich doch
die Kunst voran, selten ist länger von Rückschritten oder depressiven Pausen
die Rede. Das Gelingen oder Nicht-Gelingen des in der literarischen oder filmischen Erzählung ausgestellten Kunstwerks mit eigenen Sinnen und Einfühlung
zu erkennen, fällt ungeschulten Zuschauern oder Lesern der Künstlerbiographie schwer. Oft verwendet die filmische Künstlerbiographie auch nicht genug
Aufmerksamkeit für den Entstehungsprozess. Wenigstens ein Kenner, Gönner
oder Förderer muss im Rahmen der Fiktion – soll der Handlungsaufbau einer
entsprechenden Künstlerbiographie nicht zum eindimensionalen Lamento über
unverstandene Exzentriker verkümmern – dem verkannten Genie zur Seite
stehen, um die Wertschätzung der Nachgeborenen vorweg zu nehmen und zu
repräsentieren.

Ob sich die Fremdheit des Genies unter den Menschen je durch das Verständnis von Seiten der Nicht-Genies kompensieren lässt, ist ernstlich zu bezweifeln.
Es bleibt wohl die Aura des Unantastbaren, Geheimnisvollen – warum sind
diese die Auserwählten und nicht jene? –, vielleicht würde die nachdrückli-
che Betrachtung der Werke selbst die Annäherung fördern. Abgesehen davon,
dass es wohl ein Irrtum ist, in einem Kunstwerk nur das Erlebnis des Künstlers ausgeprägt zu sehen (siehe die These von der Widerspiegelung). Utensilien,
handwerkliche Kniffe, Ausdrucksmechanismen, Darstellungstechniken, die
Nah- oder Fernwirkung von Eindrücken, die im imaginären Museum haften
geblieben sind, verdanken sich nicht allein der Gestaltungsmacht des einzigen
Subjekts. Und so fließen oft, jenseits der Kontrolle des Künstlers, Bedeutungen
ins Kunstwerk ein, die sich die Urheber selbst nicht vorstellen konnten. Popu-
läre Künstlerbiographien kommen oft nicht umhin, zur Teilnahme am oft ver-
störend ungewöhnlichen Künstlerschicksal einzuladen, indem sie den Arbeits-
prozess im Atelier oder wo immer als Handeln unter größter Konzentration
und Weltvergessenheit schildern, um Respekt für diese Tätigkeit einzufordern.
Wobei die (christlichen) Tugenden der ‹innerweltlichen Askese› (Max Weber)
und der Leistung bis an die Grenze der Kräfte offenbar auch für Künstler zu
gelten scheinen. Eine dazu gegensätzliche Konfiguration könnte den Künstlern
auch erlauben, in relativer Ruhe zu verharren, als Aufnahmeorgan oder leise
schwingende Membran zwischen Welt und Kunst.

Der Künstlerbiographie wird es außerdem in den meisten Fällen darum zu
tun sein, die entstehenden Kunstwerke als Mimesis oder Abbild einiger Situati-

onen und Eindrücke zu schildern oder zu zeigen, die die Künstler innig berührt haben: Mag es eine lebensbedrohliche Krankheit, eine umwälzende Leidenschaft, eine verletzende Trennung von Geliebten, eine ergreifende Naturvision oder ein kollektives Verhängnis wie der Ausbruch eines Krieges sein, es muss ein Erlebnis von pathetischem Ausmaß vorausgehen. Die Bagatellen des Alltags sind – nach der Praxis der Künstlerbiographie zu urteilen – nicht kunstfähig.

Aber woher stammt die außerordentliche Fähigkeit, Kunst hervorzubringen? Eine unerschöpfliche und, wie eingangs erwähnt, nie komplett beantwortbare Frage. Doch ohne Andeutungen, selbst vorsichtige, kommt eine Künstlerbiographie nicht aus, wenn sie sich nicht damit zufrieden geben will, das Genie als das absolut unvorhersehbare Ereignis zu feiern. Analoge Kapitulation jeglicher rationaler Erörterung: «Vom Himmel hoch, da kommt es her.» Handelt es sich um unvergleichbare Sonderfälle, die einer ‹dämonischen› Bestimmung und Berufung gegen alle Widerstände folgen? Spielen dagegen Vererbung und/oder die Förderung durch das Elternhaus eine Rolle? Welche kulturelle Umwelten und Leitbilder erwarten die Anfänger, die es den einen leicht, den anderen schwer machen? Wenn die Meinung zutrifft, dass oft Vater, Mutter, Geschwister das erste ermutigende, entmutigende Publikum darstellen, die das Echo der Gesellschaft präformieren, muss im wohlbedachten Biopic die Familiensituation genauer beleuchtet werden. Die unterschiedlichen Geschlechterrollen mögen je eigene Perspektiven eröffnen oder verschließen. Es liegt nahe zu vermuten, dass der Lebens- oder Leidensprozess weiblicher Genies anders ausfällt als der männlicher Ausnahme-Künstler.

Diese Frage – unter anderen – hat mich dazu bewogen, Filme auszuwählen, die weibliche, historisch bezeugte Künstlerinnen in den Mittelpunkt stellen, deren Werke als ‹Kulturerbe› geachtet werden: eine Bildhauerin und zwei Malerinnen. Es handelt sich um die kinematographischen Künstlerbiographien CAMILLE CLAUDEL (1988, Regie: Bruno Nuytton), FRIDA (2002, Regie: Julie Taymor) und SÉRAPHINE (2008, Regie: Martin Provost).

Sowohl bei Camille Claudel und bei Séraphine von Senlis ist einzuräumen, dass diese Künstlerinnen erst durch die Filme einer breiten Öffentlichkeit, zumindest in Deutschland, bekannt gemacht wurden. Also haben diese Biopics eine längst erwünschte Rehabilitation der beinahe Vergessenen geleistet.

Camille Claudel und Séraphine sind im gleichen Jahr geboren, 1864, entstammen indes disparaten Gesellschaftsschichten, Camille dem wohlhabenden, gebildeten Provinz- und Beamtenbürgertum – ihr jüngerer Bruder wird der Dichter und Diplomat Paul Claudel –, Séraphine dagegen ärmsten Verhältnissen, sie verdient ihren kargen Unterhalt die längste Zeit ihres Lebens als Putzfrau und Wäscherin. Beide enden im Irrenhaus, in dem sie nicht weiter künstlerisch arbeiten und sterben in verschiedenen Anstalten im Abstand eines Jahres

(1942 Camille, nach 30 Jahren der psychiatrischen ‹Inhaftierung›, 1943 Séraphine). Frida Kahlo (1907–1954) erntet im Gegensatz zu Camille Claudel und Séraphine bald Erfolg und stirbt als im Heimatland Mexiko gefeierte Künstlerin. Ihr Nachruhm steigert sich noch seit den 80er-Jahren, als der Feminismus sie zur ‹Ikone› verzaubert.

Tragik überschattet das Leben aller drei Künstlerinnen: Camilles über ein Jahrzehnt währende Liebe zu Auguste Rodin, dem seinerzeit angesehensten Bildhauer der Epoche, verwandelt sich in Argwohn und Verfolgungswahn – was vermutlich mit ihrem begreiflichen Ehrgeiz zu tun hat, aus dem Schatten des ‹Meisters› herauszutreten, der sie stets als bedeutende und selbständige Künstlerin anerkannte. Doch ihr sollte es nicht vergönnt sein, mit den eigenen Skulpturen das Publikum zu gewinnen. Ihre erste und zeitlebens letzte Ausstellung brachte keinen Umschwung. Die selbstgewählte Vereinsamung, verstärkt durch die Niederlagen, durch die Trennung von Rodins Welt und seinem geschickten Unternehmertum, verwandelte sie zur rabiat die Außenwelt wegsperrenden Einsiedlerin, die nachts arbeitete, trank, Verfolgungs- und Vergiftungswahn nährte und in Anfällen ihre ganzen Werke zerstörte, so dass nur wenige kleine Plastiken auf die Nachwelt gerieten, etwa *Der Walzer*, der ein eng umschlungenes nacktes Paar kühn und ekstatisch vom Sockel wegschweifen lässt oder *Das reife Alter* (2. Version), eine Figurengruppe, bei der eine ältere Frau einen Mann (Rodin?) umschlingt und entführt, während eine junge Frau (Camille?) in kniender und flehender Haltung, weit nach vorne gebeugt, das Paar nicht aufhalten kann: eine äußerst expressive Allegorie des Verlassen-Werdens und der unaufhaltsamen Trennung. Als Camilles Vater stirbt, der stets die Hand über sie gehalten hat, 1913, weist ihre Familie die inzwischen schwer Verstörte in die Irrenanstalt ein. Dort besucht sie bisweilen ihr Bruder Paul Claudel, die Mutter verweigert ihrer Tochter jegliche (mögliche) Rückkehr ins Elternhaus.

Séraphine muss durch Putzdienste in fremden Haushalten Geld verdienen und lebt allein und für sich lange Zeit beinahe unauffällig in der Kleinstadt Senlis (nördlich von Paris). Sie beginnt auf Pappe zu malen. Entdeckt und befördert wird sie durch den deutschen Kunsthändler und Kunstkritiker Wilhelm Uhde bereits vor Ausbruch des Ersten Weltkriegs. In den 20er-Jahren nach Frankreich zurück gekehrt, unterstützt Uhde Séraphine auch finanziell, so dass sie nicht mehr zu schuften braucht und ihre Zeit für die Arbeit mit zusehends größeren Formaten (bis zur Höhe von zwei Meter) verwendet. Séraphines Bilder nach Naturmotiven entfalten florale Elemente in schneller Wiederholung, dekorativ ornamental ausgebreitet und doch dynamisch vibrierend in ihrer Fülle. Obst, Blätter, später Bäume – alles in dichter, leuchtender Farbe auf manchmal dunklem Grund. Gegenstände lösen sich bisweilen, so scheint es, in Augen auf oder wimmelnde Insekten oder fast obszöne Formenspiele, ihre leuchtende Wirbel flammen oder springen dem Betrachter förmlich entgegen. Séraphine, tiefgläubig, hing einem Marienkult an, der sie dazu brachte, geistliche Lieder bei der Malarbeit zu singen und vor Zeugen, etwa ihr vertrauten Nonnen, unbeirrt von ihrem Schutzengel zu sprechen. Ihre Verwirrtheit steigerte sich eines Tages, als sie im weißen Brautkleid durch die Straßen der Stadt lief und vor den Türen Kerzenleuchter und ähnlich Gegenstände aufstellte. Sie wurde daraufhin in die Anstalt gebracht. Uhde, der als deutscher Jude während des Dritten Reichs Exil in Frankreich suchte und dort tatsächlich den Krieg heil überstand, kümmerte sich bis zuletzt um sie.

Es ist Zeit, um einen Seitenblick auf das Problem *Genie und Wahnsinn* zu werfen. Es gibt zwar einige bildnerische und Textproduktionen von Geisteskranken, doch generell gilt: Künstler, die vor dem Ausbruch des schizophrenen Schubs, der eklatanten Paranoia, ihre Werke eifrig zu Tage gefördert haben, erlahmen beinahe vollständig, sobald sie vom Wahn ergriffen werden. Der Wahnsinn ist selten produktiv – weder bei Robert Schumann noch bei Friedrich Nietzsche noch bei Camille Claudel noch bei Séraphine. Wenn man das Übereinstimmende in einem Lebenslauf auf jeden Fall hervorkehren will, kann man im Nacheinander von Geniephase und offenem Irresein die geniale Produktivität, die im Gehirn bis dahin undenkbare Möglichkeiten freisetzt, bereits als Ergebnis der heraufziehenden Verrücktheit begreifen. Ist man als Zuschauer nicht geneigt, Irresein als Vergeltung des Schicksals hinzunehmen, wenn schon keine böswilligen Götter mehr glaubhaft sind, die den Außerordentlichen ihre Außerordentlichkeit missgönnen und als menschliche Selbstüberhebung bestrafen? Das magische Denken spielt manchen Streich. Ist die Beobachtung falsch, das sich nur wenige dazu bereit fühlen, bei Wahnsinn oder tödlicher Krankheit auf die moralische Frage nach der Anamnese zu verzichten und den verlockenden Gedanken abwehren, der ‹Verfehlung› in der Vorgeschichte des unglücklichen Falls nachzuspüren? Das Genie scheint nach solcher Auffassung schwer definierbare Schuld auf sich geladen zu haben – und sei es die Schuld der Vereinzelung. Eine avancierte Künstlerbiographie wird dieses irrationale Schuld-Strafe-Phantasma auflösen und eher eine Vielzahl von Faktoren gelten lassen, die den ‹Sonderweg› der Künstler bestimmen. Denn – nicht zu vergessen – bei der Mehrheit der Beispiele endet das Genie nicht zwangsläufig in Wahnsinn.

Frida Kahlo erlebt eine ähnliche, wenngleich nicht so konfliktreiche Familiensituation wie Camille Claudel: Der Vater schlägt sich ausdrücklich auf die Seite der Tochter, die er wie einen Wunschsohn behandelt, und fördert sie, ihre Aufsässigkeit, ihren Stolz, ihren Trotz, auch ihren künstlerischen Ehrgeiz, während die Mutter eher in den Schatten zurückweicht. Camille wird vom bornierten Hass der Mutter regelrecht verfolgt. Mit einer derartigen Aufspaltung des Elterninteresses musste Frida Kahlo nicht leben. Dafür erduldet sie eine

Krankengeschichte, die schwächere Naturen zerbrochen hätte: Kinderlähmung, einen schweren Verkehrsunfall, an dessen Folgen sie ihr Leben lang laboriert, wiederholt Gipsverbände und Stahlgerüste um den Körper, Amputationen des Fußes. Zu ihrer ersten Ausstellung in Mexiko lässt sie sich im Bett transportieren. Camille und Frida verlieben sich jeweils in einen wesentlich älteren Künstler, der bald als Vorbild in seiner Zunft gilt: Auguste Rodin und Diego Rivera. Beide Künstlerinnen wählen eine Art Vater-Figur, der ihre Bewunderung erringt und (vor allem bei Camille) zugleich heftigste Abstoßung provoziert – um der eigenen künstlerischen Persönlichkeit willen, die durch ästhetischen Widerstand wächst. Camille verlässt Rodin nach Jahren, sieht sich aber von ihm verlassen, am Ende sogar verraten und wahnhaft verfolgt: als Opfer. Die Liebesgeschichte zwischen Diego und Frida weist eher das Profil einer typischen Bohème-Allianz auf, mit Seitensprüngen, Eifersucht und Vorwürfen, die insbesondere die stürmische Frida hinausschreit, die sich daraufhin mit anderen Männern oder Frauen für die Untreue Diegos schadlos hält. Camille retiriert in die Einsamkeit und erliegt allmählich ihrer selbstzerstörerischen Energie, Frida, die gepeinigte, wirft sich mit aller Kraft ins Leben zurück, heiratet Diego Rivera sogar ein zweites Mal.

Gezeichnete, vom Unheil verfolgt, vom Glück nicht verwöhnt, sind sie allemal, Camille, Séraphine und Frida: als Künstlerinnen und als Frauen. Bewusst betone ich diesen Doppelaspekt, um nicht zwischen dem einen und dem anderen streng unterscheiden zu müssen. Ob sie als Frauen in besonderer Weise benachteiligt waren, ist schwer auszumachen, wenn man den Blick auf den zu Lebzeiten erfolglosen Vincent van Gogh richtet oder das frühe traurige Ende der ‹Karriere› von Amedeo Modigliani. Dass *Verweigerung von Anerkennung* bei beiden Geschlechtern den auf Grund der Missachtung zerstörerischen *Verdacht der eigenen Unfähigkeit* verstärken und Protest in Form *radikaler Weltverneinung* befördern, sogar den *Absturz ins Asoziale* auslösen kann, daran besteht kein Zweifel.

Auch Frida Kahlo, scheinbar die relativ Begünstigste unter den dreien, macht keine Ausnahme. Ihre körperlichen Schmerzen spiegelt sie in den Wundmalen auf den zahlreichen Selbstporträts: Der Leib wird förmlich durchwachsen von Wurzeln und Lianen, Halsketten schneiden wie Dornenkronen ins Fleisch, bis es blutet, Tränen fließen oft aus den Augen, manchmal ist die Stirn der jungen Frau mit dem Bild von Diego Rivera geschmückt – wie ein Brandzeichen oder Signal, das verrät, wem ihr Denken gilt –, oder sie sieht sich als Reh, gespickt mit Pfeilen wie ein heiliger Sebastian nach katholischer Bildtradition, Fehlgeburten hinterlassen auf dem blutigen Bett einen fast zerrissenen Leib. Bei der Vision ihres eigenen Totenlagers liegt ein Knochenmann oben auf dem Himmelbett, den Karnevals-Feuerkörper umranken. Blumenmotive umdrängen diese Selbstbilder mit drastischer Farbigkeit, ein seltsamer Gegensatz zu den

Abbildern einer Schmerzensfrau: wie der Einspruch des ‹sprühenden› Lebens gegen die Leiden einer auf Erden gequälten Kreatur.

Die skizzenhafte Darstellung von Leben und Werk der drei Malerinnen, die hier abgebrochen werden soll, schärft den Blick auf die drei Filme, die ihnen gewidmet sind, Filme, die überdies helfen – das ist ihr dokumentarischer Aspekt –, die Kenntnis der Personen und ihrer Werke merklich zu erweitern.

Der Film CAMILLE CLAUDEL (1988) erzählt die Lebensgeschichte einer Besessenen: als junge Frau besorgt sie sich nachts grünen Lehm aus einer Baugrube, um das Material in einem Koffer nach Hause zu tragen. Ihr Verhältnis zu den Modellen weicht von der Methode Rodins ab. Rodin greift beherzt zu, biegt Arme und Beine, als sei der Körper eine Knetmasse. Oder er ertastet ein Gesicht mit geschlossenen Augen und reproduziert es dann fast ‹auswendig›. Camille sieht aus der Distanz, etwa die alte Dienerin, die sie als Skulptur nachschafft. Ob Rodin wirklich so verfahren ist, entzieht sich meiner Kenntnis – für die Zuschauer ist diese suggestive Methode der Ertastung bei einem Bildhauer naheliegender als das bloße Anschauen eines Phänomens. Camille beweist ihr Gesellenstück, indem sie einen Fuß aus empfindlichem Marmor modelliert und so das Interesse Rodins an dieser jungen ‹Gehilfin› steigert. Die jahrelange hitzige Liebesgeschichte verdrängt den Fokus auf ihre Kunst, erst nach der heftigen Trennung kommt für den Film wieder die Künstlerin zur Geltung, die unermüdlich in einer kleinen Parterrewohnung auf Marmorblöcke einschlägt, mit Hammer und Meißel, bis die Hände bluten –: zugleich ein Quälgeist für die Umwelt, da sie nachts lärmt, einmal mit einem schweren Hammer fast alle Gips- und Steinskulpturen zerschlägt. Sie verschließt sich vor der Außenwelt, nagelt sogar die Fenster mit Brettern zu. Auf einer Vernissage ihrer Skulpturen erscheint sie angemalt wie ein Clown mit weißem Gesicht und roten Lippen, führt sich hemmungslos auf, vielleicht unter dem Einfluss des Alkohols, den sie bisweilen auch unter den Brücken neben den Clochards in sich hineinschüttet. Isabel Adjani spielt prompt und deutlich, mit staunenswerter Intensität, jede Schattierung aus dem breiten Spektrum der Affekte. In keifendem Gespräch mit Anwalt, Arzt, Agent beschuldigt sie vor allem Rodin, sie zu verfolgen, eine bereits wahnhafte Verleumdung, da Rodin sie vor Zeugen ausdrücklich rühmt und ihre Eigenart bewundernd hervorhebt.

Merkwürdiger als die streitbare Liebe zum viel älteren Rodin – der Film illustriert diese Leidenschaft ziemlich klischeehaft durch wenige Kussszenen etwa hinter der Wand oder am rauschenden Meer – ist die innige, mehr als geschwisterliche Zuneigung der jungen Camille zu ihrem Bruder Paul (dem späteren katholischen Dichter). Einige Einstellungen zeigen ihre Köpfe, beide liegen nebeneinander, dicht, als seien sie ein Paar, zumal Camilles Blicke zeigen eine schmelzende Weichheit, die man später an ihr nicht mehr entdecken wird, später herrschen Verzweiflung, Zorn, Wut und Härte vor. Umso schockierender, wenn Paul, als Camille in die Anstalt abtransportiert wird, ein von Geschwister-Rivalität zeugendes historisch nachweisliches Resümee zieht (im Film als innere Rede): Sie, Camille, die vom Vater unter allen Kindern bevorzugte, die so begabt und verheißungsvoll begonnen habe, ende nun als zerstörter Mensch. Schwingt da Triumph in der Stimme mit, dass er von diesem Verhängnis verschont geblieben sei?

Der Film deutet exogene und endogene Gründe für den Ausbruch des Wahnsinns an. Exogene Gründe: die Erziehung zumal durch den Vater, der ihr Selbstvertrauen, ihren unbändigen Willen unterstützte, als Mensch und Künstlerin einzigartig zu werden – keine übliche Tochterpädagogik in dieser Epoche! Die Mutter in ihrer Abwehr hat es Camille sicher nicht leicht gemacht, eine Rolle als Frau für sich zu finden. Camille wurde in späteren Jahren zum undiplomatischen Grobian, stur, unwirsch und rabiat: ein Defizit an gesellschaftlicher Geschliffenheit, das seit den Legenden um Beethoven offenbar als Kennzeichen des herausragenden revolutionären Genies zu gelten scheint. Camille verkörpert im Film also kein typisches Frauenschicksal. Endogene Gründe: ihre Trennung von Rodin mit nicht abzusehenden emotionalen Verwerfungen, da ihr eine wirkliche Loslösung offenbar nicht gelang. Eifersucht und Demütigung: sie sei eben nicht ‹die rechte› Frau für ihn, kippen in Racheideen und Beziehungswahn um, zumal sie den Platz der Lebensgefährtin Rodins einer anderen Frau überlassen musste. Exogen: das Ausbleiben von Anerkennung auf dem Kunstmarkt, unverkäuflich die Schöpferin und ihr Werk in jedem Sinne (wie von Gogh), während sich Rodin als geschickter Sachwalter seiner Interessen bewährt. Endogen: der Film bietet keine Spekulation darüber an, ob Camille von Haus aus auf die soziale und existenzielle Niederlage zusteuerte. Doch er beschreibt eine Person, die in keine Zeit passen dürfte, aus jeder Epoche gleichsam schräg herausgeragt hätte, der auch unter anderen Verhältnissen – wenn solches Ratespiel überhaupt erlaubt ist – jeder Triumph verwehrt worden wäre. Eigensinnig, wie von innerer Raserei getrieben, die selbst in Liebesverwicklungen zwischen extremer Hingabe und extremer Selbstbehauptung pendelte: ein schwieriger Charakter, der sich und andere und schließlich auch noch ihre Kunst gefährdete. Der Film sammelt eifrig in der zweiten Hälfte Anzeichen für die anscheinend unausweichliche Katstrophe. Und er bleibt in fast allen Einstellungen bei Camille: Wenn man so will, übt er auf diese Weise eine Art visueller und dramatischer Solidarität mit dem Leiden dieser tätigen Heldin.

Auch die junge Frida (Selma Hayek) in FRIDA stürmt ins Leben hinein: Sie rennt nur, sie stößt an, in jedem Sinne des Wortes, alles läuft bei ihr temperamentvoll, geschwind ab, selbst eine Liebesszene in der Kammer. Umso bedrückender der häufig wiederkehrende Zustand erzwungener Unbeweglichkeit durch Gips oder Stahlkorsagen – nach dem in Slow Motion erzählten Busunfall. Im Bett liegend, malt Frida sich selbst. Auf der Leinwand zeichnen sich eher die Wundmale der Leidenden ab als die Freuden der selbstbewussten erotisch-sinnlichen Frau. Sie schmückt sich feierlich auf den Porträts, sieht sich als Doppelfigur, manchmal den Körper aufgerissen, durchlässig für Pflanzen und Röntgenblicke. Die Malerin scheint zugleich verzaubert von sich selbst und desillusioniert. So ziehen die Bilder doppelte Gefühle auf sich, sie sind «süß» und «bitter» zugleich, wie sie Rivera im Film anlässlich einer Vernissage zu charakterisieren versucht.

Der Film konzentriert sich auf die leidenschaftliche Frida, ihre Liebe zum viel älteren und körperlich mächtigen Wandmaler Diego Rivera (Alfred Molina) mit den typischen Krisen einer Beziehung, in der sich Rivera wiederholt mit anderen Frauen einlässt, seinen unbekleideten Modellen, selbst mit Fridas Schwester, und zunächst Wutausbrüche einer Frida hervorruft, die sich selber in überströmender Erotik auch an Frauen erfreut, mit denen sie lasziv tanzt, denen sie lustvoll unter den Rock greift oder sich zuletzt im Bett hingibt – angeblich in Paris mit der Sängerin/Tänzerin Josephine Baker. Auch eine Affäre mit dem nach Mexiko emigrierten Leo Trotzki findet ausreichend Platz und viele Einstellungen. Der Film erspart sich nicht die eigentlich im Zusammenhang überflüssige Szene mit Trotzkis Ermordung.

Fridas Lebenslust äußert sich auch in der warmen Farbigkeit der von ihr geschaffenen Umwelten, etwa des Gartens nach einer der Versöhnungen mit Diego – als könnte hinter prangenden Blumen und Vögeln der Schmerz verborgen werden. Selbst der Tod ergreift sie im Zeichentrick allegorisch mit Blitzen von Karnevalsknallern und rotem Feuer, das eine Art Puppenbett mit ihr darin, zunächst als gemalter Figur, entzündet. Solche verdichtenden Visionen – unter ihnen die groteske Halluzination Fridas nach dem Unfall im Krankenhaus (gestaltet von den Brüdern Quay) – sind in diesem Film jedoch selten. Bei der Aneinanderreihung von unzähligen Episoden kommt das Interesse an der Künstlerin etwas zu kurz: die Bilder Kahlos dienen als ‹unproblematische› Zeugnisse vornehmlich der beengenden Situation der Bettlägerigen. Der stets ernste, oft strenge Gesichtsausdruck auf den Selbstporträts, die fast zusammengewachsen gemalten Augenbrauen tragen zu diesem Eindruck bei, verrät jedoch eine Komponente in Fridas Wesen, die in ihrem wild bewegten Leben, wie es der Film schildert, kaum zur Geltung kommt. Etliche mexikanische Lieder durchsetzen die Bilderzählung. Es drängt sich die Empfindung auf, dass sich die Regie viel Zeit für die (vielleicht kommentierenden) Gesangseinlagen nimmt, die für den, der mit den mexikanischen Ritualen wenig vertraut ist, ins äußerlich Folkloristische zu verrutschen drohen.

Ähnliches Misstrauen erweckt auch der perfektionistisch rekonstruierte Period-Look. Die Ausstattung mit üppigen, glänzenden Kostümen zielt ebenso wie die Präsentation der schönen Körper der Frauen, nicht zuletzt von Frida selbst (als sei dieser Körper nicht auch unter der Haut zerstört), auf die Erregung von Wohlbehagen im Publikum. Dieses Zur-Schau-stellen pointierter Anblicke behauptet in meinen Augen allzu viel Selbständigkeit (Hollywood-Touch) und dient nicht völlig der dramatischen Konstellation. Wahrscheinlich soll der Glamour die Diskrepanz zur Passionschronik betonen, als die sich Fridas Leben (nicht ausschließlich) verstehen lässt.

Der Film SÉRAPHINE (2008) beeindruckt mich als ein kleines Meisterwerk. Er hat übrigens in Deutschland kaum ein Echo gefunden, während er in Frankreich mit sieben Césars ausgezeichnet worden ist, der höchsten Anerkennung, die die französische Filmkultur ihren Produktionen zuteil werden lässt.

Séraphine (Yolande Moreau) wird zum ersten Mal 1914 dem Zuschauer vorgestellt: eine dunkle Gestalt, die nachts (im Mondschein) durch den Wald geht, Pflanzen und Erde antastet, abgreift, wie Camille Claudel sich in den Baugruben mit Lehm versorgt, Gezweig pflückt wie eine weise Frau, ein Naturkind. Sie badet nackt im Fluss, selbstvergessen und hingebungsvoll. Am meisten liebt sie Bäume, klopft an die Stämme, tätschelt die ihr vertrauten Körper, zwängt sich sogar in das Geäst hinauf, um von dort die sommerlichen Wiesen und Felder zu betrachten, zugleich aber auch eins zu sein mit der Natur. Ein dunkelblauer Strohhut mit Krempe auf dem Kopf, ein gestrickter Schal um die Schulter, an der Hand ein geflochtener Korb, aus dem ein Regenschirm hervorragt: so, mittelalt, leicht dicklich, mit ausfransendem Haar, läuft Camille durch die Straßen und die sanfte idyllische Landschaft von Senlis, immer zügig schlürfend und nach vorne gebeugt, als würde sie umfallen, wenn sie nicht rechtzeitig einen Schritt vor den anderen setzte. Der Film lässt keinen Zweifel daran, dass sie schwer arbeiten muss. Sie scheuert kniend Holzböden, wringt am Fluss die Wäsche aus, sieht sich jede erworbene Münze genau an, weil sie bei einem Krämer Firnis und anderes Material einkaufen muss. Sie ist eine eher mürrische, einsiedlerische Frau, die wenig spricht, liebevoll und schelmisch ist ihr gläubiges Verhältnis zum Madonnenbild, zu ihrem Schutzgeist, zu den Nonnen: eine naive Fromme.

Und in der Tat geschieht ein kleines Wunder: in Senlis lässt sich ein deutscher Kunsthändler nieder, Wilhelm Uhde – der deutsche Schauspieler Ulrich Tukur verleiht dieser Figur diskrete Würde und feinsinnige Empfindlichkeit – ist im Gegensatz zu den hochmütigen Spießbürgern des Ortes an Séraphines Äpfel-Stilleben auf Pappe sogleich interessiert. Beide lernen sich kennen. Zwischen dem großbürgerlichen Propheten der neuen Malerei, der neben Henri Rousseau auch Picasso und die Kubisten schätzt und verteidigt, und der einfachen Landfrau entsteht ein Klassengrenzen überschreitendes natürliches Vertrauen, auf ihrer Seite sogar kaum verhaltende Eifersucht auf die Schwester Uhdes (Anne Bennent). Der Ausbruch des Ersten Weltkriegs im Sommer 1914 treibt die Uhdes wieder Willen nach Deutschland zurück.

13 Jahre vergehen. Um seine Kunstsammlung wieder zu erwerben, kehrt Uhde mit seiner Schwester und einem Geliebten, einem todkranken jungen Maler nach Frankreich zurück, in den Nachbarort Chantilly. Er entdeckt Séraphine, deren malerische Fertigkeit, deren Mut, auch größere Formate zu füllen, inzwischen merklich zugenommen haben. Er gewährt ihr eine monatliche Apanage, die es Séraphine erlaubt, sich nur auf ihre Kunst zu konzentrieren.

Nachts bei Kerzenschein, kniet sie mit aufgerissenen hellblauen Augen neben den Bildern, liegt manchmal auf der Leinwand, um mit Pinsel und Fingern ihre wuchernden und sprühenden Pflanzenornamente zu vollenden. Dabei singt sie mehr schlecht als recht geistliche Lieder. Der Film legt den Gedanken nahe, dass die rückhaltlose Anerkennung durch Uhde den Schaffensdrang von Séraphine verstärkt habe. Sie wagt es sogar, ihre Bilder Nachbarn und Freunden zu zeigen, deren heimliche Verstörtheit angesichts der Eruptionen auf der Leinwand vom Film nicht verhehlt wird. Séraphines gewachsene Selbstsicherheit als Künstlerin weckt auch Aufstiegsphantasien: Sie träumt davon, reich zu sein und nach dem Verkauf von Bildern ein Auto und ein großes Haus zu besitzen. Eines Morgens, als sei ihr dies vorbestimmt – sie sei ‹bereit›, sagt sie –, wandert sie barfuss im weißen Brautkleid durch die Straßen, stellt Leuchter wie Geschenke auf die Stufen und klopft an die Türen. Die einfachen Frauen, die sie als Künstlerin achten gelernt haben, folgen ihr stumm. Wie ein ratloser Chor in der Tragödie. In der Anstalt beginnt Séraphine zu toben und zu weinen. Allmählich beruhigt sie sich. Uhde, der sich weiter um sie sorgt, der sich bei ihrem erbärmlichen Anblick, sie ist festgeschnallt, um sich nicht selbst zu verletzen, der Tränen kaum enthalten kann, verschafft ihr ein eigenes Zimmer zu ebener Erde mit Zugang zum Garten. Von ihm aus schleppt sich Séraphine in den Schlusseinstellungen mit einem Gartenstuhl in der Hand unter einen weit ausladenden Solitärbaum, setzt sich unter ihn und schaut ins Laub hinauf: aus der Ferne gesehen, ein wunderbares Bild, das Versöhnung und Rettung in einem verheißen will.

Séraphine arbeitet als Malerin vehement und obsessiv, gleichsam unter Zwang, denn anscheinend treibt sie eine religiöse Pflicht, die sie selbst erst allmählich als Gnadengabe empfinden mag. Der Film wagt nur eine behutsame Andeutung. Erst als Séraphine als Braut auf die Straße geht, der Wahn ausgebrochen ist und sie abtransportiert wird, im Irrenhaus tobt und weint, möchte man von einer Leidensgeschichte sprechen. Erst der Umgang mit Uhde befreit sie aus ihrer Verkrochenheit, verleiht ihr Selbstbewusstsein – in gewisser

Weise übernimmt der Kunsthändler die Aufgabe der ermutigenden Väter und Liebhaber von Camille Claudel und Frida Kahlo. Séraphines Bilder abstrahieren Eindrücke von Obst, Pflanzen, Bäumen, kleinem Getier: ihre fast anbetende Haltung zur Natur schlägt sich in ihrer Kunst nieder. Dies erleichtert es dem Film, Landschaft und malerische Übersetzung nebeneinander zu halten – ähnlich wie bei FRIDA, dem Film, die Figur der Malerin und ihr Abbild im Gemälde eine Koexistenz vor dem Blick der Kamera eingehen, die dem Publikum den rudimentären Nachvollzug des künstlerischen Prozesses gestattet.

Ihr Förderer Uhde bestimmt als zweite Hauptfigur die Dramaturgie – auch ihm gilt das Interesse des Films, bisweilen unabhängig von seiner Begegnung mit Séraphine. Das Weiche und Milde der Landschaft, über die ein schwacher Wind geht, fügen sich zum Leisen und Zartfühlenden in Uhdes Auftreten und zur Schweigsamkeit, später zur zögernden und lakonischen Sprechweise Séraphines. Séraphine ist oft draußen, Uhde eher in der Stube, jedoch häufig am offenen oder geschlossenen Fenster zu sehen, an der Grenzscheide zwischen Natur und Kultur: die ‹stumme Wilde› und der neugierige, doch seiner Grenzen bewusste Zivilisierte. SÉRAPHINE, der Film, spielt mit solchen Gegensätzen und mit wiederkehrenden Motiven, ohne dies demonstrativ auszustellen. Er gleicht einem Album subtil und logisch aufgebauter, den hellen Tag und die dunkle Nacht sorgfältig voneinander trennender Bilder aus der geschichtsfernen Provinz, einem Arkadien der einst unbeschädigten Natur. Der Film übt Diskretion, vermeidet den Lärm, das Pathos und laute Wehklagen in den Passionen Camille Claudels und Frida Kahlos. Im Verhältnis zur Kunst Séraphines entdeckt der Film für sich eine sanftere, poetisch behutsame und leicht elegisch-idyllische Darstellungsweise, die sich als eigenwillige Reminiszenz an die Epoche des späten Impressionismus dem Gedächtnis einprägt: So ist SÉRAPHINE als Film nicht nur Biographie einer Künstlerin, sondern auch ein Kunstwerk für sich, selbst wenn er Dinge und Verhältnisse zu beschönigen neigt. Zum Beispiel wird nicht verraten, dass Uhde deutsch-jüdischer Abstammung ist und in Frankreich Schutz vor den Bedrohungen des Dritten Reichs zu finden hofft.

Letzte Bemerkung: die exzentrische Existenz von Künstlern hängt zweifellos auch vom abweisenden Desinteresse oder vom bestätigenden, anreizenden Interesse der Umwelt ab, anfangs der Familie, später der Metiergenossen und des Marktes. Dennoch ist erfolgreiche oder erfolglose Künstlerschaft – die Filme zumindest weisen diesen Befund auf – nicht allein auf Glück oder Unglück in der Kindheit oder im Leben als Frau oder Mann, auf das Wohlwollen oder Unwohlwollen des vorgegebenen Milieus zurück zu führen. Dies alles spielt eine Rolle, dennoch entzieht sich ein Rest von undurchsichtigem Mysterium im Kunstschaffen jeder rationalen Psychologie. Das Genie zeichnet sich vermutlich dadurch aus, dass bei ihm konventionelle, sonst festgefahrene Denkstrukturen in den Zustand der Deregulierung übergehen: eine Öffnung für das Neue. Die völlige Um-Ordnung des Geistes im Wahnsinn ist damit nicht gemeint. Die kritische und zugleich vorsichtige Bewertung des Umkippens in den Irrsinn ist auch den Filmen eigen. Sie beanspruchen nicht, in die verrückte Camille oder Séraphine hineinzusehen. Und sie illustrieren – ich wiederhole mich – dass der Wahnsinn das Genie auffrisst: sich als feindliches Prinzip zur Künstlerschaft entpuppt. Wenngleich das Unausweichliche der kreativen Arbeit zuvor den Eindruck verstärken mag, als sei die Kunst wirklich ein Vampir, der den Schaffenden alles Leben aussaugt, um es in ‹Werke› zu verwandeln.

Literatur

Marisa Buovolo: Seelenverwandtschaften. Künstlerinnen im Film. In: Jürgen Felix (Hg.): *Genie und Leidenschaft, Künstlerleben im Film*. St. Augustin 2000, S. 199–218.

Irmgard Fuchs / Alfred Lévy: Camille Claudel zwischen Revolte und Nihilismus. In: Irmgard Fuchs (Hg.): *Tiefenpsychologie und Revolte*. Würzburg 2005, S. 129–152.

Thomas Koebner: Exzentrische Genies. Ken Russells Umgang mit Gipsbüsten: In: Jürgen Felix (Hg.): *Genie und Leidenschaft, Künstlerleben im Film*. St. Augustin 2000, S.103–114.

J.A. Schmoll, gen. Eisenwerth: *Rodin und Camille Claudel*. München 1994.

Hochformat im Querformat

und andere Prinzipien der Bildkomposition im Film

Eine Bildkomposition, die sich dem Querformat des Filmkaders widersetzt: ein langer, in die Tiefe reichender, zudem hochformatiger Korridor, links am Rand, schmal und in die Höhe gestreckt, die ‹Betrachterfigur›: John Wayne (STAGECOACH, USA 1939, Regie: John Ford)

I. Im Bild, nicht im Bild

Die Diskussion über On-screen/Off-screen scheint sich mir in wenigen Befunden zu erschöpfen. Ich will sie nicht aussparen, um durch diese zugegeben lakonische Vorbereitung gerüstet, zwei andere Prinzipien der Bildkompositionen zu skizzieren: die Gegenläufigkeit von Nahraum und Raumtiefe, schließlich das Hochformat im Breitformat.

Der filmische Offscreen-Raum, den ein Schwenk, eine Fahrt, eine Positionsveränderung des Blickwinkels in zusätzlichen Teilen erschließen, setzt in den meisten Fällen die schon wahrgenommene Gestalt des Schauplatzes wie selbstverständlich fort: Das Pferd – Schwenk – erklettert einen steilen Abhang, eine Figur geht – Schnitt, Gegenschuss – durch die Wohnung, ein Auto – Kamera fährt hoch und zieht auf – rast eine Straße hinab. Oder es handelt sich um einen Bruch mit der vertrauten Szenerie: der Schwenk auf unerwartete Objekte, der Weg durch unbekannte Zimmer, in denen ein Widersacher lauern könnte, ein Landschaftspanorama erschließt plötzlich ein großes Tor im Bergmassiv, das den unverhofften Blick in die Weite erlaubt. Eine Erzählweise, die auf *genretypische Überraschungen* aus ist – Genres wie der phantastische Film, der Abenteuer- oder der Gruselfilm –, lädt den ‹noch nicht› ins Auge gefassten Offscreen-Raum mit unberechenbaren Vorgängen, bedrohlichen Elementen, unheimlichen Phänomenen auf. Derselbe Effekt – Furcht vor einer Schreckenswelt oder Fremdwesen jenseits des Bildkaders – kann auch erreicht werden, wenn der Blick der Kamera, nur für eine kurze Weile, mit der Subjektive einer real oder als Einbildung der Angst, als Gespenst vorhandenen oder generell phantasmatischen Figur zu verschmelzen scheint. Ein Beispiel findet sich in Stanley Kubricks Shining (1980): Die Verfolger-Kamera, die dem kleinen Danny in seinem Tretauto auf den Gängen des einsamen Hotels hinterhereilt, lässt glauben, sie wäre ein Phantom hinter dem Rücken des kleinen Helden. Die Erkenntnis des Gefangenen, einem beklemmenden Verlies nicht entrinnen zu können, lässt sich leicht durch eine Wände abtastende Kamera plausibel machen. Nach kurzem (vielleicht begann die Montagesequenz oder der Schwenk über die Merkmale der Haft oder der unausweichlichen Situation mit Großaufnahmen des ratlosen Gesichts) fügen sich die Offscreen-Bilder dem Onscreen-Horizont synthetisch ein. Dann gibt es keine Unterschiede mehr zwischen den Sphären.

Die Differenz zwischen Offscreen und Onscreen beruht auf einer Raumstruktur des Hinterhalts jenseits des Bildrahmens, sie bricht jedoch meist nach kurzer Erkundung des Offscreen-Raumes zusammen. Schließlich: diese Differenz schafft Unruhe – zur Hauptsache vermutlich zu Beginn einer Handlung, um die Spannung auf kommende Reaktionen und Begegnungen zu steigern. Das Sprunghafte fast jeden Schnitts wird nicht zuletzt auch durch die Einheit eines Raumes gemildert, den oft – in klassischer Weise – ein Mastershot, eine Totale, ein Panoramaschwenk als Milieu etablieren. Die sanfte Mitbewegung mit den Figuren entgeht Zuschauern, die nicht auf den Bildrand achten, dessen Verschiebungen man auch sonst durch kaum merkliche Fahrten oder Änderungen der Brennweite beobachten kann. Die bewegte Kamera und die Bewegung im Bild führen in der Mehrheit nicht zu einem schockierenden Offscreen- Erlebnis, da auch keine Absicht besteht, etwas absichtsvoll auszusperren oder auszusparen. Es sei denn das Genre, etwa ein attraktionsreicher Action-Thriller, lässt die Straße vor einem Abgrund enden (wie in Spielbergs The Duel, 1971), oder der Psychothriller kalkuliert einen Schrei ein, wenn eine Person im Drehstuhl der Kamera zugewendet wird und das Mumiengesicht offenbart (in Hitchcocks PSYCHO, 1960). Selbst in diesen beiden Filmen bereitet die sichtbare Kulisse auf den noch nicht sichtbaren Schrecken vor, die unübersichtliche Landschaft in THE DUEL, der Keller eines Haunted Houses in PSYCHO. Der Effekt der aus dem Offscreen ins Bild gerückten ‹Entdeckung› stellt gleichsam eine Steigerung der Unruhe dar, die sich schon zuvor beim Publikum eingestellt hat.

Natürlich verharren Bilder im Gedächtnis der Zuschauer: das Blickfeld, das ein Schwenk gerade verlassen hat, wird nicht sogleich vergessen. Dasselbe gilt von Figuren oder Konflikten, die im aktuellen Außerhalb weiter bestehen und beizeiten, nach dem Willen der Erzählung, wieder in den Fokus der Kamera zurückkehren. Der Name des Schlittens: Rosebud, beides – Schlitten und Name – Symbol für eine verlorene Kindheit, begleitet die Hauptfigur in Orson Welles CITIZEN KANE (1941) bis in den Tod. Zum Schluss erinnert die Kamera ausdrücklich an diesen Begriff, als der Schlitten mit dem eingeritzten Namen Rosebud im großen Feuer verglüht. Nur die Zuschauer wissen Bescheid um das Geheimnis. Allgemein gilt vermutlich: Ein Resonanzsystem von Erinnerungen verharrt lange Zeit im Gedächtnis, zwangsläufig auch im Offscreen, bis sie wieder ins Spiel gebracht und deutlich vor Augen gerückt werden.

Zusammengefasst: das Verhältnis zwischen On- und Offscreen wird nicht nur räumlich, durch eine Komposition mit gleitender Abgrenzung zwischen *da* und *nicht da* bestimmt, sondern auch temporal durch ein *nicht mehr* und *noch nicht*. Genrespezifische Regeln heben die Bedeutung des im Bild Abwesenden hervor, forcieren diese Bedeutung sogar, wenn unberechenbare und beängstigende Nahwelten betreten werden. Sogar die diffuse Erwartung des erschreckenden oder erschütternden Außerhalb muss zum Teil wenigstens innerhalb des Bildes vorbereitet oder eingelöst werden. Sonst verliert sich die *Erwartungsangst*. Es bedarf selbst in entsprechenden Genres eines andauernden Misstrauens bei den Zuschauern: des Misstrauens beiden Sphären gegenüber, der im Bild und der außerhalb des Bildes.

II. Nahraum – Raumtiefe

Zurück in die Kunstgeschichte: bei Bildern Michelangelo Caravaggios fällt auf, das die oft in erheblicher Körperspannung verdrehten Figuren mit ihren Gliedern beinahe den Bildrand berühren. Man denke etwa an den angeblichen nackten *Johannes mit dem Widder* (Rom, 1599/1600) oder den *triumphierenden Amor* (Berlin 1601/2). Caravaggio nutzt die Malfläche tendenziell so aus, als wolle er förmlich den Rahmen sprengen. Dies trifft selbst, wenngleich in geringerem Maße, zu bei den mehr oder weniger dramatischen Konfigurationen im Wirtshaus, etwa den *Falschspielern* (Fort Worth, 1595/6) oder bei der *Berufung des Heiligen Matthäus* (Rom, 1599/1600) oder der Schauerszene, in der Judith Holofernes enthauptet (Rom, 1599): Rechts ragt förmlich aus dem Offscreen der Kopf der alten Magd herein, die den Mord mit offenbar gieriger Miene verfolgt und in den Händen das Tuch hält, in dem das Haupt des Feindes als Beweisstück transportiert werden soll. Die Disposition dieser Bilder lässt fast keine Fläche im Unbedeutenden. Man könnte fast sagen, die Personenanordnung brandet förmlich gegen den Bildrand und nach vorne, als wollten die Figuren den Raum des Imaginären sprengen und verlassen.

Es ist sicherlich übertrieben, wenn man etwas Ekstatisches in diesen Kompositionen vermuten wollte – von ekstatischem Wesen sollte man vielleicht bei den zitternd-bebenden Visionen des El Greco sprechen –, dafür ist bei Caravaggio die Plastizität der Gesichter und Körper im harten Seitenlicht viel zu prägnant, der Aufbau der Bilder kraftvoll entschieden, scheinbar unverrückbar, obwohl so oft bedeutsame Sekunden in einer ablaufenden Handlung festgehalten werden. Aber etwas unbotmäßig Wildes lässt sich als Gestus in diesen Gemälden erkennen, die es immer wieder riskieren, Figuren oder Dinge an die Kanten zu drängen oder sie hemmungslos zu überschneiden. Solche charakterologische Beurteilung mancher Arbeiten Caravaggios hilft, die provisorische Systematik seines Umgangs mit der Bildfläche zu erkennen. Caravaggio strebt die sinnliche Partizipation des Betrachters an durch die Beschwörung des ausgewählten Augenblicks, den Einschnitt in den Fluss der Zeit, die Figuren agieren noch, die Bewegung ist meist heftig, im nächsten Moment müsste sich vieles verändern.

Anders etwa das Raumverständnis – es kommt mir nicht auf den kunstgeschichtlichen Zusammenhang an – bei einem Bild von Carl Spitzweg: im extremen Hochformat die Innenansicht einer Biedermeierstadt, Titel: *Der Briefbote im Rosenthal* (Marburg, ca. 1858), mit architektonischen Versatzstücken aus der weiteren Vergangenheit. In der Mitte der Postbote wie auf einer kleinen Bühne, eine Rückenansicht, in der Hand einen Brief. Kurz zuvor muss er sein Erscheinen angekündigt haben (auch hier der besondere Augenblick) – auf seinen Ruf sehen vorwiegend junge Mädchen aus fast allen Fenstern der hohen, eng verschachtelten Gebäude: «An wen ist der Brief adressiert?». Eine Liebesbotschaft? Oder nur die willkommene Unterbrechung des langweiligen Alltags im Haus? Spitzwegs Szene verliert sich in der Mitte hinten in einer dunklen Straßenschlucht (sehr häufig bei seinen Stadt-Arrangements), während der Vordergrund – immer noch aus einer Art Fernsicht betrachtet –, in dem der Bote verharrt, auffällig hell von links oben ausgeleuchtet ist. Beide Eigenarten der Stadtdarstellung, der undefinierbare Abgrund, der sich hinter dem Schauplatz öffnet, und die theaterhafte Lichtintensität im Zentrum, finden sich bei Spitzweg häufig. Der Blick wird auf die Bildmitte konzentriert und wandert allmählich nach allen Seiten, registriert die jungen Frauen und Mädchen an den Fenstern – und am Ende, noch ganz oben, den blauen Himmel, der sich über die Mauern und Türme spannt. Der scheinbar zufällig gesetzte Bildrand spielt keine erhebliche Rolle. In der Kommunikation zwischen Zentrum und Peripherie ergibt sich die Pointe der sanft satirisch gemeinten Komposition.

Man könnte es vor den erwähnten Bildern Caravaggios und Spitzwegs wagen, in Erinnerung an Lessings im *Laokoon* (1766) getroffene Unterscheidung von Malerei und Dichtkunst, von der *Fixierung des Konsekutiven* (das Lessing für die Dichtkunst reserviert) *im Koexistierenden* (das für die bildende Kunst wesenhaft sein soll) zu sprechen: Eine erzählerische Struktur bei den Werken beider Maler ist nicht zu verleugnen, mit der Konsequenz, dass sich die Wahrnehmung dank der schrittweisen Identifikation der im Bild enthaltenen Mitteilungen verlangsamt. Doch Spitzwegs Raumgestaltung hebt sich merklich von der Caravaggios ab. Der Maler der späteren Renaissance positioniert seine Modelle in einem flachen Vordergrund, sie sind beinahe zum Greifen nahe, der Maler des romantischen 19. Jahrhunderts rückt alles von sich ab, als sehe man mittels einer künstlichen Optik in eine andere Welt hinein. Merkwürdigerweise passt Heinrich Wölfflins suggestive Beschreibung (1888) der Malerei des Barockstils in einem Punkt auf die Konzeption der Raumtiefe bei einem Meister der trügerischen romantischen Idylle: «Das Auge (wird) weit hinein in die Tiefe, ja in's Unergründliche gezogen.»[1] (Natürlich hüte ich mich davor, die gesamte Nomenklatur Wölfflins einfach zu übertragen.)

Man könnte die beiden Raumtypen (es gibt mehr davon) vorläufig und mit Blick auf den filmischen Raum – als a) «appellierende Nahraumexposition», b) «ansaugende Erschließung von Raumtiefe» bezeichnen.

Lässt sich diese, zugegeben rudimentäre, Gegensatz-Bildung bei der Beschreibung von Raum-Auffassungen im Film verwenden? Auch hier seien die Beispiele ziemlich willkürlich herausgegriffen. Friedrich Wilhelm Murnaus NOSFERATU, (1922): In vielen Einstellungen herrscht eine das ganze Bildfeld besetzende Komposition vor, eine vielleicht nicht dynamisch zentrifugale, aber doch selbstverständlich den vorhandenen Platz bis zum Rand nützende Gestaltung. Nun fallen die Einstellungen in diesem Film in ihrer Mehrheit relativ kurz aus, so dass die Bildinformation recht schlagkräftig und prompt erfolgen muss. Dazu gehört der Stil der Inszenierung, die manchmal einen in mehreren Plänen von vorne nach hinten gegliederten Raum konstituiert: Die Personen bewegen sich auf der Blickachse aus dem Hintergrund des Bildes nach vorne, etwa auf einer Diagonalen: so der junge Held Hutter, als er aus Wisborg aufbricht, zwischen Brunnen links und Baum rechts das Pferd besteigt, um heran und an der

---

1   Heinrich Wölfflin: *Renaissance und Barock* (1888). Basel 1961, S. 18.

Kamera vorbei nach links dem fernen Ziel der Karpaten zuzustreben. Brunnen und Baum, in dessen Laub der Wind greift, betonen das friedlich Biedermeierliche des Ortes, der atmosphärisch von der steil auf dem Berg aufragenden Vampirburg absticht. In den Innenräumen, zumal der Wohnung des jungen Ehepaares Hutter, sind zwar die Wände epochentypisch mit Bildern im Rahmen und Spiegeln an der Wand dekoriert, doch engen Durchgänge, Türen oder Teile des Mobiliars wie symmetrisch herabhängende Bettschleier als *innere Rahmung* den Ausschnitt ein. Murnau (oder Albin Grau, der Ausstatter des Films) zieht schräg kurvige Bauelemente ein, beinahe architektonische Ornamente, so auch die ovalen Bögen über den Eingängen zur Gespensterburg in den Karpaten, um die Bildfläche auszufüllen und zugleich Spannung in die Komposition zu bringen.

Nicht die Fülle, sondern die *Sparsamkeit des Bildaufbaus* verhilft zu denkwürdigen Fügungen. Nosferatu liegt auf abgestützten Armen über der von ihm nachts ausgesaugten Ellen, Krallenhände an den äußersten Rand gestreckt, als er, durch den Hahnenschrei alarmiert, endlich seinen kahlen Schädel vom Hals seines Opfers hoch hebt. Die im gotischen Spitzwinkel abschließende Tür zwischen Hutters Kammer auf der Burg des Grafen Orlok springt wie von selbst auf, in der Tiefe des Raums steht der kahlschädlige Vampir und starrt in Richtung des Betrachters. Hutter fürchtet sich und versteckt sich unter der Bettdecke, er kann nicht sehen, wie sich der Schatten – Kopf und Hände Nosferatus mit gespreizten Fingern – des sich schier unaufhaltsam annähernden Blutsaugers auf der Wand hinter dem Bett abzeichnet und über sein Opfer fällt. Mit miniaturistischer Kleinmalerei hat dergleichen nichts zu tun. Auch der berühmte Aufstieg Nosferatus über eine kleine Treppe zur Kemenate Ellens gewinnt deutliche Prägung durch Aussparung aller Details. Die kahle hohe Wand als Projektionsfläche für den hoch huschenden Vampir entstammt keinem zeitgenössischen Wohnhaus, sondern dem Atelier. Nur das Nötigste ist zu sehen. Nichts im Bild lenkt ab. Offenbar hat Murnau nicht selten ein Tele-Objektiv – mit nicht übertrieben langer Brennweite – verwendet, das ihm dazu dient, alle störenden Elemente, rechts und links, oben und unten auszuschließen. Außerdem verdunkelt Murnau nicht selten durch dem Objektiv vorgesetzte Kaschs die Ecken des Bildes, so dass in der Projektion mehrmals ein belichtetes Kreisrund zu sehen ist. Dies verhindert endgültig, dass der Blick zur Seite abweicht, es gibt kein Abseits mehr.

Zwei weitere Einstellungen seien abschließend zitiert: Die Totale auf den Hafen von Wisborg (gedreht in der Ostseestadt Wismar) wird durch das dunkelgraue, von rechts ins Bild einschneidende Gespensterschiff «Empusa» gebrochen, das von Nosferatu gelenkt, scheinbar ohne Menschenhilfe, langsam auf dem Wasser zur Bildmitte entgleitet. Die dokumentarische Stadtansicht, ohnehin etwas diffus (dünner Nebel über dem Wasser): ein Tiefenraum-Tableau, erhält durch das große Segelschiff in Vorder- und Mittelgrund die Funktion einer einfachen erzählerischen Auskunft. Der Blick wird aufs Wesentliche verkürzt. Endlich, wie befürchtet, ist der Unhold Nosferatu in Hutters Heimatstadt eingetroffen. Und mit ihm kommen die Ratten, die Pest wird sich ausbreiten.

Die Schlussszene wiederholt die im Film oft variierte *Zwei-Zimmer-Konstellation* – auffällig in der Nacht, in der sich Nosferatu aus dem Hauptraum seines Schlosses dem armen Hutter in der Kammer nähert, und gleichzeitig, weit entfernt, Ellen auf der Balustrade des Balkons vor ihrem Schlafzimmer nachtwandelt. Nun, in der vorletzten Einstellung, steht die Kamera in einer Art Vorzimmer und blickt durch die Zwischentür ins Hinterzimmer, Ellens Schlafzimmer. Hutter umarmt seine tote Frau hinten, während vorne, vor der Zwischenwand, der bekümmert trauernde Naturforscher Bulwer wartet, der zu spät gekommen ist und als Arzt nicht mehr helfen kann. Bulwer wechselt dann in die Bildmitte und verdeckt den Hintergrund – das tote Mädchen und den sie umarmenden Mann. Diese weitere *Verkürzung des Blicks* mag in diesem Fall als innere Montage wie eine Blende (durch die Person Bulwers) den Schlussakt akzentuieren. Die Verkürzung ist aber generell im Interesse Murnaus: Er bevorzugt in Nosferatu die ‹plakative› und expressiv gestische Inszenierung der Figuren im Nahraum und entzieht sich tendenziell (indes nicht ständig und stur) dem Sog der Tiefe.

Eine andere, fast gegensätzliche Raumgestaltung: etliche hintereinandergestaffelte Pläne, vertritt Murnau in Filmen, die die moderne Großstadt mit ihren anonymen Menschenmengen vergegenwärtigen, zum Beispiel in Der letzte Mann (1924) oder Sunrise (1927). Der frühe, vermutlich von der expressionistischen Bildkunst mit beeinflusste visuelle Stil des Nosferatu ist hingegen auf imaginäre Visionen aus, die nicht Teil einer empirischen Welt sein wollen und sich ohne Verzögerung bei der Rezeption einprägen.

Die Entwicklung des Breitformats (Cinemascope und anderes) führte zu veränderten Bildkompositionen, wobei es natürlich zuerst darauf ankam, dass links und rechts erweiterte Bildfenster zu füllen. Die linke und rechte Kante werden dabei oft durchlässig. Wenn etwa eine Reihe von Reitern das Bild waagrecht, quer zur Blickachse der Zuschauer, durchmisst, kommt es nicht mehr darauf an, die Seiten als feste Rahmen zu etablieren. Bei bewegten Bildern dieses Ausmaßes und der denkbaren Informationsfülle mag sich das Interesse der sonst vielleicht überforderten Betrachter an die handelnden Personen binden, so dass die Peripherie an Aufmerksamkeit einbüßt. Natürlich gibt es die Neigung, nicht nur Massenszenen oder üppige Arrangements im Freien zu präsentieren, sondern auch bei Aufnahmen innen, in umgrenzten Räumen, eine zentrifugale Dynamik durchzusetzen, um keinen Platz im Kader zu verschenken – etwa bei Gesprächen die Kontrahenten jeweils das linke und das rechte

Bildfeld besetzen zu lassen. Nicht selten gerät der Abstand bei solchen Dialogen unnatürlich groß – wie er im klassischen Bildfenster oft zu klein war, da die Darsteller, auch wenn sie nicht Liebende zu spielen hatten, manchmal enger aneinander klebten, als es die soziale Norm für Distanzen eigentlich erlaubt. Man könnte ohnehin denken, dass das Breitformat das ständige Mitschwenken mit den Akteuren oder sich bewegenden ‹Mobilen› vor der Kamera erspart und sogar die Schnittfrequenz verringert, da der horizontale ‹Sehschlitz› mit seinem erheblichen visuellen Volumen theoretisch die Plansequenz befördert, die einen ganzen Handlungsabschnitt in einer Einstellung aufzuzeichnen erlaubt. Im einzelnen wäre dies zu überprüfen, im allgemeinen haben sich wohl spezielle kinematographische Traditionen auch beim breiten Format durchgesetzt: zum Beispiel Mitfahrt (Travelling) und rasche Montage unter Beachtung der «Continuity», der scheinbar weichen Übergänge, im amerikanischen Kino, Plansequenzen herrschen eher im französischen Kino vor.

Um konkreter über neuere Stile der Bildkomposition sprechen zu können, wähle ich zwei Filme aus, die in der Tat ein anderes Raumgefüge als NOSFERATU installieren: eine in mancher Hinsicht experimentelle Produktion und ein typisches, wenngleich ziemlich sorgfältig durchdachtes Genrestück.

Die experimentelle Produktion: LETZTES JAHR IN MARIENBAD (1960, Regie: Alain Resnais). Die Kamera (Sacha Vierny) fährt gleich zu Beginn geradezu obsessiv den Ornamentschmuck der Decken und Wände eines Schlosses ab. Sie schwebt förmlich an dem Zierrat vorbei und suggeriert den Eindruck der Nähe, muss also bei der später ermessbaren Höhe der Säle und Gänge beträchtlichen Abstand zum Boden haben – oder mit Teleobjektiv ausgestattet sein. Die Personen werden zunächst, ob sitzend als Theaterpublikum oder stehend und wandelnd, ebenso aufgenommen, als würden sie von unten aus dem Dunkel ins Bildfenster hineinwachsen. Selten sieht man Beine, Füße, sicheren Boden – wenn, dann fast übertrieben markiert außerhalb des Schlosses, zum Beispiel in einer Einstellung, in der viele Personen auf den Promenaden des geometrischen Gartens mit einem extremen Schlagschatten zu sehen sind. Mehrmals öffnen sich mit Applikationen überschüttete, auf der Blickachse weit nach hinten reichende Korridore, die mit Lampen in regelmäßigen Abständen illuminiert sind: merkwürdigerweise wird durch diese gleichmäßige Licht-Akzentuierung des Bildfelds dem Eindruck von Tiefenraum entgegengewirkt. Der Film, so scheint es, strebt in registrierenden Passagen einen gewissen ‹Tachismus› an, eine fast ins Abstrakte übergehende Verteilung von Lichtpunkten und Glitzereffekten. Auch das statuarische Arrangement der nebeneinander gestellten Figuren, die als Statisterie dieses Schlosshotel bewohnen sollen, schafft eine Art Vordergrund-Gewebe. Der Mann, der die Frau davon überzeugen will, dass sie einander schon kennen – «letztes Jahr in Marienbad» –, und sie am Ende, so sieht es aus, dem Bann des Schlosses und seiner beinahe leblosen, zu ewiger Repetition gezwungenen Nobel- und Gespenstergesellschaft entziehen kann, wird wie die umworbene Dame selbst vorwiegend fragmentiert, also als Stückwerk unter Stückwerken im Raum-Puzzle, selten als Ganzfigur gesehen: Zum Beispiel steht die Frau auf der Treppe, und die massive Barockbrüstung schneidet ihren Unterkörper ab. Halbtotalen oder gar einige Totalen der beiden Protagonisten fallen auch deshalb selten auf, weil die vorüberziehende Kamera sich sogleich nähert, neugierig, behutsam, bisweilen vorbeischleichend.

Der Film schwenkt in kontemplativer Besichtigung der Wände, der Repräsentationsräume, der illustren Ausstattung des Schlosses, in fast monotoner Nahsicht unablässig weiter wuchernde Arabesken-Dessins ab, er will Versenkung und Dichte in schmaleren Zonen des Bildfelds vermeiden – und doch gelingt dies nicht durchweg, vor allem nicht, wenn die Handlung den Blick zu konzentrieren hilft. Dann verblassen die Randzonen für die Betrachter. Tendenziell löst der Kunstverstand von Resnais den Raum auf in symmetrische Konfigurationen, unendliche Lineaturen, geschwungene Garnituren, die oft die starren Köpfe- und Körperumrisse der Personen einschließen oder überformen. Die Ästhetik *enträumlicht* gleichsam das Bild, das Abbild einer geschlossenen, abgestorbenen, wie von einem Spielwerk angetriebenen High-Society – und wird überdies von einem Horror vacui angetrieben, der kein weißes Feld, keinen Leerraum zulassen will. Nur die Reste einer traditionellen Verführungs-Fabel, die immerhin eine gewisse Steigerung und Lösung im Sinn hat, durchbrechen dieses artistische und artifizielle Prinzip der Bildkomposition, indem sie wieder auf die zentripetale Reduktion im Bild vertraut, die Einengung des Blicks auf Segmente des Bildkaders.

Der außerordentliche Spätwestern DER MIT DEM WOLF TANZT (1990, Regie: Kevin Costner). Alle Genres, die entgrenzten Raum darstellen wollen: in erster Linie Western und Science Fiction-Filme, bisweilen auch Fantasy-Konzepte anderer Welten, Action-Thriller, Road-Movies oder epische Historien, greifen zu bestimmten Verfahren, um von der Durchschnittsgröße eines Menschen die schier unermessliche Ausdehnung eines realen oder imaginären Raums abzuheben.

Im Western gehört es zu den typischen auftaktigen Einstellungen, die Kamera beim Ausritt von Reitern in die Prärie oder der Abfahrt einer Kutsche aus der Stadt von einer Halbnah-Einstellung auf Pferde oder Personen per Kran oder wie auch immer hoch zu schwenken, so dass in einer Supertotale die entfernte Kulisse von Monument Valley (in STAGECOACH, 1939, Regie: John Ford) oder die grasigen Hügelzüge der Prärie (DER MIT DEM WOLF TANZT) in den Blick geraten. Oft verlieren sich in den nächstfolgenden Bildern Menschen und Wagen in der riesenhaften Landschaft -kleiner als die Liliputaner aus Jonathan Swifts *Gullivers Reisen*. Diese Aufnahmelogik demonstriert die *Erhabenheit* unberührter, unzerstörter und ‹wilder› Natur: die bis zum weiten Horizont geöffnete Szenerie und die im Vergleich nichtige Dimension der Menschen, die es wagen, in diesen gewaltigen, einschüchternd endlosen Raum einzudringen.

Eine weitere stereotype Einstellung, die das extrem Weitläufige eines Schauplatzes bezeugt, in den sich der Mensch als kleines Glied nur einfügt: die Kette der Reiter in großer Entfernung, fast verschwindend in den Unebenheiten eines Tals oder als Silhouetten auf dem Kamm eines hingestreckten Hügels.

Kevin Costners Film benutzt beide visuellen Schemata oder ‹Pathosformeln› der Anerkennung einer beinahe menschenleeren, für sich bestehenden großen Natur, um Ehrfurcht vor diesem Anblick plausibel zu machen. Der Film spielt in den «nördlichen Plains»: Ein Offizier der Nordstaaten wählt nach dem Bürgerkrieg einen einsamen Außenposten und befreundet sich allmählich mit einem Indianerstamm der Sioux. Er reagiert ausgeprägt verletzt auf die von Weißen zerstörte Natur: barbarisch getötete Tiere, die einfach liegen gelassen werden, Schmutz, Unrat, Verwüstung. Selbst diese Grenzgebiete haben dank der Pioniere den Stand der Unschuld verloren. Er wechselt die Seiten: ein Fall des *going native*, und flüchtet mit den Indianern, dann allein mit seiner Frau, die er bei den Indianern kennenlernte, vor der mordgierigen Armee, der er selbst einst angehört hatte.

Die Einsamkeit des Mannes in der Prärie wird in einer Szene besonders deutlich: er steht im gürtelhohen Gras – aus einem Abstand von ca. 10 m gesehen – und streicht mit den Handflächen über dessen Spitzen. Soeben hat er sich von einem letzten Begleiter getrennt, nun allein, keine andere Menschenseele um ihn herum. Der Wind, der über ihn und das Gras hinwegstreicht, betont die Leere, in der er zurückbleibt. Plötzlich, als der Held den Zuschauern den Rücken zukehrt, rast die Kamera auf ihn zu, als sei sie eine Person, ein Feind, ein böses Phantom: die schwer definierbaren Furcht vor dem Unbekannten, die den Menschen im Grenzenlosen überfallen kann. Der Mann wendet sich schreckhaft, springt in Panik auf sein Pferd und reitet aus dem Bild. Im Zentrum die Figur, die Peripherie der eigentlich sanften Natur scheint sich über die Bildkanten hinweg ins Unendliche fortzusetzen und gewinnt dadurch den Charakter des Unheimlichen. Zudem rückt die Inszenierung die Figuren draußen, im Grasland, in einen gewissen Abstand, um den umgreifenden und ausgedehnten Raum auch nach vorne, zwischen Betrachter und Objekt sichtbar zu machen. Die Nahaufnahme, die den Gesichtern gilt, wechselt bemerkenswert häufig in die Totale – und zurück. Es gilt nicht mehr der klassische Kreislauf in der Montage: Nah-Halbnah-Halbtotale-Totale-Halbtotale-Halbnah usw. Das ‹Schnittmuster› der abrupten Fluktuation zwischen Nah und Weit scheint sich *bei epischen Erzählungen* im Film durchgesetzt zu haben, die in großräumigen

Regionen situiert sind. Zwischen der Kamera und den Personen beugen sich Grashalme, Äste wehen ins Bild, die karg bewachsene Erde erstreckt sich, Gegenlicht der auf- oder untergehenden Sonne blendet und lässt das Land um die Figuren ‹da drüben› in mildem Rot verschwimmen. Eigentlich dürfte man, so entlegen und außer Reichweite, wie sie sind, gar nicht hören, was sie miteinander besprechen.

Als der Held das erste Mal von der Höhe unter sich das Indianerdorf des Sioux in der Ebene entdeckt, sind die Tipis, die Zelte, noch ganz klein, so weit abgerückt, dass man meinen könnte, es bedürfe noch einer Tagesreise, um dort anzukommen. Bei diesen Panoramen lässt sich wirklich von Ausblicken in den tiefen Raum, in die Raumtiefe sprechen.

III. Hochformat im Querformat

In der Geschichte der Kinematographie sind mancherlei Bildformate erprobt worden, sie variieren zwischen einem Fast-Quadrat und extrem ausgedehnten liegenden Rechtecken, nur das Hochformat hat sich nicht industriell durchgesetzt. Der Malerei ist im Vergleich größere Entscheidungsfreiheit gegönnt worden. Die Darstellung einer Himmel- oder Höllenfahrt auf den schmalen Seiten-Flügeln eines Altars, eines Mannes zu Pferd, Porträts stehender, selbst sitzender Personen, hochstrebende Gebirge oder Sonnenblumen im Krug scheinen eher das Hochformat zu verlangen, während Landschaften, Schlachtenbilder, Historiengemälde, ausgebreitete Stilleben, Stadtansichten aus der Ferne oder Bauernszenen im Wirtshaus zur Entfaltung eher ein Querformat voraussetzen. Noch einmal Carl Spitzweg: etliche seiner tagsüber oder nachts spielenden Humoresken sind in übertriebenes Hochformat eingezwängt, in Schächte aus Mauern, als beenge und beängstige das Provinzwesen, das sich resignierenden und verkrochenen Sonderlingen im Alltag aufprägt, während Spitzwegs Beobachtungen außerhalb der Stadtmauer, etwa der Spaziergänge von Familien oder ins gleiche Kostüm gepressten Kindern eines frommen Instituts (1869), ein immer noch beklommenes Ausatmen im Querformat ermöglichen. Dem Film ist solche sujet- oder stimmungsabhängige Anpassung des Bildformats nicht gewährt. Er darf allerdings im einmal gegebenen Kader *innere Formatierungen* vornehmen. Dabei wird nicht selten ein schmaler Ausschnitt im Bild zur dichten Inszenierung genutzt, während die restlichen Teile gewissermaßen nur schwache Auskünfte liefern. Bisweilen ließe sich vom *dramatischen Hochformat im eher epischen Querformat* sprechen.

Einige zufällig herausgegriffenen Beispiele sollen diese zentrierende und die Vertikale betonende Art der Bildkomposition veranschaulichen: STAGECOACH (1939) und THE SEARCHERS (1956), beide in der Regie von John Ford, DIE

STUNDE DES WOLFS (1965, Regie: Ingmar Bergman), schließlich IN THE MOOD FOR LOVE (2000, Regie: Kar-Wei Wong). STAGECOACH, als Western, verrät John Fords Neigung, außen und innen auch in der Bildkomposition voneinander abzusetzen. Natürlich erzeugen die dokumentarischen Aufnahmen in realer Kulisse, in Monument Valley etwa, den Weg der Postkutsche verfolgend, einen gewissen Tiefensog in später zu Stereotypen verfestigten Einstellungen: vom Moment an, in dem die Kutsche aus der Stadt hinausrollt, die Kamera gleichsam die Augen aufschlägt und den Blick in die Ferne zu den merkwürdigen Bergmassiven schweifen lässt, die aus der Ebene aufsteigen, bis zu den Einstellungen, die von oben die Kutsche, auf Anhieb kaum erkennbar, durch die labyrinthische Landschaft kriechen sehen.

Beim Travelling ergibt sich oft eine Diagonale im Bild. Die leicht voraneilende und zugleich rückschauende Kamera fokussiert zu Beginn und am Schluss von STAGECOACH die junge Sängerin Dallas, eine Dame aus dem Bar-Milieu, bei einer längeren Passage in Begleitung, die Häuser entlang, an Türen, neugierigen und gleichgültigen Menschen vorbei. Prägnanter diagonal zieht sich die lange Theke der Western-Wirtschaft, an der schräg hintereinander die Gäste aufgereiht sind, von vorn in die Tiefe: eine Art gekippter Mittelachse, die Ecken des Bildes werden nicht berührt. Dasselbe Bildmotiv der diagonalen Theke kehrt in Fords MY DARLING CLEMENTINE wieder: bei der ersten Begegnung zwischen Wyatt Earp und Doc Holliday. Die Diagonale herrscht auch in der Sequenz vor, in der die Indianer die Kutsche auf der Wüstenebene überfallen. Die Kamera rast mit oder lässt die Reiter unmittelbar aus dem Hintergrund auf sich zukommen. Wer solche schräglinigen Fluchtlinien von hinten nach vorne und das mitbewegte Kameraauge bevorzugt, inszeniert den Impuls des Geschehens auf den Zuschauer zu. Durch die Kraft der Diagonalen verlieren zumal die seitlichen Kanten den Charakter der optischen Barriere. Sie neigen dazu, sich ins Beliebige aufzulösen. Das Bild zieht sich gewissermaßen gegen die Mitte hin zusammen.

Jede Frontalansicht, ein Twoshot auf nebeneinander postierte Personen, die Konfrontation quer zur Bildachse der Zuschauer, dämpft die Konfliktspannung, zwischen Gegenspielern. Die gleichgewichtige Positionierung, gleichsam im Sinn einer Waage, lässt in der Erzählung beinahe an einem Ruhepunkt innehalten: Was soll jetzt geschehen? Stärkere Bewegung erreicht die Montage, auch bei Ford: das Hin- und Herspringen zwischen den Gesichtern der Streitenden in Nah- oder Großaufnahmen, wobei erneut der Umraum der Figuren und die Bildbegrenzung an Bedeutung verlieren.

Bei näheren Hinsehen bemerkt man, dass Ford selbst bei Außenaufnahmen nach hochformatigen Objekten sucht: Dazu gehören sowohl die überdachten Holzstege vor den Westernhäusern, die zur Straßenseite hin offen sind, eine

Abwandlung der in Stein gebauten Arkaden, die der Länge nach als hochkantige Räume erscheinen (so vor allem in MY DARLING CLEMENTINE), die rechteckigen Torbögen, durch die die Kutsche in STAGECOACH aus der Wüste in die Höfe der Poststationen einfährt, die Aufnahme der aufrecht sitzenden Passagiere, der schmalen hohen Fensteröffnungen der Kutsche usw.

In den Innenräumen von STAGECOACH drängt Ford – nicht konsequent in der Kutsche – unübersehbar auf Hochformat im Querformat: Die herabgezogenen Decken der Poststationen und die oft niedrige Position der Kamera lassen die Personen aufragen. Zusätzlich betont die Ensembleführung die Senkrechte, indem sie die Handelnden oft eng nebeneinander stellt. Die Bildmitte oder der schmale Bezirk mit der größten Figurendichte funktioniert auch als dynamischer Handlungsraum, währen die Seiten links und rechts außen als statische Zonen gleichsam zurücktreten.

Dieser Stil der Bildkomposition kulminiert in den Szenen, die in der letzten Station spielen. Die eingangs so hochmütige Offiziersfrau gebiert ein Kind, der betrunkene Arzt muss sich ernüchtern, um ihr zur Seite zu stehen, Knechte und andere verlassen fluchtartig den Ort aus Angst vor einem Überfall, Ringo, der Rächer, und Dallas, das von Puritanern vertriebene Mädchen aus der Halbwelt, entdecken ihre Neigung füreinander. In dieser *beklemmenden Situation* wird unter anderem ein schmaler schachtartiger Gang zum Schauplatz. Die Kamera folgt Ringo in die Tiefe dieses Korridors hinein. Rechts führt eine Tür zur Kammer, in der die Gebärende liegt, von links kommt der mexikanische Pächter mit einer Lampe, an der sich Ringo einen Zigarillo anzündet. Am Ende des Ganges ist ein leuchtendes hochgestelltes Rechteck zu erkennen: die offene Tür, die ins ‹Freie› führt, in einen im Atelier nachgebauten Pferch für Pferde. In der Mitte, auf der Blickachse, zieht sich eine Art Geländer hin, das die beiden Liebenden scheinbar noch trennt, da sie sich ihm wie einem Zaun von links und rechts nähern. Die Art, Figuren im Bild zusammen zu drängen, bis sie ein hochformatiges Attraktionsfeld bilden, das in der Waagerechten ‹Leerraum› übrig lässt, scheint der erzählerischen *Erwartungs-Spannung* zu entsprechen: Etwas ist in Vorbereitung, noch nicht eingetroffen, aber schon befürchtet (Überfall) oder erhofft (Liebesgeständnis). Ein strenges System der visuellen Formation ist – wie stets in der Kunst – daraus nicht abzuleiten.

Doch unzweideutig symbolische Bedeutung erhält das Hochformat für John Ford in seinem ca. 17 Jahre später entstandenen Western THE SEARCHERS (1956): Schon viel besprochen, muss der Mann der Wildnis, Ethan (John Wayne) durch die schmale Eingangstür des Blockhauses, um in der bürgerlichen Familie aufgenommen zu werden. Einmal gelingt dies, zu Beginn – und doch kann er seine Verwandten und die still geliebte Frau nicht davor bewahren, von einer ruchlosen Indianerhorde umgebracht zu werden. Ein zweites Mal – der Schluss des Films – misslingt es ihm, die Schwelle zur Gemeinschaft ‹seiner Leute› zu überschreiten. Die Kamera, im Inneren des Hauses postiert, sieht durch das helle Rechteck der Tür hinaus – mit Ausnahme dieses Durchlasses ist das Bild sonst schwarz –, stellt fest, wie sich Ethan zögernd nähert, um den anderen ins Haus zu folgen, sich dann aber umdreht und mit eigentümlich ungelenken Schritten in die unbegrenzte Steppe zurückkehrt. Ein Exponent der sich nach allen Seiten ins Unendliche verlierenden Natur schafft es nicht, sich so zu verbiegen, dass er durch die schmale Tür in den vielleicht drosselnden, jedenfalls eng umschließenden bürgerlichen Alltag einzudringen vermöchte. Selbst innen im Haus richtet Ford den großen Familientisch der Länge nach von vorne nach hinten aus, so dass eine deutlich zentralperspektivische Ansicht des Raums die seitlichen Ränder entwertet. Beklemmende Enge und ausufernde Weite, das Haus und die Außenwelt, zivilisatorische Kontrolle und die Risiken des Abenteuers in einem wilden Land bilden in THE SEARCHERS, durch die Bildkomposition akzentuiert, gegensätzliche, anscheinend unvereinbare Lebensformen und Existenzweisen.

Ein anderer Fall, bei dem sich die visuelle Passform des Hochformats in vielen Szenen zur Geltung bringt, indes aus anderen Gründen: DIE STUNDE DES WOLFS, von Ingmar Bergman ist durchsetzt von traumartigen, phantastischen Sequenzen, die den Grenzwechsel in eine andere Welt bezeichnen, in der sich vornehmlich die männliche Hauptfigur, der Maler Johan Borg (Max von Sydow), verirrt, überwältigt von einer schweren, existentiellen Krise. Auf einer einsamen Insel wird er zum Opfer eines Gespensterreigens und entfremdet sich zusehends von seiner schwangeren Frau. Seine Visionen drängen sich oft in hochformatiger Komposition zusammen, als sei diese Verdichtung der visuellen Energie der brennenden Intensität angemessen, die den ‹Träumer› jeweils überfällt. Kein Entkommen aus dem Bann dieser Obsessionen nach links oder rechts scheint möglich zu sein! Schon die erste eingebildete ‹Begegnung› mit einer Geliebten von früher, die von rechts wegen gar nicht da sein kann, in steinigem, weißem Karst platziert und überbelichtet aufgenommen: Die Frauenfigur kommt von hinten, wird sichtbar, indem sie gleichsam ins Gedanken– und Gesichts-Feld des abwesend grübelnden Malers eindringt. Die Inszenierung von Bewegungen aus der Tiefe in den Vordergrund beansprucht bei Bergman und Sven Nykvist (Kamera) selten das ganze Bildfeld, betont vielmehr die Vertikale. Etwa das verhängnisvolle ‹Erlebnis› mit dem Jungen, eine weitere Angst auslösende Halluzination, absichtsvoll in der Optik durch Überbelichtung und Grobkörnigkeit verfremdet: Der Maler angelt an steiler Küste, ein nackter Knabe mit Badehose (etwa 12 Jahre alt) stört ihn dabei und lässt sich nicht vertreiben. Es kommt zum Kampf, bei dem der Mann den fremden Jungen auf seinem Rücken an die Felswand drückt und mit einem Stein erschlägt, um den Toten anschließend ins Meer gleiten zu lassen. Auch hier prägt sich ein, wie die Achsen oben-unten, hinten-vorne die Kontrahenten zusammenschließen, gleichsam auf einen Faden ziehen. So sind Maler und Knabe mehrmals hintereinander in einer Reihe zu sehen. In einem Intermezzo lauernder Stille räkelt sich der Knabe querliegend fast lasziv im Vordergrund, während der Maler dahinter auf derselben Linie sichtbar befremdet und gereizt reagiert. Oder: Der angriffslustige Knabe hockt auf dem verzweifelt abwehrenden Maler, so dass sie zu einer in die Höhe verlängerten Gestalt verschmelzen. Oder: Der Blick des Malers und der Kamera ruhen auf dem im Wasser versinkenden Körper des Jungen, der in der Bildmitte abtaucht. Das Umfeld: Fels, Meer, Himmel, erscheint nur am Rand und ausschnitthaft: eine archaische ‹Kulisse›, die, einmal wahrgenommen, nur als ermöglichender Hintergrund gegenwärtig sein darf.

Als der Maler Borg schließlich das gespenstische Schloss besucht, leere Räume, hohe Gänge und Tore durchschreitet: ein Initiationsweg, der ihn hinein, aber nicht zurückführen wird, ist genug Gelegenheit, der Neigung zur Längs-Komposition nachzugeben, die sich offensichtlich für die Konstruktion wahnhafter Einbildungen empfiehlt, während die Horizontale, die Ausweitung des Blicks, zur Vergewisserung dient, dass die empirische Welt noch vorhanden sei. Eine der Schlusseinstellungen der Borg-Tragödie strebt einen Bildaufbau an, der den zum Tode verurteilten Maler oben, wie einen Schlafwandler im Dickicht eines surrealen Waldes gefangen sieht, indes Alma, seine Frau, unten auftaucht, als Abgesandte des normalen Lebens, um ihren verlorenen Mann zu suchen. Sie rückt gleichsam in seine Geistersphäre vor. Bergman und Nykvist leitet augenscheinlich eine Neigung, für surreale Visionen das Hochformat anzustreben – wenngleich nie mit der eisernen Konsequenz, die keine Abweichungen duldet. Denn bei manchen dieser soeben in Erinnerung gerufenen Einstellungen tritt das Breitformat wieder in seine Rechte, beispielsweise durch die Raum fordernde Gestik der Figuren. Überraschend wird, jedoch nur für kurze Zeit, die Fläche ausgenutzt, die sich sonst nur als breiter Rahmen zwischen Mittelzone und Seitenrand erstreckt.

Ein letztes Beispiel: IN THE MOOD FOR LOVE erzählt von einer unausgelebten Liebe, die eine Frau und einen Mann im Hongkong des Jahres 1962 zusammenführt. In einer Art Gästehaus mieten sie je ein Zimmer. Beide sind schon dadurch verbunden, dass ihre jeweiligen Ehepartner ein Verhältnis miteinander haben, die Protagonisten selbst, obwohl Liebe zwischen ihnen entsteht, beherrschen sich. Am Ende steht die Trennung. Von vornherein verrät sich die Beobachter-, sogar Voyeurs-Perspektive darin, dass die Kamera auf Blickhemmnisse trifft und sie nicht umgehen kann. Seitenwände, Vorhänge, angelehnte Türen und andere Objekte verbieten und versperren die freie Sicht. Die Inszenierung verlegt etliche Vorgänge in die Tiefe schmaler Flure. Eine enge, steile Treppe führt zur Nudelküche hinab, von der sich die Frau ihre Mahlzeiten holt. Wiederholt wird durch Fenster wie von außen fotografiert, durch Gitter, Gardinen, Dekorgehänge, Blumenvasen. Der Wunsch, stets dabei zu sein, kann nicht erfüllt werden. Es gibt hier keine omnipräsente Kamera, die die unverstellte Teilhabe am Geschehen erlauben würde. Dem gemäß werden die Räume innen kadriert: Wenn links ein geöffnetes Fenster sein soll, sieht man nur die sich ins Zimmer bauschenden Vorhänge. Die Figuren bleiben im Spiel, solange sie sich in dem eingeschränkten Szenenausschnitt, diesem hochformatigen ‹Sichtfenster› bewegen, sollen sie in einer seitlichen Tür verschwinden, bleibt die Kamera auf ihrem Platz und somit außen vor. Einige Figuren sind zunächst zu hören und werden dann, dank eines kurzen Schwenks, in einem Spiegel sichtbar, nicht unmittelbar. Sitzen die Protagonisten einander gegenüber, schneidet oder pendelt der Film zuerst von einem zum anderen: die beiden Vereinsamten unter dem Schutz konventioneller Konversation. Selbst der Rauch von Zigaretten steigt gerade nach oben, als gäbe es keinerlei Luftzug und nicht allerlei versteckte Aufregung oder Zittern in der Atmosphäre – und Atmosphäre gilt hier auch im metaphorischen Sinn.

Vom vorgegebenen Breitformat braucht der Film gerade die Hälfte, vorwiegend im Zentrum, manchmal nur ein Drittel. Man könnte von einer extremen inneren Rahmung, von einer *Manier des Segmentierens* sprechen, die beharrlich fast den ganzen Film über beibehalten wird. Es gibt wenige Ausnahmen, zum Beispiel Auftritte der Liebenden im Regen auf einer Straße, aber selbst hier bemüht sich der Film darum, den Schauplatz als eine Art größerer Kammer erscheinen zu lassen und die Figuren wieder wie in einer unsichtbaren Zelle zusammen zu zwingen.

Selbst die Kostüme der Hauptdarstellerin korrespondieren diesem Stilwillen: sie sind durchweg hochgeschlossen, oft senkrecht gemustert, schließen mit einem breiten Stehkragen ab, der die Schauspielerin zu einem kerzengeraden Gang, zu einer starren Haltung zwingt. Die steife, gelackte hochgesteckte Frisur vollendet den Eindruck einer konformistisch drapierten Frau, die sich strenger Selbstzensur unterwirft und in keiner Weise anstößig wirken will. Der Film schwächt diese Demonstration von Unerschütterlichkeit ab: indem er etwa die schön geschwungenen Hüften der Darstellerin im hautengen Kleid durch slow-motion zart beben lässt: ihre mehrmals so präsentierte Rückenansicht vibriert förmlich vor Erotik. Zudem lenkt die Kamera die Aufmerksamkeit der Zuschauer nicht nur auf den hochformatigen Spalt in der Mitte des Bildkaders, sie schneidet zudem noch häufig die Mitte der Körper aus. Die Personen sprechen, man starrt jedoch auf die Partie zwischen Gürtel und Knie. Diskret, aber deutlich wird eine scheinbare Ruhezone besichtigt, die bei Liebenden eigentlich, vielleicht verborgen, eine Zone äußerster Unruhe sein kann.

Nun ist IN THE MOOD FOR LOVE keine Dokumentation der beengten Wohn-
verhältnisse im übervölkerten Hongkong, obwohl die soziale Situation die *Enge*
der Handlungsorte erklären könnte. Die unterdrückte Liebe, das verhinderte
Leben, das *Eingesperrtsein* in einer Moral, die sie dazu zwingen will, nicht wie
die anderen zu sein, vielmehr schuldlos bleiben zu wollen, finden in dieser ‹*frus-
trierenden›, vorenthaltenden Bildkomposition* einen symbolischen Ausdruck, der
schlagartig einleuchtet.

Dass diese rabiate und womöglich auch stur zu nennende Verfahrensweise
bei der Bildkomposition nicht für alle Sujets durchzuhalten ist, offenbart Kar-
Wai Wongs anknüpfende Produktion 2046 (eine Jahreszahl und eine Zimmer-
nummer), ein Film, der bei einer offeneren Handlung zugleich mit einer offeneren Bildästhetik operiert. Merkwürdig, im Vergleich zum visuellen Exerzitium
von IN THE MOOD FOR LOVE lassen die verschiedenen, abwechselnden Perspektiven des Nachfolgefilms beinahe vermuten, sie seien willkürlich ausgewählt –
als könne sich der Film nicht dazu entscheiden, entweder mit einem in die Breite
oder mit einem in die Höhe reichenden Größenverhältnis arbeiten zu wollen,
entweder einem vielfigurigen Erzählfluss zu folgen oder (wie IN THE MOOD FOR
LOVE) lyrische Angespanntheit in der Machart vorzuziehen, Einsicht und Einfühlung in eine verheimlichte, dem *öffentlichen Blick entzogene* Leidenschaft
zu gewinnen, die von vergeudetem Begehren und vergeudeter Zeit geprägt ist.

Auf den Weg: Diese kleinen Studien zur Bildkomposition möchten mithel-
fen, den Kunstwerk-Charakter des Films zu erhellen, zumal den Zusammenhang zwischen visuellem Stil und Erzählabsicht – wobei sich dieser Zusammenhang, etwa bei den Funktionen (gar der Symbolik) des Hochformats, wohl
oft aus guten Gründen vermuten, jedoch nicht immer und in jedem Fall schlüssig nachweisen lässt.

Unverständliche Filmbilder?

An Gelsomina (Giulietta Masina), der Ausgestoßenen, auf dem Rinnstein hockend, trabt im trüben Morgenlicht ein ebenso einsamer Gaul vorüber (LA STRADA, I 1954, Regie: Federico Fellini)

I

Verstehen wollen, als bewusster Akt, setzt ein, wenn etwas nicht mehr selbstverständlich ist. Erzählen, auch im Film, muss nach der anfänglichen Überwindung der Fremdheit – zwischen Erzähl-Instanz und Publikum –, nach der stillschweigenden Übereinkunft, welche Regeln gelten sollen, über weite Strecken hin selbstverständlich sein, da es sonst die Anteilnahme der Zuhörer, Zuschauer einbüßen würde. Nun gibt es rhetorische Mittel, Metaphern, Zeichenfolgen mit mehrfachem Sinn, die sofort einleuchten, da ihr Verständnis durch Gewöhnung eingeübt ist. Dazu gehören symbolische Abläufe, deren übertragene Bedeutung auf Anhieb begreiflich ist: ein rasch kreisender Uhrzeiger veranschaulicht das rasche Vergehen der Stunden, davon flatternde Kalenderblätter bedeuten das

228

rasche Vergehen der Tage. Ob die Zwischenzeit nur übersprungene oder verändernde Zeit war, erweist sich nach dem Wiedereintreten in den langsameren Erzählfluss beim Anblick der Figuren und ihrer Umwelt. Der einst geschliffen bürgerstolze Ehemann verkommt in seiner Ehe binnen weniger Monate vielleicht zu einem mürrischen und ungepflegten Narren (wie es etwa Professor Unrat in Josef von Sternbergs Der blaue Engel, 1930, widerfährt), oder die penibel ordentlich gehaltene Wohnung sieht am Abend chaotisch aus, weil Personen sie auf der Suche nach etwas eifrig durchwühlt haben.

Wie die Zeit vergeht – das symbolisiert auch eine Kerze, die nach einem Schnitt herab gebrannt ist, fast immer das Signal für den Morgen nach einer bedeutsamen, zum Beispiel einer Liebesnacht. Zudem deutet dieses Gleichnis für den Ablauf von 6–8 Stunden auch die Diskretion des Erzählers an – er gibt nicht vor zu wissen, was in der verschwiegenen Periode geschehen ist, aber wir sollen einhellig dasselbe vermuten, das Glück der Umarmungen, naturgelenkt wie das Sich-Verzehren der Kerze. Überraschend wäre es, wenn sich herausstellte, dass nichts in jener Zeit geschah. Die Anhäufung von Zigarettenkippen in einem Aschenbecher verrät, dass jemand voll Ungeduld auf einen anderen Menschen gewartet hat. Das Abbrennen der Kerze dagegen steht für einen natürlichen Zeitablauf, der nicht von außen beeinflussbar ist, und deutet zugleich auf erfüllte Zeit, während die mit ungeduldigem Warten verbrachte Stunde eher als leere oder vergeudete Zeit betrachtet werden muss.

Schließlich ein im Zeitraffer welkender Blumenstrauß: Ein Moment der Trauer um den unaufhaltsamen Verfall schwingt mit. Glanz und Farbe verkommen zu matten und welken Blättern: beinahe ein Körpergleichnis, dass das Fortschreiten zum Tode vor Augen führt. Die nie wiederholbare, verzehrende Zeit findet in diesem Natursymbol prägnanten Ausdruck. Man könte diese Bilder – davon flatternde Kalenderblätter, herabbrennende Kerzen, welkende Blumensträuße – zu einer nach Motiven und ihrer Leistung ausgefächerten *Ikonologie der Zeitüberbrückung* im Film anordnen, einer Ikonologie, einem Zeichen-Vorrat, der keines besonderen (wenngleich eines verbreiteten) Kulturwissens bedarf, um erzähllogisch und emotional ‹verstanden› zu werden.

Die Systematik der durch Konvention *evident* gewordenen Bildformeln ließe sich beliebig erweitern. Eine Figur beabsichtigt, zu einer Reise aufzubrechen – schon sehen wir ein Flugzeug in den Himmel aufsteigen (und nehmen an, dass die betreffende Person einer der Passagiere ist). Das trägheitslose Gesagt-Getan einer Handlung lässt sich so (durch das aufsteigende Flugzeug) trefflich akzentuieren. Wenn der Aufbruch zur Reise als Abschieds- und Trennungs-Szene ausgebreitet werden soll, empfehlen sich langsamere Übergänge: zum Beispiel Bahnhofs-Zeremonien, der anrückende Zug oder das abfahrende Auto, das mit Blicken bis zur nächsten Ecke verfolgt wird. Also: Die *Erzählabsicht* wählt die passenden Sinnbilder aus. Es gibt seit langem etablierte Modelle, wie bei der Typologie der Symbole für die vergehende Zeit, und selten durch Zufall bestimmte, «aleatorisch» erwürfelte Kombinationen. Über die Geschichtlichkeit dieser ‹einfältigen› Sinnbilder, die zumeist die Erzählzeit zu verkürzen helfen oder auch Sprünge von Ort zu Ort in Ellipsen vergegenwärtigen, ihr Auftauchen und ihre Verbreitung, ihre Abhängigkeit von kulturellen Voraussetzungen soll ein anderes Mal nachgegrübelt werden.

Hier geht es mir um Phänomene, die in die Erzählung eingeschleust werden, die im Gegensatz zu gleich verständlichen Symbolen nicht auf Anhieb und erst allmählich ihre tiefere Bedeutung erkennen lassen. Man könnte sich aus Treue zu Kategorien der romantischen Ästhetik des Begriffs der *Hieroglyphen* bedienen – Wirklichkeits-Abbilder, obwohl fast zum Ornament reduziert, und geheimnisvolle Merkmale umfassende, spezifisch arrangierte Bildzeichen in einem.

Wovon rede ich? Von Zwischenschnitten in Filmen, die einem auf Zeitökonomie erpichten Schnittmeister sofort zum Opfer fallen dürften, die zunächst sperrig, unpassend oder sogar überflüssig erscheinen. Schnellfertig ikonologischer Deutung entziehen sich diese Einsprengsel (doktrinäre Erwin Panofsky-Adepten und Ikonographen würden auf diese Elemente eher ratlos reagieren) – und dennoch scheinen sie, beharrt man im Nachdenken und Nachfühlen, in der jeweiligen Erzählung unverzichtbar und sinnvoll zu sein. Wenngleich auf den ersten Blick unverständlich, falls man sich ihnen allzu gebannt durch Prinzipien der Zweckrationalität nähert und wie ein strenger Grenzposten sofort die Parole einfordert, um gleich sondieren zu können, wer was hier zu suchen habe und wer nicht!

II

Einige verwirrende Beispiele: Yazujiro Ozus Film REISE NACH TOKYO (1950) berichtet von den letzten Tagen eines alten Ehepaars, das eine Reise zu den erwachsenen und ziemlich egoistisch gewordenen Kindern unternimmt. Ein wenig enttäuscht kehren sie zurück nach Hause, ein wenig getröstet durch die selbstlose Zuneigung ihrer Schwiegertochter Noriko. Dann stirbt die alte Frau – noch einmal entfalten sich die Charaktere der Verwandten am Sterbebett. Der Vater bleibt allein zurück, nur die jüngste Tochter kann sich noch um ihn sorgen: eine in ihrer Trauer und Wehmut ergreifende Erzählung vom unentrinnbaren Altern – und den Verhärtungen der Kinder im Erwachsenenstadium. Gerade gegen Schluss, als das Unausweichliche geschieht, unterbricht Ozu diese Fabel durch zum Teil rätselhafte Totalen und Fernblicke auf das Wasser, auf dem Schiffe entlang gleiten, auf aufgehängte Wäschestücke, die im Wind leise flattern, und Radfahrer auf einem dahinter sich hinziehenden Hügelkamm. Es können Ansichten aus dem hoch liegenden Haus des Ehepaares sein, dennoch haben sie nicht den Charakter von Subjektiven – sondern von kontemplativen Kompositionen, ausgewählt oder gestaltet durch eine omnipräsente Erzählinstanz. Generalpausen im Fortgang der Handlung, vielleicht auch Kommentare zum Geschehen: Hier das Elend einer zerbrechenden Familie und der Tod, dort das ewig weiter webende Leben, das andere von diesem Einzelschicksal unberührte Dasein, das Dasein der anderen.

Wiederholt fällt in Ozus Film eine Einstellung auf, bei der man einen Blick in die Tiefe hintereinander folgender Räume wirft, vor deren Hintergrund Menschen in einer Quergasse vorübergehen. Auch diese Bild-Invention scheint die Zuschauer vom Zwang der Anwesenheit bei den Protagonisten vorübergehend entlasten zu wollen. Schon in dieser Weise drücken die ‹unnötigen› Einstellungen auf die übrige Welt und deren unerschütterliches Gleichmaß eine Art Beruhigung aus, Distanz zu dieser, zu jeder Tragödie, lehren die Relativität der schmalen Zeiträume, in denen sich die Subjekte bewegen – während das Ganze, der Alltag im ewigen Sonnenlicht ungleich langsam vonstatten geht. Diese Einstellungen enthalten den Trost einer Philosophie.

Ozu verwendet die scheinbar überschüssigen Bilder noch in anderer Weise: Am Ende ermahnt der einsame Vater (wie Wochen zuvor seine Frau) die seit Jahren verwitwete Schwiegertochter Noriko, wieder zu heiraten. Endlich bricht ein Mensch, Noriko, erbarmenswürdig in Tränen aus, Ausnahme in dieser so disziplinierten Gesellschaft, die Kümmernisse aller Arten hinter dem Lächeln verbirgt. Umso lähmender darauf die Stille der Tageshitze über den geschwungenen Gleisen, auch im Hause des zurückgelassenen, vor sich hin schauenden, langsam fächelnden Vaters. Die Aufregung versinkt in wehrloser Hingegebenheit an eine Welt, die sich nicht vom Standpunkt eines Ich aus ändern lässt.

III

Die «Ozu-Methode» eröffnet (a) die Gleichzeitigkeit verschiedener Lebensprozesse, (b) schleust gleichsam Pausen in den unruhig und unaufhaltsam vorandrängenden Zug des Lebens ein. Solches distanzierendes Innehalten der Handlung, das ‹besinnliche› Verweilen vor *Still-Leben* findet sich in der Filmgeschichte vor allem dort, wo die von Hollywoods Mainstreamproduktion forcierte Spannungsdramaturgie nicht als Maß der Dinge gilt: In Werner Herzogs Meisterwerk über den mysteriösen Findling Kaspar Hauser (über dessen Fall zu Beginn des 19. Jahrhunderts in Deutschland viel gesprochen wurde): JEDER FÜR SICH UND GOTT GEGEN ALLE (1975) springt Herzog nach dem zweiten und diesmal erfolgreichen Attentat auf Kaspar in eine Waldszene: In einer Totalen sieht man Bäume, unter ihnen grünes Gras von Wind und Sonne durchzogen. Diese Naturimpression scheint sich einem vorwaltenden Gefühl zu verdanken: romantischer Sehnsucht nach heiler Idylle in der Waldeinsamkeit. Zugleich löst das Wald-Bild noch zwei Aufgaben: (a) Das Mitleid mit dem hilflosen Helden nach dem Überfall braucht einen Moment der Abkehr: Das Zurückzucken bei der Berührung des ‹heißen Herdes› will zunächst Aufhebung des Schmerzes, erregt den Wunsch, es sei nicht geschehen, will die Zeit umkehren und Luft holen. In der gelassenen Einstellung auf das ‹Waldweben› kommt die Poesie dieses unberührten, arkadischen und archaischen Natur-Raums diesem Ziel nahe. (b) Zu diesem biorhythmischen und existentiellen Sinn schließt ein anderer, geschichtskritischer Sinn auf: Die Waldszene steht für die ewige und stille Natur, die dem Treiben der Menschheit, Leben und Sterben, das dröhnende Pathos raubt, den Lärm der Welt verschluckt.

Losgelöste Naturbilder dieser Art haben zunächst dort hieroglyphischen Charakter, wo man die Kompilation eines mehrfachen Bildsinns in vorwiegend ‹durch Zweck und Absicht begründeten und eindimensional konstruierten Handlungen mit dem Drang zum finalen Abschluss› nicht erwartet, sie als störenden oder zumindest von der Hauptsache ablenkenden Stilbruch diskriminiert. Es sind *lyrische Einbrüche*, an dem Begriff Einbruch ist hier wohl festzuhalten, in eine straff gezogene dramatische Kette von Ursache und Wirkung. In episch ausgeweiteter Erzählung verblüffen diese Inseln oder Objekte eines verdichteten Ausdrucks weniger. Aus der unheimlichen Nachkriegs-Fabel *Onibaba* (Kaneto Shindô, 1964) bleibt das stets raunende und bewegte übermannshohe Schilf im Gedächtnis, in dem Mord und Verführung zu fürchten sind, der Überfall aus dem Dickicht droht, die Wege ins Verderben und zur Lust führen: eine alle Sinne beanspruchende Abenteuer-Landschaft, die dem unüberschaubaren «Labyrinth der Welt» gleicht.

Anders die jubelnde Freude zweier Jungen in einem riesigen gelben Weizenfeld, in dem sie allein umher tollen – versteckt vor der feindseligen Welt –, in Io NON HO PAURA (Regie: Gabriele Salvatores, 2002): Die Kamera löst sich von den beiden Figuren, gerät selbst in einen seligen Taumel, in dem sie auf die wie Meereswogen hin und her schwankenden gelben Halme zufährt, bis diese das gesamte Bildformat füllen: eine Aufnahme, die zur Vision umschlägt, zur Vision grenzenlosen und lebendigen Wellenschlags im Licht der Sonne, zum Gleichnis eines angstfreien Glücks auf Erden, das durch losgelöstes Eintauchen in die ‹große Mutter› Natur möglich scheint.

Der Ausdruck «Teppich des Lebens» ist durch Stefan Georges Gedicht und Gedichtband (1900) gleichsam weggegeben. Doch ist diese Gewebe-Metapher für das Erzählen grundsätzlich wichtig, wann immer der Gedanke nahe gelegt werden soll, man beschäftige sich zwar aus wohlerwogenen Gründen mit bestimmten Hauptfiguren, könne indes Ihresgleichen in einer anderen Geschichte auffinden und begleiten. Die moderne Stadtliteratur (von Alfred Döblins *Berlin Alexanderplatz* bis John Dos Passos' *Manhattan Transfer*) beachtet solche hin- und herschießenden Schicksale – im Teppich des Lebens –, von denen nur wenige sichtbar werden, vermutlich wegen der Ökonomie des Schreibens, die sich dem Lockruf der unendlichen Progression verweigern muss. Die Koexistenz vieler Menschen und Lebensläufe in der Großstadt drängt diese Erfahrung der Masse von sich überkreuzenden Schicksalen auf.

Ein ähnliches Bewusstsein von der zufälligen Wahl der Figuren zeichnet sich im Film früh ab: seit Lumières Szenen von den Passagieren, die dem Zug entsteigen und den Bahnsteig entlang eilen, von den Arbeitern, die die Fabrik verlassen, besteht der imaginäre Auftrag, jetzt dieser oder jener Figur zu folgen, in deren Leben einzudringen. Solcher Appell geht zweifellos auch von der Fotografie aus, die Menschen im Vorübergehen erfasst oder so gruppiert, dass sie erwartungsvoll ins Objektiv der Kamera starren, als würde ihnen die Zukunft prophezeit. Jede Hierarchisierung in Haupt- und Nebenfiguren wird sich von der fotografischen oder filmischen Aufnahme einer Menge von Menschen dem Verdacht willkürlicher Auswahl ausgesetzt sehen. Weshalb soll nicht jener oder jene andere unser gebündeltes Interesse auf sich ziehen? Ein später Reflex auf diese prinzipielle Möglichkeit des Erzählens, Linien nach allen Richtungen hin zu verfolgen, findet sich in Tom Tykwers Film LOLA RENNT (1998): Lola stößt auf ihrem Weg durch Berlin auf verschiedene Menschen, deren glücks- oder unglücksgeprägte Kurzbiografien in rasant aneinander gefügten Bildern, Fotografie-Kaskaden, heraussprossen, bis die Kamera wieder der Protagonistin folgt.

   Die Spannung, für wen sich die Erzählung entscheiden wird, bleibt noch in der typischen, oft an den Eingang der Narration gestellten Einstellung bestehen, in der man auf eine unübersehbare Anzahl von Menschen starrt: auf eine Straße, einen Bahnsteig. Wer von denen, die entgegen kommen, soll der Held/die Heldin sein (wenn uns nicht der vertraute Anblick der Stars verrät, er/sie sei es). Im Grunde sind wir als Zuschauer in der Situation der drei sowjetischen Unterhändler, die in Ernst Lubitschs NINOTCHKA (1939) auf dem Pariser Bahnhof den strengen Kommissar aus Moskau, der ihnen unbekannt ist, abholen sollen. Zielsicher steuern sie auf einen Herrn zu, den sie offenbar vom sportlich straffen Äußeren her als den Gesuchten einschätzen – bis der den Arm (ausgerechnet) zum Hitlergruß erhebt und auf eine Dame zusteuert. Erst die vermännlichte Greta Garbo im Trenchcoat offenbart sich als der gefürchtete Apparatschik.

Die Potenz, die Möglichkeit von Neben- oder Seitenfiguren, sich unter Umständen als Hauptfiguren zu bewähren, kann von der filmischen Erzählung ausdrücklich als denkbarer Sprung von einer zur anderen Lebenslinie – im Gewebe, dem Teppich des Lebens – suggeriert werden. Friedrich Wilhelm Murnau bevorzugt in seinen Großstadtfilmen gleichsam suchende Einstellungen auf mehrere Personen (dies gilt für DER LETZTE MANN, 1924, wie für SUNRISE, 1927, oder CITY GIRL, 1929). Jede dieser Personen könnte jeweils die Tür zu einer alternativen Geschichte öffnen. In DER LETZTE MANN bleibt die Situation in Erinnerung, als zu Beginn der Handlung der vom Tragen schwerer Koffer erschöpfte Portier im schwarzen Regenüberhang (Emil Jannings in einer zunächst kaum durchschaubaren Maske als Relikt der Kaiserzeit in tressengeschmückter Uniform) links vom Rezeptionstresen zusammensinkt wie ein unförmiger Haufen, während rechts von ihm eine junge Frau als Rückenfigur auffällig konzentriert mit einem Herrn des Empfangs spricht. Mehr als üblich schält sich diese Frauengestalt aus dem Fries des Hintergrundpersonals hervor. Schon beginnen sich dem Zuschauer Fragen aufzudrängen: Nach wem erkundigt sie sich so nachdrücklich – oder hat sie nur Theaterkarten bestellt? Will sie das Zimmer wechseln, oder ist sie einem Mann auf der Spur, der sich im Hotel unter falschem Namen eingeschrieben hat? Zweifellos gehört sie vom Sozialstand her zum Milieu eines Spitzenhotels, unverkrampft, wie sie dort steht, selbstbewusst oder angepasst? Bevor es zur Beantwortung oder Korrektur solcher Fragen kommt, tritt die drohende Strafinstanz in das Geschehen ein und erwählt den Pförtner als Opfer: der Empfangschef sieht den müden Mann und wird ihn von einem Tag zum anderen seines Amtes entheben. Vergessen ist die junge Frau, unerzählt bleibt ihr Lebensweg.

Für solche Ausweitung des Blickfelds sorgt Murnau in SUNRISE durch eine kühne, futuristisch anmutende Glasarchitektur, wie sie von den zeitgenössischen Repräsentanten des neuen Bauens allenfalls Mies van der Rohe im Sinn hatte, auf dem Freigelände der Fox-Studios errichtet von Rochus Gliese. Das Ehepaar, im Tiefsten entzweit durch den unverkennbaren und sogleich bereuten Mordversuch des Mannes, schwimmt gleichsam haltlos durch die große betriebsame Stadt wie ein Stück Kork in wild bewegtem Wasser. Er rettet sie vor dem anbrandenden Verkehrsstrom in ein Café, das durch gläserne Scheiben in Höhe von zwei Stockwerken von der Straße abgehoben ist, gläserne Wände trennen auch Gastraum und Kuchentheke. Hinter den allseits ausgebreiteten ‹Fenstern› ist das Leben ‹daneben› leicht einzusehen: der Strom der Fußgänger auf dem Bürgersteig, die vorbeifahrenden Fahrzeuge, die Einrichtung im angrenzenden Raum. Überall Transparenz, Licht, eine durchschaubare Welt, die nicht antiutopisch zu verstehen ist, etwa im Sinn der Schreckbilder einer überall kontrollierbaren Gesellschaft ohne Privatraum, deren Individuen in gläsernen Zellen von dem allzeit prüfend observierenden Auge eines «Big Brothers» verfolgt und zu Gefangenen der Wächter und Machthaber verurteilt sind (der Gedanke der

inhumanen Blick-Macht zieht sich von Jewgeni Samjatins Schreckenspanorama
Wir, 1924, über George Orwells *1984* bis zu Michel Foucault). Anders bei Murnau: die entgrenzten Stadträume, die sich nach außen wie nach innen öffnen und
eine Sphäre wechselseitiger Sichtbarkeit gewähren, die Tendenz zur Entmateri-
alisierung der Wände – das alles übt eher Trost aus, dass auch die bekümmerten
Menschen unter Menschen seien, dass sie ‹eingebettet› seien in einen lebendig
beweglichen Fluss von Schicksalen, in dem ihr selbstbezogener Jammer alsbald
an Grauen und Größe verliert. Wenn man so will, ist das hier wiederkehrende
Denkmuster vom Teppich des Lebens mit existenzieller Demut verbunden, der
Reduktion von Pathos, auch mit der Vorstellung einer Demokratie, in der die
Einschränkung der Betrachtung auf tragische Sonderfälle als illegitime Vorzugs-
behandlung bizarrer Abweichungen gelten mag.

Die Moderne, darunter rechnet das früher religiös abgesicherte Einverständnis, seinesgleichen unter sehr vielen zu sein, erscheint in SUNRISE nicht als
Bedrohung, sondern als Versprechen von Fortschritt und Heilung. Solch tiefer
liegende Haltungen haben erzählerische Wendungen zur Folge, deren Wirkung
sich dem üblichen Verständnis zunächst entzieht. Die verblüffendste Sequenz
von SUNRISE erhält unter diesem Aspekt, der Zuversicht in die Moderne, tieferen Sinn. Angestachelt und gleichsam hypnotisiert von einer narzisstischen
Stadtneurotikerin, die ihre Ferien – verwunderlich genug – auf dem Dorf verbringt, soll der junge stattliche Bauer seine Frau umbringen, um mit der Femme
fatale sich in den Stadttrubel zu werfen: Überredung zu einer Art Drogensucht,
anders ließe sich der mit der Stadt verbundene stete unstete Taumel nicht erklären. Als der Mann auf der Überfahrt im Ruderboot sich der unschuldigen Ehefrau mit ausgestreckten Händen wie ein ferngesteuerter Nosferatu nähert, wird
ihr die böse Absicht klar, auch wenn der Mann zum Glück jäh aus seinem Wahn
erwacht. Als das Boot ans Ufer knirscht, flieht sie aufgescheucht durch Wald
und Lichtung, hinter ihr der Mann, der um Verzeihung fleht. Wo und wie wird
diese Flucht in der wilden Natur enden? Mit der rennenden Frau schwenkt die
Kamera nach rechts, bis plötzlich Gleise sichtbar werden und aus dem Dickicht
eine Straßenbahn hervorkommt und anhält, sie klettert hinauf – der Mann,
unverdrossen, springt auf den anfahrenden Triebwagen.
Bei jeder Vorführung des Films SUNRISE erlebe ich unverkennbares Staunen
im Publikum – mein eigenes eingeschlossen. Was bedingt diesen Effekt? Es ist
nicht nur komische Erleichterung im Spiel, dass der Lauf einer noch nicht defi-
nitiv abgewendeten Tragödie gleichsam durch die pünktlich einfahrende Tram
gehemmt wird. Es ist das Vertrauen darauf, dass in einer wenn auch schwach
besetzten Straßenbahn (mit Schaffner) kein Platz für Gewalttat und Leidensaus-
bruch ist. Dieser öffentliche Ort zwingt zur Zurückhaltung und dazu, Karten zu

lösen: die aufgezwungene Rückkehr zur Normalität lässt die Frau völlig stumm in sich versinken, während der gramerfüllte reumütige Mann ebenso stumm über sie gebeugt bleibt – so sehen wir an dem Schmerzenspaar vorbei auf die vorüber gleitende Landschaft, die an dieser Emotion nicht Teil hat, durch Baumstämme auf den See, die Wände der Fabriken am Stadtrand, Autofahrer, Radfahrer – bis schließlich die Bahn auf den Hauptplatz der Stadt einbiegt. Angekommen in der Moderne, beginnt für beide Unglückliche die langsame Wiederversöhnung.

IV

Drei Blutstropfen im Schnee können den ungestüm voranstrebenden Helden zu inniger Betrachtung verführen, als sei er wie gelähmt in Versunkenheit und Trance, da Erinnerungen in ihm wachgerufen werden an die geliebte Frau, Cundwîr Âmûrs, die auf ihn wartet, an das einfache Leben in Frieden zu Hause. Diese Szene aus Wolframs *Parzival* (VI. Buch, 282, 283) bleibt unergründlich, da die Analogie von Rot und Weiß mit der fernen Geliebten sich nicht im Einzelnen erschließt, nicht einmal als Ausgabe verformelter Schönheitskriterien. Also Hieroglyphisches, ein Rest Unübersetzbares, Unbegreifliches, auch hier! Ignoramus, Ignorabimus, wir wissen es nicht und werden es nicht wissen. Unermüdlich hebt der mittelalterliche Erzähler die Abwesenheit Parzivals hervor. Zwei dumme Ritter fordern den wie verzaubert Erstarrten zum Kampf auf, und müssen es büßen, ohne dass es dem Helden bewusst wird, denn kaum wenden sich seine Augen von den drei Blutstropfen ab, ist er durchaus zu heftiger Gegenwehr im Stande. Dennoch bleibt er im Geist anderswo und nicht in der Gegenwart. Aber wo weilt er in Gedanken? Eine genaue Antwort bleibt erspart.

Sinnbilder sind Parallelphänomene, dazu zählen im weitesten Sinne Metaphern und Parabeln, die nie ganz deckungsgleich mit dem Eigentlichen sind (sonst wiederholte sich die Schöpfung in lauter Verdopplungen). Es bleibt stets eine Kluft, etwas Disparates, eine Fuge des nicht Auslotbaren. Es fällt indes in Schlüsselszenen eine Tendenz zur Verstärkung der Korrespondenzen auf, als verlangte die erzählte Situation nach symbolischer, selbst allegorischer Lesart und Vertiefung durch passende Gleichnisse. Zumindest kann die filmische Erzählung zwischen den Extremen subtil andeutender oder drastischer Überwölbung durch einen Echoraum von Sinnbildern wählen.

Ein Beispiel für geradezu aufdringliche Sinnbilder: Gegen Schluss von Werner Herzogs Film STROSZEK (1977) gerät der einsame Held Bruno S. in letzte Not. Wie soll er weiterleben? Von seinem Laster springt er an einem kalten Ort im Norden der USA ab, vorher hat er das Steuerrad eingeschlagen, der Wagen fährt beziehungsvoll im Kreise. Auf dem Weg zu einem Lift, auf dem er auch im Kreis fährt, bis ein Schuss ertönt – hat er selbst sein Dasein been-

det? – Vermutlich! – kommt er an merkwürdigen Kästen vorbei. Gegen Geld-
einwurf springt ein Kaninchen aus dem Verschlag und klemmt sich als kurioser
Feuerwehrmann hinter ein Feuerwehr-Spielzeugauto. Schlimmer: ein Huhn
beginnt zu einer grässlich geklimperten Musik auf einer kleinen Fläche rhythmisch kratzend zu tanzen, ein anderes Huhn schlägt die wenigen Tasten eines
verstimmten kleinen Klaviers. Nach Herzogs Aussage (in einem persönlichen
Gespräch) habe er diese *objets trouvés* an einem ganz anderen Ort gefunden und
gefilmt. Sie passen nur zu dem Abgang seiner Hauptfigur: als groteske Sinnbilder einer schäbigen Kunstübung, Demonstration einer erbärmlichen Dressur
an geschundenen Kreaturen: eine traurige und bittere Spielart der theatrum-
mundi- oder mimus vitae-Idee. «Sein Leben lang spielt einer manche Rollen...»
(Shakespeare: *Wie es euch gefällt*, II, 7, V. 142). Augenscheinlich häuft Herzog
Allegorien der Vanitas, des eitlen und vergeblichen Mühens auf Erden, und verlangt mit der Assoziation zur Welttheater-Metapher ohnehin gelehrte Spitzfin-
digkeit. Dennoch überträgt sich, so denke ich, auch für den naiven Zuschauer
die richtige Emotion: Stroszek, am Ende seines Lebens in der Fremde angekommen, kann im Elend dieser abgerichteten Karnickel und Hühner, dieser gefangenen Zwangsdarsteller, das eigene Elend und die absurde Kreisbewegung als
Grundfigur seiner Existenz gespiegelt sehen.

So wird sich auch des Diktators Hynkel unbedacht knabenhaftes Spiel mit
der Erdkugel (in Charlie Chaplins THE GREAT DICTATOR, 1940), die am Ende wie
ein Luftballon zerplatzt, in seiner wesentlichen Bedeutung als Warn-Prophetie
verstehen lassen – selbst wenn sich nicht alle peripheren Elemente dieser vor-
dergründig lustigen und de-realisierenden Allegorie auf Anhieb erschließen.[1]
Selbst Chaplins scharfsinnige Engführung von politischer Polemik und artisti-
scher Inszenierung, das scheinbar in sich logische quid pro quo eines szenischen Bilderrätsels, umgibt eine Dunkelheit, die sich in manchem aufhellen
lässt, in manchem eben nicht – unbestreitbar könnte die Rede sein vom künstlerischen Überfluss, der sich mit der ökonomisch strikten Gleichordnung von
Bild und Bedeutung nicht zufriedengibt.

In ersten Überlegungen zu unverständlichen Momenten im Film habe ich
vermutet, dass all diese Passagen von unbegrenzter Auslegbarkeit eher als
Unterbrechung der konsequenten Handlungsführung zu deuten seien: Augenblicke des Ausruhens vom Zwang, ständig Sinn zu produzieren. Nun stellt sich
im Lauf umherschweifender Unterordnung heraus, dass es keine Leerstellen,
keine ganz entkoppelten «Breaks» in der gestalteten filmischen Erzählung gibt:
Erstens heben spezifische Zwischenschnitte ins Bewusstsein, dass der gerade

---

1 Vgl. Thomas Koebner: «Die Komplexität der Filmbilder». In: Ders.: *Halbnah. Schriften zum Film,
Zweite Folge.* St. Augustin 1999, S. 216–230.

aufgegriffene Schicksalsfaden beinahe zufällig aus dem *Teppich des Lebens* her-
ausgezogen wurde und andere Fäden quer und längs verlaufen. Zweitens markieren scheinbar überflüssige *Naturbilder* Augenblicke handlungsabgewandter
Kontemplation, dienen als lyrische und hymnische Einwürfe existentieller
Besinnung oder räumen dem von den Figuren übernommenen Enthusiasmus
Platz ein. Drittens bleibt partielle Unverständlichkeit selbst bei nachdrücklicher
allegorischer Bildkomposition und Inszenierung nicht aus, wenn also der Versuch
unternommen wird, die psychische Befindlichkeit des Helden in beziehungsrei-
chen Sinnbildern zu verdichten und zu verdolmetschen.

V

Zwei weitere Positionen in dieser kleinen, etwas unsystematischen Poetik von
Filmbildern, die im Augenblick schwer begreiflich sind, will ich abschließend
ergänzen. Es handelt sich einmal um das Äußerlichste und das Innerlichste
einer Bilderzählung. Das Äußerlichste: die *Exposition von Körpern*, da puritanische Hemmung hier immer noch Scheu und Blickverbot gebietet; das Innerlichste: *Traumerzählungen*, die stets erhebliche Bruchteile undeutbarer Materie
mit sich schleppen.

Zu Beginn seines Films DIE SAMMLERIN (LA COLLECTIONNEUSE, 1967) präsentiert Eric Rohmer nach dem Schriftinsert «Haydée» die Hauptdarstellerin
Haydée Politoff: Das junge, sehr schlanke Mädchen im knappen Bikini geht
am Strand entlang, mit den Füßen im Schaum der Meereswellen, bleibt stehen, gelassen, stellt sich der Kamera, als wäre dieser Apparat nicht vorhanden: Deren Blick besichtigt förmlich die junge Frau, das Gesicht, den Körper
von vorne und hinten, die Arme, die Knie. Sie lässt es sich gefallen, souverän
in sich ruhend, ohne Zeichen der Abwehr, Unruhe, des Verdrusses: eine fragile und doch unerschütterliche jugendliche Schönheit. Allenfalls diese mysteriöse «impassibilité» deutet auf die Handlung voraus. Das Motiv «Die Frau
am Meer» kann man über verschiedene Traditionslinien weit zurückverfolgen.
Notfalls mag man sich an die Aphrodite Anadyomene erinnern, die schaumge-
borene und verführerische Göttin der Liebe in altgriechischer und Renaissance-
Überlieferung (Botticelli u. a.) – vielleicht ein ikonologisches Raster, auf das der
gebildete Rohmer hier anspielt. Man mag aber auch die Mädchenfrau an der
Grenze zwischen Meer und Erde zugleich als geheimnisvolle Najade betrachten
oder als Grenzgängerin zwischen noch unschuldiger «knospender» Jugend und
erfahrenem Erwachsensein, jenem status corruptionis, mit dem der männliche
Held rechnet – denn er vermutet in ihr, Haydée, eine trickreiche Provokateurin.
Weshalb sieht sich die Kamera an diesem jugendlichen weiblichen Körper mit
unverstellt männlicher Neugier schamlos satt – wie etwa an einer Marmor-

skulptur im Museum, die den Blick nicht erwidern kann? Oder verrät die unge-
nierte Ausstellung des Körpers vielleicht ein wenig ironische Übertreibung? Da
die Handlung auf Umwegen beginnt, fehlt der dichte Kontext, der es erleichtern
würde, den dominanten Sinn dieser Eingangssequenz festzulegen. So bleiben
einige verwirrende und divergente Anmutungen haften, die diese Bilderperiode
hervorruft. Nicht einmal der fast nackte Mensch versteht sich von selbst.

Das andere Beispiel: In Andreij Tarkowskis Stalker (1979) führt ein junger Mann einen Wissenschaftler und einen Schriftsteller in die so genannte
Zone: halb Industrie-, halb Waldlandschaft, doch im Zeichen der Zerrüttung
und des Zerfalls, der Verwilderung. Sie suchen dort das Zimmer, bei dessen
Betreten Wünsche erfüllt werden: Ein Märchen-Versprechen im futuristischen
Horror. Natürlich kommen sie dort nie an. Auf der Reise, einer via purgativa
und via illuminata zugleich,[2] schlafen alle an einem Teich ein. Langsam fährt
die Kamera über das flache weite Wasser hinweg und endet bei der Hand des
Führers, die zur Hälfte im Wasser liegt: Es handelt sich vermutlich um seinen
Traum. Unter dem schimmernden Spiegel des Teichs identifiziert die Kamera
Zivilisationsmüll, etwa ein Heiligenbild, vor allem aber Reste von Waffen,
bemooste Revolver, entzwei gesprungene Kampfgeräte, am Boden werden
gefugte Kacheln sichtbar unter all dem nun wertlosen Gerümpel: eine Grab-
stätte, die an alte Feindseligkeit erinnert, ein Friedhof für Dinge, mit denen
man Blut vergoss: eine pazifistische Vision vom Ende der Gewaltepoche. Die
Entfärbung zu Schwarzweiß hebt die Bedeutung dieser Fahrt über den Teich
zusätzlich hervor. Wer Tarkowskijs Filme kennt, weiß, dass er dem Wasser rei-
nigende Kraft zuweist, eine unzugängliche Dimension der Stille und der – das
Paradox sei gewagt – weich kristallenen Klarheit, wie sie einer heiligen Substanz zukommt. Auch wenn das Wasser fließt und grüne Halme niederbeugt,
unablässig und zärtlich, wie man durch Haare streicht, kann es den Blick ban-
nen und zu transzendierender Betrachtung auffordern – wie etwa in der Ein-
gangsidylle von Solaris (1972).

Diese *Assoziationenkette* oder *Ideenreihe* hebt sich bereits bei der Besichtigung der einen Traum-Sequenz in Stalker ins Bewusstsein, wohl noch ver-
schwimmend in der Fluoreszenz riskanter Deutung, doch gewinnt sie im Vergleich mit anderen Fundstellen aus dem Œuvre des russischen Regisseurs, bei
denen das Motiv Wasser mehrfache Bedeutung beansprucht, stabilere Kontur.
So vereinen sich sinnlicher Ausdruck und manchmal angedeutete, manchmal
suggerierte allegorische Aussage zu einer besonderen ‹Realitätsvokabel› (Hermann Broch) in der hieroglyphischen Bild-Nomenklatur eines bestimmten

---

2   Marius Schmatloch: *Andreij Tarkowskijs Filme in philosophischer Betrachtung.* St. Augustin 2003,
     besonders S. 207ff.

Werks, fast ist man versucht zu sagen: im Bedeutungslexikon eines ‹Auteur›. Allerdings setzt der Begriff Lexikon weitgehend erstarrte Formeln voraus, ohne Rücksicht auf Schwankungen der Auslegbarkeit im besonderen Moment zu nehmen. Zugegeben, die Grenze zum Esoterischen, zum Geheimwissen ist bei Tarkowski überschritten wie bei jedem, der Weltaußenraum mit je eigenem Weltinnenraum verkreuzt. Einfühlung allein wird nicht ausreichen, um den sich stapelnden oder sich verästelnden, leise oder laut vernehmbaren Assonanzen und Appellen in dieser spezifischen Bildersprache auf die Spur zu kommen. Erfahrungsgesättigter Spürsinn für ‹unterschobene› Bedeutungen muss hinzukommen, ein Sensorium für Korrespondenzen und Oppositionen, für Bewegungsimpulse der Neigung und Abneigung – wie bei der Lektüre eines Gedichts von Paul Celan.

VI

Zwei Pferde: Nach einer trostlosen Nacht, im Stich gelassen von ihrem Begleiter, wacht die müde Gelsomina im Morgengrauen am Straßenrand auf und staunt (in Federico Fellinis LA STRADA, 1954): Da trabt ein Pferd ohne Zaumzeug an ihr vorbei, einsam klappernd mit den Hufen, auf dem Weg irgendwo hin – zum Stall, ins Freie? Kein Reiter, kein Treiber in Sicht. Der Sklave ist frei geworden. Gelsomina ist noch nicht so weit. Sie hängt demütig an ihrem abwesenden Herrn, dem ungebärdigen Zampanò, der sie bloß ausnutzt und schikaniert. Teilt ihr das Pferd etwas von einem Ausbruch zur Selbstbefreiung mit?

Es wird in der Stadt geschossen, die Dämmerung ist hereingebrochen, zu gefährlich, um noch nach Hause zu eilen, also verkriecht sich die junge Frau (Sissy Spacek in Costa-Gavras MISSING, 1981) im Dunkel eines Hauseingangs: Von dort aus sieht sie, wie ein strahlend weißes Pferd die Straße hinauf galoppiert, gefolgt von einem offenen Jeep mit wild feuernden Soldaten. Ist der Schimmel durch Detonationen aufgeschreckt worden und in Panik ausgebrochen? Oder ist das fliehende Pferd auch hier ein heraldisches Symbol der gejagten Freiheit? Im Zusammenhang der Filmsequenz mag man auf diese Gedanken kommen, zumal dieses phantomähnliche Ross aus der Sicht der im Schlupfwinkel kauernden jungen Frau gesehen wird, die für Leib und Leben fürchtet.

Was hilft es, die mythologische Bedeutung des weißen Pferdes zu rekonstruieren? Seine in der nicht-christlichen Antike geltende Doppelnatur als Astral- und als neptunisches Symbol: als Ross des Sonnengottes Helios und des in schäumenden Meereswogen heranstürmenden Poseidons? Platon (Phaidros, 253) kennt es als Gleichnis der seelischen Triebkräfte, die Offenbarung des Johannes als Reittier des triumphierenden Christus (6, 2; 19, 11–16), auf frühchristlichen Grabmälern erscheint es als Sinnbild des schnell durchlaufenen Lebens. Muss bei der kurzen und merkwürdigen Szene aus MISSING diese Motivgeschichte aus dem abendländisch-antiken Gleichnisschatz aufgerufen werden? Vielleicht mag sogar Costa-Gavras an die eine oder andere überlieferte Bedeutung gedacht haben, sich vielleicht sogar an eine eindrucksvolle Einstellung aus Rex Ingrams Monumental-Epos THE FOUR HORSEMEN OF THE APOCALYPSE (1921) erinnert haben, wo nach dem Tod zweier Soldaten durch eine Granate ein weißes Pferd mit einem apokalyptischen Reiter (kaum sichtbar: vermutlich der Tod) riesenhaft und statuarisch wie eine Göttererscheinung aus dem Jenseits die nächstfolgende Einstellung beherrscht.

Dies alles anheimgestellt, vordringlich ist indes die schimmernd glänzende Erscheinung des Pferdes in der Nacht und ebenso der Umstand, dass diese Verkörperung des Schönen und Leuchtenden erbarmungslos gehetzt wird und niedergemacht werden soll. Der unverschlüsselte *Appell-Charakter der Gestalt oder Erscheinung* überwiegt den gelehrsam ausgegrabenen oder ausgetüftelten ikonologischen Sinn. Diese Erkenntnis von der *Aussagekraft des Augenscheins* und der physiognomischen Wahrnehmung sollte die Lust am Hervorzaubern verborgener Offenbarungen eindämmen (natürlich nicht stets verhindern).

Zur Lichtinszenierung
in Filmen Stanley Kubricks

Das Liebespaar und sein Spiegelbild im ‹hautwarmen› Licht: Nicole Kidman und Tom Cruise
(EYES WIDE SHUT, GB 1999, Regie: Stanley Kubrick)

I. Vorüberlegungen

Selbst bei der Ausleuchtung von Szenen, die außen im freien Feld spielen, wird
meist mit Lampen und Aufhellern nachgeholfen. Natürliches Licht ist nur eine,
zudem schwer kontrollierbare Komponente im Instrumentarium des lichtsetzen-
den Kameramanns. Wozu dieser Hinweis auf eine alltägliche Praxis beim Drehen? Lichtgestaltung gehört zur Inszenierung eines Films, ist gekennzeichnet
durch ihre *Künstlichkeit*, die nicht nur dazu dient, eine bestimmtes Umfeld sichtbar werden zu lassen, sondern auch dazu, spezifische Emotionen und Eindrücke auszulösen oder zu verstärken. Die raffinierte Typenlehre von diegetischem
oder nichtdiegetischem Licht – es gibt noch feinere Differenzierungen – lässt
sich bei der Deutung realer Bildkomposition kaum präzise anwenden: Denn
jede Bildkomposition ‹meint› immer etwas, ihre mehr oder weniger auffällige,
absichtsvoll geplante oder unabsichtlich mitgeschleppte Bedeutung stützt eine
sich entwickelnde vielgliedrige Erzählung, ob sie will oder nicht, sogar wenn
Haupt-, Füll- und Rückenlicht nach trivialer Konvention gesetzt werden.

242

Bestimmte *Szenentypen* oder Standardsituationen können eine Lichtgestaltung erfordern, die typische Stimmungen verdichtet: etwa den Überschwang der im lichtsprühenden Tanzsaal tobenden Hochzeitsgesellschaft oder die Einsamkeit des ‹Loners› auf den nächtlichen, nur schwach erhellten Straßen. Dabei geht die Akzentuierung einer charakteristischen Atmosphäre oft mit der Subjektivierung der Blickposition einher – als sollte bei diesem Ineinanderfließen der Wahrnehmungswelten des Betrachters und ausgewählter Figuren aus der Handlung nachdrücklich das ‹tua res agitur› (‹Auch deine Sache wird hier verhandelt›) betont werden.

Lichtsetzung hat allgemein die *Vergegenwärtigung* von Reiz- und Reaktionszuständen im Sinn, an denen die auf diese Weise ‹lenkbaren› Zuschauer teilnehmen sollen (ohne innere Distanz aufgeben zu müssen): ‹Dramatische› Hell-Dunkel-Kontraste illustrieren furchteinflößende Konflikte, apokalyptische Verhängnisse – oder die relative Undurchdringlichkeit einer Schattenwelt. Diffuses Sfumato schränkt die Raum- und Blicktiefe ein und kann (muss nicht) sinnliche Intimität im Vordergrund erspüren lassen. Totalen auf weite Felder oder Menschenmengen brauchen ein anderes Lichtkonzept als Halbnah-Einstellungen oder Großaufnahmen: Ferne und Nähe ‹verraten› oft emotionale Abstände, sind Indizien der Partizipation, der Teil- und Anteilnahme der Betrachter, bezeichnen nicht nur geographisch abmessbare Räume.

Vielfach legen *kulturelle Muster* eine *Stilistik* der Lichtsetzung nahe, die manchmal nur für die Dauer einer Epoche wirksam ist: Im ‹klassischen Hollywood› leuchtete man die Gesichter der weiblichen Diven generell weicher aus als die der männlichen ‹Tathelden›, weil dies einem bestimmten Gender-Verständnis entsprach. Im ‹poetischen Realismus› zumal früher Filme Jean Renoirs wird die Rückkehr zur Schwerelosigkeit und Leichtbeschwingtheit einer oft sommerlich hellen Idyllen-Landschaft gesucht – wie in der Plein air-Malerei der Impressionisten. Ein anderes Beispiel: Das schräg von oben einfallende ‹Erlösungslicht› soll in Anlehnung an die vom Staub verwirbelten Lichtbahnen aus hochliegenden Kirchenfenstern religiöse Schauer hervorrufen, zumal wenn es auf Personen fällt, die ihrem Glück oder ihrem Tod näher gerückt sind. Im Stummfilm wird dieses ‹Licht von oben› gerne zur Überhöhung der Schluss-Szenen verwendet, man denke an solche Apotheosen in F.W. Murnaus Sunrise oder in Frank Borzages The Seventh Heaven, beide 1927. Ein weiteres Beispiel: Die Verteilung von direkten und indirekten Lichtquellen, bei Tag oder bei Nacht, kann sich ebenso Vorbildern in der Malerei angleichen, jener Malerei von Georges de la Tour bis zu Jan Vermeer, die mit Helligkeitsnuancen und Schattenrissen experimentiert, gleich ob es um die Lichtmodellierung in bäuerlichen Hütten, bürgerlichen Zimmern oder feudalen Sälen, in privaten Ensembles oder nüchternen Büro-Arrangements geht. Landläufiger Abbild-Realismus verändert sich bei der Wahl bestimmter Sujets oder außergewöhnlicher Orte, etwa der Wüste, deren gleißendes Licht die Suche nach Schattenzonen motiviert, oder der Großstadt, in deren mehr oder weniger stark erhellte Nächte die Kamera des ‹film noir› einsinkt, deren hohe Gebäude kaum einen Blick auf den freien Himmel gewähren.

Eine *neue Ästhetik* kann prinzipiell zuvor geltende Regeln außer Kraft setzen: Das sogenannte postmoderne Kino der 80er-Jahre ermutigte die Kameraleute, wiederholt gegen das Licht zu fotografieren, so dass überstrahlende Fenster oder eine die sonst scharf konturierte Wirklichkeit aufsaugende, explosive Helligkeit beinahe zu Leitmotiven einer neuen ‹magischen Entkörperlichung› der Dinge wurden.

Einige *Genres* haben eine besondere Licht-Architektur ausgebildet: Im Fach des ‹gothic horror› handelt es sich vorwiegend um unheimliche Häuser, deren Licht eine (ziemlich unzuverlässige) Gemütlichkeit vortäuscht oder als phantastisches, surreales Element für Verwirrung sorgt und deren Dunkelheit das Grauen verbirgt. Die beruhigende Tageshelle (aber wie lange ist sie beruhigend?) kann den Schock angesichts der entsetzlichen Ereignisse in der Nacht manchmal dämpfen. In der visuellen Inszenierung von Liebesfilmen stellt sich bisweilen ein wesentlicher Gegensatz ein: zwischen dem sanften Licht auf warmen Körpern, das eine schützende Aura bildet, und dem kalten Licht einer unwirtlichen, sogar feindlichen Sphäre draußen.

Wozu dienen all diese Funde aus dem historischen Formen-Repertoire der Lichtgestaltung? Es geht darum, auf die zumindest doppelte Abhängigkeit der Lichtsetzung aufmerksam zu machen: (a) die Abhängigkeit von metier-eigenen und kulturgeprägten Traditionen, (b) die Abhängigkeit von der künstlerischen Neugier, die bei der Inszenierung bestimmter Einstellungen mit Alternativen zu experimentieren wagt, also Kontinuitätsbruch und Wandel riskiert. Dieses ‹Neue› und ‹Besondere› entzieht sich vermutlich der Klassifizierung durch herkömmliche Systematik – es bedarf zunächst der möglichst eindringlichen Beschreibung des gerade Entdeckten, weniger der eilfertigen (von Fall zu Fall auch vorschnellen) Reduktion der Befunde auf vertraute Register.

II. Kubricks Helldunkel-Kompositionen im Schwarz-Weiß-Format

In Stanley Kubricks frühem Film KILLER'S KISS (1955) wartet der Held, ein Boxer, der im Ring offenbar nur noch verliert, in einem Bahnhof New Yorks auf eine junge Frau, die ihn in letzter Minute erreicht und umarmt, so dass beide in eine unbekannte Zukunft aufbrechen können. Die eigentliche Vorgeschichte wird als Retrospektive erzählt. Wie lernen sich zwei einsame, einander fremde Menschen in der Großstadt kennen? Kubrick findet eine Lösung, indem er gewissermaßen die Wände zwischen ihnen durchsichtig macht: Sie wohnen in zwei kleinen Appartements, die nur durch einen schmalen Schacht von einander getrennt sind. Zwei große Fenster sind so angeordnet, dass Held und Heldin, wenn das ziemlich helle Licht in den Zimmern eingeschaltet wird, bequem ‹in die Stube› des anderen hinüber sehen können. So bleibt es nicht aus, dass sie einander wahrnehmen, er als Zuschauer (wie im Kino) miterlebt, dass ein älterer Liebhaber, ein Gangster, das arme Mädchen quält. In einem Lager mit Schaufenster-Puppen findet der Schlusskampf statt, in dem der Held seinen Widersacher umbringt. Dabei erweist sich Kubrick bereits als Liebhaber des scharfen Seitenlichts, das die Gesichter deutlich modelliert. Die Rückkehr unter die Kuppel des Bahnhofs wirkt geradezu entspannend, nicht nur, weil die eben noch heftig agierende Figur sich jetzt nur zögernd bewegt, sondern auch, weil das ziemlich helle, geradezu beißende, wenn man so will: agitatorische Licht der Kampfszene dem im Vergleich gebrochenen, förmlich besänftigenden Licht der Bahnhofshalle weicht. Dass Lichtwechsel schon für sich – als wären sie korrespondierender Musik gleichzusetzen – den Spannungsverlauf, ‹dramatische› Steigerung und Beruhigung, gestalten können, fällt in zeitgenössischen Filmen sonst nirgends so auf. Eher besteht die Tendenz, die Lichtintensität vom jeweiligen Spielort abhängig zu machen – über diesen ‹Naturalismus› setzt sich bereits der junge Kubrick hinweg. Sein Wille zur *Überformung* des bloß Vorhandenen, gerade bei der Lichtinszenierung, ist nicht zu verkennen.

Im Übrigen scheint der erst 26-jährige Kubrick beweisen zu wollen, dass er die artifiziellen Effekte des ‹film noir› kennt und virtuos, vielleicht sogar im Sinn ironischer Zitat-Ästhetik, mit ihnen zu spielen versteht: Geländer werfen unerklärliche Schatten im Treppenhaus (Gefahrensignale: Ist da noch jemand?); dunstiger Sonnenuntergang über der Skyline von New York und Nebel über dem Wasser (ein melancholisch düsteres Großstadt-Ambiente); der Blick nach außen durch halb zugeklappte Jalousien, Licht dringt von unten, von der Straße ein (der kaum geschützte Innenraum, Angst vor der Außenwelt); der Mord im Hinterhof, bei dem Opfer und Täter überlebensgroße Schatten auf die kahlen Mauern werfen (eine in beinahe übertriebener Manier ästhetisierende Licht- und Schatten-Choreographie des Verbrechens in der anonymen Szenerie des ‹slaughterhouses›); die Verfolgungsjagd durch eine aus der Tiefe nach vorne führende menschenleere Gasse, aus deren Querstrassen rätselhafter Weise helles Licht fällt (so dass eine Art symmetrischer Hell-Dunkel-Takt entsteht).

Im Anti-Kriegs-Plädoyer PATHS OF GLORY (1957) – der Film spielt im Ersten Weltkrieg an und hinter der französischen Front – klaffen das graue, stumpfe Licht der Schützengräben und die schimmernde Weiträumigkeit der barocken Schloss-Säle auseinander: In den schmutzigen Unterständen hausen die einfachen Soldaten, die von ruhmsüchtigen hohen Offizieren zu erfolglosen und verlustreichen Offensiven getrieben werden, während diese ignoranten Befehlshaber den Luxus des aristokratischen Lebensstils genießen. Die Lichtsetzung offenbart kritischen Charakter: Wo Glanz ist, wohnt auch die moralische Verderbtheit, Zynismus und Menschenverachtung der Generalität (womöglich setzt der Film die seit Jahrhunderten vorgebrachten Attacken gegen das Blendwerk des arroganten Hoflebens fort), im Dreck dagegen finden sich die wahren Tugenden. Als drei unschuldige Soldaten wegen angeblicher Feigheit vor dem Feind öffentlich erschossen werden, wählt Kubrick für dieses empörende, wenngleich mit militärischer Exaktheit durchgeführte Strafritual einen sonnigen Morgen, ein Licht, das scharfe Schatten wirft (in Zwischenschnitten ist manchmal ein nicht ganz wolkenfreier, sogar bedeckter Himmel zu sehen): So entsteht ein schriller Widerspruch zwischen dem ‹Morgenglanz›, der einen neuen ‹schönen Tag› in diesem Dasein verspricht, und der ungerechten Exekution, die Opfer in den Tod befördert –, die sich dessen nicht sicher sein können, ob es auch der ‹Morgenglanz der Ewigkeit› sei, der sich über sie ergießt. Immerhin, in einer kurzen Szene davor benutzt Kubrick das berühmte ‹Erlösungslicht›, das dunstig, beinahe materiell auf einen der knienden Verurteilten aus dem Fenster herabsinkt, während ihm der Priester den letzten Segen erteilt. Doch weitere Anspielungen auf religiöse christliche Bildmotive erspart sich Kubrick – auch in späteren Filmen.

Die von Granaten aufgewühlte und zerbrochene Erde des Niemandslandes zwischen den gegnerischen Schützengräben rückt in einer Sequenz ins Bild, als drei Kundschafter die Lage ausspähen sollen. Die grauenhafte Szenerie ist seit den ersten Stummfilmen (z. B. King Vidors BIG PARADE, 1925), an denen noch Veteranen des Kriegs, also Augenzeugen, mitwirkten, als Inbegriff zerstörter Lebenswelt wiederholt rekonstruiert worden. Kubrick erreicht beinahe allegorische Bildkraft: Ein mit dem Motor voran in die Erde gestürztes Flugzeug mir zerknitterten Flügeln und die Ruine eines Hauses ergänzen sich zu einer apokalyptischen Vision der Endzeit, des Untergangs einer von Menschen bewohnten Erde – ins Erhabene und Sinnbildliche gehoben auch durch ein (außerhalb des Bildrahmens gesetztes) ziemlich starkes Seitenlicht, wenn man so will: ein Licht ‹übernatürlichen› Ursprungs, das den Konturen einen fahlen, beinahe phosphoreszierenden Nimbus verleiht und die Gesichter der Soldaten deutlicher hervorhebt als die verschiedentlich vor ihnen hochsteigenden Leuchtraketen, die den von uniformierten Leichen übersäten Boden erhellen. Die künstliche Ausleuchtung entreißt das Gräberfeld gleichsam der Finsternis des vom Bewusstsein ausgeblendeten Schreckens und macht die Folgen der gegenseitigen Vernichtung sichtbar – es fügt sich in diese vom Tod beherrschte, alles Fortleben verbietende Situation, dass eine ins Weite geworfene Handgranate ausgerechnet den eigenen vorangeeilten Mann trifft.

Das akzentuierende und konzentrierende Seitenlicht (beinahe als eine Art Führungslicht verwendet), dessen Quellen imaginär oder räumlich motiviert sein können, wird ebenso zu Kubricks bevorzugten Instrumenten der Visualisierung gehören wie der Weitwinkel. In DR.STRANGELOVE OR HOW I STOPPED WORRYING AND LOVE THE BOMB (1964), Kubricks letztem Schwarz-Weiss-Film, erprobt er das Objektiv mit kurzer Brennweite (Weitwinkel) bei vielen Einstellungen. Zumal der von Ken Adam, dem Architekten der ersten James-Bond-Filme, gebaute sogenannte War Room verlangt die Ausweitung des Gesichtsfelds. In dieser monumentalen Halle, einem nach außen geschlossen erscheinenden Bunker sitzen der amerikanische Präsident mit seinen Beratern und Generälen an einem riesigen runden Tisch unter einer korrespondierenden kreisförmigen Hängeleuchte, die technisch kaltes Licht auf die unter ihr agierenden Personen wirft. Die Versammlung der Mächtigen versucht (vergeblich), den drohenden atomaren Doppelschlag aufzuhalten. Auf drei schräg den Betrachtern zugeneigten Weltkarten von erstaunlichem Ausmaß entsprechen Signale in Form anwachsender Linien aus Lichtpunkten den vorrückenden Bombern mit ihrer atomaren Last. Das Interesse an elektronischen Diagrammen mit ihren für den Laien rätselhaften wechselnden Schriften und Rastern als Metaphern und Indikatoren für größere, prinzipiell unsichtbare Prozesse entfaltete Kubrick in zahlreichen Varianten zumal in dem folgenden Science Fiction-Film 2001: A SPACE ODYSSEE.

Als würde sich Kubrick gegen die geometrisch strenge und massive Bauform wehren, die der Architekt dieser Kommandozentrale verliehen hat, weitet er die Halle gleichsam zur Höhle, die nicht überall einsehbar ist. Das Licht am äußeren und unteren Rand des War Rooms ist besonders mysteriös: Durch Luken dringen sehr helle Strahlen ein, die sich im Dunst, der dort herrscht, bald eintrüben. Die Mauern scheinen sich ins Nebelhafte aufzulösen, verlieren den Charakter fester Gegenständlichkeit. Dennoch könnte gerade durch diese unerwartete Entstofflichung der Materie der Eindruck eines (womöglich sogar metaphysisch gemeinten) Verlieses entstehen: der Schauplatz eines Verhängnisses, dem man nicht entrinnen kann. Aus dem relativen Dunkel außerhalb des Konferenztischs löst sich auch die Gestalt des unheimlichen und grotesken Dr. Strangelove (Peter Sellars in einer von drei Rollen) heraus, eines von Untergangsideen besessenen und wahnzerfressenen Wissenschaftlers aus dem Dritten Reich, der am Ende noch seinem Führer zujubelt.

Der Rettungsplan misslingt: Eine der Maschinen ist für den Rückruf nicht mehr erreichbar. Der Bomber fliegt unbeirrt einem Auftragsziel entgegen: über schwarze Meeres- und Wasserflächen, über ebenso getönte Wälder und davon abstechende weiße Eis- und Gletscherzonen oder schneebedeckte Berge. Diese Erde, eine zutiefst befremdliche Region, aus harten Kontrasten zusammengefügt (sehr hell und sehr dunkel), scheint unbewohnt zu sein, zumindest aus der Höhe der Piloten gesehen. Die ausgebreiteten Flugaufnahmen deuten auf die farblich solarisierten Visionen von der Oberfläche des Jupiter vor – in 2001. Als der Pilot, mit einem Cowboyhut auf dem Kopf, auf der Bombe wie auf einem Pferd reitend, schließlich im freien Fall hinabstürzt, wird das Bild weiß, so weiß wie das Licht der Atomexplosionen, deren Aufnahmen zum Schluss des Films hintereinander kopiert werden.

III. Futuristische Lichtkonzepte

Durch die Brechung in der Atmosphäre enthält das Licht zumal der morgens und abends schräg stehenden Sonne viele Rotanteile: So entsteht der Eindruck von Wärme. Im Weltraum, der keine der Luft vergleichbare Partikeldichte aufweist, entfällt diese Farbverschiebung: Es ist anzunehmen, dass das Licht der Sonne eher weiss (beinahe bläulich), gleichsam ungefiltert und heftig, auf Gegenstände wie Raumschiffe aufprallt. Diesen naturwissenschaftlich begründbaren Wechsel des Kolorits nutzt Kubrick in seinem (nach SPARTACUS, 1960) zweiten Farbfilm 2001: A SPACE ODYSSEE (1968) zugleich als symbolischen Kontrast zwischen der ‹heißen› afrikanischen Urwelt, dem Schoß, dem auch der Mensch entstammt, im ersten Teil seiner Legende und der technologischen Kolonisierung der ‹kalten› extraterrestrischen Sphäre in den weiteren Kapiteln.[1]

Die von Menschen in den Weltraum entsandten Apparate und Raumschiffe sind vorwiegend von neonartig wirkendem Licht erhellt – von den in vielen Farben flackernden Displays der Messinstrumente in den Pilotenkabinen abgesehen. Dabei geht es darum, den Eindruck des technisch Konstruierten dieser künstlichen Umwelten hervorzuheben. Es herrschen keine vertrauten Verhältnisse von Hell und Dunkel in der futuristischen Welt des Films: Die Erfindung neuer, ungewohnter Lichtzonen und Licht-Arrangements scheint die zentrale ästhetische Formel für die visuelle Komposition in 2001 zu sein. Im Makrokosmos gibt es (theoretisch) keinen Gesichtskreis. Zwar etabliert jede Einstellung einen nicht immer leicht erkennbaren Horizont, doch lässt sich diese Linie auch ins Unscharfe versetzen, vernebeln, der Gleichgewicht suchende Blick ablen-

---

1 Eine schwarze, über das Menschenmaß hinausreichende Tafel (als Inkarnation fremder Intelligenz?) besucht die Erde in der Vorzeit und später den Mond in naher Zukunft, im Übrigen dreht sie sich (Lichtglanz reflektierend) gemächlich zwischen den Planeten – oder schwebt unbewegt am Kopfende des Bettes vor den Augen des sterbenden Raumfahrers (als nehme sie die Position eines trauernden Geistlichen ein). Ist dieser Stein (wenn es denn einer ist) ein nicht-ikonisches Denkmal (wofür?), zugleich nicht-archaischer Prägung (da es als geometrisch exakt gestalteter Kubus auch glatte Flächen und scharfe Kanten wie ein fein gemeißeltes Monument aufweist), so zeigt das Spiel mit ihm als einem Boten zwischen den Äonen doch eine gewisse Methode: Der Stein könnte auch als «MacGuffin», als blindes Motiv dienen, das nur die Neugier erregt.

ken und verwirren. Kubricks visuelle Ästhetik vermeidet im Kosmos von 2001 nach Möglichkeit Ebenen (die einen Horizont voraussetzen), in den rund gebauten Raumstationen weist der Boden eine notwendig schwingende Form auf, im Kugelkopf des Jupiter-Raumschiffs Discovery wird er zur Kreisform gezwungen. Noch bedeutsamer: Die Konzeption der Räume verzichtet, so weit es geht, auf den von der Erde gewohnten ‹natürlichen› Lichteinfall von oben. So wird das Gefühl verstärkt, die Bodenhaftung habe nachgelassen, die Kraft der Gravitation sei gebrochen: Die artifiziellen Behausungen, nicht fest gegründet, scheinen mehr oder weniger ausdrücklich zu schweben. Das Außen ist kein zuverlässig beständiger Ort, das Innen wirkt hermetisch abgeschlossen und scheint die Einrichtungen von einst zu imitieren – als sei man in klaustrophobischen Träumen verfangen. Große Leuchtflächen als Wände (etwa im niedrigen Konferenzraum der Mondstation, in dem der Gesandte der USA von dem geheimnisvollen Stein berichtet) sind exemplarisch für eine architektonische Idee, die die Schwärze der Unendlichkeit außerhalb zugleich ausschließt und dennoch in ihrer furchtbaren Unermesslichkeit spüren lässt. Im Rokoko-Zimmer des phantasmagorischen Schlusses geben nur die Bodenplatten Licht ab, verkehrte Welt, in der die vertraute Statik wenigstens zum Teil entkräftet oder aufgehoben zu sein scheint, um so eine imaginäre Szene im Ortlosen, im Nirgendwo zu illuminieren.

Hinzu kommt, dass das Licht gleichsam als umgrenzter Energieimpuls gegen die alles ‹verzehrende› Schwärze des Universums ankämpfen muss: etwa bei der Ausgrabungsstätte auf dem Mond, auf der drei Strahler die Ausschachtung und den magischen Stein förmlich aus dem Dunkel herausschlagen. Die weiß ‹auskleidete› Rotorkabine des Raumschiffs Discovery dehnt wenigstens optisch die Enge der Kapsel aus, die als Kopf eines langen mehrgliedrigen Baukörpers durch eine ewige Nacht fliegt und nur dadurch sichtbar wird, dass ihn das Sonnenlicht konturiert.

Ein erzählender Film kann auf die Dauer nicht auf anteilnehmende, sich der handelnden Figur anpassende Perspektiven verzichten: Bowman schwebt im Innenraum des Computers HAL wie in einer roten Kabine, als sei diese ein von Blutgefäßen umhüllter Hohlkörper, in den der Eindringling wie bei einer Operation bei lebendigem Leibe Einlass sucht. Die Kamera nimmt in der Computer-‹Höhle› mehrere Blickpunkte eines befremdeten Beobachters oberhalb und unterhalb der Figur ein – bei der wichtigen Handlung (Bowman demontiert das ‹Gehirn› HALs, indem er Stück für Stück die Platinen herausfahren lässt) indes verharrt der Betrachter auf der Kopfhöhe, hinter und neben dem ‹Täter› – wie ein Augenzeuge. Ähnlich in rotes Licht getaucht – und eine vergleichbare Assoziation an einen beinahe ‹vaginalen› Körper-Innenraum drängt sich auch hier auf – ist die Zwischenkabine, die den in das Raumschiff mit Gewalt hinein geschleuderten Bowman mit Luft versorgt.

Eine Klimax der durch Licht erzeugten *Aufhebung der Schwere* stellt im letzten Teil des Films der – wohl so gedacht – ‹Übergang› des Raumfahrers Bowman in die saugende Anziehung des Planeten Jupiter oder der Unendlichkeit dar («Beyond the Infinite», lautet der Zwischentitel) – ermöglicht durch das komplizierte SplitScan-Verfahren, das die Aufnahmen des ‹Jenseits› unserer Erfahrungen mittels eines Apparats ermöglicht, der in ein Zimmer passt. Man ist versucht, die grandiose Vision des Flugs durch den Lichtkorridor oder Licht-Tunnel als ‹psychedelische› Halluzination oder gar als Todeserfahrung zu verstehen. Mit atemberaubender Geschwindigkeit rasen farbige Schlieren, entformte Lichtgitter heran – oder die Zuschauer reißt es hinab, wobei zuerst eine senkrechte, dann eine waagerechte Trennlinie (ein Horizont) die ungeheuerliche Tiefe, das Bodenlose des beschleunigten Falls suggeriert: für das Auge des Betrachters, das man sich eher abstrakt denken wollte, wenn nicht der hinter seinem Helm offenbar gesicherte Raumfahrer als erlebende Person in Zwischenschnitten eingeblendet wäre und sein Gesicht bei diesem ‹Höllensturz› nicht in heftige Vibration geriete. Die erste Phase der ‹Ekstase› mündet in eine zweite, ruhigere, in der die Leibempfindung des Betrachters völlig aufgehoben ist: Auf weiße Eruptionen, Schleier und Nebel auf blauem Grund folgen rotfarbig zerfließende, zeitweise Amöben gleiche Formen, die sich ins Schwarze hin ausbreiten, Protuberanzen, Lichtpunkte, ein kleiner weißer Ball bewegt sich über das Bild – als werde das Geschehen in fernen Galaxien nahe gerückt, deren Wahrnehmung keinerlei Forderungen des Abbildrealismus erfüllt, vielmehr Erinnerungen an die gegenstandslose Malerei, sogar des Tachismus oder des ‹art informel› wachruft. Zur Rechtfertigung dieser Stilistik ließe sich fragen, wie anders man den Verlust des empirischen Lebens schildern oder sich vorstellen wolle – wenn nicht durch den radikalen Verzicht auf Bilder, die eine konkrete Umwelt darstellen.

Vorletzter Akt: Als müsse es einen Punkt der Umkehr und Abkehr von der gestaltauflösenden Abstraktion geben, beginnt nach einer fast symbolistischen Einstellung, der schnellen Gleitbewegung über eine Fläche, an deren Rand Kristalle leuchten, ein sich gegen Schluss verlangsamender Flug über zerklüftete Gebirgsformationen und über Meere, Inseln, Wüsten, Schneelandschaften (ähnlich wie in DR. STRANGELOVE): wieder ‹Abbildungen› von Realem, die jedoch – wie zuvor das Auge Bowmans – mehrfacher Solarisation ausgesetzt wurden, also farbversetzte Prospekte wiedergeben und keine irdischen Lokalfarben. Diese auffällige Verfremdung des Kolorits wird dann bei der erwähnten irrealisierenden Licht-Inszenierung des abgeschlossenen, fensterfreien, zellenartigen Louis XVI-Zimmers reduziert, indes nicht völlig aufgegeben. So kontrastiert das drastische Feuerwehr-Rot der Schutzkleidung des Raumfahrers mit den gedeckt dezenten Tönen des Raums: den hellgrünen und bläulichen Wänden und Decken, den Bezügen der Stühle und des Betts. Danach wagt Kubrick wieder einen Blick in den Weltraum und versetzt zwischen das merkwürdig enge Geschiebe der Gestirne das transparent schimmernde sogenannte ‹Sternenkind›, einen Fötus in seiner Fruchtblase (als hätte das All die Eigenschaften einer nährenden Mutter, deren Präsenz übrigens im gesamten Film fehlt): sonderbare Beschwörung einer erdfernen Wiedergeburt.

Kein anderer Film Kubricks hat zuvor in solch exzessiver Weise das Sehen und Gesehen-Werden thematisiert wie 2001. Selbst der Computer HAL wäre als vieläugiges Ungeheuer zu charakterisieren, das die beiden Raumfahrer keine Sekunde unbeobachtet lässt. Dessen Kontroll-Linsen mit der relativ kleinen gelben Pupille und der großen roten Iris sind unheimliche Warnzeichen, weil ‹falsche Augen›, eines durchaus verdächtigen Wesens. HAL kann als plausibler Wiedergänger des ‹Big Brother› gelten, der in George Orwells anti-utopischem Roman *1984* (1948) das restliche Privatleben der Subjekte eines totalitär gelenkten Staates auskundschaftet – indem er mit Hilfe von Maschinen alles *sieht*, gerade das, was nicht gehorsam ‹gleichgeschaltet› ist. So könnte man 2001 auch als Variante dieser Angstprophetie begreifen, in der Macht durch unbeschränkte Überwachung und ‹Ein-Sicht› gewonnen und ausgeübt wird. Dieser Zwangswelt in geschlossenen Abteilungen entkommt man vermutlich nur durch den, auch musikalisch ins Hochpathetische getriebenen Sturz, die katastrophische Verwandlung ins Transzendentale, die Raumfahrer Bowman paradigmatisch zu erleben scheint.

Mit dem nachfolgenden Film A Clockwork Orange (1971) kehrt Kubrick wieder in zeitgenössische Sphären zurück, nach London, auch wenn er die Uhr seiner Geschichte etwas vorstellt. Doch so eigenwillig manche Elemente der Ausstattung erscheinen, ausgeprägt futuristisch mag man sie – nach einigem Zaudern – nicht nennen, eher scheinen sie der Formenwelt der plakativen Dekor-Ästhetik jener Jahre zu entstammen. Schon der erste Spielort, die Kordova-Bar, weist ein ins Extrem getriebenes Pop-Art-Design auf und die Vorherrschaft der klinischen oder reinen Farbe Weiß: Weiße Lampen-Stellagen, auf denen weiße Frauenskulpturen thronen – entsprechende Frauenskulpturen dienen auch als Tische –, strahlen weißes Licht aus, die obere Deckenzone bleibt dunkel. An der Stirnwand lümmeln vier in weiße Overall-Kostüme gekleidete (und von steifen Bowler-Hüten bedeckte) junge Männer, deren Anführer, die Hauptfigur Alex, rechts und links weich ausgeleuchtet wird, eine fast zärtlich umschmeichelnde Beleuchtung, die sich in mehreren Szenen wiederholt und dem rüde aggressiven Charakter des Mannes eklatant widerspricht. Nach demselben Prinzip des schockierenden Gegensatzes ereignen sich im folgenden Gewalt und Vergewaltigung in Räumen, die (mit Ausnahme des verlassenen Kasinos) durch ein warmes und mildes Licht der Rot-Gelb-Skala gekennzeichnet sind: Die Farbwahl, das unschuldige Weiß und die friedlich-häusliche Stimmung der privaten Innenräume, ist trügerisch und wahrscheinlich ironisch, vielleicht sogar sarkastisch gemeint, weil der Widerspruch zwischen den bürgerlichen Milieus und der kriminellen Angriffslust der fragwürdigen Helden, die sich auf diesen Schauplätzen austoben, so schroff und provozierend hervortritt.

Kubrick bevorzugt wiederholt eine relativ strenge visuelle Komposition, deren Ausgewogenheit der anarchischen Seele der Protagonisten verwehrt ist. Etliche Strukturierungen des Szenenbildes lassen den zentralperspektivischen Blick erkennen und die Neigung zu symmetrischer Verteilung der Elemente: In der Alexander-Villa, die die Jugendlichen nachts überfallen, spiegeln sich vier nebeneinander gestellte Leuchtkörper zusätzlich im dunklen Fenster: Symbol einer fast starren Ordnung, die durch die Eindringlinge empfindlich verletzt wird, die dem Andrang des Chaos nicht widersteht.

Ferner prägen sich einige Sequenzen ein, in denen starkes Gegenlicht (gewöhnlich aus einer Lichtquelle) ästhetisierende Effekte erlaubt, eine bisweilen dekorative Stilistik, die dem auch sonst bemerklichen Ordnungswillen in den Arrangements entspricht, nicht zuletzt auch der Zeitgeist-Kunst der 60er-, frühen 70er-Jahre: Die Gang, Alex und seine «Droogs», ‹stolpern› in einer Unterführung über einen betrunkenen und wehrlosen Clochard, auf den sie am Ende hemmungslos einschlagen. Das den Schein jeder Straßenlaterne übertreffende blendende Hinterlicht lässt die Personen im Tunnel, jedenfalls in der Totale, wie Scherenschnitt-Pantomimen erscheinen, die, selber ohne Binnenzeichnung, scharfe Schatten werfen. Diese ornamentalisierte, deutlich verfremdete Inszenierung könnte an ein Rüpelspiel auf dem Theater erinnern, bezeugt von einer Position, die nur weiter abgerückt in der Mitte der Bühne selbst zu finden ist.

Unverkennbar handelt es sich um eine satirisch überzeichnete Theatervorstellung, als Alex, durch die (erfundene) «Ludovico-Methode» von allen Aggressionen befreit, einem Publikum in mehreren Auftritten demonstriert, dass er zu einem willfährigen Subjekt abgerichtet worden ist, unfähig zur Gegenwehr oder dazu, erotischer Verlockung nachzugeben.[2] Das grelle Licht auf die Akteure blendet sie fast, so dass sie (wie gewöhnlich auch Schauspieler) das applaudierende Publikum kaum erkennen können. Die *theatrale Manier* setzt sich in A CLOCKWORK ORANGE bis zum Schluss durch und pointiert den Widerspruch zwischen Schein und Sein: in den letzten Einstellungen wird die verlogene Versöhnung zwischen Alex und dem Minister als zynisch gespielte Brüderschaft im Gestus des Triumphs vom Blitzlicht der Fotografen für die Augen des Wählervolks besiegelt.

---

2 Übrigens lässt diese Entkernung eines ‹unpassenden› Menschen durch eine Art ‹Gehirnwäsche› gleichfalls an das Vorbild in George Orwells Roman *1984* denken. Die Allegorie Orwells vom Big Brother kehrt, wie erwähnt, schon in 2001 wieder.

IV Lichtspiele der Vergangenheit

Der Rumor um BARRY LYNDON (1975) rührt vor allem daher, dass Kubrick dank avancierter Technik, etwa besonders empfindlicher Linsen, versucht, nur durch brennende Kerzen erhellte Räume aufzunehmen, um so, korrespondierend der Spielhandlung um den Abenteurer Barry Lyndon, Lichtstimmungen aus dem 18. Jahrhundert zu rekonstruieren. Die paradoxe Inszenierung eines Helldunkel, vornehmlich in europäischen Adelspalästen des ‹ancien régime›, will also mit Hilfe von hoch entwickelten modernen Objektiven die Geschichtlichkeit, die typische Beleuchtung von vor 200 Jahren in der jeweiligen Szene ‹vortäuschen›. Es wird manchmal übersehen, dass Kubrick dieses ‹Kunststück› nur in einigen Sequenzen riskiert – es überzeugt insbesondere dann, wenn das rötliche Halbdunkel der flackernden Kerzen mit seiner Intimität und in mancher Hinsicht sinnlichen Wärme passende Verführungs-Präludien widerspiegelt. Also empfehlen sich Halbnah- und Nah-Aufnahmen der bei Kerzenlicht eher flächig als plastisch wirkenden Gesichter und Oberkörper. An anderer Stelle verkürzt eine Kulisse von Figuren, Zuschauer beim Spiel, die um die Tische und die Protagonisten herum stehen, den Blick in die Tiefe – der Hintergrund würde bei dieser Ausleuchtung ins Undeutliche zerfließen.

Beispielhaft ist etwa die wie dunkelrot viragiert wirkende Sequenz des Abendessens, zu dem Barry von der deutschen jungen Frau, Lieschen, eingeladen worden ist, die ihr kleines Kind füttert, während zwischen beiden eine fühlbare erotische Spannung entsteht. Das gleiche Grundmuster liegt der Begegnung zwischen Barry und Lady Lyndon am Spieltisch zugrunde. Im zwangsläufig gebotenen Kammerspiel sind Kopf- und Augenbewegungen von besonderer Bedeutung. Filigrane Aktionen und Reaktionen verraten Barrys wachsendes Begehren, die scheu zurückgedrängte Aufgeregtheit der Lady und die Eifersucht des familieneigenen Reverends Runt. Bei solch gedämpfter Beleuchtung verwundert es nicht, dass es auch am Spieltisch nicht mit rechten Dingen zugeht – Barry und sein Lehrmeister sind Falschspieler.

Die Helligkeit der Kerzenflammen spart meist die hohen Decken der repräsentativen Räume aus, die ziehen sich ins Dunkel zurück, faktisch könnte man in diesem Fall von einer Art Seitenlicht sprechen, da die Lichtquellen meist auf Augenhöhe ins Bild kommen. Während in A CLOCKWORK ORANGE Gegenlicht eine besondere Herausforderung für die visuelle Gestaltung gewesen zu sein scheint, ist es *Seitenlicht* in BARRY LYNDON. In Innenräumen dominiert es, nicht nur bei Nacht, sondern auch, wenn (vorgebliches) Tageslicht durch Fenster und Türen einströmt: im Elternhaus Barrys oder im Schloss von Lady Lyndon, zumal in Szenen, die nach der Entfernung des rüpelhaften Störenfrieds Barry spielen, als bezeichne die überaus helle Einstrahlung durch riesige Glasflächen (eine Vorwegnahme der durch viele Kilowatt geleisteten Hallen-Beleuchtung in SHINING) das Prinzip der Aufklärung, die das Zwielicht von Barrys Machenschaften vertreibt. Sogar bei Szenen im Freien fällt eine Neigung auf, Seitenlicht die Spielorte profilieren zu lassen – etwa bei Barrys erstem, im Morgenschimmer abgehaltenem Duell. Es gibt auch indirekte Verfahren, das Licht von oben abzuschirmen: In einer ungewöhnlich elegischen Naturansicht, der Himmel wird durch dunkle Wolken verdeckt, auf einem Stoppelfeld, fällt Redmond Barrys Vater. Beim letzten Duell Barrys (gegen den jungen Lord Bullingdon) findet das (wohl durch Lampen erzeugte) Licht Einlass durch das seitwärts geöffnete große Scheunentor und Mauerschlitze.

Es liegt nahe, bei A CLOCKWORK ORANGE von einer Neigung zu dekorativ-ornamentalen Bildkompositionen zu sprechen, im Fall von BARRY LYNDON muss eher von einem Interesse an *malerischer Überformung* der Einstellungen die Rede sein. Dabei ist derselbe Kameramann, John Alcott, in beiden Filmen zu Hilfe gekommen (auch noch in SHINING). Es ist kein Geheimnis, dass Kubrick sich durch Gemälde, zumal Landschaften und Interieurs des 18. Jahrhunderts inspirieren ließ. Als «the Rake's progress» sich dem Ende nähert, und der Rächer Bullingdon den inzwischen haltlosen Barry aufsucht, der, wahrscheinlich betrunken, auf einem Stuhl schläft, während sich seine Kumpane im Hintergrund beschäftigen, zitiert der Film ausdrücklich ein satirisches Tableau William Hogarths, «The Tavern Scene».

Doch selbst da, wo Vorlagen aus der Kunstgeschichte nicht gleich zu identifizieren sind, bemüht sich Kubrick um pittoresk schöne, ungeniert romantische ‹Plakate› von einer vormodernen Welt der Reiter und Postkutschen: Im Hintergrund ein Schloss auf Bergeshöhe, Hügelwellen, Wälder, eine Equipage rast in der unteren Bildzone dem Betrachter entgegen.

Auch die wiederholte Methode, die Kamera vom Detail aufziehen zu lassen, bis die gesamte Szene als stets wohl geordnetes Ensemble zu sehen ist, verlangt eine präzise Planung der Einstellungen. Bei dem Duell Barrys mit Offizier Quin, dem Rivalen um die Gunst seiner Jugendliebe, sind zunächst in Großaufnahme die Pistolen zu sehen, die gerade geladen werden, bis der Zoom einsetzt und den Blick auf eine Idylle freigibt, die sich kunstvoller elaboriert nicht denken lässt: eine Wiesenfläche zwischen hohen Bäumen, im Mittelgrund ein Fluss, alles ins reine Licht der Morgensonne getaucht, ein leichter Wind bewegt die Zweige und die Haare. Diese Vedute erweckt den Eindruck einer lyrischen Plein-Air-Fotografie, dennoch nicht den eines Zufallsfundes, eines ‹objet trouvé›, vielmehr einer absichtsvoll kombinierten Invention – wobei die Idee mitschwingt, dass sich die schöne Natur nicht um den Tod eines Menschen schert. Die Vernichtung eines Lebens, beim Duell zu erwarten, verliert in der leidfreien Atmosphäre eines bukolischen Environments vermutlich an Pathos – oder es wird so auf raffinierte Weise angedeutet, dass es sich bei diesem Waffengang ohnehin nur um eine Farce handelt, der Tod von Barrys Kontrahenten ist fingiert. Die Auflösung der Sequenz in mehrere, recht lange Halbnah-Aufnahmen bei unverändertem Lichteinfall lässt annehmen, dass trickreich verborgene Lampen und Aufheller zu Hilfe genommen wurden.

SHINING (1980), der dritte Film mit dem Kameramann John Alcott, kennt mehrere Licht-Dimensionen. Eine von ihnen signalisiert eine historisch zurückliegende Epoche (daher setzt die Charakteristik dieses Films das Kapitel «Lichtspiele der Vergangenheit» logisch fort): Erinnerungen an die 20er-Jahre dringen aus dem Unbewussten des Protagonisten, Jack Torrance, eines Wiedergängers, hervor – nicht zu vergessen, SHINING erfüllt souverän, ohne Zwang allerlei Genre-Regeln des Gespenster- oder Haunted-house-Dramas.

Ein Ehepaar soll als Hausmeister das hoch in den Bergen gelegene Overlook-Hotel während des schneereichen Winters versorgen, ihr kleiner Sohn genießt zunächst den weitläufigen, einem Irrgarten ähnlichen Spielplatz im Hause, erschließt sich auch das außerhalb gelegene Hecken-Labyrinth. Solange der Wahnsinn des Mannes noch nicht offensichtlich zu Tage getreten ist, verbreitet sich im Haus eine relative Behaglichkeit: In der Küchenregion sorgen Neon-Installationen für ein nüchternes, aber nicht abschreckendes Arbeitslicht, in der großen Colorado-Halle erzeugen Wandlampen mit rötlicher Farbkomponente, einmal sogar das große Kaminfeuer die Stimmung durchaus trügerischer friedlicher ‹Gemütlichkeit›. Wenn endlich der Winter das Haus isoliert – oder: sobald die verzehrende Unruhe und Gewalttätigkeit des männlichen Protagonisten ungehemmt hervorbricht –, verändert sich auch die Farbtemperatur (nicht einschneidend, doch merklich). Der Schnee gleißt förmlich kalt durch die großen Fenster des Colorado-Saals. Als die junge Frau entdeckt, dass ihr Mann, der als angehender Schriftsteller ein Buch verfassen will, immer nur denselben Satz niedergeschrieben hat, sind alle elektrischen Lichter im Hauptraum ausgestellt, ein Schimmer von Wärme dringt nur aus dem schmalen, seitlich offenen Obergeschoss: Ihr Entsetzen wird durch das frostige Weiß des Lichts von außen bestätigt. Doch im Übrigen vermeidet Kubrick solchen, tatsächlich genreüblichen Parallelismus zwischen seelischer Notlage einer Hauptfigur und dramatischer Verdüsterung der Szene.

Auf der Grenze zwischen unheimlicher Geisterwelt und vertrauenswürdigem Hotel-Ambiente balanciert der kleine Junge Danny. Seine rasenden Fahrten mit dem Tretauto durch die Korridore, verfolgt von der Steady Cam wie von einem Geist,[3] lassen ihn überraschend auf grausige Erscheinungen aus der

---

3 Auffällige Fahrten der vor energetisch vorpreschenden Figuren rasch zurückweichenden Kamera finden sich als dynamischer Impuls in früheren Filmen, in PATHS OF GLORY, A CLOCKWORK ORANGE oder in BARRY LYNDON.

Vorgeschichte des Hotels stoßen – am Ende eines langen Gangs stehen etwa die beiden Töchter, die einst von ihrem Vater hingeschlachtet wurden, dem gleichfalls mörderischem Wahnsinn verfallenen Hausmeister Grady. Die fensterlosen abgeschlossenen Innenräume, in denen sich Danny beinahe bis zum Schluss aufhält, ändern jedoch ihre ‹normalen› Lichtverhältnisse nicht, unberührt von der wachsenden Gefahr, die Mutter und Kind vom Vater drohen. Um so beklemmender und Angst auslösender wirken die Übergriffe des ‹Jenseits› in die gewohnte Tageswelt.

Dagegen stellt Kubrick die Halluzinationen des verrückt gewordenen Vaters mit aller Sorgfalt und Lust an der Beschwörung nostalgischer Phantasmen aus – und bedient sich zu dem Zweck nicht nur der Schauspieler, sondern auch einer besonderen Licht-Inszenierung. Es gibt zwei Orte, die für das problematische Subjekt Jack Torrance sowohl beängstigende, als auch beglückende Metamorphosen bereit halten: das Apartment 237 und insbesondere der Gold Room. Im weitgehend indirekt und grünlich ausgeleuchteten Badezimmer des Apartments erhebt sich aus der Wanne eine schlanke junge Frau, die sich in der erregten Umarmung mit Jack in einen höhnisch lachenden, verwesenden Leichnam verwandelt: eine bestürzende Entzugs-Erfahrung.

In den Festsaal des Gold Rooms, zunächst leer und ‹unbelebt›, also in gewisser Weise tot und auch durch den Lichtschalter (vorläufig) nicht zu altem Glanz zu erwecken, treibt den Trinker Jack nicht zuletzt der Durst und, denkbar, die Ahnung, dass die Verstörung, die von ihm Besitz ergriffen hat, ihn nicht wieder freigeben wird. Auf den zahlreichen unbesetzten Tischen leuchten die Lampen, dennoch verliert sich nicht der Charakter der Notbeleuchtung. Die aus gelblich leuchtenden Lichtquadern im Art déco-Stil zusammengefügte Bar sieht aufgeräumt und verlassen aus. Doch ein Jack diesmal willkommenes Wunder geschieht: Nachdem er sich die Augen gerieben hat, steht vor ihm ein eleganter Barkeeper, Lloyd, mit glatt zurückgekämmten dunklen Haaren, die sein fast unbewegtes Gesicht, eine freundliche Maske, noch schmaler erscheinen lassen. Er scheint wie die Bauweise der Bar einer Periode anzugehören, in der sich die männlichen Gäste noch mit Frack oder Cut away näherten, die Damen mit den Körper entlang fließenden Roben. Die Glasregale sind plötzlich mit Flaschen aller Art gefüllt – auch Jack wird Whiskey eingegossen. Das in die Theke eingelassene Lichtband erhellt das zerfurchte Gesicht Jacks und das glatte des Barkeepers von unten – auf eine leicht verfremdende, bei Jack sogar entstellende Weise.

Als Jack ein zweites Mal den Gold Room betritt, ist er völlig vom Wahn umfangen. Bereits der Weg durch den Korridor hat sich für ihn verändert: Das Licht der Kronleuchter spiegelt sich an der Decke und gibt zusätzlich Helligkeit an einen feinen Dunst ab, der den Raum erfüllt. Diesmal ist der Gold Room bis auf den letzten Platz gefüllt – von einem unverkennbar wohlhabenden Publikum, das der Kleidung nach aus den 20er-Jahren herbeigezaubert worden ist. Deren Gesamtansicht ist erfüllt von vielen miniaturistischen Reflexen. Lichtstreifen an der weit hinauf gestaffelten Decke reichen in die Tiefe, dort, fern, spielt ein Orchester. Obwohl noch andere Personen an der Bar hocken, erscheint Lloyd im Blickwinkel Jacks (und der Kamera) stets streng symmetrisch in Bezug auf den jeweils dreiteiligen Hintergrund postiert. Kubrick vermag dem Hang zur klar gegliederten Ordnung nicht zu widerstehen. Zentralperspektivisch ist auch die Herrentoilette mit ihren roten Wänden gesehen, in der sich Waschbecken auf der einen Seite und Urinoirs auf der andern in Serie nach hinten staffeln. Die in regelmäßigem Takt zwischen die Spiegel an der Wand gesetzten Leuchtflächen (und einige an der Decke) ergeben eine Art indirekter Beleuchtung, die diskret und weich zu sein scheint – und umso mehr von dem Inhalt des Gesprächs zwischen Jack und dem alten (längst gestorbenen) Hausmeister absticht, der auf kaum verschlüsselte Weise Jack zum Mord an seiner Familie drängt. Wilder Greuel wird im Umfeld einer dazu antithetischen Licht-Architektur aufgerufen, die den passenden Rahmen für die sublime Eleganz einer disziplinierten, auf Maß und Haltung bedachten noblen Hotel-Haute volée abgibt. Die *Paradoxie* der Einbettung aktueller blutrünstiger Besessenheit in ein nostalgisch gekennzeichnetes Milieu der Feierlaune, das gespenstisch aus dem Meer des Vergessenen auftaucht, die Reibung zwischen auseinander klaffenden Erzähl-Komponenten verleiht diesen Sequenzen ihre eigentümliche Spannung.

Eine furiose Steigerung erreicht – auch unter dem Aspekt der Licht-Inszenierung – das Finale: Jack jagt, mit der Axt in der Hand, seinem eigenen Sohn durch die ‹Schluchten› des winterlich vereisten Hecken-Labyrinths nach. Die Kamera begleitet bald Danny (der sich im Irrgarten gut auskennt), sie rennt hinter ihm her, dem nun wirklich Verfolgten, wie zuvor in den Korridoren des Hotels, dann wieder weicht sie vor dem stöhnenden, hinkenden Unhold zurück, der dem Kind nach dem Leben trachtet – jeweils erhellen Strahler an der Seite und am Ende der ‹Gassen› den Weg. Zumal in den häufigen Gegenlicht-Aufnahmen wird ein feiner weißer Nebel wahrnehmbar, der wohl von den Schneeverwehungen aufgestiegen sein soll und die unentrinnbare, umklammernde Kälte signalisiert, der der genarrte Verfolger schließlich erliegt. Eine der letzten Einstellungen zeigt Jacks erstarrten Leichnam im ‹Morgengrauen›.

Sonst legt der Film SHINING eher Wert auf den Widerspruch zwischen der (allenfalls durch die Auftritte der Geister eingeschränkten) ‹Wohnlichkeit› des Hotels hier, einer warmen Behausung inmitten der Winterstarre, und dort der grauenhaften Entfremdung des zum Schutz der Seinen verpflichteten Vaters zum todbringenden Monster. Die Licht-Atmosphäre des Overlook- Hotels schüchtert tendenziell nicht ein, beunruhigt nur selten oder subkutan. Kubricks

Dramaturgie der oppositionellen Elemente ignoriert die sonst übliche Engführung aller Anzeichen in den Haunted Houses des Films, in denen oft die Lichter ausgehen vor dem Anprall der ‹Finsternis›. Im Kapitel ‹Verfolgung durch das Labyrinth› gewinnt die Lichtinszenierung des weißen Schnees und umhüllenden Frosts ausnahmsweise prognostische Funktion: Sie deutet auf das Ende des ‹Helden› und der Handlung voraus.

V. Lichter der Nacht

Kubricks letzter Film EYES WIDE SHUT (1999) – der Erzählung *Traumnovelle* von Arthur Schnitzler nachempfunden – bietet kaum Szenen, die am Tag spielen. Die Wanderung des Protagonisten, des jungen Arztes mit dem Allerweltsnamen Bill, eines in seiner Triebverwirrung typischen Helden, führt ihn durch die Nächte, durch Innenräume und Straßen (eines fiktiven New York). An vielen Orten erinnert ein bunt leuchtender Weihnachtsbaum daran, zu welcher Jahreszeit die Handlung spielt: Ein solcher Dekorbaum könnte als demokratisches Motiv verstanden werden, denn ein Exemplar steht ebenso in der Wohnung der wohlhabenden Arztfamilie wie im schmalen Zimmer der Prostituierten Domino. Er vereint überdies in seinem Schmuck und in seinen Lampen die drei oft intensiv einstrahlenden Farben, die in der Lichtinszenierung des Films einen augenfälligen *Dreiklang* bilden: rot, blau, weiß – wenn man so will: die Farben mancher Nationalflagge, sowohl des englischen Union Jack wie der amerikanischen «Stars and Stripes» oder der französischen Tricolore. Grün spielt dagegen eine geringere Rolle, vornehmlich als Lokalkolorit eines Gegenstandes oder als unmerkliche Beimischung in der Skala der anderen drei Lichtfarben.

Die Bedeutungen dieser Farben entsprechen indes nicht denen im heraldischen System (Weiß: Reinheit, Rot: Mut, Tapferkeit, Blau: Wachsamkeit, Gerechtigkeit usw.). Rötlich, warm, intim ist in EYES WIDE SHUT die Ausleuchtung vieler Schlaf-, Wohn- oder Gesellschaftsräume, während die Fenster von tiefem Blau verdeutlichen, dass draußen eine ziemlich kalte, unwirtliche Nacht herrscht. In Zieglers Billardzimmer – dem Ort der Enthüllung etlicher, nicht aller Verwicklungen – stoßen alle Farben in einem beinahe überdeutlich scharfen Akkord zusammen: der rote Billardtisch, die grün-weißen Lampen und die nachtblauen Fenster.

Das atmosphärische Kolorit in EYES WIDE SHUT ist vornehmlich auf das unausgelebte, versteckte oder manifeste erotische Begehren abgestimmt, das fast alle Personen in diesem Reigen der (vielfach misslingenden) Verführungen zusammenbringt. Bereits zu Beginn offenbart eine Einstellung, dass die rötliche Einfärbung des projizierten Lichts dem ‹Inkarnat› (wie der Ausdruck in der klassischen Malerei hieß), der Haut- und Körperfarbe, nahekommen soll: Alice,

Ehefrau des Arztes und weibliche Protagonistin, lässt ein schwarzes Kleid an sich herabrutschen und schält sich als nackter, sinnlich und zärtlich betrachteter Akt heraus. Weitere erotische Szenen mit ihr: der Tanz mit dem ungarischen Diplomaten, der sie, die leicht Betrunkene, vergeblich zu verführen versucht; ihre Konfession eines beinahe zustande gekommenen Liebesverrats; die innige Umarmung mit ihrem Mann vor dem Spiegel; selbst das Schlussgespräch im Spielwarengeschäft zeichnen sich durch diese weiche und schmeichelnde, pastellhaft sanfte Kolorierung aus. Übrigens weicht die Farbcharakteristik der anderen Kuss-Szenen nicht weit von dieser Lichtbestimmung ab: Auch der Kuss zwischen Bill und der durchaus liebenswürdigen Hure Domino überrascht durch seine, farbatmosphärisch gestützte, vorsichtige Zartheit. Nur in Alices Erzählung des schrecklichen Morgentraums, in dem sie sich – Diktat ihres Unbewussten – kaltsinnig von Bill abwendet, wird ihr blasses Gesicht dem hereinflutenden blauen Seitenlicht des anbrechenden Tages ausgesetzt.

Bill und Alice besuchen zu Beginn des Films das Fest in Zieglers Haus. Dort tauchen sie in ein fast haptisches (als sei parfümierter Puder unsichtbar in der Luft verteilt) und raumfüllendes Licht-Fluidum ein, das offenbar erotischen Magnetismus freisetzt, bei beiden Ehepartnern, zudem bei denen, die sie ohne viel Umschweife zu verführen suchen. Verursacht wird diese frivole Boudoir-Atmosphäre[4] durch Ketten vieler kleiner Lampen, die verschwenderisch multipliziert werden: Die Wand hinter der breiten, offenen Treppe ist zum Beispiel mit einem riesigen Netz dieser vergleichsweise kleinen Leuchtkörper übersät. Die Mauern verlieren dadurch den Eindruck von Festigkeit – es ist, als ob ein transparentes Licht-Gewölbe die Figuren umfinge. Kubrick müssen diese Lämpchen gefallen haben, denn sie finden sich auch andernorts, etwa auf der Straße als Lichtdekoration hinter Schaufenstern.

Wo der Raum vor unterdrückter Leidenschaft einer Figur zittert, etwa bei der Begegnung des Arztes mit der ihn vergeblich liebenden Marion, er aber diese Emotion nicht erwidert, kann sich nicht ganz dieselbe gefällige, Vertrauen erweckende, ‹bürgerlich› intime Lichtstimmung einstellen wie in der Wohnung von Bill und Alice – dank vieler Lampen auf Konsolen, die in amerikanischen Einrichtungen üblich sind, also auf halber Höhe Seitenlicht werfend. Es gibt differenzierte Wärmezonen: Als Bill die Wohnung von Domino ein zweites Mal aufsucht und dort ihre Kollegin Sally antrifft, bleiben beide im Vorraum, der Küche, hängen, deren neutrales weißes Licht jeden Anflug von Erotik aufzehrt. Dies ist sinnfällig wie die Symbolik des Weißen beim Besuch in der Morgue,

---

4   Dieses ‹Fluidum› ist viel sinnlicher als die merkwürdig distanzierte Ausstellung von Figurengruppen, die Sexakrobatik vorführen, als treibe sie ein eingebauter Motor an – so in der Villa der geheimen Gesellschaft.

der Totenhalle, in der sich Bill über den bleichen Leichnam seiner Retterin vom Vorabend beugt. Zum Grübeln Anlass gibt die intensiv weiße Lichtkuppel (man sieht die betreffenden Lampen nicht) in der Villa der geheimen und maskierten Lustgesellschaft, die den Zeremonienmeister (in roter Robe) bescheint und den Ring der (ihre blauen Roben abwerfenden) Frauen, in ihrer Nacktheit fast marmorkühl.

Hier endlich scheint ein Gegensatz zwischen Lichtstimmung und Handlung aufzutreten: Das feierlich pompöse Ritual setzt sich einem im Prinzip entzaubernden Lichteinfall von oben aus (ein theatralischer Bühneneffekt?). Vielleicht liegt die Lösung darin, dass Kubrick anzudeuten wünschte, diese, choreographisch durchaus fein ziselierte und geduldig abgewickelte Zeremonie gebärde sich nur pathetisch, sei aber im Grunde als aufgedonnerte banale Veranstaltung durchschaubar – eine Veranstaltung von Libertins, die ihre anarchische Freude an sexueller Freizügigkeit hinter Pomp und Pseudo-Mysterium verstecken und legitimieren wollen. Handelte es sich um die Absicht des Erzählers, die Feier als fragwürdigen Zauber zu entlarven, besteht natürlich kein Gegensatz zur Abkältung durch das Licht.

Bills Gänge über die regenfeuchten, dunklen Straßen, vorbei an äußerst bunt ausgestatteten Schaufenstern, stocken in einer Fermate, als er sich zu Recht nach dem Abenteuer in der Villa beobachtet sieht: Während Bill vor einem weiß (und absichtlich übertrieben) strahlenden Zeitungskiosk innehält, als könne er durch so viel Helligkeit geschützt werden vor den Angriffen aus der Schwärze, bleibt auch der kahlköpfige Verfolger an der Straßenecke stehen, genau unter der Straßenlaterne – als zitiere diese Lichtkonstruktion die (viel größer dimensionierte) Ausleuchtung des Rituals in der Villa. Die Folge dieser Einstellungen, die auf konzentrierte Weise deutlich machen, dass sich der Held selbst in der nächtlichen, viele Wege öffnenden Stadt bedroht fühlen muss, zählt ebenso wie die Verfolgungs-Sequenz im vereisten Irrgarten (in SHINING) zu den einprägsamen Fällen, in denen auch das inszenierte Licht der Erfahrung Ausdruck verleiht, man könne in der Welt Angst haben.

Wie kaum ein anderer Regisseur hat Stanley Kubrick die Ausleuchtung einer Szene nicht nur als simple Voraussetzung dafür gesehen, dass man endlich drehen kann oder die Hauptdarsteller vorteilhaft erscheinen. Die Ausleuchtung war für Kunrick ein bedeutsames Medium der Erzählung. Sei es, dass die Logik der Lichtinszenierung mit dem Konfliktverlauf Übereinstimmung suchte – und dabei viel subtiler zu Werk ging, als es in der Produktions-Praxis üblich ist. Sei es, dass sich Licht als eigene Komponente der künstlerischen Gestaltung emanzipierte, um in aufregender Differenz zur Darstellung von Handlungsverlauf, Schauplatz und Charakter-Zeichnung sichtbar zu werden.

Hinweise verdanke ich u. a. folgenden Schriften:

Michel Ciment: *Kubrick.* Dt. München 1982 (immer noch eine der besten Analysen der Filme).
Peter W. Jansen: Kommentierte Filmografie. In: *Reihe Film.* München/Wien 1984.
Hans-Peter Reichmann (Hg.): *Stanley Kubrick.* 3. Aufl., Frankfurt a. M. 2007 (= *Kinematograph* Nr. 18).
Georg Seeßlen/Fernand Jung: *Stanley Kubrick und seine Filme.* Marburg 1999.

Der Blick aus dem Fenster

Ein symbolisches Arrangement im Gemälde, in der Literatur, im Film

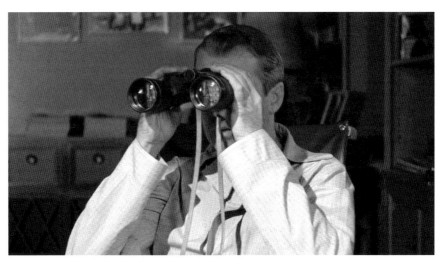

Der Voyeur mit Teleskop: James Stewart (REAR WINDOW, USA 1954, Regie: Alfred Hitchcock)

I

Es gibt kollektiv verbreitete, im Alltag wiederkehrende Momente, in denen Menschen an der Grenzscheide zwischen privatem und öffentlichem Raum stillstehen – etwa, wenn sie am Fenster innehalten. Wer sich von dem vertrauten Innenbereich des Hauses abkehrt, unterbricht meist Abläufe in einem eingeübten Bewegungsmuster, das die praktische und vorwiegend planvolle Erledigung von Gängen, Handgriffen und anderen Routinen regelt. Der Blick aus dem Fenster kann eine Ausnahme-Situation sein, in der man anders Atem holt, weil vor den Fenstern auch einiges Unberechenbare geschieht, das die Gefühle und Stimmungen der Betrachter oder ‹Zuschauer› attackieren könnte.

Wer ans Fenster tritt, um sich dem zu stellen, was draußen vor sich geht, könnte mehrere Gründe dafür nennen. Hauptsächlich kommen fünf Spielarten in Frage:

(1) Man schaut mit präzisem Sucherblick aus nach Personen, die man erwartet, zum Beispiel das Kind, das von der Schule kommt und jetzt um die Stra-

ßenecke biegen müsste. In Fritz Langs Film M (1930) öffnet die arme Mutter, eine Wäscherin, das Küchenfenster, um hinabzusehen, denn ihre junge Tochter Elsie ist noch nicht heimgekehrt (doch Elsie ist inzwischen Opfer eines Serientäters geworden). Man geht zum Fenster, um nach dem Vogel im Laub zu forschen, den man singen gehört hat. Um nachzusehen, wer den Lärm auf der Gasse verursacht.

(2) Man will das Wetter erkunden, ob es regnet oder schneit, ob man einen Mantel anziehen muss, wenn man das Haus verlassen will. Man will sehen, wie der Wind an den Ästen zerrt – und sich geschützt fühlen hinter Fensterglas und Mauern.

(3) Von Zeit zu Zeit mag man das Bedürfnis haben, fast blind hinaus zu starren, um vielleicht innere Spannungen zu mildern oder sich durch flüchtige und ziellos schweifende Blicke zu zerstreuen.

(4) Der Blick der Einsamen verrät sich als Blick des Voyeurs – und umgekehrt: Er strebt mit besitzergreifender Neugier danach, sich am Leben der Fremden draußen und ‹drüben› gleichsam schmarotzend festzusaugen und verbringt oft viel Zeit mit systematischen Kontroll-Beobachtungen. Die unermüdliche, eigentlich neurotische ‹Verfolgung› von Objekten lässt sich sogar als legal rechtfertigen: Auch polizeiliche Überwacher verfahren so, in ihrem hartnäckigen Drang zu observieren, wenn sie, ohne selbst sichtbar zu werden, in die intime Welt von ‹Zielpersonen› eindringen – nach dem Prinzip des von George Orwell als Schreckinstanz geschilderten ‹großen Bruders›.

(5) Nicht nur in der romantischen Epoche begegnet der träumerische Sehnsuchtsblick der Personen, die sich im Haus beinahe eingesperrt fühlen und den Drang verspüren auszubrechen – ins Weite, womöglich in ein ungebundenes Leben. Dieses Arrangement wendet sich ins leicht Melancholische, wenn der Aufbruchsimpuls so schwach ist, dass er nur bis zur Position am Fenster treibt, aber nicht darüber hinaus.

II

Der Sehnsuchtsblick fällt intensiver aus, wenn das Fenster geöffnet ist: Luft strömt von außen herein, Wärme oder Kälte, Geräusche, Düfte, schillernde Lichtreflexe, die über Wände und Decken streifen, Verheißungen eines reicheren Lebens in der Außenwelt. Dieses Motiv kehrt oft in der romantischen und spätromantischen Malerei wieder. Der Geiger hat sein Spiel unterbrochen und sitzt auf der Fensterbank (Otto Scholderer, 1861): Wird er den Mut fassen, wie ein Eichendorffscher Wanderer dem Versprechen der Sommerzeit zu folgen und in die offene Welt der freien Natur hinausstürmen oder als Biedermeier der guten Stube verhaftet bleiben? Auf einem Bild von Moritz von Schwind (1858) reißt ein Mädchen das Fenster auf, um den neuen Tag und die Morgensonne zu begrüßen. Das Temperament der Jugend wird sie aus dem dunklen Interieur ins Licht hinaustreten lassen. Dann folgt vermutlich der Rückschlag: Der gesellschaftliche Zwang der Zeit verbietet ihr, der jungen Frau, sich ‹vor den Türen› ungehindert und selbstbestimmt zu bewegen.

In Edward Hoppers Bild *Office in a Small City* (1953) besichtigt man von der Seite und von hinten durch ein großes, fast unsichtbares Fenster einen Mann am Schreibtisch: ein kahles Büro, ein Angestellter von schwer zu bestimmendem Alter, er ist von schmaler Statur, aber nicht mehr jung. Obwohl der lichtdurchflutete Raum hoch gelegen ist, erfasst der Blick des Mannes nur die Stirnseiten von weiß getünchten oder aus braunen Ziegeln errichteten Häuserfassaden, über denen sich ein heller Himmel wölbt. Sollte sich hinter all den steinernen Kulissen eine Landschaft öffnen – dem Mann bleibt sie verschlossen. Wie diesem sitzenden Betrachter im Bild bei seinem Blick aus dem Fenster zumute ist, lässt sich schwer herausfinden. Das Unveränderliche des Stadtausschnitts vor dem Fenster, in dem sich kein Mensch zeigt, wird ihn mit einer tiefen seelischen Lähmung infiziert haben. Interessieren ihn die Geschäfte noch, mit denen er am Schreibtisch zu schaffen hat, oder hat er sich schon verloren – in einer aus der Monotonie der «Small City» erwachsenen innerlichen Absenz, die mit abgestumpften Sinnen einhergeht?

Auf eine ähnliche Gelähmtheit des Betrachters lässt die Anfangssequenz des ungarischen Films VERDAMMNIS (1988) von Béla Tarr schließen. Die Kamera erfasst Lastgondeln, die an einem Schleppseil unaufhörlich vorüberziehen, unter ihnen eine trostlos graue, mit Pfützen besprenkelte Brachlandschaft. Ganz langsam zieht sich die Kamera nach innen zurück: ein Fensterrahmen wird erkennbar, ein Mann, genauer: dessen dunkle Rückenansicht. Die Mann rührt sich nicht, erst der aufsteigende Rauch einer Zigarette verrät, dass diese unbewegliche Figur lebt und wahrscheinlich – wie die Kamera – aus dem Fenster auf das ‹immer gleiche› Schauspiel starrt. Oder gar die Augen geschlossen hält, weil sich da nichts Neues ereignet, das dem Leben einen Impuls versetzen könnte? Tarr gelingt es, in dieser an Edward Hoppers Kompositionen wie an Samuel Becketts ‹absurdes Theater› erinnernden Szene, die beklemmende ‹Abgestorbenheit› einer Existenz ins Bild zu setzen.

III

Der Blick von der Straße auf ein Fenster soll hier nicht zur Rede stehen, nur der Blick aus dem Fenster – unter Umständen in ein Fenster des Nachbarhauses. Literarische Paradigmen offenbaren, dass sich die detektivische Lust mit anderer Lusterwartung verbinden kann, wenn es gilt, ein durch Spiegelungen abweisendes Fenster mit scharfem Blick zu durchdringen: Nathanael, der junge Held in E.T.A. Hoffmanns Erzählung *Der Sandmann* (1816), ist auf Anhieb bezaubert von einem schönen Mädchen, das er von seinem Zimmer aus mit Hilfe eines mysteriösen Okulars hinter dem Fenster des Nachbarhauses entdeckt. Unbewegt sitzt sie dort wie ein Ausstellungsstück. Der im Kopf verwirrte Anbeter nimmt nicht den Augentrug, die Täuschung wahr – erst viel später erkennt er, dass diese zauberhafte Dame namens Olympia eine geschickt fabrizierte Puppe ist.

Was aber, wenn die Blicke aus dem Fenster von der Gegenseite erwidert werden? Und es anschließend einmal zur Begegnung im selben Raum kommt? Ernüchterung und Entzauberung stellen sich in diesem Fall für gewöhnlich ein, wenn die optische Distanz zur körperlichen Nähe schrumpft. Denn der Blick – etwa eines Mannes – aus dem Fenster auf eine Frau hinter dem gegenüber liegenden Fenster projiziert Neugier, Sehnsucht und Begehren auf die oft nur bei Dämmerung und Licht in ihrem Zimmer ausgekundschaftete Erscheinung der fernen Schönen. Tritt sie jedoch durch die Tür, schlägt die ins Phantasmagorische ausschweifende Erwartung oft in Enttäuschung um. Noch schlimmer ist es, wenn der Zauber weiterwirkt: Dann überwältigt panische Angst den Späher, weil er aus seiner schützenden Verborgenheit herausgerissen wird und berechtigte Zweifel aufkeimen können, ob er, der kleine Mann, der sich am Bild der entrückten Frau auf ungefährliche Weise ergötzt, dann noch imstande ist, der Wirklichkeit der Fremden standzuhalten.

Einige Filme variieren den Irrtum Nathanaels und enttarnen, wie trügerisch und einseitig ein Verhältnis von Fenster zu Fenster sein kann. Krzysztof Kieslowskis Ein kurzer Film über die Liebe (1988) lässt den jungen und unbedarften Postboten Tomek (Olaf Lubaszenko) zum Feldstecher und Fernglas greifen, um als unerbetener Spion nachts den eingeübten Liebesspielen der einige Jahre älteren Künstlerin Magda (Grazyna Szapolowska) in ihrer Wohnung zuzuschauen. Schließlich gibt er sich zu erkennen, ihr Zusammentreffen gleicht einer Kollision der Lebenserfahrungen – hier der schüchterne, verstiegene Anfänger, der noch nicht fähig ist, sich zu einer großen Liebe aufzuschwingen, dort die im Sex routinierte, jedoch von Trauer- und Einsamkeitsgefühlen umwölkte Zynikerin. Später ist es Magda, die gleichfalls mit der Hilfe eines Sichtgeräts versucht, in die (kahle) Welt von Tomek hinein zu starren. Der hatte sich immerhin nach dem missglückten Liebesversuch umbringen wollen. Beiden will es nicht gelingen, die innere Leere durch eine Leidenschaft zu füllen, die tatsächlich den anderen meint.

«Süchtig» nach dem Leben der anderen ist auch Monsieur Hire (im Film Die Verlobung des Monsieur Hire von Patrice Leconte, 1989, nach einem Roman von George Simenon): ein klassischer Voyeur (Michel Blanc), der mit großen Augen im blassen und stummen Gesicht die junge lebhafte Frau (Sandrine Bonnaire) in ihrem Appartement auf der anderen Seite der Strasse unermüdlich anstarrt, zumal wie sie sich auskleidet, wie sie sich ankleidet – bis ein Blitz ihn hinter seinem gardinenlosen Fenster erkennen lässt. Die Frau, Alice, die nun weiß und nicht mehr nur ahnt, dass der Blick einer stillen Begierde auf ihr ruht, beginnt mit der Zuneigung des menschenscheuen Voyeurs zu spielen. Der ‹amour fou› Monsieur Hires für Alice trübt seine Sicht der Dinge – selbst nach einem Mordfall. Er wird zu Unrecht verdächtigt und schändlich betrogen. Sein schreckliches Ende, er stürzt vom Dach eines Pariser Hauses, ist das Ergebnis eines Liebesverrats, dessen Opfer er wurde. Aus dem erotisch aufgeladenen Fensterblick erwächst für die vom Objekt ihrer Schaulust Besessenen kein Heil.

Eine Grauen erregende Variante dieses Blicks von Fenster zu Fenster inszeniert Roman Polanski in seinem Film DER MIETER (LE LOCATAIRE, 1976). Trelkowsky (von Polanski selbst gespielt), den argwöhnisch belauerten Außenseiter im Pariser Mietshaus, treibt es allmählich in Verfolgungswahn und Irrsinn. Sein Persönlichkeitszerfall erweist sich unzweideutig in einer Einstellung, in der Trelkowsky aus dem Fenster der Toilette, die am Ende des Gangs liegt, über den Hof auf das Fenster seines eigenen Zimmers schaut – und sich selbst dort hinter dem Vorhang als ängstlichen Beobachter entdeckt. Das Ich hat sich aufgeteilt, der Betrachter ist zugleich der Betrachtete.

IV

Nur in Komödien (zumal des ‹Mainstream›-Kinos) ergibt sich aus dem verheißungsvollen Blickkontakt ein sinnenfroher Hautkontakt – auch zur Freude problembewusster Zuschauer, die wissen, dass dem Voyeur als einem verblendeten Parasiten am Leben anderer sonst so oft die Katastrophe des ‹tödlichen› Erwachens aus seinem Wahn droht. In John Badhams Film STAKEOUT (DIE NACHT HAT VIELE AUGEN, 1987) winkt dem Späher endlich einmal Glück: Zwei Polizisten kontrollieren Nacht für Nacht ein Haus auf der anderen Straßenseite, in dem eine junge hübsche Frau wohnt, die ehemalige Freundin eines Kriminellen, der vorzeitig ausgebrochen ist und auf seiner Flucht vermutlich auch diese Adresse aufsuchen wird. Einer der Männer (Richard Dreyfuss) ist so entzückt von diesem einsamen Mädchen (Madeleine Stowe), dass er als Monteur von der Telefongesellschaft ihre Ruhe stört – bald ergeben sich innigere Gespräche, Umarmung und Kuss, zur Verzweiflung des sich professionell zurückhaltenden Kollegen, der im Dunkel seiner Position ausharrt und als Augenzeuge die sich entwickelnde Liaison im Fadenkreuz behält. Die Spannung ist dreifach: Wann endlich geben Mann und Frau ihrer Leidenschaft nach – ohne dabei ins Visier der installierten Optik zu geraten (von der die junge Frau nichts weiß)? Wie kann das Duo der Bewacher das sie ablösende Team davon abhalten, von der Liebesaffäre hinter den Fenstern der observierten Wohnung zu erfahren? Was geschieht, wenn der gefürchtete Gangster unverhofft das Haus betritt, bevor der neue Liebhaber es verlassen hat? Wie zu erwarten, kommt es zur Konfrontation auf Leben und Tod, bei der der Böse unterliegt und das Liebespaar in Frieden zurücklässt.

V

Weder Blendung (durch die in der Linse des Fernrohrs auftauchende Schöne) noch Verblendung (durch die mögliche Illusion einer Vereinigung mit der optisch herangerückten, doch so fernen Geliebten) bekümmert den kranken Vetter am Eckfenster (in E.T.A. Hoffmanns letzter Erzählung *Des Vetters Eckfenster*, 1822). Gelähmt im Rollstuhl sitzend, kann er das Haus nicht mehr verlassen. Zur Kompensation inspiziert er methodisch und unverdrossen das bunte Treiben auf dem Berliner Gendarmenmarkt, der vor seinem Haus liegt. Seinem Freund, dem es dank der ‹impressionistisch› flimmernden Ansicht des Gewimmels schwindlig geworden ist, erläutert er seinen sezierenden Blick, der mit Hilfe eines zuverlässigen Fernrohrs wie in Nahaufnahmen charakteristische Szenen und Personen mit ihren Kleidern, Körpern, Eigenarten aus der Menge ausschneidet. Manchmal verleiht er seiner Typenschau satirischen Umriss, wie sie etwa bei den Volksszenen des William Hogarth zu studieren sei. Stück für Stück, als handle es sich um ein Puzzle, setzt der ans Eckfenster gebannte Vetter die Augenblicke eines scheinbar unentwirrbaren Weltgetümmels unter seinem Beobachterposten zu einem Panoptikum der Population, zu einem halbwegs strukturierten Abbild des Lebens zusammen, bei dem sich das Wiederkehrende und das Zufällige allmählich unterscheiden lassen.

In der Unordnung, im Wechsel der Dinge die Ordnung hervortreten zu lassen, will nicht jedem auf rationale Systematik erpichten Geist gelingen. Ulrich, der Held in Robert Musils Roman *Der Mann ohne Eigenschaften* (1. Buch 1930), sieht (im 2. Kapitel des ersten Buchs) aus dem Fenster und beginnt, die Uhr in der Hand, zu zählen: Autos, Trambahnen, Fußgänger mit ihren «von der Entfernung ausgewaschenen Gesichtern». Bald bricht er ab, denn im «Netz des Blicks», als handle es sich bei den Augen um ein technisch neutrales Sichtgerät, bleibt nichts hängen, was auf eine Logik der chaotischen Vorkommnisse deutete. Ulrich fällt es leicht, sein etwas zielloses Zähl-Experiment zu beenden, er ist jung und kann seinen Standort am Fenster jederzeit verlassen.

Hoffmanns Vetter ist dagegen durch Alter und Krankheit an seinen Stuhl ‹gefesselt›. Ihm bleibt als aufregendes Erlebnis nur das Spektakel der Marktszenerie, auf die er hinabsieht. Ähnlich geht es Jeff (James Stewart) in Alfred Hitchcocks Film REAR WINDOW (FENSTER ZUM HOF, 1954). Der Reporter hat einen Unfall erlitten und muss mit dem gebrochenen Bein im Gipsverband die

Hitze der Stadt am offenen Fenster zum Hof ertragen. Aus professioneller Neugier und Langeweile – ihm bleibt nichts anderes zu tun – mustert er mit dem Teleobjektiv die Rückseiten der verschiedenen Appartements und nimmt als unerbetener Zeuge an den kleinen Dramen seiner Nachbarn teil – bis er einem Mord auf die Spur gekommen zu sein glaubt. Von da an verdrängt sein forschender, methodisch dirigierter Blick auf die Fenster der verdächtigen Wohnung den zuvor gleichsam flanierenden Blick auf die in verschiedenen Stockwerken ausgestellten Lebensräume.

VI

Auch gesellschaftlicher Zwang kann Menschen auferlegen, das Haus nicht allein oder möglichst gar nicht zu verlassen – etwa Frauen der indischen Oberschicht im 19. Jahrhundert: Satyajit Rays bengalischer Film CHARULATA (nach einer sozialkritischen Erzählung von Rabindranath Tagore, 1964) erzählt von einer jungen gebildeten Ehefrau, die, von ihrem Mann völlig sich selbst überlassen, nur durch Lektüre und Blicke aus dem Fenster am Gang der Welt Anteil hat. Mit einem Lorgnon, das durch eine kleines Opernglas verstärkt ist, lugt sie durch die Lamellen der Holzjalousien, die Hitze, Licht und Staub der Straße abwehren, um das Bild der wenigen Menschen zu erhaschen, deren Geräusche und Laute bis zu ihr nach oben dringen. Einmal eilt sie sogar von Fenster zu Fenster, um den Weg eines ihr unbekannten Mannes zu verfolgen: geradezu süchtig nach Realität, beflissen Bruchstücke des Geschehens da draußen sammelnd.

Dies ist auch als ein symbolischer Akt zu begreifen, der eine unverschuldete Lebensverfehlung eingesteht, die ‹ächzende› innere Leere, von der man weiß, dass sie nicht nur einer ausgewählten ‹Heldin› zur Qual wird, sondern vielen ihresgleichen.

Filmische Stile

Filmische Schreibweise bei Joseph Roth

Weniger als andere Schriftsteller seiner Zeit (z. B. Arthur Schnitzler, Thomas Mann, Hugo von Hofmannsthal oder Franz Kafka, nicht zuletzt die Generation der Expressionisten) war Joseph Roth am neuen Kulturphänomen Film interessiert. So gibt es eine kurze Reihe von Filmkritiken aus den 20er-Jahren, doch lassen sie in ihrer Mehrheit daran zweifeln, ob Roth die visuelle Ästhetik der neuen Kunstform wirklich in ihrer Vielfalt wahrgenommen hat. Fritz Langs und Thea von Harbous zweiteiligen NIBELUNGEN-Film unterzieht Roth eher einer politischen Analyse, er ordnet die Produktion dem von ihm heftig verachteten neuen deutschen Patriotismus nach dem Ersten Weltkrieg zu – ein Verdikt, das zumindest die nationalistischen Ideen und Phrasen der Drehbuchautorin Thea von Harbou nicht missdeutet. Das «Wie» der Inszenierung scheint ihm, Roth, indes völlig entgangen zu sein. Immerhin würdigt er Friedrich Wilhelm Murnaus grandiosen LETZTEN MANN (1924) voller Respekt – wenngleich auch hier auffällt, dass er vor allem das Drehbuch von Carl Mayer im Sinn hat. Er glaubt das «Diktat des Dichters» zu erkennen, das «dem Regisseur nicht mehr viel zu tun übrig lässt».[1] Eine solch ungeheuerliche Verkennung der künstlerischen Leistung Murnaus lässt zwei Schlüsse zu: Erstens, Roth hat offenbar das im merkwürdigen Stakkato, viele Gesten vorgebende und Affekte beschwörende Drehbuch von Carl Mayer gelesen, zweitens, Roth fehlt es an Verständnis für die Auflösung von Szenen und Handlungen in Bilder oder die Montage von Einstellungen. Einzelne Beobachtungen zu Chaplin und Max Linder, zum WACHSFIGURENKABINETT von Paul Leni, zu Eisensteins Filmen PANZERKREUZER POTEMKIN und DIE GENERALLINIE, zu Buster Keaton oder zu dem UFA-Kulturfilm WEGE ZU KRAFT UND SCHÖNHEIT lassen daran zweifeln, dass hier ein Autor Sinn für kinematographische Eigenarten entwickelt habe. Umso überraschender muss es anmuten, dass – nach meiner allmählich gebildeten Überzeugung – kaum ein Autor seiner Zeit eine so ausgeprägt filmische Schreibweise verwendet hat

---

1 Joseph Roth: *Das journalistische Werk.* 2. Band. Hg. v. Klaus Westermann. Frankfurt a. M./Wien 1989, S. 325
Leonardo Quaresima glaubt, 70–80 Artikel Roths über Film (allgemein) und einzelne Filme gezählt zu haben. Leonardo Quaresima: Der Schatten, die Stimme. Joseph Roth als Filmkritiker. In: Michael Kessler/Fritz Hackert (Hg.): *Joseph Roth. Interpretation, Rezeption, Kritik.* Tübingen 1990, S. 245 ff. Ausdrücklich sei auf die kürzlich erschienene Studie von Peter-André Alt: *Kafka und der Film. Über kinematographisches Erzählen* (München 2009), verwiesen. Sie bezeugt, dass Kafka Filme sehr viel aufmerksamer als Joseph Roth wahrgenommen hat, um sich durch deren Sujets, Motive und Strukturen für das eigene Werk inspirieren zu lassen..

wie ausgerechnet Joseph Roth. Ich fühle mich nicht berufen, diesen eklatanten Widerspruch zu enträtseln, könnte allenfalls darauf verweisen, dass bereits Sergej Eisenstein in seiner Studie zu *Dickens, Griffith und Wir* (1946)[2] ein Pré-Cinéma-Phänomen aufdeckte: Elemente der filmischen Ästhetik seien bereits in der ‹realistischen› Erzähl-Prosa des 19. Jahrhunderts vorgegeben gewesen. An den Romanen von Charles Dickens hebt Eisenstein etwa als prä-filmisch hervor, dass der Romancier für kleine Äußerlichkeiten scharfsichtig gewesen sei wie eine Art Fotoapparat, dass er oft ausgeprägte Bühnenanweisungen zu geben scheint und keinerlei vage Konturen erlaubt, dass sogar durch Kälte und Wärme der Atmosphäre etwas von der «inneren Welt und moralischen Haltung der handelnden Personen»[3] enthüllt werde. So seien Dickens auch die so filmischen Erzählelemente der Großaufnahme oder der Überblendung durchaus vertraut – Griffith und nicht zuletzt Eisenstein hätten auf literarisch bereits erprobte Verfahren der Veranschaulichung zurückgreifen können.

Man dürfte also auch im Fall von Joseph Roth in Rechnung stellen, dass sein Schreiben einer bestimmten realistischen Tradition entspricht, einer Poetik, die weitgehend bereits in der Romanpraxis des 19. Jahrhunderts entwickelt worden ist. Also scheint er kinomorphe Darstellungstechniken übernommen und verfeinert zu haben, ohne sich der Verwandtschaft seiner Gestaltungsformen in Prosa mit filmischer Schreibweise überhaupt bewusst zu werden. Anders kann man es sich kaum erklären, dass Roth, der in seinem wahnhaft übersteigerten zeitkritischen Essay *Der Antichrist* (1934) Hollywood förmlich als «Hades des modernen Menschen»[4] verteufelt (wie später, wenngleich weniger empathisch, auch Hermann Broch) gleichzeitig mit großem Eifer seine Geschichten so organisiert, als übernehme der Erzähler zugleich die Funktion einer Kamera.

Natürlich ist diese Beobachtung schon öfter getroffen worden, besonders von denen, die zu erklären versuchen, dass nach den Romanen von Joseph Roth eine Reihe ansehnlicher und auffällig ‹werkgetreu› ins andere Medium umgesetzter Filme entstanden sei. Offenbar hilft es bei der Verwandlung der literarischen in eine filmische Erzählung, so heißt es etwa bei Klaus-Detlef Müller[5], dass die Handlung bei Joseph Roth erstens klar aufgebaut sei, er zweitens plastische Figuren umreiße und drittens für atmosphärische Dichte sorge.[6] Da ich mich

---

2 In: Sergej Eisenstein: *Gesammelte Aufsätze I.* Zürich o.J., S. 60–136.
3 A.a.O., S. 66.
4 Joseph Roth: Der Antichrist (1934). In: Ders.: *Werke*, Bd. 3. Hg. v. Hermann Kesten. Köln 1976, S. 380ff.; Hermann Broch: Zur Diktatur der Humanität innerhalb einer totalen Demokratie (1939). In: Ders.: *Politische Schriften*. Frankfurt a. M. 1978, S. 53/4.
5 Klaus-Detlef Müller: Michael Kehlmanns Verfilmung von Joseph Roths Roman *Radetzkymarsch*. In: Kessler/Hackert, a.a.O., S. 227.
6 Der bedeutende Wiener Fernsehautor- und Regisseur Michael Kehlmann hat 1965 (für den ORB und den BR) eine ziemlich genaue, in vielen Szenen dem Buch verpflichtete Fernsehversion des

Filmische Stile

im folgenden auf die filmische Schreibweise Roths konzentrieren will, muss ich mich mit der Erläuterung einiger ausgewählter Stichproben zufrieden geben und darauf verzichten, sowohl die Romane als ganze Kunstwerke, als auch die Filme, die die Bücher nacherzählt haben, in aller Komplexität zu erörtern.

Erstes Beispiel: Als Mendel Singer in *Hiob* (1930) erfährt, dass Menuchim, der seinerzeit ausgesetzte und für unheilbar krank gehaltene Sohn immer noch lebt, dass es ihm sogar gut geht, faltet Mendel die Hände

> erhebt sie, so hoch er kann, dem Plafond entgegen, er möchte aufstehen, er hat das Gefühl, dass er jetzt aufstehen müsste, gerade werden, wachsen, groß und größer werden, über das Haus hinauf und mit den Händen den Himmel berühren. Er kann die gefalteten Hände nicht mehr lösen. Der Blick zu Skowronnek, und der alte Freund weiß, was er jetzt zu fragen hat, an Mendels statt.

Radetzkymarsch geschaffen, von der sich das Remake durch Axel Corti 1995 im wesentlichen nur durch größere Opulenz, das Farbfilmmaterial und die internationale Besetzung auszeichnet, etwa Max von Sydow als Vater Trotta oder Charlotte Rampling als Valerie von Tausig. Dennoch bin ich davon überzeugt, dass die Schauspieler in ihrer Mehrheit in der früheren Film-Adaptation einprägsamer agiert haben (vorweg Helmut Lohner als junger Leutnant Trotta).
Kehlmann hat später die *Jedermannsgeschichte* des Hiob 1978 in mehreren Teilen erzählt, wobei der Schauspieler Günter Mack als Mendel Singer ein außerordentlich eindrucksvolles Porträt des geprüften und leidenden Mannes entwarf.
Bernhard Wicki hat, ähnlich wie Kehlmann, zwei Filme nach Roth'schen Romanen inszeniert, die als bedeutende und große Produktionen in der Geschichte des deutschen Fernsehfilms einen hervorragenden Platz und Anerkennung gefunden haben: einmal DAS FALSCHE GEWICHT (1971 für das ZDF), mit Hilfe eines ‹werkgerechten› Drehbuchs des Dramatikers Fitz Hochwälder, von Wicki ergänzt, und DAS SPINNENNETZ (1989), nach dem ersten großen politischen Werk, dass Roth in den 20er-Jahren konzipiert hat.
Leider fast vergessen ist eine Fernsehversion des kurzen Romans *Die Rebellion* von keinem geringeren als Wolfgang Staudte, die Geschichte von einem demütigen und angepassten Kriegs-Invaliden, der unschuldig vom Verhängnis getroffen wird und trotzigen Widerstand gegen die Gesetze, die Gebote und Gott selbst entwickelt, so dass er vor dem göttlichen Gericht die Schlussrede eines aufrecht gesinnten Empörers halten darf. Mit Josef Meinrad als naivem Helden in der Hauptrolle inszenierte Staudte ein lakonisches Stationendrama, dass in einem fast surrealen Dekor vor der himmlischen Richterbank kulminiert. Eine weitere Version der *Rebellion* von Michael Haneke (1993) konnte ungeachtet der Besetzung des Andreas Pum durch den düster-melancholischen Bruno Samarovski und ungeachtet des Erzählers Udo Samel nicht dieselbe Prägnanz und sozusagen Brecht'sche Klarheit der Produktion von Staudte erreichen.
Nicht zu vergessen sei die in Deutschland einmal 1996 im Fernsehen ausgestrahlte international hoch ausgezeichnete Filmversion der *Legende vom heiligen Trinker* des italienischen Regisseurs Ermano Olmi (der Film erhielt 1988 bei den Filmfestspielen von Venedig die höchste Auszeichnung, den «Goldenen Löwen»). Diese LEGGENDA DI SANTO BEVITORE fügt dem Original der letzten Erzählung Roths, die posthum veröffentlicht wurde, einige treffende Szenen hinzu und riskiert es, die Hauptrolle des Andreas mit einem im Filmgeschäft sonst eher als dämonischen Bösewicht bekannten Schauspieler zu besetzen, nämlich Rutger Hauer. Dennoch hat sich dieses Wagnis künstlerisch gelohnt – es ist zu bedauern, dass der Film dem deutschen Publikum weitgehend unbekannt geblieben ist. Ähnlich eingeschränkte Nachwirkung ist bei Staudtes früher Fernsehfassung der *Rebellion* zu konstatieren.

«Wo ist Menuchim jetzt?» fragt Skrowronnek.

Und langsam erwidert Alexej Kossak:

«Ich selbst bin Menuchim.»

Alle erheben sich plötzlich von den Sitzen, die Kinder, die schon geschlafen haben, erwachen und brechen in Weinen aus. Mendel selbst steht so heftig auf, dass hinter ihm sein Stuhl mit lautem Krach hinfällt. Er geht, er eilt, er hastet, er hüpft zu Kossak, dem einzigen, der sitzen geblieben ist. Es ist ein großer Aufruhr im Zimmer. Die Kerzen beginnen zu flackern als würden sie plötzlich von einem Wind angeweht. An den Wänden flattern die Schatten stehender Menschen.[7]

Schon beim ersten Blick fällt auf, dass die Passage im *Präsens* gehalten ist – offenbar wollte Roth dadurch die Dramatik des Ereignisses erhöhen, die sich gleichsam Schritt für Schritt entfaltet, und nicht das distanzierte Präteritum einschalten, das die glückliche Fügung als bereits geschehen suggerieren könnte. Nun ist Präsens die Tempusform, in der auch Drehbücher geschrieben sind, schon in den 20er-Jahren ist dies üblich. Das, was sich auf der Leinwand ereignen soll, wird im Drehbuch, der ‹Möglichkeitsform› und Arbeitsanweisung im kreativen Prozess der Filmentstehung, als Vorangehen von Moment zu Moment empfunden, ohne dass ein Erzähler von oben her das Ganze betrachtet, ohne dass eine herausgehobene Figur bereits zu wissen vorgibt, was das Schicksal als nächstes vorhat. Natürlich ist dies Beharren auf der Gegenwartsform mehr oder weniger nur ein erzählerischer Trick, der die Spannung gleichsam ins Offene weitet und Unsicherheit im Publikum etablieren will – wobei man nicht vergessen sollte, dass Genreregeln und Standardsituationen stets bestimmte Erwartungen hervorrufen, die Zuschauer dazu befähigen, den weiteren Gang der Ereignisse gleichsam hypothetisch vorweg zu nehmen oder zumindest zu vermuten.

Als zweites fällt die ausgeprägte Gestikulation des Mendel auf, nachdem er aufgestanden ist. Er möchte sich dem Plafond entgegenstrecken und mit den Händen den Himmel berühren. Eine solche *exzentrische ‹Pathosformel›* der Anbetung bringt zum Ausdruck, was in der Person vor sich geht, nämlich der Mendel selbst vielleicht unbewusste Wunsch, mit dem offensichtlich dort oben lokalisierten Wesen in Berührung zu kommen, auch das Bedürfnis, die kauernde, verhuschte gebeugte Gestalt, Inbegriff und Sinnbild des gepeinigten und gedemütigten Lebens, wieder zu strecken, ein aufrechter, von Glück und Begeisterung durchströmter Mensch zu werden. Die Inszenierung von Michael Kehlmann handelt klug, wenn sie in diesem Moment die Kamera über dem «groß und größer werdenden» Mendel postiert, so dass sich die Arme, dank des

---

7   *Hiob* (1930). Köln 1999, S. 233.

Weitwinkelobjektivs in die Länge gezogen, dem Betrachter entgegenstrecken. Es ist nicht der Gestus des Schutz erflehenden, sondern der Gestus des unverhofften Segen empfangenden Menschen. Man versteht den inneren Impuls der Figur dank der visuell gesteigerten Gebärde auf Anhieb.

Die Bemerkung, dass die Schatten stehender Menschen an den Wänden flattern, könnte vielleicht die Mitteilung der guten Botschaft ins Unheimliche, zumindest ins Abstrakte verwandeln – wobei gerade die flatternden Schatten, von denen Roth wenige Zeilen später noch einmal spricht, einen von der Haupthandlung abgelenkten, schweifenden Blick verraten, also eine gewisse Distanz zum exaltierten Gefühlsdrama im Zimmer einräumen und zudem auf ein Element des expressionistischen Kinos verweisen (man denke etwa an Nosferatu von Friedrich Wilhelm Murnau, 1922), das mit dem Schattenspiel fast immer eine Verwandlung der Ereignisse ins Transzendentale, ins Über-Empirische im Sinn hatte.

Wie erwähnt, hat Klaus-Detlef Müller hervorgehoben, dass die Handlung in Roths Erzählprosa klar aufgebaut sei. Eine solche Kennzeichnung scheint mir etwas zu kurz zu greifen. Denn Roth beherrscht eine besondere Spielart des «szenischen Erzählens». Er sammelt wiederholt alle Kraft darin, die *große Szene* zu gestalten, in der die Handlung einer Krise, einer Peripetie, einem Umschlag entgegensteuert: hier der Offenbarung des Musikers Kossak, er sei kein anderer als eben der seinerzeit in Russland zurück gelassene und scheinbar geistig defekte Menuchim. Gleichgültig, ob die erzählte Zeit langsamer oder schneller voranschreitet, Roths Interesse ist es, den Ablauf zu verdichten, je näher man dem Umschlagpunkt kommt. Roth vergisst dabei nie die *besondere Situation*, in die ein dramatischer Vorgang oder ein Gespräch eingebettet sind, registriert also auch äußere Veränderungen im Verlauf der Ereignisse. Er vermeidet vage Markierungen des Wann und Wo, wie z. B. bei Thomas Mann üblich: «Es kam vor, dass Herr Settembrini den Schüler Hans (Castorp) direkt zur Rede stellte (…)», aus *Der Zauberberg*[8]. Roth wünscht vielmehr, den *Nahraum* der jeweiligen Szene *deutlich* hervorzuheben. Der Stuhl, der umfällt, die Schritte, mit denen Mendel zum wieder gefundenen verloren geglaubten Sohn hineilt, die auffällige Gebärde der Entlastung von einem ungeheuerlich drückenden Schmerz, das Wachsen der Gestalt des Mendel und die Schatten der aufgeregten Versammlung an der Wand: all dies wird nacheinander sichtbar, gerät also in den Fokus der erzählerischen Kamera, wenn ich mich so ausdrücken darf. Der Ausdruck «*szenisches Erzählen*» ist sicherlich angebracht, noch genauer wäre es, (a) Roths Fixierung auf den jeweiligen *Krisenmoment* zu betonen, das

---

8 *Der Zauberberg*. Berlin/Frankfurt a. M. 1962, S. 533.

Vorher und Nachher, (b) desgleichen seine Fähigkeit, den engeren Raum, die «Umstände» der Szene, bedeutsame Kulissen und Dinge *sichtbar zu machen*.

Zudem lässt sich festhalten, dass Roth (c) den großen, oft *exzentrischen Gestus* hervorhebt, den ebenso dramatischen wie symbolischen Ausdruck etwa der Metamorphose, die Mendel durchläuft – als handle es sich um die Bühnenvorschrift eines naturalistischen Dramas oder um die Beschreibung der Szene aus einem Drehbuch der Stummfilmzeit. Die von mir zusammengetragenen Eigenschaften der Prosa Roths deuten darauf hin, dass in ähnlicher Weise ein Film erzählt werden kann – man also mit einigem Recht von einer filmischen, einer kinomorphen Schreibweise reden darf.

Zweites Beispiel: Im *Radetzkymarsch* (1932) erreicht die Nachricht von der Ermordung des Thronfolgers in Sarajevo eine buntgemischte Festgesellschaft im Schloss des Grafen Chojnicky. Einigen Offizieren drängt sich in diesem Moment die Lustbarkeit von nebenan, Musik und die schleifenden Schritte der Tänzer als unpassend und peinigend auf. Sie befehlen, dass man den Trauermarsch spiele (aus Chopins h-moll-Suite). Mitten aus ihrer Walzerbelustigung gerissen, müssen die in bunte Papierschlangen verstrickten Gäste nun plötzlich dem neuen «makabren und stolpernden Rhythmus»[9] folgen. Doch da alle betrunken sind, die Musiker ebenso wie die Tänzer, beschleunigt sich langsam das Tempo und «die Beine der Wandelnden fingen an zu marschieren», bis aus dem Trauermarsch eine Art Freudenmarsch wird. Man muss den Musikern die Instrumente wegnehmen, damit endlich Ruhe eintritt. Auf den Stufen zum Eingang sitzen danach einige Offiziere, vor denen Leutnant Trotta sich aufstellt und um seinen Abschied bittet. Major Zoglauer erhebt sich, kann aber die «unausgesprochenen und unaussprechlichen Worte», die sich in seinem Mund sammeln, nicht artikulieren.

> Man roch den starken Holunder. Man hörte das sachte Tropfen des Regens und das zarte Rauschen der nassen Bäume, und schon begannen die Stimmen der Tiere zaghaft zu erwachen, die vor dem Gewitter verstummt waren. Die Musik im Inneren des Hauses war still geworden.

Am Ende bringt Zoglauer nur den Satz heraus: «Vielleicht haben sie recht, sie sind jung.» Wieder sticht der scharf konturierte Nahraum der Szenen hervor. Die berauschten Tänzer werden nicht als ganze Figuren in den Blick genommen, sondern pars pro toto, in einer Art Detailaufnahme: ihre Beine, die sich zunächst nach dem Rhythmus des Trauermarschs vorsichtig über das Parkett

---

9 *Radetzkymarsch* (1932). Reinbek 1957, S. 222f.

oder den Tanzboden hinschleppen, werden plötzlich wieder schneller, im Takt der sich ebenfalls beschleunigenden Musik. Diese filmtypische Einstellung (fast eine Großaufnahme) erschließt die tiefere Bedeutung, eine lapidare Symbolik, die sich mit dem konkreten Vorgang mühelos verbindet: Diese Gesellschaft will nicht begreifen, nach Dezennien des äußeren Friedens, dass nun eine neue, schreckliche Epoche angebrochen ist, in der man nicht mehr nach dem operettenseligen Motto leben kann, dass nur der glücklich ist, der vergisst, was doch nicht zu ändern ist. Die Trägheit und die Gewohnheit der Seelen drückt sich analog in der Trägheit und Gewohnheit der Beine aus, die sich nicht dem Trauermarsch, sondern dem geschwinden Galopp fügen wollen, darüber hinwegtanzen, dass das Haus – metaphorisch gesprochen – schon zu brennen begonnen hat. Kein Wunder, dass sich beide Inszenierungen, sowohl die von Kehlmann, als auch die von Corti, diese aussagekräftige Tanz-Szene mit ihrem eklatanten Stimmungs-Umschwung nicht entgehen lassen. Die allmähliche ‹Entwaffnung› der Musiker allerdings findet nur bei Kehlmann statt. Gleichfalls ein doppelsinniger Vorgang: Einerseits tritt erst jetzt Ruhe ein, weil man denen, die aufspielen, die Instrumente wegnimmt (oder die Waffen). Zugleich wird angedeutet, wie der falsche alte Zustand und die neue kriegerische Situation zu beenden seien, damit die Festmusik und der Waffenlärm verstummen.

Trotta steht vor den Offizieren, die nach dem Gewitter auf den Eingangsstufen platz genommen haben: auf weißen großen Tüchern, die man über die Steine gebreitet hat. Vermutlich der Erzähler – durch seine Neigung, mehrfachen Sinn in Bildern und Situationen zu entdecken, manchmal merklich unterschieden von der etwas engeren Wahrnehmungsweise des jungen Leutnants – bemerkt dazu, dass diese weißen, großen Tücher so aussähen, als seien es Leichentücher. Die Offiziere, die sich weiter nicht rührten und ihre Köpfe gesenkt hielten, «erinnerten an eine wächserne militärische Gruppe im Panoptikum»[10]. Die Assoziation zwischen Leinen- und Leichentüchern, die Anspielung auf das Panoptikum leuchten Kinozuschauern nicht so ohne weiteres ein. Beide Inszenierungen ersparen sich daher das Spiel mit diesen Gleichnissen und verkürzen den Auftritt Trottas. Es handelt sich doch um eher ergrübelte Vergleiche mit dem gemeinsamen Nenner der Totenstarre. Man kann indes die Unbewegtheit der Männer als Schreckenslähmung verstehen, nachdem alle begriffen zu haben scheinen, dass mit dem Mord am Thronfolger auch der Beginn eines Weltkrieges unvermeidbar scheint. Der Hinweis auf das Panoptikum setzt voraus, dass man dieses optische Kabinett kennen gelernt hat – für Zeitgenossen der Jahrhundertwende keine unbekannte Spezial-Sensation, da ein sogenanntes Kaiserpanorama in jeder größeren Stadt Neugierige angelockt hat (es wird

---

10 *Radetzkymarsch*, S. 223.

ausführlich beschrieben in Hermann Brochs erstem Teil der *Schlafwandler*:
«*Pasenow oder die Romantik*», der im Jahr 1888 spielen soll). Schon im Jahr 1930
werden die wenigsten mit dem Begriff des Panoptikums konkrete Seherfahrun-
gen verbunden haben.

Während sich der Fokus der erzählerischen Kamera auf dem Gesicht des
Majors Zoglauer verengt: die Augenlider flattern, die Backenknochen werden
durch Muskel bewegt, «alles war in Bewegung geraten»: eine mimographisch
detaillierte Artikulation des inneren Aufruhrs, den der Offizier durchlebt, wird
der sichtbare Nahraum in der Zeit des bedrückenden Schweigens entgrenzt
durch einen *suggestiven Klangraum,* der zugleich das Arkadisch-Friedliche, das
Ewig-Unvergängliche der unversehrten Natur beschwört – als leiser Widerspruch zur Erwartung des Todes im Lärm des kommenden Krieges: das Rauschen der Bäume, die Stimmen der Tiere, intensiviert sogar durch eine Duft-
markierung: den starken Geruch des Holunders. Die Grenzen des Klangraums,
das ist spezifisch für Klangräume, sind nicht genauer bestimmt, sie öffnen sich
in die Weite, während der Sehraum bei Roth immer scharf eingestellte Objekte,
Gesichter, Figuren vorweist. Die Verschränkung von Seh- und Klangraum
(und Duftraum) lässt sich durchaus als *spezifische Atmosphäre* in dieser Szene
beschreiben. Bei diesem Beispiel kommt die dritte Kategorie, die Müller aufführt, die Atmosphäre, zur Geltung – als Kategorie, die sowohl im Literarischen
wie im Filmischen ihren Platz hat.

Drittes Beispiel: In Roths *Das falsche Gewicht* (1937) kommt der ehrliche Eichmeister Anselm Eibenschütz nach Hause – im Sommer verschwitzt, im Winter
halb erfroren. Dort erwartet ihn «mit finsterer Stirn seine Frau». Er fragt sich,
wie er nur so lange Zeit mit einer «so fremden Frau» habe zusammenleben
können.[11]

Es war ihm, als hätte er sie erst vor kurzem erkannt und immer eine Minute,
bevor er ins Haus trat, hatte er Angst, sie würde sich seit gestern verändert haben können und wieder eine andere, neue, aber ebenso finstere sein.
Gewöhnlich saß sie strickend unter dem Rundbrenner, in emsiger, gehässiger
und erbitterter Demut. Doch war sie hübsch anzusehen mit ihrem schwarzen,
glatten Scheitel und ihrer trotzigen kurzen Oberlippe, die einen kindlichen
Mutwillen vortäuschte. Sie hob nur den Blick, ihre Hände strickten weiter.
«Sollen wir jetzt essen?» fragte sie. «Ja!» sagte er. Sie legte das Strickzeug
hin, einen gefährlichen giftig grünen Knäuel mit zwei dräuenden Nadeln, und
ein angefangenes Stückchen Strumpf, das eigentlich aussah wie ein Überrest,

---

11 *Das falsche Gewicht* (1937). Köln 1999, S. 144.

ein noch nicht geborenes und schon zerstückeltes Werk. Trümmer, Trümmer, Trümmer! Eibenschütz starrte darauf, während er die peinlichen Geräusche vernahm, die seine Frau in der Küche verursachte, und die grelle und gemeine Stimme des Dienstmädchens. Obwohl er hungrig war, wünschte er, die Frau möchte möglichst lang in der Küche bleiben. Warum gab es keine Kinder im Haus?[12]

Die Szene, die hier beschrieben wird, scheint sich zu wiederholen, im Sommer und im Winter. Die zentrale Aussage wird vorweggeschickt: Eibenschütz weiß eigentlich nicht, wer seine Frau ist. Er betritt sein eigenes Haus und wird von der Empfindung einer großen Entfremdung oder Fremdheit überwältigt. Der strickenden Gattin unter dem Rundbrenner und ihrem – von ihm wahrgenommenen – Ausdruck erbitterter Demut (ein Affektausdruck, der mit seiner Angst korrespondiert) begegnet er allabendlich. Das Emsige, Gehässige und Erbitterte bei all der Demut lässt sich nicht nur als seine subjektive Anmutung verstehen, die Aufzählung der Affekte, die sich zur Kennzeichnung unzufriedener Untertänigkeit kombinieren, könnte auch als Anweisung für die Schauspielerin gelten, die die Rolle in der Filmfassung zu übernehmen hat.

Bemerkenswert ist der Bruch in diesem Abschnitt: nämlich das Eingeständnis – aus der Perspektive des Eibenschütz oder eines ihm überlegenen Erzählers zugebilligt –, dass Frau Eibenschütz durchaus hübsch anzusehen sei mit ihren schwarzen Haaren und der trotzigen kurzen Oberlippe. Der Erzähler Roth will offensichtlich nicht, dass die Figur nur unter dem Aspekt des strengen und unversöhnlichen Urteils der männlichen Hauptfigur in Erscheinung trete. Er rettet Frau Eibenschütz, indem er die Oberfläche, ihr attraktives Äußeres hervorhebt, gleichsam aus dem Strom der Verdammnis hervorhebt, in der sie Anselm Eibenschütz ertränken will. Anschließend jedoch triumphiert die Betrachtungsweise des Ehemanns. Die Nadeln im Strickzeug «dräuen». Der Strumpf sieht wie ein «schon zerstückeltes Werk» aus. Der innere Ausruf «Trümmer, Trümmer, Trümmer» pointiert diese Schreckensdeutung der alltäglichen Dinge. Sie erwecken beim tief verdrossenen Eichmeister Ekel und Abscheu. Hinzu kommt der charakteristische Klangraum, die Geräusche aus der Küche, die ebenfalls bei Eibenschütz abstoßende Empfindungen hervorrufen. Weshalb in dieser Ehe keine Kinder zustande kommen, ist nach der kurzen Beschreibung dieser abendlichen Szenerie nicht weiter erstaunlich.

Der Film behilft sich beim Ausdruck dieser quälenden Gefühle dadurch, dass die Kamera die Figur des Eibenschütz näher betrachtet, die Quelle dieses äußersten Unbehagens: Der Schauspieler Helmut Qualtinger gibt mit den

---

12 A.a.O., S. 144/145.

aufgequollenen, unendlich traurigen Augen und dem starren feisten Gesicht durchaus den präzisen Eindruck einer im persönlichen Familienalltag versteinerten Person wieder. Die symbolische Aufladung des Strickwerks zum Trümmerwerk ist auch durch längeres Verweilen der Kamera auf Nadel und Wollfäden nicht in gleicher Weise begreiflich zu machen. Zwar spiegeln Dinge im Film äußere und innere Zustände der Figuren, doch oft in ‹matter›, in relativ unscharfer Weise. Allenfalls ruft der Blick der Filmkamera auf die Dinge im Hause Eibenschütz ein leises Gefühl des Fröstelns und des Kümmerlichen hervor, eine Ahnung von der Tristesse des vergeblichen Lebens. Doch auch lang währende Einstellungen können selten die scharfsinnige vertiefende Deutung ersetzen, zu der der sich selbst kommentierende literarische Text im Stande ist.

Im *Falschen Gewicht* herrscht die Perspektive des Eibenschütz vor. Der Hinweis auf das «erbittert Demütige» seiner Frau mag eine Vermutung sein, die Eibenschütz hegt, oder die Wertung preisgeben, die ein überlegener Erzähler riskiert. Sie ist kein zuverlässiges Signal für das Innenleben der Frau Eibenschütz, von dem man nämlich selbst durch den lakonischen Dialog nichts Genaues erfährt. Die Behauptung Müllers, dass Roth vornehmlich «plastische» Charaktere gestalte, scheint mir nicht für alle Figuren gültig zu sein: Dieser Erzähler, wie schon Reinhard Baumgart in seinem Joseph Roth-Essay feststellte,[13] weiß beinahe ausschließlich über die Befindlichkeit seiner männlichen Figuren Bescheid, während die Frauenfiguren durchweg ein unentschlüsseltes Geheimnis bergen. Sie bleiben gewissermaßen völlig im Dunkeln, sogar wenn sie in den Lichtkreis der Bühne treten, die für die privilegierte männliche Hauptfigur aufgeschlagen wird.

Diese Einschränkung gilt auch für das sonderbare Verständnis der Euphemia, der Zigeunerin in ihrer rätselhaften Schönheit, die im *Falschen Gewicht* den Sinn des Eibenschütz verwirrt. Roth braucht viele Sätze und Vergleiche, um ihre fulminante Wirkung auf Männer, insbesondere auf den Eichmeister, zu illustrieren. Sobald sich Roth über die Beschreibung des ersten Eindrucks bei ihrem Auftritt hinausbegibt, wie sie mit «wiegenden Hüften und straffen Schultern, mit festen und zierlichen Schritten auf hohen Stöckeln sich dem Eichmeister nähert»[14], und den Kreis der Assoziationen ausmisst, die bei Eibenschütz fast eine gelähmte Bewunderung auslösen, strudelt die Porträtierung ins Problematische. Euphemias tiefblaue Augen erinnern ihn an das Meer, der niemals das Meer gesehen hat, sie lässt ihn an südliche Nächte denken, er glaubt in ihr «die Sünde» wieder zu erkennen. Ihre Stimme erinnert ihn an den Klang einer Nachtigall, die er in jungen Jahren einmal gehört habe und so weiter.

---

13 Reinhard Baumgart: *Auferstehung und Tod des Joseph Roth*, München/Wien 1991, S. 37ff.
14 *Das falsche Gewicht*, S. 157.

Man vergleiche mit dieser überschüssigen Etikettierung des ‹Faszinosums› Frau die vorsichtige und sparsame Charakteristik der Philine, die Goethe in *Wilhelm Meisters Lehrjahren* dieser zauberhaften und gleichfalls für den Leser verführerischen Gestalt zukommen lässt. Der knappe Dialog, den Euphemia und der Eichmeister am Tisch führen, soll Eibenschütz gleichsam in einen Zustand des Entrücktseins versetzen, der daran schuld sein mag, in dieser Frau das Weib schlechthin erkennen zu wollen. Die aufdonnernde Transzendierung ihrer zweifellos hübschen Erscheinung (ihre seidenschwarzen Wimpern sollen schwärzer gewesen sein als ihr Kleid – was für ein gesuchter und unglaubwürdiger Vergleich!)[15], ergibt doch nur das Klischeebild einer ‹verlockenden Zigeunerin›, wie sie früher verschiedentlich aus Bilderrahmen in die Schlafzimmer bürgerlicher Ehepaare geblickt haben mögen.

Ein viertes und letztes Beispiel:

> Als der Abend zu dämmern begann, entzündete die Schwester eine Kerze. Einsam stand sie, unwahrscheinlich groß und einsam, in der Mitte des Zimmers, in der Mitte auf dem runden Tisch. Ihr Licht war spät und gütig. Es schien dem Eichmeister, sie sei das einzig Gütige in der Welt. Plötzlich erhob sich die Frau. Sie streckte beide Arme nach dem Mann aus und fiel sofort mit einem sehr schrillen Schrei zurück. Die Schwester beugte sich über sie. Sie schlug das Kreuz und drückte der Toten die Augen zu.
> Eibenschütz wollte näher treten, aber die Nonne wies ihn zurück. Sie kniete nieder. Ihr schwarzes Kleid und ihre weiße Haube sahen auf einmal sehr mächtig aus. Sie erinnerten an ein schwarzes Haus mit einem verschneiten Dach, und dieses Haus trennte Eibenschütz von seinem toten Weibe. Er drückte seine heiße Stirn gegen die kühle Scheibe und begann, heftig zu schluchzen. Er wollte sich schneuzen, suchte nach einem Taschentuch, fand es nicht, griff aber nach der Flasche, die er seit Wochen stets bei sich trug, zog sie hervor und tat einen tiefen Schluck.
> Sein Schluchzen erlosch sofort. Er ging leise hinaus, ohne Hut und Mantel, und stand da, im faulen, fauligen Geriesel des Regens. Es war, als regnete ein Sumpf hernieder.[16]

Zu dieser Todesszene wäre manches zu sagen, was als Kommentar zu den vorangegangenen drei Szenen bereits vorgeschlagen wurde. Wieder die äußerste Präzision in der Rekonstruktion des Nahraums, in diesem Fall der Abstand zum

---

15 S. 158.
16 A.a.O., S. 205/206.

Bett. Die merkwürdige Kälte, die zwischen den Ehepartnern eingetreten ist, die Frau, der Mann – gemütlicher wird es nicht im Verhältnis zwischen den beiden. Es kann natürlich sein, dass der Tod bereits Sekunden vorher die Arbeit der Gleichmacherei leistet, die ihm oft nachgesagt wird, so dass das Individuelle vor dem Allgemeinen stirbt und die Frau des Eichmeisters gleichsam namenlos ins Jenseits geht. Wieder die prägnante Gestikulation beim endgültigen Abschied: die beiden Arme, die sie ausstreckt, der Schrei, nach dem sie dann wieder zurückfällt. Kein klinisches Protokoll könnte genauer das Nacheinander festhalten. Aber auch die übersteigerte Metaphorik: das schwarze Kleid und die weiße Haube der Nonne erinnern den Erzähler an ein schwarzes Haus mit verschneitem Dach. Dieses fast preziöse, fast obskure Spiel mit weitläufigen und eher zufälligen Vorstellungen kann der Film nicht wiedergeben. Das Gebaren des Eibenschütz verrät, dass er zum schweren Alkoholiker geworden ist – ein Schluck aus der Flasche stillt sofort sein Schluchzen. Der Alkoholismus löst offenbar die Anästhesierung des Gemüts aus: Eibenschütz wird durch die Trunkenheit in einen Zustand relativer Unempfindlichkeit versetzt, sich selbst gegenüber und auch den anderen. Erinnerungen und Wehmut ersticken gleichsam, sein Wein-Anfall findet sofort ein Ende.

Der Sehraum, ein Nahraum, verschränkt sich mit dem diffuseren Klangraum: das leise Rieseln des faulen, fauligen Regens – auch der Geruchsraum schneidet hier ein. Eine Atmosphäre, die real keinen Ausblick erlaubt: Daher ist die Metapher zwar kühn, aber durchaus treffend, dass sich der Regen herabsenke wie ein Sumpf auf die Menschen. Wiederholt wird in der Erzählung *Das falsche Gewicht* davon gesprochen, dass das kleine Pferdegefährt des Eichmeisters im Nebel oder im Schneegestöber verschwinde. Keine Tiefenschärfe, keine Fern-Sicht auf ein strukturiertes Landschaftspanorama, Dunst verhüllt die Gegend vor den gewissermaßen halb blinden, kurzsichtigen Augen. Rainer Baumgart mag nicht unrecht haben, wenn er die Auflösung der Grenzen zwischen Subjekt- und Objektwelt auch in der getrübten Wahrnehmung des Trinkers begründet sieht.[17] Insofern ergibt sich Atmosphäre – das gilt jedenfalls für diesen Film von Bernhard Wicki – aus der Brechung des Blicks, der eigentlich im Raum frei umher schweifen will. Wickis Kameramann Jerzy Lipman gleitet oft in kurzem Abstand an den Mauern vorbei, konstatiert die Risse, den herausgefallenen Putz, die Verkommenheit des Gemäuers, Schmutz und Schlamm der Straßen, das Ungemütliche und Zerfallene, das Unwirtliche der Behausungen und der Märkte, auf denen der Eichmeister, in Konfrontation mit Armen und Ärmsten, seinem erbarmungslosen Amt nachgeht. Die Systematik dieser filmischen Einstellungen erzeugt in

---

17 Baumgart: *Auferstehung und Tod des Joseph Roth*, S. 32.

der Tat eine Atmosphäre, die auf Elend und Tod vorweist, auch auf den elenden Tod im Schlamm, den am Ende der Eichmeister erleiden wird.

Auf die häufig gestellte Frage, welchen ‹Mehrwert› denn nun der Film im Vergleich zu Literatur leiste, zumal wenn der Prosatext von Joseph Roth filmischer Wahrnehmung so eng angeglichen sei, auf diese Frage nach der ästhetischen Differenz lassen sich viele Antworten geben. Zwei von ihnen will ich auf jeden Fall hier skizzieren.

Erstens: die Bilder des Films übertreffen an Reichtum, an Einzelheiten, aber auch an Deutlichkeit fast immer alle Vorstellungen, die sich durch literarische Imagination beschwören lassen. Die *Konkretheit des Filmbildes* kann manchmal auch als Enttäuschung verzeichnet werden – wenn etwa die Euphemia der Schauspielerin Evelyn Opela nicht ganz den schwärmerischen Phantasien entspricht, die Joseph Roth entfacht hat. Dafür immerhin kann sie vor der Kamera die gleiche Objektivität, den Anspruch auf eine eigene Gestalt behaupten wie der Eichmeister Eibenschütz. Um ihre Attraktivität auf andere Weise zu steigern – für Eibenschütz und für die Zuschauer –, lässt der Regisseur die Schauspielerin in mehreren Schlafzimmer-Szenen unbekleidet auftreten: Die Darstellerin vermeidet prüde Scheu und demonstriert, dass selbst nackte Haut, metaphorisch verstanden, eine undurchdringliche Hülle sein kann. Die Figur der Euphemia bleibt dem Eichmeister auch in enger Umarmung eine unerforschlich Unbekannte. Die ‹absolutistische› Vorherrschaft der männlichen Perspektive in Roths Erzählung wird durch die Multiperspektivik des Films wenigstens zum Teil gebrochen oder zurück genommen.

Zweitens: in keinem Drehbuch kann die *Rhythmik im Ablauf der filmischen Erzählung* bis ins Einzelne vorweggenommen werden. Die Bewegung der Dinge vor der Kamera, die Bewegung der Kamera selbst, der Wechsel der Distanzen, der Verteilung von Licht und Dunkel und Farben usw., diese Rhythmen entfalten eigene, auch literarisch nicht vorgesehene Ausdruckskraft. Wenn die Kamera etwa in die Häuser der armen Kaufleute eindringt, vehement und schnell, dann wird die Brutalität sichtbar, mit der der Eichmeister und der ihn begleitende Soldat in die Welt der Einheimischen regelrecht einbrechen[18], die Rücksichtslosigkeit des Ordnungswalters, der Regierungsmacht.

So klingt es vernehmlich an, wenngleich es nicht laut ausgesprochen wird, dass auch im *Falschen Gewicht*, wie in fast allen Erzählungen des Joseph Roth, Protest gegen die Ordnung, die Ordnung der Welt, die Ordnung des Staates erhoben wird, eine trotzige, nicht immer wohlbegründete Anklage oft einfacher Menschen und armer Seelen gegen die dumpfe Last der Verhältnisse (wie

---

18 Siehe auch Jürgen Wolff: *Schaafs «Trotta»* (1971). In: Kessler/Hackert, a.a.O., S. 437.

schon in der kurzen Erzählung *Die Rebellion*). Dass Anarchie diese Ordnung zerstören wird, präsentiert sich, wenngleich ambivalent betrachtet, als historisches Gesetz. So kommt es zu den Zerfallsgeschichten, die Roth wiederholt: dem moralischen Zerfall von Personen in einer bereits zerfallenden Landschaft, in einer zerfallenden Gesellschaft. Vom Tod, vom Ende bedrohte Existenzen überall. Dass gelegentlich ein Wunder geschieht – wie die Rettung in *Hiob* oder das sanfte Sterben in der «Legende vom heiligen Trinker» – muss man als unerforschlichen Segensakt einer übergeordneten Instanz ratlos hinnehmen.

Auferstehung

Zu den stummen Melodramen Frank Borzages

Der große kriegsversehrte Mann im Rollstuhl und die grazile junge Frau, der Beginn einer Lie-besgeschichte: Charles Farrell und Janet Gaynor (LUCKY STAR, USA 1929, Regie: Frank Borzage)

I

Schon drei erhaltene Western (two reeler) Borzages aus dem zweiten Jahrzehnt des vergangenen Jahrhunderts bezeugen, wie sein Interesse am Melodram das am Western merklich verdrängt. Eine für das Genre der rauchenden Colts nicht untypische Schwarz-Weiss-Zeichnung der Figuren wird man vergeblich suchen, Borzage spielt selbst drei problematische Charaktere:

In THE PITCH O' CHANCE (USA 1915) tritt er als wettsüchtiger Geselle auf, der am Kartentisch im Saloon die Geliebte eines professionellen Spielers gewinnt. Die ist sich zwar nicht sicher, ob sie sich in der Gunst ihres bisherigen Herrn gegen eine prunkvollere Konkurrentin behaupten kann, doch so ohne weiteres mit einem fremden Mann davon ziehen zu müssen, verstört sie. Der Held erweist sich als Gentleman, übergibt ihr am nächtlichen Lagerfeuer seine beiden Revolver, damit sie sich vor ihm geschützt fühlen soll, trennt sich sogar von ihr, weil er einsieht, dass er ihr nichts Gutes gebracht habe – und überdies bereut er seine Leidenschaft für Wetten. Etliche von David W. Griffith für die American Biograph zwischen 1907 und 1912 gedrehten Filme kennen dasselbe puritanische Schema der Einsicht und Seelenrettung: die moralische Umkehr des Sünders.

Der verlassene Spieler indes sinnt auf Rache und lauert dem Helden auf einsamer Landstraße auf (zum Teil in extremer Totale von weit oben aufgenommen), wird im kurzen Duell schwer getroffen, der Held wohl auch (unklar). Er legt den Körper des Spielers aufs Pferd und reitet mit ihm zurück. An einer Koppel trifft er wieder die junge, herbe Frau, die er nun wirklich zu gewinnen hofft – er macht ihr einen Heiratsantrag. In einer Art Vordeutung oder Vorstellung sieht man ihn in der bürgerlichen Familienidylle angekommen, als Vater kommt er fröhlich überschwänglich nach Hause und wird von zwei Kindern empfangen, die er umarmt. In der Schlusseinstellung springt die Handlung wieder in die erzählte Gegenwart zurück: Die junge Frau lehnt ihren Kopf an seine Brust – ein erstaunlich vieldeutiger Gestus: Meint er Zusage oder Zweifel?

Ein anderer Film, Nugget Jim's Pardner (USA 1915), erzählt von einem versoffenen jungen Mann der Jeunesse dorée, der vom eigenen Vater aus dem Haus gewiesen wird. Wie ein Hobo fährt er mit einem Güterzug nach Westen, um als zunächst äußerst ungeschickter Gehilfe bei Goldsuchern zu landen (Vater und heiratsfähige Tochter). Irgendwann will er in sein altes Milieu zurückkreisen, doch als er vom Zug aus auf die Beiden zurückblickt, die ihm eine Art Familie geworden sind, springt er ab und läuft ihnen entgegen – und einem neuen Leben in fester gefügten Verhältnissen entgegen, in dem harte Arbeit von den dekadenten Lastern reicher Müßiggänger abhält.

Im wohl aufschlussreichsten dieser frühen Western, The Pilgrim (USA 1916), spielt Borzage einen originellen Charakter: einen schweigsamen Sonderling, einen ‹lonesome cowman› von geradezu unheimlicher, gar schwermütiger Ausstrahlung, der mit einem Esel an seiner Seite den Westen durchstreift und nachts neben dem liegenden Tier unter freiem Himmel sein Lager aufschlägt. Er heuert beim Vormann einer großen Ranch an und begegnet einem Mädchen aus höherem Hause, die sich einmal in der Wildnis umschauen will und bald wie in einem Labyrinth verloren zu gehen droht. Da bewährt er sich als Retter und Führer. Es kommt zur unerwarteten Annäherung zwischen beiden. Als das Mädchen ihm ein Bild ihres Verlobten zeigt, eines Herrn wohl gleichfalls aus der Oberklasse, den sie demnächst heiraten werde oder müsse, zieht der enttäuschte Pilgrim mit seinem Esel wieder einsam auf der Straße fort. Der soziale

Unterschied ist zu groß, als dass er in einer Wunschfamilie aufgehoben werden könnte. Die Bezeichnung des Mannes als Pilgrim, gebräuchlich für Fremde im amerikanischen Westen, deutet schon darauf, dass er so bald kein Zuhause finden werde. Eine schwache Aura des Feierlichen, aller Banalität Enthobenen, haftet an diesem Außenseiter mit den auffälligen, dunklen Augen. Ist er im Kern ein ‹Heiliger›, ein frommer Büßer? Jedenfalls lebt er sexuell enthaltsam, ein asketischer Puritaner, der den nackten Arm eines Amüsiermädchens fast angewidert von seiner Schulter streift (wenngleich er dem Rum zuspricht). Oder soll durch den titelgebenden Namen an die frühen Landnehmer Amerikas, die frommen und eigensinnigen Pilgrim Fathers, erinnert werden? Objektiv scheint ein Gegensatz zwischen dem unsteten Lebens des unabhängigen, doch einsamen ‹Drifters› und der bürgerlichen Familienordnung zu bestehen. Nicht immer stellt sich die Versöhnung als dramaturgischer Automatismus in letzter Minute ein: die Perspektive auf ein gemeinsames Leben Seit' an Seit' als Inbegriff romantischen Glücks. Borzages Western THE PILGRIM lässt ahnen, dass sowohl das erhoffte Einverständnis zwischen Mann und Frau, als auch die Stabilisierung dieses Verhältnisses, ‹bis dass der Tod euch scheide›, eigentlich eines *Wunders* bedarf. Künftig wird die Forderung nach einem den größten Wunsch erfüllenden Wunder Borzage in seinen großen Melodramen der ausgehenden Stummfilmzeit beschäftigen – denn anders scheint den ungleichen Partnern auf Erden nicht zu helfen zu sein.

Auch ästhetische Prinzipien scheinen vorauszuweisen: Borzage vermeidet zumal im PILGRIM beschleunigende Montagen. Eher könnte man von einer *verzögernden oder abwartenden Inszenierung* sprechen, die es vorzieht, *Abläufe in Echtzeit* abspielen zu lassen. Ein Beispiel: die Darstellung eines Zweikampfs zwischen dem Pilgrim und einem grundlos eifersüchtigen Mexikaner im Saloon. Medium shot auf den Gegner, der sich vom Boden aufrichtet und in seinem Zorn nicht mehr aufzuhalten ist. In der nächsten Einstellung wird die Kamera auf der Blickachse um einige Meter zurück versetzt: Das Gewimmel der schaulustigen Männer verbirgt den Kampf. Die Kamera bleibt, wo sie ist, mischt sich nicht ins Geschehen – auch dadurch wächst die Neugier auf den Ausgang des Konflikts. Schließlich taucht der Pilgrim aus dem Menschenknäuel wieder auf und wirft das Messer eher ergrimmt als verächtlich (ergrimmt darüber, dass man ihm den Kampf aufgenötigt hat – so scheint es) auf einen Saloontisch, auf dem es sich mit der Spitze einbohrt: Zeichen für die überlegene Könnerschaft des Mannes im Umgang zumindest mit dieser Waffe. Die erzählerisch *klug bedachte Ökonomie der Einstellungen* ist leicht zu erkennen: Lange und kurze Takes wechseln einander ungezwungen ab, um keinerlei Missverständnis dessen aufkommen zu lassen, was sich gerade ereignet – zwischen den Personen und in den Personen. Stets ist der Beobachtungs-Punkt verblüffend geschickt gewählt, die Logik der Abfolge unterschiedlicher Einstellungsgrößen dient der schlüssigen Erzählung und verselbständigt sich nicht.

Die vergehende Zeit wird gegenwärtig, sozusagen spürbar, (a) durch das Spiel der Akteure und (b) die Spannung, die sich aus der Situation ergibt. Der Erzählfluss ist weder träge noch schwerfällig – sondern gerade so langsam wie nötig, um die teilnehmend beobachtenden Zuschauer ins Geschehen ‹eindringen› zu lassen, Zeit für ein ‹genaues› Mit- und Nachvollziehen der Handlungen zu gewähren. Borzages *psychologischem Realismus* geht es nicht in erster Linie (aber immer wieder auch) um Wahrscheinlichkeit bei der Wiedergabe der äußeren Prozeduren, sondern mehr um *Deutlichkeit in der Abbildung innerer Vorgänge*. Seine später entstandenen Stummfilme beweisen staunenswerte Meisterschaft in der *Analyse oder Aufdeckung halb bewusster Strebungen und komplexer, sogar widersprüchlicher Gefühle.*

II

Zunächst ein Blick auf eine Produktion Borzages aus dem Jahr 1925: Lazybones, die er bereits für den Studio-Unternehmer William Fox drehte – mehrere Filme in Borzages Fox-Ägide folgen, die allesamt verdienen, im Kanon der erinnernswürdigen Stummfilme vorderste Plätze zu beanspruchen.

Der sprechende Name der Hauptfigur, dt.: der Faulpelz, lässt auf eine Besserungskomödie schließen, wenigstens auf ein Lustspiel, da ein Abweichler vom Pfad der Tugend Fleiss, ein Zeitverschwender, der den Tag nicht nützt, eine komische Figur sein könnte – vielleicht sogar ein zynischer Philosoph wie einst der radikal bedürfnislose Diogenes in der Tonne oder ein lethargischer Müßiggänger, der zudem als Aristokrat gesellschaftlich nützliche Arbeit vermeidet wie Oblomow, der Held in Iwan Gontscharows gleichnamigem Roman: ein ‹überflüssiger Mensch› im Urteil der anderen, die sich im Schweiße ihres Angesichts plagen. Das Schlafmützig-Unbewegliche, eine nach dem Selbstverständnis der Wasp-Vertreter (**w**hite, **a**nglo-**s**axon, **p**rotestant) durchaus unamerikanische Eigenschaft, verbindet Lazybones mit Oblomow. Wer wollte den arglosen Naiven nicht die Flucht in die Tag- und Schlafträume gönnen, die die ‹Lazybones› von der Not des Alltags entfernen? Doch im Umkreis puritanischer Leistungsethik gilt der Faulpelz eher als Tunichtgut, der sein Leben verfehlt hat: eine missratene Existenz.

Borzages Film enthält daher, ungeachtet erheiternder Momente, eine eher bittere Fabel, zumal die Trägheit des Helden seine persönliche ‹pursuit of happiness›, das unermüdliche Streben nach einem ‹guten Leben› verhindert – indes ist auch die engere Umwelt nicht so beschaffen, um als moralisch unantastbare Instanz die Weltfremdheit des Protagonisten verurteilen oder bestrafen zu dürfen. Zuvorderst die Mutter (Edythe Chapman) ist ein Teil des Problems, da sie kritiklos zu ihrem Jungen steht und ihm alles nachsieht. Er bleibt als Verlierer zurück, obwohl er als ansehnlicher Bursch' andere Chancen und Pflichten gehabt hätte: der Schauspieler und Western-Star Buck Jones in der Rolle des Steve Tuttle, ein großer und kräftiger Mann, Vorgänger der einfältig-treuherzigen ‹Landeier›, die später Charles Farrell verkörpern wird. So gerät LAZYBONES nicht zur Provinzposse, sondern zum melancholisch verdüsterten Sittenbild von Schicksalen in einer kleinen Stadt oder vom Leben auf dem Lande.

Eine der ersten Einstellungen zeigt zwei hochgestellte Beine, die an einem Lattenzaun lehnen. Zwischen den Schuhen und den Brettern hat sich ein ziemlich dichtes Spinnengewebe gebildet – eine witzig übertreibendes Sinnbild für den langen Schlaf, dem sich der Faulpelz (um ihn handelt es sich) hingegeben haben muss. Immerhin, eine junge Frau will ihn zum Manne nehmen, wenn er nur eifriger wäre, die Schäden am Hausdach beheben oder die sperrige Gartentür reparieren wollte: Das sich kaum öffnende Gatter dient als ‹running gag› in einigen Szenen, einschließlich des leeren Versprechens, das der faule Held abgibt, seine Mutter möchte ihn morgen oder nach dem Krieg daran erinnern, diesem Missstand zu ‹Leibe› zu rücken. Die Mutter der jungen Frau widersetzt sich dem Begehren ihrer Tochter. Sie ist streng und standesbewusst, ein wahrer Drache, hässlich in ihrem Hochmut. Sie will ihre ältere Tochter Ruth (ZaSu Pitts) mit einer guten Partie verkuppeln, einer Art Snob im Revier. Diese Tochter hat außer Haus schon ein Kind geboren, der ordentlich angetraute Seemann ist bald vom Meer verschlungen worden. Wohin mit dem Baby? Sie bettet es in einen Korb und stürzt sich selbst von einem Steg in den reißenden Fluss. Steve Tuttle in seiner typischen Haltung, er ruht bequem auf einem breiten Ast, die Beine hochgelegt, die Angel quer über den Bauch gelegt, damit er beim Fischen schlafen kann, entdeckt vom Ufer aus die junge Frau, springt ins Wasser und rettet sie.

Um der bürgerlichen Ehre willen überantwortet die Gerettete ihr Kind (dessen Dasein die neue vorgesehene Ehe mit dem Snob verhindern würde) dem Faulpelz und seiner Mutter: Etwas ungeschickt findet sich Steve in die Vaterrolle, er verleugnet tapfer die für andere ominöse Herkunft des Babys, weshalb sich die misstrauisch gewordene junge Frau, die ihn vielleicht zum Mann genommen hätte, empört von ihm abkehrt. Eine fast unausweichliche endogame Konstellation tritt ein: Steve verliebt sich in das heranwachsende hübsche Mädchen namens Kit (Madge Bellamy), die ihrem Stiefvater herzlich zugeneigt ist. Ob sie ihn gleichfalls liebt?

Der Erste Weltkrieg: Steve verschläft im Unterstand eine Frontverschiebung. Eine Gruppe deutscher Soldaten kapituliert spürbar erleichtert, als der traumselige Narr hinter ihrem Rücken auftaucht. Um die Burleske zu vollenden, wird er dafür als Held dekoriert – und bei der Rückkehr auf einem Tanzfest gefeiert. Seine Laune kippt um, als er bemerkt, dass sich Kit einem anderen, einem jungen und tüchtigeren Mann zugewendet hat. Die Trauer wird allgemein, als Kits Mutter (ZaSu Pitts mit großen tragisch verschleierten Augen) stirbt – Lüge und Unglück haben ihre Jahre erfüllt. Die Jugend macht es besser. Lazybones bleibt allein zurück, wieder liegt er faul im Baum am Flussufer, die Angel ruckt – es hat aber nur ein ganz kleiner Fisch angebissen.

In diesem Film verschränken sich auf merkwürdige Weise mehrere Genres und Darstellungsprinzipien: So entsteht ein Flickenteppich von Komödie und Tragödie, Spottlust und auf Rührung zielende Empfindsamkeit, in den vielen Plein air-Aufnahmen fast impressionistisches Entzücken über die gartenähnliche Sommerlandschaft, den Wind, der in die Haare greift, den sonnenüberglänzten Staub, den Pferde und Wagen auf den Wegen aufwirbeln, und auf der anderen Seite didaktische Kompositionen leicht begreiflicher Bildsymbole: Schon eingangs überraschen witzig ironische Aufnahmen von langsam hinabrinnendem Sirup, um das Wesen der Hauptfigur zu veranschaulichen («slow as molasses»), am Ende gilt der magere Fisch als Gleichnis für die ‹reduzierte› Existenz des alternden Lazybones.

III

Mit 7TH HEAVEN (IM SIEBENTEN HIMMEL, USA 1927) beginnt eine Reihe von Filmen mit Janet Gaynor und Charles Farrell als Liebespaar, Filme, die großenteils im Atelier hergestellt wurden und wiederum voneinander abweichende ästhetische Konzepte gleichzeitig verfolgen: zum einen legt Borzage Wert auf subtile, detailreiche Schauspielerführung, überträgt das Zeitgefüge, die zögernde Dynamik der inneren Bewegung, der miteinander kämpfenden Empfindungen, in sichtbare Aktionen und Reaktionen, zum anderen verhehlt er nicht die bewusst ausgestellte Künstlichkeit der Schauplätze, das Artifizielle der Ausleuchtung, die symbolische Konfiguration. Friedrich W. Murnau hat unmittelbar zuvor auf dem Freigelände der Fox SUNRISE (USA 1927) in Szene gesetzt (mit derselben Protagonistin, Janet Gaynor, die für beide Filme den erstmals verliehenen Oscar als beste weibliche Hauptdarstellerin gewann). Wie weit Borzage dem Vorbild Murnau stilistisch folgte – etwa in 7TH HEAVEN –, bleibt eine offene Frage. Murnau und Borzage haben mehr als drei Jahre nebeneinander bei Fox gearbeitet. Dass Borzage die Arbeit des international bewunderten Murnau näher kennengelernt hat, mag nicht bezweifelt werden. Dennoch muss Borzage eine auffällige Eigenständigkeit zugestanden werden, selbst in seinem nächsten Film STREET ANGEL (ENGEL DER STRASSE, USA 1928), der expressionistische Schattenspiele nachzuahmen scheint.

Der Schauplatz von SEVENTH HEAVEN soll Paris sein: Borzage lässt eine geradezu putzige Bühnen-Kulisse mit intimen Außen- und Innenräumen errichten, mit auf- und abführenden engen Straßen, fast leeren Wohnungen und einem weiträumigen Atelierzimmer im siebten Stock (daher der Titel). Murnau, nebenbei, hat eine vergleichbar historisierende Stadtlandschaft zum letzten Mal in seinem FAUST (D 1926) geschaffen, seine Gegenwartsdramen spielen in einer akzentuiert modernen Großstadt-Architektur, sowohl im LETZTEN MANN (D 1924), als auch in SUNRISE. René Clair öffnet in seinem ersten Tonfilm SOUS LES TOITS DE PARIS (UNTER DEN DÄCHERN VON PARIS, F 1930) die Straßen für Läden und Passanten, für reges Leben, Tanzlokale und Autoverkehr, nicht zuletzt für die Vielfalt der Parteien in den Mietshäusern. Borzages Montmartre ist wie ausgestorben, kaum eine beiläufige Figur verirrt sich an diesen Ort, der eher dörflichen als städtischen Charakter aufweist (mit einer Ausnahme: einem schmutzigen Jungen, dessen sich der Pfarrer annimmt).

Ein Kammerspiel und ein Melodram: der Kanalreiniger Chico hält sich für einen «remarkable fellow», atheistisch und angstfrei, seine (wirklich) stolzgeschwellte Brust spricht dafür. Er rettet die junge, großäugige Diane (Gaynor) vor ihrer peitschenschwingenden Schwester, einer trunksüchtigen Furie, vor sich selbst (sie will Selbstmord begehen) und vor dem Polizeigewahrsam, indem er sie kurzerhand zu seiner Frau erklärt. Die Kamera fährt außen mit, als er Diane in seine Wohnung im siebten Stock hinaufführt, in der Höhe der Dächer von Paris. Das schüchterne Kindmädchen setzt die Reihe der filigranen Figürchen fort, die seit Lillian Gish und anderen in Griffiths und späteren amerikanischen Melodramen an der ungerechten Welt leiden. Chico, der im Kern wieder naive Held – ein großer Junge –, will Diane beibringen, mutig zu sein, den Kopf oben zu halten, zum Beispiel furchtlos den Steg zu betreten, der über die Straßenschlucht hinweg ihren ‹Himmel› mit der Nachbarwohnung im drüben liegenden Haus verbindet.

Chico entpuppt sich als Anhänger des in den 20er-Jahren zwischen USA und UdSSR verbreiteten Behaviorismus: Wer die Körperhaltung korrigiert, korrigiert auch die Haltung der Seele. Ferner drängt sich die Erinnerung an das PYGMALION-MOTIV vom antiken Bildhauer auf, der sich eine Wunschfrau aus Marmor formte, die durch die Gnade der Liebesgöttin Aphrodite zu atmen begann: Chico modelliert so lange an Diane herum, bis sie ihren zweiten Schöpfer zu lieben lernt. Der aber, in seiner sturen Männlichkeitspose, braucht lange, bis er sich zu seiner Gegenliebe bekennt. Beide übernehmen die Aufgabe Pygmalions und fördern gegenseitig eine authentischere, weltoffenere, unverkrampftere Persönlichkeit zutage. Derselbe spannende Prozess der Annäherung durch Läuterung der Charaktere findet sich später ausgeprägt in LUCKY STAR (USA 1929): Liebe wächst anscheinend durch Arbeit am anderen, setzt die wechselseitige Anpassung voraus. Mag sein, dass diese von Borzage Schritt für Schritt vorgeführte ENTFALTUNG der Figuren allgemeiner Menschenkenntnis zu verdanken ist – oder auch als christliche Pflicht und gottgefälliges Werk anzusehen sei.

Janet Gaynors *ununterbrochenes Spiel* spiegelt die Entwicklung ihrer Diane von Augenblick zu Augenblick. Die Kamera ruht oft lange auf ihrem Gesicht und lässt der Schauspielerin Zeit, die gleitenden Verschiebungen des Ausdrucks in der Nah- oder Großaufnahme minimalistisch wiederzugeben – so dass man als Zuschauer den Blick nicht von ihr abwenden will. Sie kann die bis zum Lebensüberdruss Bedrückte präzise darstellen, die Ängstliche, die sich kaum frei im neuen Umfeld zu bewegen traut und schamhaft unter die Bettdecke kriecht, so dass nur noch die großen Augen zu sehen sind, die leuchtend zur Liebe Erwachte, die Mutige, die nach Chicos Weggang zum Militär die wieder angriffslustig einbrechende Schwester endlich fortprügelt, die innerlich Gefasste, die klaglos die monotone Arbeit in der Fabrik verrichtet, die Widerspenstige, die die Todesnachricht Chicos nicht glauben will, die fassungslos Sprachlose, für die das eben noch Undenkbare eintritt: Chico öffnet die Tür.

Der Dramatiker Borzage forciert eklatante Schicksalswendungen, das ‹hochpathetische› *Umschlagen von Glück in Unglück* (oder umgekehrt): Als Diane im weißen Hochzeitskleid wie ein kleiner Engel über den Steg läuft und sich mit strahlenden Augen Chico zuwendet, ist der Augusttaumel des Jahres 1914 auf den Straßen ausgebrochen: Der Krieg gegen Deutschland steht bevor. Auf den Höhepunkt einer leidenschaftlichen, durch heftige Küsse besiegelten gegenseitigen Liebeserklärung folgt die abrupte Trennung: Chico muss sich den Soldaten anschließen. Jeden Tag um 11 Uhr wollen sie aneinander denken, versprechen sie sich. Nach dieser heftigen Gefühlserschütterung nimmt sich der Film Zeit für ein belustigendes Intermezzo. An der Front werden Soldaten gebraucht, also rekrutiert man die Pariser Taxis für den Truppentransport: Realaufnahmen und Tricktechnik wechseln einander ab, um die lange Kette der zur Front fahrenden Autos ins Bild zu bringen. In dem zur Kriegszeit spielenden Schlussteil überschwemmt Borzage die Szenerie mit Massen, denn Krieg bedeutet offenbar auch Multiplikation der Individuen, der Autos wie der Menschen: die aufmarschierenden Franzosen in den Pariser Straßen, die in der freien Landschaft sich heranwälzende vielköpfige deutsche Armee. Den Weltkrieg versteht Borzage als tiefgreifenden historischen Einschnitt, den er in mehreren seiner wichtigsten Filme berücksichtigt, der die Männer aus ihren Familien reißt, sie an die Grenze zwischen Leben und Tod schickt, von der sie nicht immer und nicht immer heil zurückkehren. Chico erblindet im Kampfgetümmel und wird von einem anderen Soldaten aus dem Bombentrichter zurückgeschleppt. Dem Pfarrer (aus seinem Viertel) gilt sein scheinbar letztes Wort: Er sterbe mit dem Kopf oben. Diane arbeitet in diesen Tagen wie andere Frauen in einer Munitionsfabrik und erwehrt sich der Verehrung eines Offiziers. Der besucht sie im siebten Stock, als der Waffenstillstand ausgerufen wird, in der Hoffnung, der neue Mann an Dianes Seite zu werden.

IV

Wieder ist Borzages Kunst zu bewundern, schroffe und kreischende Dissonanzen zustande zu bringen und danach rasante Übergänge gleichsam vom todtraurigen c-moll zum fanfarenhaften C-Dur im Finale (wie im Schlusssatz von Beethovens 5.Symphonie).

Die Dissonanz: Der Jubel der auf den Straßen umherwirbelnden Menschen dringt empor, als Diane die Totenliste vor die Augen gehalten wird, auf der Chicos Name steht. Der Pfarrer bestätigt die schlechte Nachricht. Das Schockierende des Gleichzeitigen: die Freude der Menge, das Entsetzen der Einzelnen. Diane bricht zusammen, als sie gezwungen scheint, endlich einzusehen, dass ihre telepathische Zwiesprache mit Chico nichtig gewesen ist, ein leerer Wahn.

Triumph im Finale: Unten drängt sich der blinde Chico, zu Unrecht totgesagt, durch die tobende Masse und eilt, am Geländer sich festhaltend, die Treppe empor. Sein Ruf «Diane» wird im Zwischentitel in größeren Buchstaben wiedergegeben: ein Schrei. Dann tritt er zur Tür herein, mit ausgestreckten Armen. Aber wo ist sie? Diane schüttelt leicht den Kopf angesichts der unglaubwürdigen Erscheinung und nähert sich ihm langsam, sie ertasten sich, beide auf den Knien, eine in vielen Glaubenslehren gültige Demuts-Positur, von links oben fällt ein schräger Lichtstreif auf das selige Paar, das sich wiedergefunden hat. Der *Kniefall* als starker Gestus, der Ergebung und Hingabe zugleich ausdrücken kann, meist sinkt zuerst die junge Frau dem Mann zu Füßen, er kehrt in den nächsten beiden Filmen Borzages mit Gaynor und Farrell wieder. Wie beim Schlussbild kann man sich nicht des Verdachts erwehren, dass der Regisseur bewusst Elemente sakraler Ikonologie ausgeliehen hat, um Artikulationen liebender Zusammengehörigkeit eine Art Heiligenschein zu verleihen, das private Glück zum feierlichen Gottesdienst zu erhöhen.

Man kann diese letzte Sequenz aus 7TH HEAVEN als katholisierenden Schluss bezeichnen, die letzte Einstellung als frommes Andachtsbild – nicht zuletzt verstört das auf christlichen Bildkompositionen nicht unvertraute ‹heilige Licht der Gnade›. Immerhin, sogar Murnau poetisiert den Sonnenaufgang am Schluss von SUNRISE, als sei man in einem geistlichen Spiel, das kurz vor der Altarzone abläuft, er lässt der Zerknirschung des Mannes, der am Bett seiner mariengleichen Frau kniet, durch die Lichtmetapher symbolisch Vergebung zuteil werden. Doch dieses Pathos transzendentaler Tröstung und Versöhnung bleibt bei Murnau Episode, Borzage sind die *Grundmuster der metaphysischen Wandlung* dauerhaft willkommen für die Strukturierung seiner Melodramen.

Ein weiterer Beleg für die religiöse Fundierung seiner Fabeln bietet sich an: Die in der Antike wohl von Vorderasien und Ägypten ausstrahlenden Mythen, die den Vegetationszyklus begleiten, deuten die (winterliche) Todesfahrt des Heros (Tammuz, Osiris usw.) – und seine Wiederkehr (im Frühling). Christopher Vogler popularisierte im Anschluss an die Mythenforschung von Joseph Campbell[1] den Begriff der Heldenreise – die selten genug den dramatischen Aufbau von Filmen prägt. Doch Borzages große Stummfilme scheinen dieses Modell zu repräsentieren, besonders hängt er der (zugegeben: magischen) Vorstellung eines Wende-Zaubers, einer Umkehr durch ‹Tod und Wiedergeburt› an. Vornehmlich ist es der Weltkrieg, der die Männer gleichsam verschluckt und dann mehr oder weniger beschädigt ausspuckt (das gilt insbesondere für 7TH HEAVEN und LUCKY STAR), auch die Todesnähe der Krankheit, die den Helden für eine Weile aus dem Kreis der Lebenden entführt, erfüllt diese Funktion (in THE RIVER, USA 1928), oder der einjährige Gefängnisaufenthalt der Protagonistin, die über Nacht von der Bildfläche verschwindet (in STREET ANGEL). Sie alle entrinnen schließlich dem ‹Hades›, und ihre ‹Auferstehung› von den Toten verlangt eine erhabene und ergreifende Inszenierung. Das jeweilige Wunder der ‹zweiten Chance›, das den Liebenden die Erneuerung ihrer gemeinsamen Existenz gewährt, mag dem rationalistischen Weltverständnis als Attitüde, als Imitation christlicher oder mythischer Glaubenslehre erscheinen, es taugt auf jeden Fall zur emphatischen Verstärkung der meist unverhofften oder im Fall von Chico und Diane eigentlich ausgeschlossenen *Wiedervereinigung*. Wiedervereinigung und Auferstehung wider alles Erwarten, gleichsam die *Rücknahme der Katastrophe*, die eine scheinbar endgültige Trennung bedeutet, ein Sieg über den Tod, lösen ein zutiefst berührendes Sentiment aus, das mit schnellfertig überheblicher Abwehr nicht zu disqualifizieren ist – weil es der zum menschlichen Mängelwesen gehörenden Sehnsucht nach einer zuverlässigen Heilsordnung entspricht. In kleiner Münze: Diane weint und gesteht, sie sei es nicht gewöhnt, glücklich zu sein.

V

Borzages große Melodramen handeln, jedenfalls gegen Ende der 20er-Jahre, von *einfachen Leuten*, die am Rande der Gesellschaft ihr Auskommen finden müssen und dennoch ein erstaunlich bürgerliches Selbstverständnis aufweisen, die geachtet werden wollen und Regeln des Anstands aufrichtig respektieren. Die beiden Strassenreiniger in 7TH HEAVEN begegnen einander mit leicht übertrie-

---

1   Christopher Vogler: *The Writer's Journey. Mythic Structure for Writers*. Studio City, CA 2007; Joseph Campbell: *The Hero with a Thousand Faces*. New York 1949.

benen Verbeugungen, als seien sie nicht simple Arbeiter, sondern auf formelle Höflichkeit achtende Adlige, die dem anderen verdiente Ehre erweisen wollen. Diane, zunächst nur Opfer armseliger Verhältnisse, strebt nichts dringlicher an, als eine kleine Haus- und Ehefrau zu sein, die züchtig und ordentlich auf sich hält, Chico am Morgen manierlich Kaffee einschenkt und ihm sogar (wenn auch ungeschickt) die Haare schneidet.

Die Konturen der Rolle Janet Gaynors weiten sich in STREET ANGEL ein wenig aus. Schauplatz soll Neapel und Süditalien sein: Angela (Gaynor) will ihrer todkranken Mutter Medizin besorgen, aber wie soll sie die bezahlen, da beide im Elend darben. Sie beobachtet, wie Huren ihre Kavaliere abschleppen und will es ihnen nachmachen – erfolglos. Weil sie eifrig zuschaut, um die Tricks zu lernen, rennt sie gegen einen Wandvorsprung: ein eher trauriger als lustiger Moment. Sie ist eine zarte Person, die Mitleid und nicht Begierde erregt. Doch die Plage der Armut hat sie nicht wählerisch werden lassen: Sie raubt eine kleine Summe, Wechselgeld auf der Theke eines Straßenlädchens, wird von der Polizei gefasst und vor einen Richter geschleppt, über dessen Tisch nur ihre Stirn und ihre Augen hinausragen. Der gleichgültige Richter spricht mit Menschen an seiner Seite, will dabei nicht unterbrochen werden und fällt achtlos ein vorschnelles Urteil: ein Jahr Arbeitshaus. Borzage ist selten zu solch grimmiger Satire bereit wie hier auf erbarmungslose Klassenjustiz, bar jeder Einfühlung. Angela kann flüchten, die Mutter ist inzwischen gestorben, noch einmal legt sich das Mädchen zu ihr und den toten Arm um sie: Sie sucht nach Schutz. Den findet sie nach diesem finsteren Prolog bei fahrenden Artisten.

Einige Einzelheiten bezeugen, dass sich aus der ‹grauen Maus› eine attraktive und ‹fidele› (keineswegs leichtfertige) junge Frau ‹herausgemendelt› hat, die die schwarzbestrumpften Beine hochlegt und mit den Füßen in übermütiger Laune ein Schellentamburin zum Klingen bringt, der man den Apfel förmlich aus dem Mund reißen muss, wenn sie auftreten soll, die mit ausgreifenden und schnellen mediterranen Gesten und unbändigem Temperament auf der Leinwand eines Malers (Farrell) herumtrampelt, der das vor Ort umkämpfte Publikum, ohne dass er es will, vom Zirkus weggelockt hat. Sie hat auch – das zeigt sich später – keine Scheu vor der Berührung des anderen Körpers: Einmal greift sie mit der Hand zärtlich derb ihrem Geliebten voll ins Gesicht und schüttelt seinen Kopf. Borzage lässt Gaynor die (wenn es sie denn gibt) unverstellte Sinnlichkeit des Südens förmlich mit Behagen ausagieren.

Natürlich ist Gino, der Maler, von der frech-drastischen Art Angelas entzückt. Er tritt der Truppe bei um Angelas willen, die – wie er sagt – eine Maske trage, um unnahbar zu sein, die ihn anfangs noch abweist, weil sie angeblich mit Männern und der Liebe nichts zu tun haben wolle: eine Selbsttäuschung, wie man sogleich einsieht. Wenn Gino das neapolitanische ‹National-Lied› «O sole mio» singt und pfeift, ist sie doch bezaubert. Er malt sie – hinter ihnen der Prospekt einer italienischen Landschaft unter der südlichen Sonne. Als sie bei einer Zirkusnummer, sie steht auf Stelzen, einen Polizisten neben ihrem Freund das Bild betrachten sieht, ist sie so verwirrt – immerhin als Straffällige auf der Flucht –, dass sie stürzt. Gino bringt die Verletzte, die sich seit dem Unfall innig an ihn klammert, im Nebel des Hafens auf ein Schiff, das Neapel ansteuert. Dort richten sie sich in einer Wohnung mit zwei Schlafräumen ein (noch sind sie nicht verheiratet und eine wilde Ehe scheint bei so tugendhaften Leuten ausgeschlossen zu sein). Sie übt, wieder zu gehen. *Gehen üben*, das Motiv einer Rehabilitation (einer anderen Art von Auferstehung) des versehrten Körpers und zugleich der verletzten Seele, hat Borzage wiederholt beschäftigt. Es taucht ausführlich behandelt in LUCKY STAR auf (da muss der an den Rollstuhl gefesselte Protagonist wieder den freien Gang wagen). Angelas Porträt wird verkauft, denn ‹die Kunst geht nach Brot› (Lessing), vor allem, wenn sie keines hat (Ernst Bloch variiend). Kunstfälscher modifizieren es und versehen das Abbild der jungen Frau mit einem Heiligenschein: So schnell ist die weltliche ‹Prinzessin› zur Madonna zu verwandeln.

Neapel wird für Angela zur Falle: Der Polizist, der sie einst festgenommen und vor Gericht geschleppt hat, erkennt sie wieder und will sie in Gewahrsam nehmen. Sie erbittet eine Stunde Aufschub – Gelegenheit für Borzage, eine für ihn typische dissonante Parallelhandlung in beklemmender Weise zu entwickeln. Gino hat einen Auftrag angenommen und eingekauft. Er kommt nach Hause in Fest-Laune, Angelas Tränen sind Freudentränen – noch. Nachdem sie den Polizisten beschworen hat, vor der Tür zu warten, verändert sich ihr weinendes Gesicht. Sie versucht, sich nichts anmerken zu lassen, ist auch abgelenkt, als Gino Faxen treibt, stößt mit ihm auf ihre ewige Liebe an, übertrieben, da im Inneren entmutigt und ratlos, so dass der Sekt aus ihrer Tasse spritzt. Im Zwischenschnitt sieht man die ungeduldig auf den Boden klopfenden Stiefel des Polizisten, der wenig später sogar durch die Schlitze, die die zugezogenen Vorhänge frei lassen, ins Zimmer lugt. In kaum bemäntelter Panik bugsiert Angela Gino vorzeitig ins Bett, hilft ihm beim Ausziehen der Schuhe und umarmt verzweifelt, mit abgewandtem Gesicht, seine Füße, als der betrunkene Gino von ihren zu erhoffenden Kindern spricht. In keiner Szene zuvor ist so viel von Zukunft die Rede, tödliche Stiche für Angela, die zu wissen glaubt, dass es für beide keine Zukunft geben werde. Die Akzentuierung des (vorläufig) letzten Blicks: Angela verlässt rückwärts den Raum, ohne die Augen von Gino abzuwenden. So retiriert schon Chico in SEVENTH HEAVEN, als er sich den Soldaten anschließen muss und den Anblick der zurück bleibenden Diane regelrecht in sich aufsaugt. Er wird dann, als Erblindeter zurückgekehrt, sie nicht mehr oder für eine Weile nicht mehr sehen.

Borzage baut bei dieser in mehrere Phasen unterteilten Abschiedssequenz eine quälende Spannung auf. Angela gibt vor, in ihr weiter unten gelegenes Zimmer zu gehen, stattdessen nimmt sie der Polizist am Arm, am Ende fast zärtlich. Noch ein retardierendes Moment, das scheinbar unerschütterliche Harmonie zwischen beiden verheißt: Gino pfeift ihr zu: ‹O sole mio›. Da ihre Lippen zittern, kann sie nicht gleich antworten. Gino ist ein wenig beunruhigt, weil es so still bleibt, steht auf, nähert sich der Treppe. Da endlich tönt das Echo der Melodie. Die Täuschung ist gelungen. Weshalb hat sie sich Gino nicht anvertraut? Weil Gino, überraschend für einen Künstler, eine rigide, engstirnige, bourgeoise Moral vertritt. Die Mädchen auf der Straße verachtet er. Angela fürchtet diese gedankenlose Aburteilung. Als sich nach Angelas Abgang ein entsprechendes Fräulein aus dem Hause, Lisette, Gino in unzweideutiger Absicht aufdrängt, schlägt er sie brutal zu Boden. Durch das ihm unerklärliche Verschwinden Angelas ist er wie vor den Kopf gestoßen. Er sieht ihr unberührtes Bett, taumelt umher, niemand weiß etwas, alle sind mit ihren eigenen Angelegenheiten beschäftigt, er wandert ziellos – und mit ihm die Kamera – durch die Straße, lehnt endlich an einer Mauer, die Schatten der fremden Menschen huschen über ihn und die Mauer hinweg: Selten ist die *Entfremdung* einer Figur von der Welt in ein prägnanteres Bild übersetzt worden.

Überhaupt wechselt der szenische Stil in diesem Film zwischen der Einrichtung vorwiegend (nicht ausschließlich) hell ausgeleuchteter Milieus und einer Ästhetik *expressiver Schattenspiele* sowie eines *abstrakten Monumentalismus*, als diene ihm nicht der zeitgenössische, sondern der frühe Murnau (zur Zeit von NOSFERATU, D 1922) oder Fritz Lang (zur Zeit von METROPOLIS, D 1927) als Vorbild. Im Gefängnis werfen die Gitterstäbe und die Wächter riesengroße Schatten an die Wand. Vor einer gewaltig hochstrebenden Mauer sitzen die Gefangenen in einer schier endlosen Reihe, grau, gleichgeschaltet, nur Angela pfeift die altbekannte Melodie. In dieser Zeit hockt Gino kraftlos und zusammengekrümmt vor dem geplanten Fresko – man entlässt ihn. In einer Locanda stiert er vor sich hin, dem Freudenmädchen Lisette, die ihn dort entdeckt, bekennt er, wahre Frauen malen zu wollen, außen Engel, innen Teufel. Der Verlust Angelas hat seinen Verstand nicht befördert, im Gegenteil. Sie ist inzwischen wieder in Freiheit, mischt sich unter das festliche Publikum im Teatro San Carlo und entdeckt, dass die Stirnwand des Vestibüls nicht von Gino, sondern von einem anderen Künstler ausgemalt worden ist. Sie wandert zu ihrer alten Wohnung und sieht durchs Fenster: Alle Möbel sind in Spinnweben gehüllt, die Leinwand auf der Staffelei ist leer geblieben. Der Maler hat sein Metier aufgegeben. Angela und Gino verirren sich unabhängig voneinander in der Hafengegend. Dichter Nebel, als sei man ins London von Jack the Ripper versetzt oder in die Stadt, in der eine Hafenkneipe «Blauer Engel» heißt, verkürzt die Sicht, an den undeutlich wahrnehmbaren Rahen der Segelschiffe blinken einige wenige Lichter. In dieser einprägsamen, phantastischen Szenerie fällt es schwer, einander ‹von Angesicht zu Angesicht› zu erkennen, der wabernde Dunst verblendet die äußere und innere Wahrnehmung, das gilt zumal für den verwirrten Gino. Beide stoßen vor einer lang hingestreckten weißlichen Mauer zusammen. Als er Angela im Licht eines Streichholzes identifiziert, krümmen sich seine Hände zum Würgegriff – wie beim Vampir Nosferatu oder dem besessenen, mordbereiten Ehemann in SUNRISE. Murnaus Einfluss ist hier nicht zu übersehen.

Angela flieht, eine aufgescheuchte Fledermaus. Sucht nicht viel später die ähnlich eingehüllte, kleinwüchsige und großäugige Gelsomina (Giulietta Masina) in Federico Fellinis LA STRADA (1954) auf gleiche Weise die Mauern entlang dem Übeltäter Zampanó zu entkommen? Die Parallelen frappieren. Natürlich lassen sich beide Fluchten auf die Standardsituation Verfolgung zurückführen, bei der – nimmt man die Perspektive der Verfolgten ein – Angst vorantreibt, um dem ‹Jäger› nicht in die Hände zu fallen, eine, wenn der Ausdruck als provisorisch hingehen mag, ‹archetypische› Furcht vor dem todbringenden Verfolger. So hetzt in Murnaus SUNRISE die junge Frau (ebenfalls Gaynor) durch den Wald, weil ihr Leben kurz vorher durch den eigenen Mann bedroht worden ist. Während sich bei Murnau die Situation zwischen dem Paar zögernd, wenngleich nicht allzu sehr entspannt, sobald sie in einer stadtwärts fahrenden Straßenbahn (!) einander stumm gegenüber stehen, muss bei Borzage eine Kirche den geeigneten Schauplatz bieten: der vor-moderne Ort für ein katholisches *Gnadenwunder*, das gleichsam mit Glockenklang einhergeht. Angela klammert sich an den Altar, er will sie immer noch erwürgen, da fällt eine alte Bibel hinab, sein Blick wandert nach oben, da hängt das von ihm gemalte Porträt Angelas, wie erwähnt: mit einem Heiligenschein versehen. Er weicht zurück, sie kriecht hinterher, umklammert seine Knie (wie in 7TH HEAVEN oder LUCKY STAR), er und die Kamera sehen in ihre Augen, dann bricht er zusammen und sie wühlt kurz tröstend in seinen Haaren. Borzage inszeniert Umkehr und Erweckung, als hätte er eine Heiligenlegende nachzubuchstabieren. Das mag für die pathetische Überhöhung der Schluss-Sequenz nützlich gewesen sein, aber der Rückgriff auf klerikal korrekte Lösungsformeln könnte ihn selbst beunruhigt haben, er verlängert nämlich die Versöhnung von Angela und Gino in die außerkirchliche Sphäre: Gino, er selbst ‹auferstanden› aus seinem trübsinnigen Wahn, trägt die wieder ‹auferstandene› Geliebte in seinen Armen die Treppe am Hafen hinunter.

Borzages Neapel mit seinen verwinkelten Gassen, Treppen, Brücken gleicht einem betont *folkloristisch* geprägten Bühnenbild, denkbar für eine Oper, vor deren ‹putzigen› Kulissen in der Bühnentradition des 19. Jahrhunderts Statisten laufen, stehen, sitzen und gestikulieren, das Pflaster fegen oder Speisen feilbieten – so etwa in meist altmodischen Aufführungen von Rossinis «Der Barbier von Sevilla» bis zu Mascagnis «Cavalleria rusticana». Die Betonung der Hell-Dunkel-Kontraste (selbst die Wäsche, die über der Straße hängt, ist nach der Farbskala Schwarz und Weiss ausgesucht worden) und die oft fahle Ausleuchtung, nicht zuletzt der düstere Nebelhafen, lassen manchmal sogar an eine *Totenstadt* denken, in der zahllose Lemuren ihr Wesen treiben. Dagegen erlaubt die Passage, in der Angela mit den Artisten über Land zieht, heitere Bewegung in einer ‹freien Welt›. Mit der Figur des wichtigtuerisch watschelnden Direktors Masetto fließt Komik ins Spiel ein. Borzage, der nicht nur in diesem Film spürbar streng alle Details beaufsichtigt, gestattet zur Aufhellung seiner Handlung nach dem düsteren Prolog den Blick auf das kaum kontrollierbare Eigenleben von Tieren (wie Murnau in SUNRISE): So bekrabbelt ein kleiner Bär Gino, als der Maler zum ersten Mal Angelas Auftritt zuschaut.

Borzage scheint sich in STREET ANGEL der Stilistik der deutschen Vorbilder stärker als vorher und nachher verpflichtet zu sehen, jedoch ohne sich deren Aufbruch ins 20. Jahrhundert, in die Erfahrungswelt des zeitgenössisch Großstädtischen anzuschließen. Die Vorbehalte gegen den ideologischen Konservativismus des Films STREET ANGEL (von einem konsequent oder glaubensstark durchgesetzten Programm kann wohl noch nicht die Rede sein) werden aufgewogen durch die Bewunderung des lebhaft ausgreifenden und fein gestuften Spiels der Gaynor – und der etwas einfacheren Gestaltungskunst Farrells.

Im Besonderen aber wäre die Leistung des Regisseurs anzuerkennen, der Zwischentitel beinahe unnötig macht – durch die überlegte Wahl der Kamerapositionen und eine Montage, die hilfreiche Perspektivenwechsel kombiniert: Der Aufbau und Ablauf der Szenen, die Beziehungen zwischen den Figuren, der Andrang und das Gewicht der ausschlaggebenden Gefühle teilen sich unmissverständlich mit. Selbst über die Dialoge meint man Bescheid zu wissen, als hätte man sie mitgehört. Denn Ansprache und Replik sind in fast jedem Fall durch die jeweiligen Umstände bedingt und gewinnen an Klarheit in der Aussage durch die treffenden Gebärden der Akteure. Wenn Gino mit einem großen Korb voller Würste, Gemüse und Weinflaschen nach Hause kommt, in euphorischer Stimmung, fragt ihn Angela belustigt erstaunt, unterstützt von prägnanten Handbewegungen, ob er jemanden beraubt habe (und sei es die Bank). Dass er einen opulenten Auftrag erhalten hat, kann man sich im weiteren denken. Die *Beredsamkeit* der Inszenierung und der Körpersprache ist gegen Ende der Stummfilmzeit so weit entwickelt – Borzages Filme bieten dafür hervorragende Exempel –, dass es eigentlich keinen Tonfilm mehr braucht.

VI

Mit LUCKY STAR kehrt Borzage wieder in die amerikanische Provinz zurück, doch hat der jüngere Film im Vergleich zu LAZYBONES, der vier Jahre zuvor entstand, impressionistische Helligkeit eingebüßt, ebenso Freude an der Natur unter freiem Himmel – die Produktion ist merklich zu einem großen Teil im Atelier entstanden. Der Elektriker Tim (Farrell) und das Bauernmädchen Mary (Gaynor), obwohl ein ungleiches Paar, er ein gutmütiger, überaus rechtschaffener Kerl, sie anfangs eine schmutzige, geldgierige, von der Mutter unterdrückte Dorfgöre, verlieben sich allmählich ineinander, vor allem, nachdem Tim gelähmt aus dem Weltkrieg zurückgekehrt ist. Mary wandelt sich allmählich, von Tim erzogen – erneut das *Pygmalion-Motiv* –, zum braven Mädchen, «honest, proper, telling the truth»[2]. Als Tim sich am Ende gegen einen Nebenbuhler, den verschlagenen und verlogenen Wrenn (Guinn Williams) durchsetzen muss, der Mary mit sich fortführen will, kommt es zu einem furiosen Kraftakt: Erst schiebt Tim in seinem Haus den Rollstuhl weg, um mit Krücken durch dichten Schnee zu Mary zu gelangen, in letzter Sekunde erreicht er sie noch humpelnd, ohne jede Gehhilfe, am Bahnhof. Tim und Mary umarmen einander, er steht dabei kerzengerade auf seinen Beinen, weit hinter ihnen entfernt sich der (Spielzeug-)Zug mit dem für immer geschlagenen Konkurrenten. Wieder ein Wunder der ‹Berge versetzenden› Liebe, das jede medizinische Vernunft außer Kraft setzt: nach der Rückkehr aus dem Krieg als (immerhin dem Tod entronnener) Krüppel erlebt Tim eine Art zweiter ‹*Auferstehung*›, die ihren logischen Platz in einem melodramatischen Märchen oder märchenhaften Melodram behaupten darf. LUCKY STAR entspringt dieser Kohabitation zweier Genres.

Borzage ist es diesmal darum zu tun, die Rollen seiner beiden Hauptdarsteller, des beim Publikum inzwischen so beliebten Liebespaars, erkennbar anders zu konturieren. Augenfälliger als je zuvor darf Farrell seine physische Kraft beweisen. Mit ‹affenartiger› Gewandtheit besteigt er einen Telegrafenmasten, mit dem Rollstuhl schwingt und dreht er sich durch den Raum, als sei er ein Tänzer unter den Behinderten, er überwindet die Nachteile seiner schweren Verletzung. Die Parforce-Tour am Schluss, zu der er aufbricht, um den ‹falschen Mann› von der Seite Marys zu vertreiben, spart nicht den Anblick der Qualen aus, die es dem Gelähmten bereitet, erstmals auf Krücken zu stehen und zu gehen, später dann mit nur noch einer Krücke an der Hand durch tiefen Schnee einen Hügel zu erklimmen. Der Film reserviert sich für diese ‹Last-second-rescue› erforderlich viele Einstellungen und entsprechend viel Zeit.

Sein Haus hat der gelähmte Tim geschickt und praktisch eingerichtet wie Robinson sein durch Palisaden geschütztes Heim, er repariert zerborstene und

---

2   So der Text eines Zwischentitels.

zerbrochene Dinge – eine in der Nachkriegszeit symbolische Tätigkeit: Er macht wieder heil, was aus den Fugen geraten ist – wenn nicht die Welt, wenn nicht seinen beschädigten Körper, so doch die Gebrauchsgegenstände des Alltags. Und er arbeitet unverdrossen an der Charakterskulptur Marys (wie einst der mythische Pygmalion).

Dass die Gaynor sich flink wie ein Wirbelwind bewegen kann, hat sie bereits in Sunrise bewiesen. Hier nun springt sie vom Pferdewagen über die hohen Räder auf die Erde und wieder zurück auf den Kutschbock, dass man manchmal (zu Unrecht) den Effekt der Beschleunigung durch ‹Fast motion› zu konstatieren meint. Sie ist Wildwuchs vom Land, schneuzt sich die Nase mit der Hand oder dem Ärmel und wischt sie dann am Kleid ab, Schmutzflecken auf der Stirn und den Wangen bezeugen, dass man sich im Haus ihrer Mutter nur einmal in der Woche wäscht. Diese Mutter, ein hässlicher ‹Dragoner›, herrscht mit grober Gewalt über ihre Familie, insgesamt fünf Kinder, Mary wird mehrmals geohrfeigt (wo ist der Vater geblieben?). Diese Bauersfrau – der Film ist nicht blind gegenüber ihrer Vorgeschichte – hat ihr Leben lang schwer gearbeitet, ohne je in Frieden ausgeruht zu haben. Mit erheblicher Kraft wirft sie einen fast einen Meter langen Holzkloben zur Seite, als sei es ein Span. Für Mary wünscht sie keinen scheinbar ‹untüchtigen› Rollstuhlfahrer als Ehemann. Auf den verlogenen, sich aufplusternden Wrenn, der ihr dazu noch Geschenke bringt und ihr Schönheit attestiert (woraufhin Mary ihre Mutter skeptisch betrachtet), fällt sie sofort herein.

Borzage hat seinen vielen herrschsüchtigen älteren Frauen ein abstoßend grobes Gesicht mit arglistig wirkenden Augen und vorspringendem (maskulinem) Kinn verliehen. Auch Wrenns tückischer Charakter scheint sich seiner Physiognomie eingeschrieben zu haben, den verkniffenen Augen, dem schiefen, schmalen, zum Ausdruck spöttischer Überheblichkeit neigenden Mund. Die Typisierung der unerfreulichen Antagonisten fällt bei Borzage ziemlich holzschnittartig aus.

Mary leidet unter diesem Mutter-Monster, hat aber dessen raffgierige Mentalität übernommen: Sie verkauft ihre Waren zu teuer und haut ihre Kunden gerne übers Ohr, die Milch in den Kannen füllt sie mit Wasser auf. Als Tim zu Beginn der Handlung Mary bei einem Betrugsversuch erwischt, legt er sie übers Knie und verhaut ihr den Hintern, sie beißt ihm dafür ins Knie, so dass er empört forthumpelt: Die Beine des Helden, sein aufrechter, behinderter oder völlig verhinderter Gang sind ein Motiv, das während der Filmerzählung wiederholt anklingt. Um Mary auf den rechten Pfad der bürgerlichen Wohlanständigkeit zu führen, sie also aus dem deformierenden Zwang ihres Milieus zu befreien, hat Tim viel zu tun. Er bittet sie, ihn jeden Tag zu besuchen, er schenkt ihr ein kleines Schallplattengerät und einen Armring (der nach ihrer Auffassung ein Hochzeitsring sein könnte) mit der Aufschrift ‹Baa-Baa› – sein neuer Name für ihr neues Wesen. Einer der spektakulärsten Reinigungsakte, die Tim der kleinen Mary angedeihen lässt: Er wäscht dem schreienden Mädchen die struppigen Haare mit Eiern. Endlich umgibt ein großer heller Kranz krauser Haare das niedliche Gesicht. Im neuen Kleid geht sie auf ein Tanzfest, dort wirft Wrenn ein Auge auf sie. Beide besuchen Tim, als seien sie ein Paar. Tim ist wütend, nimmt Wrenn ihm doch, ginge es nach dem Willen des Ganoven, die Geliebte und zugleich sein Werk weg – Tim könnte sich vorläufig trösten, denn Mary, als sie mit Wrenn das Haus verlässt, schaut im Weggehen immer wieder zu ihm zurück. Der Schmerz, nicht aufstehen und um Mary kämpfen zu können, verdunkelt Tims Gemüt – und wird ihn dazu bringen, diesen Zustand ändern zu wollen.

LUCKY STAR entbehrt mit Ausnahme der finalen Rettungs-Sequenz der scharfen Reibungen zwischen parallelen Handlungen, der pathetischen Steigerungen, die zuvor gedrehte Filme Borzages ausgezeichnet haben. Dafür erfreuen einige Regie-Finessen: Wenn die Mutter Mary ausschimpft, bedroht und schlägt, steht fast immer der älteste, immer noch halbwüchsige Junge dabei. Aufmerksam und stumm beobachtet er, welchen Drangsalen seine ältere Schwester ausgesetzt ist. Man weiß nicht, was er denkt. Kann es sein, dass er als nächster das Haus verlassen wird, eines Morgens, ohne letzte Worte?

VII

Der davor entstandene Film THE RIVER ist nur als Fragment erhalten. Der Filmhistoriker Hervé Dumont, Borzages verdienstlicher Prophet, hat in einer rekonstruierten Fassung die fehlenden Passagen mit Texttafeln und Filmstills illustriert. Charles Farrells Rollenprofil fällt enger aus als anschließend in LUCKY STAR, die Komponente argloser Primitivität sticht hervor: Er spielt als Allen John einen großen, kraftvollen Simplizissimus, der mit der Welt bisher wenig Berührung hatte, sein eigenes Hausboot zimmern kann und äußerst tüchtig Holz hackt, er schwimmt nackt im Fluss, ist jedoch im Umgang mit Frauen noch ein tapsiger Junge, schüchtern und ratlos.

Ihm gegenüber figuriert Mary Duncan (das ‹City Girl› in Murnaus gleichnamigem Film) als Rosalee: eine offensiv erotische Frau, die mit sich nicht einig ist. Während sie sich halb spielerisch in Allen verliebt, glaubt sie immer noch, sie sei «through with love», hasse Männer und wolle allein bleiben. Unter welchen Umständen? Ihr Haus liegt unterhalb einer Arbeitersiedlung, deren Bewohner einen Damm errichten, im anbrechenden Winter aber nach Hause fahren. Hunde treiben sich zwischen den leeren Häusern umher. Rosalee war die Geliebte eines finsteren Vorarbeiters, Marsdon, der bei Ankunft Allens gerade festgenommen wird – er hat einen Ingenieur umgebracht, den Rosalee offenbar auch erhört hatte. Marsdon lässt Rosalee einen Raben zurück, gleichsam als Aufpasser. Rosalees dunkler, rätselhafter Charakter liegt im Spektrum weit ab von den vorwiegend sanften und liebenswürdigen Personen, die Janet Gaynor auf den Leib geschneidert sind. Rosalee trägt – selbst in diesem Ambiente der Pioniere – exquisite Kleider. Künstliche lange Wimpern intensivieren den Blick aus ihren dunklen Augen. Sie zwingt sich zu keiner unnötigen Bewegung, von gelegentlichen launischen Anfällen abgesehen. Sie betrachtet Menschen, vor allem Allen, lange und scheinbar gelassen, ohne mit der Wimper zu zucken. In ihrem Wesen mischen sich Elemente der Femme fatale und der grausamen, unberechenbaren Geliebten (aus der Sicht Allens). Sie muss sich aus der Großstadt, deren Flair sie umgibt, in die Wildnis der Rocky Mountains verirrt haben. Welche Schicksalsfügung dafür verantwortlich war, ist nicht zu erraten – ebenso wenig, weshalb sie dem harten Winter, der Kälte und den Schneestürmen allein in ihrer Hütte trotzen will. Der Dramaturgie kam es offensichtlich nicht auf Wahrscheinlichkeit an, sondern auf die extreme Spannweite zwischen den beiden Protagonisten, auf ein Experiment.

In manchem erinnert Rosalee an die später von Marlene Dietrich in Josef von Sternbergs MOROCCO (1930) dargestellte Amy Jolly: auch sie abgebrüht, vielleicht mit allen Wassern gewaschen, der Welt müde, auf der Flucht vor dem Lichterglanz der großen Städte oder schwierigen Affären, durch Zufall in ein marokkanisches Kaff ‹geweht›, verliebt sie sich in einen einfachen Soldaten.

Rosalee und Allen begegnen einander zum ersten Mal am Fluss, der hier – nicht originell, aber leicht anrührend wie ein alter Kalenderspruch – als Sinnbild des Lebens zu verstehen sei. Allen stemmt sich aus dem Wasser am Felsen hoch und starrt auf Rosalee, die ungerührt dasitzt, ihn ein wenig lächelnd betrachtet, wie er als nackter Mann schamhaft wieder ins Wasser zurückplumpst. (Im deutschen Kulturkreis würde man an die Loreley denken, auch eine Femme fatale, derentwegen die Schiffer bekanntlich an den Klippen scheitern und untergehen.) Im folgenden verspricht Allen mehrmals, gleich wegzufahren, doch jedes Mal kommt er zu spät zum Bahnhof und versäumt gar den letzten Zug – so sehr hat ihn Rosalee bereits ‹gefangen› genommen. Sie lädt ihn ein, deckt den Tisch für zwei, erklärt ihm aber, dass er für sie noch nicht als Mann zähle – eine offensichtliche Lüge, die Allen nicht durchschaut, selbst als sie sich lasziv der Länge nach auf den Tisch legt, um ihm näher zu kommen und ihn zu fragen, wie viele Frauen er schon gekannt habe, als sie sich dicht an ihn lehnt, um seine Körpergröße zu bewundern, als sie ein anderes Mal schwer atmend vor ihm liegt und seine Hand an ihre Brust führt, damit er ihr rasendes Herz klopfen höre. Geängstigt flieht Allen vor diesen Verführungs-Attacken, um draußen in Wind und Wetter die Axt zu schwingen. Dabei übernimmt er sich schließlich, bietet im bloßen Hemd dem Schneesturm zu wenig Widerstand – die Kamera stellt sich mitten ins Toben der Elemente, so dass suggestive Bilder scheinbar dokumentarischen Charakters entstehen. Allen bricht in seinem Hausboot zusammen. Dort findet ihn Sam, ein taubstummer Freund, und schleppt den Bewusstlosen zu Rosalee. Sie legen ihn ins Bett, ziehen ihn nackt aus, reiben seine Brust mit Schnee ein – alles scheint vergeblich zu sein. Ausgerechnet dem Taubstummen verrät Rosalee, dass sie Allen innig liebe – im dünnen Negligee legt sie sich zu dem Kranken, um ihn zu wärmen.

Offenbar gelingt es, Allen wieder zu den Lebenden zurück zu holen. Nach seiner ‹Auferstehung› fahren beide im Frühjahr in seinem Hausboot gemeinsam dem Meer entgegen. Zuvor hat nach einer dramatischen Konfrontation mit dem wieder aufgetauchten Marsdon der starke Sam den Störenfried erledigt, der finstere Verfechter alter Ansprüche auf Rosalee kann dem neuen Glück also nicht mehr schaden. Und der Rabe? Abgesehen davon, dass er durch sein Krächzen und den unheimlichen Schatten, den er wirft, mehrfach die Intimität von Rosalee und Allen stört, bleibt seine Zukunft ungewiss. Womöglich bringt Rosalee das lästige Tier, das sie an den abwesenden Marsdon und ihre Vergangenheit gemahnt, irgendwann um. Sie hat es schon einmal versucht. Die entsprechenden Filmrollen fehlen.

Bedauerlich, dass man das Happy End auf der Leinwand nicht erleben darf. Man könnte – wagemutig spekuliert – ein Urteil der Geschichte in dem Verhängnis erkennen wollen, dass der Film nur als Fragment überliefert worden ist. Es mag doch als wahrscheinlich gelten, dass Rosalee vor ihrem Allen nicht auf die Knie fällt – wie das Charles Farrell in den vorangegangenen Filmen Borzages von Janet Gaynor gewöhnt war – und so mit der Tradition der demütig dankbaren Frauen bricht, die seit Griffiths Phantasien vom weiblichen Mut zum Selbstopfer in vielen Varianten das amerikanische Kino bis zu Borzages Filmen durchgeistert,[3] Sind um 1929 nicht bereits die neuen, die emanzipierteren Frauen, etwa die Flapper, ins Personal der zeitgenössischen Noch-Stumm- und Schon-Tonfilme eingezogen? Hat sich somit nicht ein neues, durchaus wackliges Verhältnis zwischen ‹Selbst-Enteignung› in der Liebe und das Ich befestigender *Selbstbestimmung* eingestellt? Indes, wie Amy Jolly am Schluss von MOROCCO ihrem Soldaten in die Wüste folgt – ein Akt der romantischen und existentiellen Selbst-Aufgabe, der radikaler nicht sein könnte –, wäre vielleicht auch Rosalee, gemeinsam mit ihrem jungen Helden auf einem kleinen Boot dem Meer entgegensteuernd, zum Verzicht bereit – auf ihre Vorgeschichte, auf alles, was bis dahin ihre Identität formte. Ist solch umfassende Wandlung wahr-

---

3   Siehe Gabriele Jatho/Rainer Rother (Hg.): *City Girls. Frauenbilder im Stummfilm.* Berlin 2007.

scheinlich – oder ebenso bizarr und paradox wie Amy Jollys Entscheidung, als Liebesmagd ihrem Herrn zu folgen (eine höchst anti-moderne Wunschvorstellung, vermutlich nicht nur männlichen Ursprungs)? THE RIVER ist eine Produktion, die jedenfalls die Grenze zwischen Gestern und Morgen bezeichnet, sie jedoch nicht entschieden überschreitet – weil sie auf konservative Lösungsformeln zu sehr vertraut?

Gaukler und Gespensterfurcht

Ansiktet – Ein synthetisches Experiment in der Tradition der Romantik und Schauerromantik

Die streng abweisende Mimik der beiden Schausteller vorne kontrastiert zum devot gefälligen Gesicht des Impresarios: Ingrid Thulin, Max von Sydow und Ake Fridell (Ansiktet/Das Gesicht, S 1958, Regie: Ingmar Bergman)

I

Es beginnt als romantische Reiseimpression: Eine Kutsche, offenbar aus dem Biedermeier, steht auf einem Hügel, Herrschaften lagern im Gras und betrachten die (aufsteigende, untergehende) Sonne, ein groß gewachsener Mensch mit schwarzem Bart, nachdenklich Pfeife rauchend (Herr Vogler, der Chef eines «magnetischen Heiltheaters»), neben ihm ein junger Mann mit großen dunklen Augen, mädchenhaft hübsch (er heißt Herr Aman; tatsächlich ist es Manda, die verkleidete Geliebte Voglers). Im Gebüsch macht sich eine alte Frau zu schaffen, sammelt Kräuter und spuckt ärgerlich auf eine schwarze Krähe. Im Ganzen eine beinahe idyllische Raststätte und Ruhe. Doch die Stimmung ändert sich sogleich.

Als die Gesellschaft weiterfährt, ergreift im Innenraum der Kutsche ein selbstgefällig jovialer Hedonist das Wort, der laute und etwas grobe Tubal, Impresario der Truppe. Sein irdischer ‹Lärm› belästigt die neben ihm sitzende ‹weise Frau› – er kramt unrühmliche Vorgänge aus der Vergangenheit aus, die alte ‹Zauberin› muss in Oostende selbst eine Auspeitschung erlitten haben, in Kopenhagen habe er sogar die ganze Truppe gerettet. Solche Anspielungen auf das Elend des fahrenden Gewerbes und die Blessuren, die ihnen der ‹Übermut der Ämter› zugefügt hat, durchziehen den ganzen Film, Indizien der Verachtung, der sich die Künstler gerade im bürgerlichen Milieu ausgesetzt sehen.

Der Umbruch folgt, das Schauerstück: Man durchquert einen Wald mit schräg einfallenden Sonnenstrahlen, dennoch dank des Nebels eine Gespensterszenerie – Erinnerungen an den unheimlichen Mondschein-Wald aus DET SJUNDE INSEGLET (DAS SIEBENTE SIEGEL, 1957) werden wach. Selbst der Kutscher, der junge Simson, fürchtet sich – zumal alle eine Stimme im Dickicht hören. Vogler schreitet mutig über Baumstämme voran, die ausgedehnte Wasserpfützen überqueren, und hebt einen zerlumpten und halbtoten Mann vom Boden auf, der sich als Schauspieler Spegel vorstellt, die Maskerade seines Helfers (den angeklebten Bart, die falschen Haare) durchschaut, obwohl betrunken, nach mehr Branntwein verlangt und, räudig und verkommen, wie er wirkt, seine Sehnsucht danach offenbart, mit scharfem Messer aufgeschlitzt zu werden, damit alles Üble aus dem Kadaver herausgekratzt werde – dieser Wunsch geht später auf ironische Weise wortwörtlich in Erfüllung, denn als er wirklich gestorben ist, wird an seinem Leib eine fachgerechte Obduktion vorgenommen. Herr Vogler, der keine Berührungsscheu vor dem elenden Streuner hat, schleppt ihn in die Kutsche und beobachtet mit unverwandtem Blick, wie Spegel scheinbar vor seinen Augen stirbt. Spegel ist großzügig und schätzt die professionelle Wissbegierde Voglers richtig ein: Er stelle, so sagt er eloquent (allzu eloquent in der Situation des endgültigen Abschieds), sein Angesicht im Umbruch vom Leben in den Tod dem Betrachter zur ‹Verfügung›.

Die Erzählung von ANSIKTET (DAS GESICHT, 1958) durcheilt in frappierendem Tempo einen weiten Bogen von versonnener Naturbetrachtung über komödiantische Drastik zu makabrer Schmerzensklage und Todesstille, als seien die verschiedenen Szenen typisierte Fertigteile, die Bergman in der besonderen Spielanlage dieses Films aneinander montiert habe, ohne für weiche Übergänge zu sorgen. Wenige Paukenschläge markieren das artifiziell Kombinierte schon dieser Exposition.

II

Der Hochmut der ‹Stützen der Gesellschaft›, der Prozess der Demütigung: An einer Schranke vor der Stadt bemächtigen sich Uniformierte des Gefährts und ‹entführen› es in den Hof eines stattlichen Bürgerhauses. Im ersten Stock werden die Schausteller nach einer quälenden Wartezeit von drei wohlangezogenen (zum Teil mit schwarzem Frack bekleideten) Herren empfangen, dem Hausherrn, der sich als Konsul Egerman vorstellt, dem Polizeirat, der sofort bekannt gibt, dass die Reisenden auf seinen Befehl hin hierher eskortiert worden seien, und dem Medizinalrat Vergerus. Offenbar sind die Gastgeber mit der Eigenart ihrer Gäste vertraut, zumal Vergerus bestimmt die Anhörung. Er möchte wissen, ob der Trickkünstler Vogler auch wirklich Kranke heilen könne, ob er über hypnotische Kräfte verfüge – er selbst hält den vorgeblich wirksamen ‹Magnetismus›, die suggestive Einwirkung auf fremden Willen für Hokuspokus, denn als strenger Rationalist, ein wahrer ‹Trompeter der naturwissenschaftlichen Vernunft›, leugnet er die Existenz übernatürlicher Phänomene. Seinem strengen Auftreten entsprechend, das keinen Widerspruch duldet, untersucht er auf unzarte Weise den Hals von Vogler, der angeblich stumm sei: ein kränkender Eingriff und Übergriff, der dem untersuchten Objekt medizinischen Interesses jegliche Würde absprechen soll. So sehr Tubal sich für seine Leute einsetzt, er prallt an der ironischen Überheblichkeit des ‹Untersuchungsgerichts› ab. Die Atmosphäre entspannt sich nur ein wenig, als die milde und schöne Frau Egerman in den Blick rückt, in schwarzer Robe mit verlockend weitem Dekolleté. Sie wird Zeugin, wie Vogler sich mit geschlossenen, dann weit geöffneten, starr blickenden Augen anstrengt, im widerspenstigen Vergerus Visionen zu ‹entzünden› – und bezichtigt den Medizinalrat, der gleichmütig wieder aufsteht und nichts empfunden zu haben behauptet, ziemlich unkontrolliert der Lüge. Hat sie mit weiblicher Empathie gesehen, dass der hochfahrende Vergerus der Hypnose durch Vogler doch für einen Moment erlegen ist? Der Medizinalrat streitet lachend alles ab. Beim Publikum nistet sich jedoch der Verdacht ein, dass der offenkundige Hass, der zwischen den beiden Kontrahenten besteht, dem der ‹Zauberei› in mancher Hinsicht verpflichteten ‹Artisten› Vogler und dem doktrinären Zweifler Vergerus, dass die aufeinander fixierte Feindseligkeit der Antagonisten Künstler und Bürger in ihrem durchaus ernsthaften Streit auch Nähe schafft.

III

Der nächste Genre-Wechsel: zum Schwank in der Küche, zwischen den Domestiken zu ebener Erde. An diesem Ort der Hitze, Dünste, Düfte und Appetite sind traditionell die ‹niederen› Triebe zu Hause. Tubal schäkert mit zwei Küchenmädchen und buhlt mit Verve um die Gunst der Köchin – bei der er später bleiben wird, in Beschlag genommen als jederzeit dienstbarer Knecht ihres seit Jahren verschütteten Begehrens, auf derbkomische Weise zu sexueller Leistung angehalten. Die alte Frau verkauft Liebestränke (auch wenn es sich um Rattengift handelt), und Simson, der kleine Kutscher des «magischen Heiltheaters», gibt sich als großspuriger Verführer – als ihn die ‹Jungfer› Sara in die Wäschekammer lockt, benimmt er sich indessen, wie erwartet, unbeholfener als seine zielbewusste Partnerin, die ihn zu sich zieht: Andeutungen reichen, erst sind lästige und fest geknöpfte Kleider abzulegen, die beginnende Liebesszene soll man sich unterhalb des Bildkaders vorstellen.

Während sich die Kamera auf die jeweils agierenden Personen richtet, verliert sie die anderen, die dabei sitzen, aus dem Fokus – solche Unachtsamkeit ist ungewohnt in den Inszenierungen Bergmans. Es geht dem Regisseur offensichtlich darum, separate Dialogszenen zu einer Kette aneinanderzureihen, ganz selten ist in der Küchensequenz Platz für eine optische und durch die Handlung motivierte Totale, eine Gesamtansicht.

Bergman nimmt sich sogar noch die Zeit für ein lyrisches Intermezzo: Die Alte singt, begleitet von sanften Harfen-Arpeggien, der Jüngsten, dem großäugigen, naiven Küchenmädchen Sanna (der schönen Karin in JUNGFRUKÄLLAN [DIE JUNGFRAUENQUELLE, 1960]), während ein Gewitter draußen aufzieht, ein zwiespältiges Lied zur guten Nacht – das zuerst von den Soldaten im blutigen Krieg und dann von der heilenden Liebe handelt. Die unheimliche Stimmung vertieft sich: Die Alte droht dem verdrossen und angsterfüllt am großen Tisch hockenden Kutscher des Hauses, einem vierschrötigen, starken Mann, mit der schaurigen Vision eines am Seil hängenden Mörders. Anscheinend ist sie keine nur mit Lug und Trug operierende ‹Falschmünzerin›, sondern wird tatsächlich von Ahnungen ereilt: Sie zeichnet mit dem Finger Kreuze an die Wand, als plötzlich, kaum erkennbar, der tot geglaubte zerlumpte Spegel wie ein Spuk durch die Küche saust und eine Flasche Branntwein mitnimmt.

IV

Oben im ersten Stock: In gewissenhafter Sachlichkeit bauen Vogler und Aman die Geräte zusammen, die sie für ihre Vorstellung am nächsten Morgen brauchen. Die Laterna magica projiziert später das Bild eines Totenkopfes auf die Leinwand. Unversehens tritt Frau Egerman auf und beschwört den ‹dämonisch› aussehenden Vogler, er müsse sie zur Nacht besuchen, denn sie habe ein Leben lang auf ihn gewartet, er könne sie vielleicht über den Tod ihrer Tochter hinwegtrösten. Während sie auf die Knie sinkt und Voglers linke Hand mit unverkennbarer Sinnlichkeit küsst, presst Vogler die rechte Hand verzweifelt, zornig, ratlos zu einer Faust – und Herr Egerman, in einer traditionellen Lauschszene, verborgen im Dunkel, wird Zeuge dieses Treuebruchs seiner Frau.

Liebe und Tod liegen nahe beieinander: Spegel überrascht Vogler als Nächster. Eine gewisse Grandezza ist dem betrunkenen Todeskandidaten eigen, als er, der abgerissene, stinkende Mann, vor einer fein durchbrochenen Gardine steht, den völlig zerbeulten Zylinder als Rest einer ansehnlicheren Vergangenheit vom Kopf nimmt und fast in Herren-Manier auf den Boden kippt: Immer wieder ist Bergmans Sinn für feine Akzente und dialektische Anordnungen zu bestaunen. Vielleicht gehört dazu die Besetzung dieser Rolle des Todgeweihten mit eben jenem Schauspieler, der in DET SJUNDE INSEGLET die allegorische Figur des Schach spielenden Todesboten übernommen hatte. Beredsam nimmt Spegel ein zweites Mal Abschied von dieser Welt – später widerfährt dies, der zweite Tod, der schweigsamen Agnes in VISKNINGAR OCH ROP (SCHREIE UND FLÜSTERN, 1973). Spegel jedoch enttarnt gleich jede seiner Phrasen als Lüge. Doch bleiben zwei bemerkenswerte Aussagen im Gedächtnis hängen, die in der äußerst fehlerhaften deutschen Synchronisation unterschlagen werden: So flüstert er Vogler ins Ohr, die einzige Wahrheit sei, dass man sich Schritt für Schritt der Dunkelheit nähere. Und als Vogler ihn in den zu anderen Zwecken bereitstehenden Sarg legt, stößt der zum zweiten und letzten Mal sterbende Spegel den schrecklichen Satz heraus, der unnennbares Grausen vor einem unbekannten Jenseits ausdrückt: «Als ich mich für tot hielt, wurde ich von schrecklichen Träumen geplagt.» In der (westdeutschen) Sprachfassung zitiert Spegel Hamlet: «Der Rest ist Schweigen» – ein in diesem Zusammenhang eitel pathetisches Bonmot.

Wieder kommt in diesem bunten Szenen-Reigen der Nacht die erotische Begierde zur Geltung, diesmal in eher erbärmlicher Spielart: Vergerus trennt sich von dem völlig betrunkenen Polizeirat, aus dessen Perücke sich eine grotesk große, vor dem Gesicht schwankende Strähne gelöst hat, und dringt in das Zimmer der Gäste ein. Dort hat Herr Aman sich zu Manda, einer blonden Frau in sittsamer weißer Krinoline, verwandelt. Weshalb die Hosenrolle? Um neugierige Blicke fernzuhalten? Doch der androgyne ‹Herr Aman› erweckt ebenso viel Aufmerksamkeit, da man nicht weiß, woran man mit ihm ist. Der unverhohlenen Zudringlichkeit des Kavaliers Vergerus – er streichelt die nackte Haut ihrer Oberarme mit dem Elfenbeingriff seines Gehstocks – entzieht sich Manda in abgewandter Haltung: Sie bekennt, ihn zu fürchten, und er formuliert seine ambivalente Begierde, sie verkörpere das, was er am meisten hasse: das Unerklärliche. Doch sie will um seinetwillen nicht vom Weg in die Schande abweichen, den er ihr voraussagt. Vogler kommt hinzu und ringt den unwillkommenen Galan nieder, der unter Drohungen das Feld räumt. Als der Magier sich den schwarzen Bart und die falschen Haare auszieht, kommt ein blonder Mann mit verbitterten Gesichtszügen zum Vorschein. Nach Erinnerungen an bessere und schlechtere

Tage (zwei Monate waren sie eingesperrt, weil er in Eifersucht einen Großherzog verprügelt hatte) schließen beide beim intimen ‹Ehegespräch› im Bett nicht aus, dass sie einander verlassen könnten. Vorläufig umarmt sie ihn innig.

Weshalb hat er, der nun mit Manda spricht, beschlossen, als Stummer zu gelten? Hat ihn Überdruss an leeren, vielleicht gar gefährlichen Worten angetrieben oder der Wunsch, sich ebenso interessant wie unangreifbar zu machen – oder beides? Die attraktive dämonische Maske des melancholischen Zauberers bezeugt, dass sich Vogler für seinen Beruf neu zu entwerfen versucht: als schwer einzuschätzende, durch ihre undurchsichtige Finsternis faszinierende Figur. Zum ersten Mal wird das Schweigen als erhabene, geradezu asketische oder vornehmlich bizarre und überhebliche Verweigerung der Ansprüche dieser Welt von einer Figur Bergmans ausprobiert – unter diesem Aspekt ist Vogler ein Vorläufer der auf jegliche Rede verzichtenden Schauspielerin Elisabet in PERSONA (1965).

V

Die Gedemütigten wehren sich in einer Gegenintrige: Am nächsten Morgen zeigen die Schausteller, in orientalisch-chinesische Gewänder gehüllt, ihre Künste – ihre Riten werden auf hämische Weise gestört durch den Polizeirat, der die verdeckte Maschinerie enthüllt und infam verlogenen Beifall zollt. Die Zeit der Vergeltung ist damit angebrochen: Denn Vogler kann tatsächlich hypnotisieren. Die verlegen kichernde Frau des Polizeirats plappert ‹unter Einfluss› peinliche Details aus dem Körperleben ihres Mannes aus, enttarnt unwillentlich den elenden Wicht hinter der Machtfassade. Die Vogler-Truppe bleibt bei diesem indirekten Racheakt unangreifbar. Dann wird der schwere und schwerblütige Kutscher des Hauses durch die Suggestion Voglers mit unsichtbaren Fesseln gebunden, die er nicht abstreifen kann. In einem konvulsivischen Befreiungskrampf fährt er dem ‹Zauberer› an den Hals und drückt kurz zu (ein fernes Echo auf die Szene der Abwehr und die aufwallende Aggression des Hypnotisierten gegen den ‹Meister› in Thomas Manns Erzählung *Mario und der Zauberer*?). Vogler fällt um und wird nach kurzem von Vergerus als tot diagnostiziert. Die routinierte Geschäftigkeit der Truppe lässt indes vermuten, dass es sich um einen weiteren Trick handelt – in der Eile muss man Voglers Körper gegen den Leichnam Spegels ausgetauscht haben. Wie von der Alten vorausgesagt, erhängt sich daraufhin der Kutscher: ein Selbstmord, der im weiteren Gang der Handlung vergessen wird.

Ein Ruhepunkt in der sonst hektisch weiter eilenden Erzählung des Films: das Ehepaar Egerman im Schlafzimmer der Dame. Sie ruht mit weit ausgebreitetem schwarzem Kleid auf dem Bett, er sitzt am Fenster. Die bedrückende Trauer-

Atmosphäre zwischen den beiden einander fremd gewordenen Menschen verstärkt sich noch, als sie ihn bittet, die Uhr abzustellen. Nichts rührt sich mehr, Erstarrung. Elegant geraffte Gardinen und Vorhänge füllen das melancholische ‹Stillleben› mit Arabesken: Die Einstellungen gleichen fein ziselierten Stichen aus dem Biedermeier. Ästhetisch fallen diese exquisiten Arrangements völlig aus dem Rahmen, den der Film sonst vorgibt, dienen aber vermutlich der visuellen Symbolisierung eines in dekorativer Leblosigkeit gerinnenden vornehmen Bürgertums.

VI

Das Schreckenskabinett des Dr. Vogler: Ohne Rücksicht auf empfindsamere Gemüter unter den Personen im Haus kommt es auf dem Dachboden, förmlich ruckzuck, zur Obduktion des Toten – ohne dass die eilfertigen Pathologen merken, dass sie den falschen, nämlich Spegels Körper aufschneiden. Der ganze Vorgang ist unter den Vorzeichen eines Raum und Zeit beachtenden Realismus kaum glaubhaft – so wenig wie die folgende Geisterbahn-Passage.

Der Polizeirat schreibt zufrieden das Protokoll und lässt Vergerus neben dem aufgeschlitzten und jetzt von weißem Laken bedeckten Leib zurück. Es wird dem ‹ungläubigen› Naturwissenschaftler langsam heiß unter der Dachschräge – das liegt auch daran, dass seltsam surreale Dinge vor sich gehen, anscheinend Machinationen des zornig erbosten Vogler, die den Imaginationen E.T.A. Hoffmanns und Luis Buñuels zugleich entstammen könnten: Im Tintenfass glotzt Vergerus ein Auge an, bevor er mit der Schreibfeder eintauchen kann, Papier fällt auf den Boden, als wäre es von unsichtbarer Hand hinabgestreift worden, eine wächserne Hand an einem abgeschnittenen Arm berührt den ungläubigen Mediziner, der nun vergeblich an der geschlossenen Tür rüttelt, um zu entkommen. Der partiell blinde Spiegel zeigt plötzlich Vogler im Naturzustand (ohne schwarzhaariges Blendwerk im Gesicht und auf dem Kopf), fast mit kahlem Schädel, unmittelbar hinter Vergerus. Bevor dieser noch einmal den Kopf des Toten prüfend ansehen kann, wird ihm der Zwicker entrissen, ein Stiefel zertritt das sinnbildliche Vehikel der unerbittlichen Scharfsicht, langsam und unaufhaltsam. Der große Spiegel zerbirst in Splitter, eine Hand umfasst Vergerus' Hals und würgt ihn, der Unbebrillte taumelt umher, stürzt, jetzt doch in die Enge getrieben, so sieht er Vogler hinter mehreren Vorhangsfetzen auf sich zukommen, unerbittlich, von Paukenschlägen begleitet: Panik erzeugende Montage von mehreren, rhythmisch repetierten Aufnahmen des vordringenden Rächers, eine Vision, in der der reale Abstand merklich verlängert oder ins Irreale verwandelt erscheint. Endlich stürzt Vergerus rücklings die Treppe hinab und schreit um Hilfe, Manda, die Sanfte, öffnet die Tür, seine Ret-

terin, die die Strafaktion beendet. Vogler umfasst noch einmal den Hals seines
Gegners – so wie der einst am Vorabend bei der Untersuchung des angeblich
Stummen: diskrete Korrespondenz. Noch ist Vergerus zum rationalistischen
Protest imstande: Angst vor dem Tode habe ihm Voglers Theater eingejagt,
nicht mehr – aber das, mit Verlaub, ist schon viel. (Übrigens verfälscht hier wieder die deutsche Synchronisation den Dialog.) Die Rollen scheinen vertauscht
zu sein: Des gepeinigten Vergerus Gesicht ist hell ausgeleuchtet, das Gesicht
des Peinigers Vogler bleibt bedeutungsvoll im Dunkeln, fast ein Schattenriss.

VII

Zynisches Nachspiel im Treppenhaus, in dem die herkömmliche Differenz,
sogar unduldsame Unvereinbarkeit zwischen Künstler und Bürger in zwei
exemplarischen Begegnungen satirisch überspitzt demonstriert wird: Der nun
durch den Verzicht auf seine Maskerade entdämonisierte Vogler, als abgerisse-
ner armer ‹Spielmann› schon identifizierbar durch den Fetzenanzug des küm-
merlich dahingeschiedenen Spegel, gewissermaßen die Privatperson, die ein
zwielichtiges, von der Polizei argwöhnisch überwachtes Gewerbe betreibt, hat
jegliche Anziehungskraft für Frau Egerman verloren – sie erkennt ihn bei ihrer
Begegnung auf der Treppe, zudem am helllichten Tage, nicht wieder als den in
der Nacht zuvor von ihr angebeteten Magier. Als der zerlumpte Vogler den wieder stolz restaurierten, in alter Arroganz auftretenden Vergerus beinahe devot
um Geld anbettelt (er habe ihm doch eine interessante Vorstellung geboten),
zieht der aus dem Gürtel eine wohl kleine Münze und lässt sie verächtlich vor
Vogler auf die Stufen fallen. Die Künstler der bis ins 20. Jahrhundert reichenden bürgerlichen Ära erscheinen auf der ‹Bühne› erhöht, durch die jeweilige
Rolle geschützt und gesteigert, ‹interessante› Blickpunkte eines für gewöhnlich
stumm, dem Geschehen da oben meist erfreut oder ergriffen folgenden Publikums. Außerhalb dieser Welt der Kothurne, Larven und Kostüme jedoch gelten sie als verdächtige und unzuverlässige Personen, um die man besser einen
Bogen schlägt: eine oft bestätigte Regel vor der Etablierung des Starwesens.
　　Jetzt hilft nur noch die Flucht, doch Tubal bleibt zurück, unter der Fuchtel
der geilen Köchin, und die Alte hat mit ihren Liebesträken so viel Geld erworben, dass sie sich von der Truppe trennt. Dafür stößt das in den Kutscher Simson verliebte Küchenmädchen Sara zur Gesellschaft hinzu. Hinter den Fenstern
im oberen Stockwerk wird die Abfahrt erwartet. Herr und Frau Egerman, Vergerus, der seinen Zwicker in der Hand hält und die Augen zusammenkneift –
hat sein Erlebnis auf dem Dachboden doch eine länger nagende Verstörung
in ihm, eine Erschütterung seiner popanzhaften Sicherheit ausgelöst? –, und
Tubal, vor dem, bevor er reumütig und rückfällig werden kann, die energische

Köchin Sofia das Fenster schließt. Es regnet, um die trübe seelische Befindlichkeit, mehr noch: die Aussichtslosigkeit der Lage von Vogler und seiner
Begleiterin zu kennzeichnen. Dazu passt es, dass unversehens wieder Polizei
in Kutschen mit Alarmglocken vorfährt und die schockierten Schausteller aus
ihrem Gefährt zieht, sie zurück ins Haus und wieder, sinnbildlich verstanden,
die Treppe hochscheucht. Denn unverhofft hellt sich die Witterung auf, und
eine ‹wunderbare› Rettung zeichnet sich ab, da die Not am größten ist – eine
ironische Volte und vom Barocktheater vertraute Konfliktlösung fast wie in
Bertolt Brechts und Kurt Weills *Dreigroschenoper*.

VIII

Der *deus ex machina*-Schluss: Der Polizeipräsident verliest ein Dekret, dass der
König das Schauspiel von Dr. Voglers Heiltheater zu sehen wünsche und die
Künstler auf sein Schloss einlade. Das hoheitliche Schreiben stammt, ausdrücklich wird dies erwähnt, vom 14. Juli 1846: An diesem Tag (heute der National-
feiertag Frankreichs) begann die Französische Revolution von 1792 mit dem
Sturm auf die Bastille. Waren wir Zeugen eines revolutionären Vorspiels? Bergman legt diesen Gedanken an eine Parallele zwar beiläufig, aber nicht unbedacht nahe. Und wenige Jahre vor der nächsten Revolution in Europa (1848/49)
muss es schon an vielen Orten gegärt haben, so auch hier, auf dem Schauplatz
dieses Zwistes zwischen nüchtern und kalt gesinnter Skepsis von borniertem
‹Aufklärern› und dem Vorrecht der Künstler, sich in Spiel und Ernst auf die
Dimension der träumerischen Möglichkeiten einzulassen.

In überhöhtem Tempo (fast wie die albernen ‹Cops› im frühen Slapstick-
Film) klappert die Eskorte die Treppe in den Hof hinab; die Vogler-Kutsche
voraus, rattern die Wagen der Gäste und der Boten aus dem Tor und die Straße
hinauf. Mit der Peitsche hat der Kutscher Simson eine Straßenlaterne angesto-
ßen. Die wackelt und knarrt noch eine kleine Weile vor sich hin, während die
Sonne auf die wieder still gewordene Straße scheint: witzig heiteres Symbol für
die vorübergehende Aufregung im Hause Egerman und im Leben der Theater-
truppe, Sturm im Wasserglas, Konflikt und Erregung, die erneut biedermeierli-
cher Ruhe Platz machen. Vorerst.

IX

Bergman hat in keinem anderen Film ein solches Patchwork an verschiedenen Stilen und Darstellungsformeln zusammengesetzt und zudem manchmal
abrupte Sprünge riskiert, als habe er absichtsvoll die Idee verfolgt, diesen
Film als *synthetisches Experimentierfeld* oder als Bausteinkasten von Drama-

turgien unterschiedlicher Herkunft zu begreifen – nachdem vorangegangene Produktionen eine vorwiegend klar umrissene, jeweils besondere Ästhetik, auch ein relativ gleichmäßiges Erzähltempo aufgewiesen haben: etwa die ins Mittelalter versetzte Gottsucher-Parabel, zugleich ein allegorisches Ritter- und Teufel-Spiel in DET SJUNDE INSEGLET (1957) oder der dem Strindberg'schen Dramenkonzept nachempfundene Stationenweg eines alten Mannes in SMULSTRONSTÄLLET (WILDE ERDBEEREN, 1957) oder der geradezu dokumentarische Querschnitt durch eine Geburtsstation in einer zeitgenössischen Klinik, NÄRA LIVET (1958) – dem deutschen Publikum seinerzeit vorenthalten. ANSIKTET wählt eine ungleich offenere und gemischtere Komposition der Präsentationsmodelle. Im Vergleich zu den breit streuenden Erzählweisen ist indes das romantische und *schauerromantische Motiv-Inventar* des Films recht kompakt: entliehen aus dem imaginären Museum der Angstfantasien, die das frühe 19. Jahrhundert in seinem Zweifel an der Behauptung prinzipieller Erklärbarkeit der Welt hervorbrachte.

Bergman will jedoch in das Themengebäude dieses Films weitere Elemente einfügen, die nebenbei nicht primär dem romantischen Reservoir entstammen, als reize ihn das *Zerbrechen der Form durch Überbelastung*: (a) Der Tod des Schauspielers als Ende aller Gaukelei (erster Teil dieser Nebenerzählung spielt im Wald – eine Variation desselben Sujets in DET SJUNDE INSEGLET), (b) die nobel stilvolle oder vulgäre Variante einer zerrütteten Ehe, wobei die Koexistenz von Vogler und Manda nicht weniger gefährdet erscheint als die von Albert und Anne, den Zirkusleuten, in GYCKLARNAS AFTON (ABEND DER GAUKLER, 1953), (c) die Polarität von Triebunterdrückung und Triebbefriedigung und deren Übertragung in architektonische Metaphorik: das großbürgerliche Milieu im ersten Stock und das ‹plebejische› Milieu zu ebener Erde, zumal in der Hitze der brodelnden Küche, (d) Naturzauber und anderes.

Zwei Komplexe rücken in den Mittelpunkt: zunächst im Verlauf der Handlung die *Künstler-Bürger-Problematik,* wie sie E.T.A. Hoffmann und andere Romantiker in ihrer «Philister»-Kritik vorgeformt haben, wie sie etwa bei Thomas Mann wieder reflektiert wird (um literarische Vorläufer zu nennen) und nicht zuletzt durch eigene Erfahrung des jungen Theaterregisseurs Bergman in der schwedischen Provinz bestätigt worden ist. In GYCKLARNAS AFTON treffen Bürger und Schausteller aufeinander – doch nicht wie in ANSIKTET so grundsätzlich geprägt durch gegenseitiges Misstrauen und sogar Hass. Dass die ständige gesellschaftliche Ausgrenzung und ungerechtfertigte Diskriminierung der Leute seines Metiers Vogler zum finsteren Menschenfeind reifen lässt, ist durchaus plausibel. Die Verteidigung der Künstler schwächt sich indes in Bergmans Filmen aus der folgenden 1960er-Dekade merklich ab, denkt man an die fragwürdige künstlerische Praxis, die Personen in SÅSOM I EN SPEGEL (WIE IN

EINEM SPIEGEL, 1961), PERSONA (1966), VARGTIMMEN (DIE STUNDE DES WOLFS, 1968) – ein Film, der Elemente aus der Erzählwelt E.T.A. Hoffmanns unmissverständlich zitiert –, SKAMMEN (SCHANDE, 1968) oder später noch HERBSTSONATE (1978) mitunter zu Feinden ihrer Nächsten werden lässt, weil sie, so nachdrücklich sie sich ihrer Profession widmen, das Humane verfehlen können.

Zweitens streiten sich die Personen in ANSIKTET um die Geltung des auf Anhieb *unerklärlichen Mysteriösen, des ‹Wunderbaren›* – das sich nicht restlos erhellen lässt und dessen Vorhandensein der Film übrigens nicht bezweifelt. Die Erzählung ist auf Voglers Seite, nicht auf der des hochmütigen Positivisten Vergerus. Wobei unklar bleibt, ob magische Effekte nur als Spielmaterial und Als-ob-Phänomene willkommen sind. Jedenfalls ist Bergman nicht an einer eifrigen Entzauberung der Geheimnisse gelegen, die sich der ‹Schulweisheit› entziehen. Man denke an das übernatürliche Entspringen einer Quelle unter dem Leib des gemordeten Mädchens in der JUNGFRAUENQUELLE (1960), immerhin rechtfertigt die hier gewählte Gattung Volkssage oder Legende selbst das Unwahrscheinliche; man denke ferner an die Dämonen, die sich in VARGTIMMEN zu konkreten Wesen verdichten, oder an das Wunder der Kinder-Entführung durch den Juden Isak Jacobi aus dem Hause des Bischofs (der wohl nicht zufällig auch Vergerus heißt) in FANNY OCH ALEXANDER (FANNY UND ALEXANDER, 1982) – da fällt sogar Licht vom Himmel mitten im Hause des falschen Vaters, und der Film unternimmt nicht die geringste Anstrengung, das augenscheinliche Mysterium zu begründen. Nicht zuletzt verrät Bergmans ‹Dämonenfurcht›, die er in autobiografischen Zeugnissen seiner Spätzeit manchmal halb verlegen, halb ironisch bekennt, dass ihm das Ausschweifen der Gedanken ins Fantastische nicht fremd ist, Träume und Traumwelten ihm sogar als Quelle des Kreativen dienlich sind – dass er also die Einwände und Korrekturen einer engstirnigen Realitätskontrolle nicht dulden will. Weshalb sollte er sich den Vorstellungen einer anderen Welt verschließen? Womöglich bilden sie doch einen Teil unserer Existenz und sind nicht nur als krankhafte Abweichung vom Normalen zu verurteilen – wie noch Karins schauerliches Gotterleben in SÅSOM I EN SPEGEL.

Bergman ist sich spätestens seit den 1960er-Jahren sicherer, wie man diese ‹andere Welt› im Film schildern, erkennbar machen kann. Obwohl ihm etliche eigene Bild-Inventionen einfallen oder sich aufdrängen, wirft er dennoch wiederholt einen Blick aus der Gegenwart zurück, historisiert also die Emanationen des ‹Übersinnlichen›. Auch für diese diplomatische Technik ist der Film ANSIKTET mit seinem Griff ins romantische und schauerromantische Repertoire ein Vorspiel – als ‹Bricolage› *avant la lettre*, als Bastelwerk aus dem ‹Labor› bedeutsamer, als es auf den ersten Blick erscheinen mag.

Und der Titelbegriff des Films, das «Gesicht»? Er könnte das Versteckspiel mit Schminke und Aufputz meinen, die das wahre Antlitz verheimlichen: bei

Vogler, bei ‹Herrn Aman›. Ist dafür Spegels Anmerkung, er stelle das Gesicht des Sterbenden als das eigentliche, von keiner Lüge verzeichnete Menschenbild ‹zur Verfügung›, verlässlich? Nicht auszuschließen ist die Mutmaßung, dass der Begriff bereits als ein Bruchstück aus dem 1. Brief des Paulus an die Korinther, Kap. 13 (Über die Liebe als höchste Gottesgabe) zu verstehen ist – jenem biblischen Reservoir für etliche Titel Bergmanns von SÅSOM I EN SPEGEL bis zu ANSIKTE MOT ANSIKTE (VON ANGESICHT ZU ANGESICHT, 1976), Zitate, die in ihrem Zusammenhang allesamt die Grenzen der Erkenntnis in dieser Welt betonen: «Wir sehen jetzt durch einen Spiegel in einem dunklen Wort; dann aber von Angesicht zu Angesicht. Jetzt erkenn ich stückweise, dann aber werde ich erkennen, gleichwie ich erkannt bin.» (Vers 12).

Quellennachweise

Schlafwandeln. Ein ‹Essentialsymbol› in der Geschichte des deutschen Stummfilms
In: *Kunst und Kognition. Interdisziplinäre Studien zur Erzeugung von Bildsinn* Hrsg. v. Matthias Bauer, Fabienne Liptay, Susanne Marschall. München: Fink 2008. S. 115–130.

Wie die Neuen den Tod gebildet. Filmische Allegorien des Boten aus dem Jenseits
In: *Wilde Lektüren. Literatur und Leidenschaft. Festschrift für Hans Richard Brittnacher zum 60. Geburtstag.* Hrsg. v. Wiebke Amthor, Almut Hille, Susanne Scharnowski. Bielefeld: Aisthesis 2012. S. 83–108.

Schlachtinszenierung
In: *All Quiet on the Genre Front? Zur Praxis und Theorie des Kriegsfilms.* Hrsg. v. Heinz-B. Heller, Burkhard Röwekamp, Matthias Steinle. Marburg: Schüren 2007. S. 113–131. Im vorliegenden Band erweitert um das Kapitel über THE BIG PARADE.

Thersites und die Seinen. Zum Motiv des grotesk-hässlichen Menschen
In: *Vom Erhabenen und vom Komischen. Über eine prekäre Konstellation. Für Rolf-Peter Janz.* Hrsg. v. Hans Richard Brittnacher, Thomas Koebner. Würzburg: Königshausen u. Neumann 2010. S. 25–46.

Fatale Raserei. Skeptische Notizen zum Motiv des Massenwahns
Für Sigrid Weigel zum 60. Geburtstag. In: *Euphorion,* Bd. 105, Heft 4. Hrsg. v. Wolfgang Adam. Heidelberg: Winter 2011. S. 465–497.

Verwehte Spuren. Über die Entdeckung polarer Eiswelten
In: *Todeszonen. Wüsten aus Sand und Schnee im Film.* Hrsg. v. Anton Escher, Thomas Koebner. München: Edition Text + Kritik 2009. S. 22–35. = Projektionen. Studien zu Natur, Kultur, Film 2.

Fluchtpunkt Wüste
In: *Todeszonen,* a.a.O., S. 65–96.

Sturmflut
In: *Das Meer im Film. Grenze, Spiegel, Übergang.* Hrsg. v. Roman Mauer. München: Edition Text + Kritik 2010. S. 107–119. = Projektionen 3.

Vampir Kunst. Drei Künstlerinnen und drei filmische Künstlerbiographien
In: *Die Passion des Künstlers. Kreativität und Krise im Film.* Hrsg. v. Christopher Balme, Fabienne Liptay, Miriam Drewes. München: Edition Text + Kritik 2011. S. 13–30.

Hochformat im Querformat. Und andere Prinzipien der Bildkomposition im Film
In: *Filmkunst. Studien an den Grenzen der Künste und Medien.* Hrsg. v. Henry Keazor, Fabienne Liptay, Susanne Marschall. Marburg: Schüren 2011. S. 196–210.

Unverständliche Filmbilder?
In: *Erzeugen und Nachvollziehen von Sinn.* Hrsg. v. Martin Zenck, Markus Jüngling. München: Fink 2011. S. 237–249.

Zur Lichtinszenierung in Filmen Stanley Kubricks
Bisher unveröffentlicht.

Der Blick aus dem Fenster. Ein symbolisches Arrangement im Gemälde, in der Literatur, im Film
Bisher unveröffentlicht.

Filmische Schreibweise bei Joseph Roth
In: *Joseph Roth – Zur Modernität des melancholischen Blicks.* Hrsg. v. Wiebke Amthor, Hans Richard Brittnacher. Berlin/Boston: de Gruyter 2012. S. 227–240.

Auferstehung. Zu den stummen Melodramen Frank Borzages
In: *Rouben Mamoulian und Frank Borzage.* Hrsg. v. Armin Jäger. München: Edition Text + Kritik 2012. S. 6–29. = Film-Konzepte 27.

Gaukler und Gespensterfurcht. Ingmar Bergmans Ansiktet – ein synthetisches Experiment in der Tradition der Romantik und Schauerromantik
In: *Wahre Lügen. Bergman inszeniert Bergman.* Hrsg. v. Kristina Jaspers, Nils Warnecke, Rüdiger Zill. Berlin: Bertz und Fischer 2012. S. 42–58.

Bildnachweise

Schlafwandeln: DAS CABINET DES DR. CALIGARI (D 1920, R.: Robert Wiene), Transit/ Universum 2014; **Wie die Neuen den Tod gebildet**: DAS SIEBENTE SIEGEL (S 1957, R.: Ingmar Bergman), Arthaus 2010; DER MÜDE TOD (D 1921, R.: Fritz Lang), Universum 2007; **Schlachtinszenierung**: ALL QUIET ON THE WESTERN FRONT (USA 1930, R.: Lewis Milestone), Universal 2005; RAN (J/F 1985, R.: Akira Kurosawa), Arthaus 2010; **Thersites und die Seinen**: DER GLÖCKNER VON NOTRE DAME (USA 1939, R.: William Dieterle), Kinowelt/Arthaus 2008; **Fatale Raserei**: DAS SIEBENTE SIEGEL (S 1957, R.: Ingmar Bergman), Arthaus 2010; **Verwehte Spuren**: S.O.S. EISBERG (D 1933, R.: Arnold Fanck), Universum 2005; **Fluchtpunkt Wüste**: LAWRENCE OF ARABIA (GB 1962, R.: David Lean), Sony Pictures Home Entertainment 2012; **Sturmflut**: The Hurricane (USA 1937, R.: John Ford), KNM Home Entertainment 2008; **Vampir Kunst**: CAMILLE CLAUDEL (F 1988, R.: Bruno Nuytten), Arthaus 2001; **Hochformat im Querformat**: STAGECOACH (USA 1939, R.: John Ford), Kinowelt 2011; **Unverständliche Filmbilder?**: LA STRADA (I 1954, R.: Federico Fellini), Arthaus Classics Box 2006; **Zur Lichtinszenierung in Filmen Stanley Kubricks**: EYES WIDE SHUT (GB 1999, R.: Stanley Kubrick), Warner 2007; **Der Blick aus dem Fenster**: REAR WINDOW (USA 1954, R.: Alfred Hitchcock), Universal 2009; **Auferstehung**: LUCKY STAR (USA 1929, R.: Frank Borzage), Carlotta Films 2010; **Gaukler und Gespensterfurcht**: ANSIKTET (S 1958, R: Ingmar Bergman), Arthaus 2010.

Screenshots: Michelle Koch

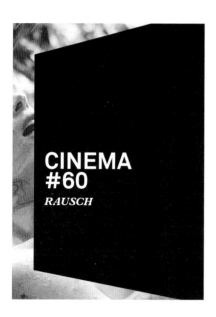

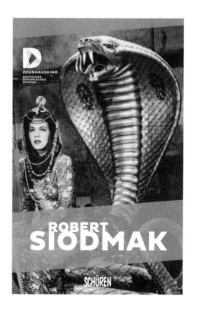

Rausch

Cinema – Schweizer Filmjahrbuch Nr. 60
224 S. | Pb. | viele Abb. | ISSN 1010-3627
€ 25,00/SFr 38,00 UVP
im Abo: € 19,90/Sfr 27,00 UVP
ISBN 978-3-89472-611-9

Ob ausgelöst durch Alkohol, Drogen oder
andere Mittel, oder hervorgerufen durch Gefühle transzendent-religiöser Art, durch Liebe
oder Hass, Veräusserung, sinnliche
Überwältigung oder Hypnose – der Rausch-
zustand ist Teil der Filmgeschichte.
Filmemacher fanden stets neue Möglichkeiten,
den Rausch auf der Leinwand zu inszenieren
und gleichzeitig die Zuschauer in rauschhafte
Zustände zu versetzen.
Daneben gibt es einen kommentierten Überblick
über das letzjährige Filmschaffen in der
Schweiz.

Zeughauskino – Deutsches Historisches
Museum (Hg.)
Robert Siodmak
Retrospektive des Zeughauskinos
112 S. | Pb. | einige Abb. | € 14,90
ISBN 978-3-89472-914-1

Robert Siodmak gehört zu den Filmemachern,
die aus Deutschland von den Nazis vertrieben
wurden und ihre Karriere in Hollywood fort-
setzten – in Siodmaks Fall sehr erfolgreich.
Staircase. Sein Werk lässt sich nicht auf
Genres festlegen, zu seinem Werk gehören
Kammerspiele, Komödien, viele Krimis,
Melodramen, exotische Abenteuer; Literatur-
verfilmungen und Theateradaptionen bestimmen das Werk ebenso wie Originalstoffe. Nach
seiner Rückkehr nach Europa konnte er nicht
mehr an die alten Erfolge anknüpfen.
Beiträge von Wolfgang Jacobsen, Chris Wahl,
Frederik Lang, Karl Prümm, Ralph Eue, Lukas
Foerster und Claudia Mehlinger.

www.schueren-verlag.de **SCHÜREN**

**Lexikon des internationalen Films –
Filmjahr 2014**
Das komplette Angebot im Kino, Fernsehen und
auf DVD/Blu-ray
Mit Zugang zur kompl. *filmdienst* Datenbank
544 S., Pb., € 24,90
ISBN 978-3-89472-874-8

Für jeden Filminteressierten unverzichtbar:
Auch für das Jahr 2014 bietet das Filmjahrbuch für jeden Film, der in DEUTSCHLAND UND
DER SCHWEIZ im Kino, im Fernsehen oder auf
DVD/Blu-ray gezeigt wurde, eine Kurzkritik und
zeigt mit klaren Maßstäben inhaltliche Qualität
und handwerkliches Können.

«(…) bietet einen umfassenden Überblick –
und vor allem einen komprimierten Blick auf
das zurückliegende Filmjahr. Das kann auch
das Netz in der Form nicht leisten.»

(dw-world.de)

Wenke Wegner
Berliner Schule. Filmästhetik und Vermittlung
316 S., einige tw. farbige Abb., Pb. € 34,00
Bremer Schriften zur Filmvermittlung Bd 5
ISBN 978-3-89472-893-9

Kino, Sprache, Tanz. Drei Typen von Schlüsselszenen stehen im Zentrum dieses Buchs, das
die Filme der Berliner Schule aus der Perspektive ihrer ästhetischen Vermittlung untersucht.
Das Label Berliner Schule bündelt einen Korpus
jüngerer deutscher Filme, die sich durch eine
eigenwillige Ästhetik auszeichnen. Die Film-
vermittlungssequenzen, die Erzähl- und
Tanzsequenzen, die es in diesen Filmen häufig
gibt, enthalten die Vermittlungsstrategie der
Berliner Schule in Miniaturform und reflektieren
außerdem Vermittlungsfragen in einem
weiteren Sinne.

www.schueren-verlag.de